Charles R. Swindoll
ZEIT DER GNADE

Charles R. Swindoll

ZEIT DER GNADE

DIESES BUCH GIBT HOFFNUNG UND FÜHRT UNS
IN DIE ÜBERWÄLTIGENDE, BEFREIENDE GNADE GOTTES

Projektion J Buch- und Musikverlag

Titel der Originalausgabe:
The Grace Awakening

Published by Word Incorporated, Dallas, Texas

ISBN 3-89490-031-8

Die Bibelstellen wurden, soweit nicht anders angegeben,
der Einheitsübersetzung entnommen.

Übersetzung: Beate Peter M. A.
Umschlaggestaltung: Büro für Kommunikationsdesign Heidenreich,
Haltern am See
Satz: Projektion J Buch- und Musikverlag
Druck: J. Ebner, Graphische Betriebe GmbH & Co.KG, 89007 Ulm

2 3 4 00 99 98 97

Mit großer Achtung und Zuneigung widme ich dieses Buch

Paul und Sue Sailhamer
sowie
Howie und Marilyn Stevenson,

Menschen, deren Lebensführung und Einsatz für Gott spürbar Gnade ausstrahlen.

Aus der innigen Freundschaft, die uns miteinander verbindet, habe ich ein tieferes Verständnis dessen gewonnen, was Freiheit bedeutet.

INHALT

EIN PAAR WORTE DES DANKES

Ich bin ein dankbarer Mensch. Dazu habe ich allen Grund. Ich bin von zahlreichen Leuten umgeben, die mir Ermutigung, Bestätigung, ehrliches Feedback und einen reichlichen Vorrat an frischer Hoffnung auf Durchhaltevermögen zum Geschenk machten; darüber freue ich mich sehr. Sie sind mir mehr als Freunde: Ich betrachte sie als meine Mitstreiter, die mit mir durch dick und dünn gehen. Zu sagen, sie seien mir eine Hilfe beim Schreiben dieses Buches gewesen, wäre eine krasse Untertreibung.

Einem oft wiederkehrenden Gerücht zuwider verfüge ich keineswegs über ein Team von Textern oder Materialsammlern, die mich mit historischen Fakten und Veranschaulichungen versorgen bzw. als meine »Ghostwriter« fungieren. Jedes Wort stammt aus meiner eigenen Feder, hervorgebracht durch das uralte Verfahren, das die meisten Autoren auch heute noch anwenden: Blut, Schweiß, Tränen, schlaflose Nächte, stundenlanges Starren auf leere Seiten, unproduktive Tage, an denen alles im Papierkorb landet, und zwischendurch dann Lichtblicke, wo Ideen und Erkenntnisse ins Rollen kommen. Meine Arbeitsmethode ist so veraltet, daß ich nicht einmal einen Computer mit Textsystem verwende; eine Tatsache, die die dicke Hornhaut an meinem Finger bezeugen kann.

Was ich dagegen habe, sind diese Mitstreiter, die ausreichend von mir und meinem Vorhaben überzeugt sind, um für mich zu beten, während ich in den Geburtswehen zu einem Buch stecke. Beim Beten allein belassen sie es jedoch nicht. Manche bringen mir

Änderungsvorschläge. Andere kommen mit Ideen, Warnungen oder Fragen, die mich weiterbringen. Einer tippt, ein anderer redigiert, mehrere lesen, und viele hören geduldig zu. Da ich Pastor bin, und das schon seit 1971 an ein- und derselben Gemeinde, verfüge ich über viele Ohrenpaare, die sich das anhören, was ich später zu einem Buch verarbeite. Die Besitzer dieser Ohrenpaare helfen mir, an meinen Worten zu feilen, indem sie auf das Gesagte mit oft sehr bedeutsamen Bemerkungen reagieren. Und da wären noch jene, die mit mir gemeinsam an der Gemeindeleitung beteiligt sind – meine engsten Kollegen also –, mit denen mich eine beneidenswerte und von einer seltenen Herzlichkeit geprägte Beziehung verbindet. Wenn ich diesen Mitarbeitern nun für ihren Stellenwert in meinem Leben und für ihre Beiträge zu meinem Buch danke, dann geschieht dies mit höchster Aufrichtigkeit. Damit wären also alle meine namenlosen, jedoch außerordentlich geschätzten Mitarbeiter aufgeführt.

Namentlich erwähnen möchte ich Byron Williamson von *Word Publishing*, dessen Enthusiasmus für dieses Buch unermüdlich war. Er hat das ganze Projekt von Anfang an mit großem Eifer begleitet. Kip Jordon und Ernie Owen, meine langjährigen Freunde bei *Word*, haben mich sehr durch ihre Überzeugung ermutigt, daß meine Perspektive und meine Gedanken über Gnade es wert seien, veröffentlicht zu werden, damit alle das lesen können, was wir seit Jahren miteinander diskutiert und für wahr befunden haben. Auf der Liste aller Mitarbeiter von *Word*, denen ich Dank schulde, darf auch die Lektorin Beverly Phillips nicht fehlen, mit der ich seit über einem Jahrzehnt zusammenarbeite. Sie besitzt sämtliche Qualitäten eines Lektors, die für einen Autor unverzichtbar sind: einen geübten Blick, viel Einfühlungsvermögen, einen reichen Schatz an hörenswerten Ratschlägen, Akribie gemischt mit Flexibilität, die Fähigkeit, mich mit gezielten Fragen zum Nachdenken zu bringen und eine überzeugende Kritik, die mich dazu zwingt, das Geschriebene unter die Lupe zu nehmen und (oh Horror!) zu überarbeiten.

Meine Liste wäre unvollständig, wenn ich Sealy Yates nicht erwähnen würde, einen Mann, der hinter den Kulissen unschätzbar viel für mich getan hat. Er ist die Lauterkeit in Person, und seine Ratschläge waren stets durchdacht und gut. Ich rechne es ihm hoch an, daß ihm dieses Projekt wichtiger als sein eigener Terminkalender war, und immer wenn mir die Geduld auszugehen drohte, legte er jene Art von Gnade an den Tag, über die ich hier schreibe. Selbstverständlich muß ich auch Helen Peters, deren Fleiß und Eifer keine Grenzen kannte, wieder meinen großen Dank aussprechen. Mit unermüdlicher Entschlossenheit las sie das Manuskript mehrere Male, korrigierte meine Fehler, tippte den gesamten Text Wort für Wort, kümmerte sich um die Genehmigungen für meine Zitate und Veranschaulichungen, paßte ihren persönlichen Kalender an die Ansprüche meines Abgabetermins an, hatte die endgültige Form des Manuskripts noch vor dem geplanten Termin fertig – was eigentlich ein kleines Wunder in sich ist –, und das alles, ohne ein einziges Wort des Unwillens oder der Klage von sich zu geben. Wenn man eine Person für ein Gemälde der Gnade suchen würde: Helen würde ein erstklassiges Modell abgeben.

Abschließend erwähne ich die Unterstützung meiner Familienmitglieder, deren positive Einstellung und praktisch gelebte Gnade (besonders während der letzten zwei Jahre) einfach unglaublich waren. Trotz aller Stürme, die wir durchgemacht haben, trotz der Krisen, die wir gemeinsam erlitten haben, habe ich von allen nichts als bedingungslose Liebe entgegengebracht bekommen. Ich danke Euch, Cynthia, Colleen und Chuck. Habt Dank, Curt und Deb, Byron und Charissa mit Ryan, Chelsea, Landon, Parker und Heather, und dank Dir, Luci, meine liebe Schwester, für Deine Treue und Liebe.

»*… doch hat die Gnade mich bewahrt,*
die Ehre Gott gebührt.«[1]

»Die Moralisierung und die Paragraphenreiterei,
die manche mit dem Evangelium
von der Gnade Gottes betreiben,
ist eine lähmende Ketzerei,
die man Menschen aufdrängt,
welche dadurch völlig frustriert werden.
Die Opfer dieser Ketzerei
sind aufgebracht und zu recht zornig,
weil man ihnen das vorenthalten hat,
was sie mit gutem Recht erwarten durften.«

Richard J. Neuhaus

VORWORT

Zeit der Gnade« ist das wohl wichtigste, christliche Buch, das ich in den letzten Jahren in die Finger bekam. Es handelt sich dabei um eine einfache und doch kraftvolle wie auch prophetische Botschaft an jeden im Volk Gottes.

Das, worüber Charles Swindoll in diesem einzigartigen Buch spricht, habe ich in den letzten 40 Jahren in Kirchen in mindestens 50 verschiedenen Nationen erlebt. Natürlich hat er als amerikanischer Pastor alles aus einem anderen Blickfeld gegenüber der deutschsprachigen Welt erlebt, doch ich glaube, daß Sie beim Lesen die entsprechenden Parallelen ziehen können.

Wenn Sie das Gefühl haben, daß am Anfang die Dinge etwas zäh zu lesen sind, empfehle ich Ihnen, zuerst die Kapitel 5 bis 12 zu lesen und erst dann den Anfang des Buches.

Ich möchte jedem Ehepaar das Kapitel 12 wärmstens empfehlen – »Eine von Gnade erfüllte Ehe«. Meine Frau und ich feiern bald unseren vierunddreißigsten Hochzeitstag. Der Schlüssel unserer Ehe war und ist die Gnade. Zu Anfang unserer Ehe war ich ein richtiger Gnadenkiller, obwohl ich Jesus ganz hingegeben war wie auch dem christlichen Dienst und der Weltevangelisation.

Gnade ohne Disziplin führt in eine Sackgasse. Es erfordert schon einiges an Disziplin, um die biblische Botschaft dieses Buches in die Tat umzusetzen.

Lassen Sie sich bitte nicht von Kleinigkeiten er- oder sogar abschrecken, mit denen Sie im ersten Moment nichts anfangen können oder die Sie nicht verstehen. Erlauben Sie dem Heiligen Geist die grundsätzlichen Dinge dieses Buches tief in Ihr Herz und Ihr Leben einzupflanzen. Gestatten Sie es jedoch nicht, daß unterschwellig Stolz aufkommt und der Gedanke in Ihrem Herzen Fuß faßt, der besagt, daß Sie diese Botschaft nicht brauchen, weil Sie ja doch wissen, was im Volk Gottes so los ist. Diese Haltung wird Verwirrung, Enttäuschung und Chaos in Ihr Leben bringen. Bitte lesen Sie dieses Buch betend, denn Sie sind dabei, eine ganz besondere Erfahrung zu machen und gesegnet zu werden.

George Verwer
Internationaler Direktor von
Operation Mobilisation
Bromley, UK

EINLEITUNG

Etwas Neues liegt in der Luft. Es ist ein neuer, unerwartet frischer Wind von Freiheit, ein jubelndes Freiwerden von Dingen, die uns zu lange geknechtet haben. Immer mehr Christen machen sich klar, daß von Menschen festgelegte Einschränkungen und Haarspaltereien nicht von einem Gott der Gnade stammen, sondern daß sie ihnen von Leuten aufgezwungen wurden, die anderen die Freiheit nicht gönnen. Es ist keine Übertreibung, diesen Trend als eine Erweckung zu bezeichnen, die weite Kreise zu ziehen beginnt. Etwas Erfreulicheres kann ich mir nicht vorstellen. Dieses erwachende Freiheitsbewußtsein war längst überfällig. Es gehört in diese Zeit, in der wir leben.

Die Welt ist Zeuge eines explosiven politischen Freiheitserwachens in Osteuropa geworden. Die leuchtenden Gesichter der Ostdeutschen sprechen Bände; viele von ihnen bekommen zum ersten Mal im Leben einen Geschmack von Freiheit. Der Ruf nach Freiheit ertönte an den Grenzübergängen und in den Straßen von Budapest, Prag, Bukarest und Ostberlin. Zum ersten Mal seit der Befreiung der deutschen Opfer aus den Konzentrationslagern haben so viele Menschen eine so fundamentale Befreiung erlebt. Nach Jahren der Repression sind sie frei, endlich frei. Wir als Bürger eines freien Landes klatschen begeistert Beifall. Freie Menschen freuen sich an der Freiheit anderer. Lediglich die politisch Gegängelten leisten Widerstand.

Gleiches gilt auf geistlicher Ebene. Doch so gern ich auch behaupten würde, daß es überall nur Verfechter unserer gnadengeschenkten Freiheit gibt, so kann ich es nicht. Achtung, Gnadenkiller befinden sich auf freiem Fuß! Und noch schlimmer ist, daß es sich dabei um eine wohlorganisierte Clique von Leuten handelt, die uns mit allen Mitteln unsere rechtmäßige Freiheit entreißen wollen. Ich weiß, wovon ich rede. Ich war selbst einmal einer von ihnen. Legalismus war meine Sicherheit und anderen meine Sicht der Dinge aufzuzwingen, gehörte bei mir zur Tagesordnung. Diese Zeiten sind längst vorbei. Seit Jahren verspüre ich in zunehmendem Maße das Gnadenerwachen bei mir selbst – etwas, was mir einerseits die größte Befreiung meines Lebens eingebracht hat, andererseits aber auch die schärfste Kritik meines Lebens. Damals hatte ich es bequemer, aber seit wann haben wir den Auftrag, ein bequemes Dasein zu führen? Christus selbst hat dies mit Sicherheit nicht getan. Seine revolutionären Aussagen und Methoden führten, wie wir sehen werden, zu regelmäßigen Zusammenstößen mit den organisierten religiösen Bürokraten seiner Zeit. Letztere zählten übrigens auch zu jenen, die ihn später ans Kreuz nagelten. Einem solchen Mann nachzufolgen, ist alles andere als bequem. Keine Freiheitsbewegung war je bequem.

Als die europäischen Reformatoren des 16. Jahrhunderts die Fackel der Freiheit trugen und sich gegen die religiösen Legalisten ihrer Zeit auflehnten, stand das Wort Gnade auf ihrem Banner: Errettung durch Gnade allein, Glaubensgewißheit ohne die ständige Angst vor ewiger Verdammung. Die Kirche haßte diese Leute und schimpfte sie Ketzer. Als sich die Erweckungsbewegung im 18. und frühen 19. Jahrhundert in England ausbreitete und bis nach Amerika getragen wurde, leidenschaftlich gepredigt von John Wesley, George Whitefield, Jonathan Edwards und einer Handvoll anderer risikobereiter Männer Gottes, stand auch hier das Konzept der Gnade an der Spitze des Feldzugs. Und auch diese Bewegung stieß auf den energischen Widerstand jener, die die Botschaft der Freiheit in Christus nicht hören wollten. Interessanterweise ging diese wichtige Bewegung später als »Große Erweckung« in die Geschichte ein. Das Phänomen, dessen Anfänge sich in unseren Tagen am Horizont abzeichnen, ist eine Erweckung in der Art jener früheren, epochemachenden Bewegungen. Vielleicht läßt sie sich am angebrachtesten als »Gnadenerweckung« bezeichnen, eine Botschaft, für die die Zeit reif ist.

Es vergeht kaum ein Tag, an dem ich nicht in irgendeiner Form darüber stolpere, daß es bisher kein Buch über das volle Ausmaß von Gnade gibt, ein Buch, das den Menschen zeigt, wie sie frei, absolut frei in Christus sein können. Warum? Weil so wenige das sind! Viel zu viele Gotteskinder sind an die Vorschrifts- und Verbotslisten der Legalisten gekettet und durch die Ansprüche und Erwartungen anderer eingeschüchtert und wie gelähmt; sie vegetieren in einem engen Radius der Sklaverei vor sich hin und werden von jenen herumkommandiert, die sich selbst zu unseren Richtern und Geschworenen ernannt haben. Wir haben lange genug wie verschreckte Rehe in einem engen Dickicht der Vorschriften gelebt. Wir haben uns lange genug den Ge- und Verboten der religiösen Wortführer unterworfen. Wir haben lange genug geschlafen, während überall um uns her die Gnadenkiller ihr finsteres Werk verrichteten. Schluß damit! Es ist Zeit aufzuwachen. Die Morgendämmerung hat schon den hellen Glanz der Gnade.

Zu viele Menschen fühlen sich abgestoßen von einem verdrehten Konzept des christlichen Glaubens. Anstatt anderen durch die Macht Christi eine attraktive, ansteckende, akzeptable und ansprechende Einladung von Hoffnung und Lebensfreude vorzuleben, bieten mehr Leute als je zuvor eine häßliche Karikatur vom christlichen Glauben als »Frommsein unter gehörigem Druck«. Ich finde es tragisch, daß es den religiösen Miesmachern fast gelungen ist, dem Glauben seine Freiheit und Freude zu nehmen. Unsere Mitmenschen müssen endlich begreifen, daß der christliche Glaube mehr beinhaltet als verächtliches Stirnrunzeln, anklagende Zeigefinger und unrealistische Forderungen. Die Schikane hat das Feld lange genug beherrscht. Laßt die Gnade erwachen. Viele haben mit Reinhold Niebuhr erkannt:

> *»Man kann von anderen zwar ein gewisses Mindestmaß an Verhaltensweisen erzwingen, indem man sich auf das Wort Pflicht beruft, doch die größten moralischen und geistlichen Leistungen waren nicht das Ergebnis massiven äußeren Druckes, sondern eines inneren ›Ziehens‹. Ein gottgefälliges Leben führt nur einer, der aus Begeisterung handelt.«*[1]

Ich bin fest davon überzeugt, daß diese Begeisterung durch nichts so attraktiv wird wie durch Freiheit, für welche die Bibel ein ganz besonderes Wort hat: Gnade. Gnade, die befreit. Gnade, die umkrempelt. Wunderbare Gnade. Gnade, die lebendig macht.

Verspüren Sie eine Sehnsucht danach, sich einem wahrhaft großen Ziel zu verschreiben? Eine Sehnsucht danach, jedem neuen Morgen mit Feuereifer entgegenzusehen? Eine Sehnsucht danach, endlich echte Freiheit von jenen zu erlangen, die bisher das Sagen über Sie hatten? Eine Sehnsucht nach der Freiheit der Freien, eine Sehnsucht nach der Freiheit, die Welt zum Erleben der befreienden Gnade einzuladen? Dann bitte ich Sie jetzt lediglich um Ihre Zeit und Aufmerksamkeit. Ich hoffe, daß Ihnen schon nach wenigen Kapiteln das Herz so lodern wird wie mir meines. Doch lassen Sie sich warnen: Wenn die glimmende Glut erst zur prasselnden Flamme geworden ist, werden Sie sie nicht mehr löschen können. Wenn Sie sich dieser Freiheitsbewegung anschließen, werden Sie sich nie wieder mit Sklaverei abfinden.

Als Teilhaber an dieser Zeit der Gnade werden Sie erleben, wie die langersehnte Freiheit zu einer Quelle der Ermutigung für Sie wird und Sie und andere zur Begeisterung für Gott inspiriert.

Chuck Swindoll
Fullerton, Kalifornien

Kapitel 1

Gnade ist eine wahrhaft wunderbare Sache

Wir sind von Killern umgeben. Nur, daß man ihnen ihr mörderischen Treiben nicht ansieht. Sie tragen weder eine Plakette am Revers, die sie als Killer ausweist, noch irgendwelche Warnschilder: »Achtung, gefährlicher Mensch. Bitte auf Distanz gehen!« Ganz im Gegenteil: Viele von ihnen tragen Bibeln mit sich herum und machen einen anständigen, gepflegten, biederen Eindruck. Die meisten verbringen viel Zeit in den Kirchen, einige sogar in der Gemeindeleitung. Viele genießen ein solches Ansehen, daß kein Mensch auf die Idee käme, einen Killer zum Nachbarn zu haben.

Sie töten Freiheit, Spontaneität und Kreativität; sie töten sowohl Enthusiasmus als auch Produktivität. Sie töten mit Worten, mit Kugelschreibern, mit Blicken. Mit ihren Ansichten morden sie weitaus häufiger als mit ihrem Tun. Es gibt kaum eine christliche Gemeinde oder christliche Organisation oder christliche Schule oder ein Missionswerk oder Medienwerk, wo diese Gefahr nicht lauert. Das Unglaubliche an der Sache ist, daß niemand diese Leute zur Rede stellt und ihnen das Handwerk legt. Seltsamerweise sind ausgerechnet jene Kirchen, die keinerlei Irrlehre dulden würden, anstandslos dazu bereit, diesen Killern die nötige Handlungsfreiheit zuzugestehen, die sie dazu brauchen, um andere auf heimtückische Weise zu manipulieren. Ihre Intoleranz wird toleriert. Ihr Hang zum Richten anderer bleibt ungerichtet. Ihre Bevormundung anderer dauert ungehindert an. Und ihre Engstirnigkeit wird entweder umgedeutet oder eifrig verteidigt. Die Sklaverei, die hier entsteht, wäre ein himmelschreiendes Verbrechen, wenn sie nicht mit frommklingenden, pseudo-geistlichen Worten verbrämt wäre.

Heute, jetzt, in diesem Augenblick vegetieren Millionen von Menschen in Beschämung, Angst und Einschüchterung vor sich hin, anstatt ein freies, produktives Leben zu führen. Tragisch ist nur, daß sie meinen, es müsse so sein. Sie haben die Wahrheit nie kennengelernt, die sie befreien könnte. Sie sind Opfer; wie Gefangene in der Todeszelle fristen sie ihr Dasein, anstatt die Schönheit und die frische Luft eines erfüllten Lebens zu genießen, das Jesus uns vorgelebt und allen seinen Nachfolgern ermöglicht hat. Leider haben die meisten keine blasse Ahnung von dem, was ihnen da entgeht.

Wovon hier die Rede ist, läßt sich auf eine Ein-Wort-Formel bringen: Gnade. Das ist die Zielscheibe dieser unablässigen, brutalen Angriffe. Jene, die sie nicht gern leugnen mögen, sind dazu übergegangen, sie in Debatten zu zerreden. Wie zu den Zeiten der protestantischen Reformation ist Gnade zu einem theologischen Fußball geworden, der auf dem Feld hin und her gekickt wird, indem Theologen und Pfarrer, Hochschullehrer und Studenten sich wie hitzköpfige Trainer zweier gegnerischer Mannschaften über Begriffe streiten, um bestenfalls ein paar akademische Pluspunkte mehr als der Gegner zu erhalten. Es ist ein klassischer Fall von Unentschieden, wo der Kern der Sache zerredet wird und die Zuschauer auf der Tribüne verwirrt, innerlich zerrissen oder, was am schlimmsten ist, zu Tode gelangweilt werden. Gnade ist dazu da, um angenommen und zur Fülle ausgelebt zu werden, nicht um von solchen Leuten, die Auseinandersetzungen mehr als ihr tägliches Brot lieben, seziert und analysiert zu werden. Genug! Es ist höchste Zeit, daß die Gnade erwacht und unters Volk gebracht wird, anstatt geleugnet zu werden; daß sie froh erlebt und mit vollen Händen weitergegeben wird, anstatt zerredet zu werden.

Gnade, die in Empfang genommen wird, ohne weitergegeben zu werden, ist tote Gnade. Wer seine Zeit mit Debatten darüber zubringt, wie man Gnade nun genau erhält oder wieviel Hingabe zur Errettung notwendig ist, ohne davon zu reden, was ein Leben aus Gnade bedeutet und wie man die wunderbare Freiheit erlebt, die sie beinhaltet, der hat innerhalb von kürzester Zeit ein widersinniges Streitgespräch angezettelt. Das Ganze ist dann kaum noch mehr als ein ödes Ratespiel, bei dem viele brave Christen tagelang Rückschau halten und sich fragen: »Wie haben wir sie denn nun eigentlich erhalten?«, anstatt nach vorn zu schauen und zu jubeln: »Uns ist Gnade geschenkt worden! Kommt, wir wollen sie ausleben!« Wer sie leugnet oder sie zerredet, der mordet sie. Mein Aufruf an uns alle: Wir wollen sie uns zu eigen machen und durch sie frei werden! Wenn wir das tun, dann wird Gnade zu dem werden, wozu sie seit Anbeginn gedacht war: zur wunderbaren, errettenden Macht. Wenn das erst geschehen ist, verändern wir uns und damit auch die gesamte Ausstrahlung des Christentums.

»Nein«-Gesichter und »Ja«-Gesichter

In einem seiner Bücher beschreibt Dr. Karl Menniger die negativistische Persönlichkeit. Gemeint ist der Typ von Mensch, der zu allem nein sagt. Im Zusammenhang mit diesen bedauernswerten Zeitgenossen nennt Menninger mehrere, für diese Gruppe charakteristische Merkmale (zweifellos nicht ohne ein Augenzwinkern): Sie haben noch nie einen Kredit aufgenommen, der nicht hundertfünfzigprozentig gedeckt war, sich für eine liberale Sache engagiert oder Geld für etwas Extravagantes gestiftet. Warum? Menninger vermutet, es läge einfach daran, daß sie sich den Luxus des Schenkens einfach nicht gönnen können. Er beschreibt sie mit ausdrucksstarken Begriffen: »*... starre, chronisch unglückliche Wesen, bitter, unsicher und oft mit suiziden Neigungen.*«[1]

Dem möchte ich einen weiteren Wesenszug hinzufügen: Sie haben sich noch nie den Luxus des Freiseins gegönnt. Sie sitzen hinter den Gittern der Pedanterie und Verdächtigungen; sie haben sich so sehr an ihr Sklavendasein gewöhnt, daß sie nicht in der Lage sind, über den Tellerrand des Alltags hinauszuschauen. Da sie ohne Gnade auskommen müssen, besteht ihre Existenz einzig und allein aus den Regeln und Vorschriften, die zum Überleben notwendig sind. Ihr Gott ist zu klein, ihre Welt ist zu starr, und deshalb ruft es aus ihren Gesichtern: »Nein!!!«

Offen gesagt, kenne ich keine Macht, die uns so völlig von innen heraus verändern kann wie die Freiheit der Gnade. Diese Freiheit ist so erstaunlich, daß sie nicht nur unsere Herzen, sondern auch unsere Gesichter verändert. Und wer wollte bestreiten, daß es einige Gesichter unter uns gibt, die eine Veränderung dringend nötig hätten! Sind Sie von Eltern großgezogen worden, in deren Gesichtern ein deutliches »Nein!« stand? Oder sind Sie mit jemandem verheiratet, der ein »Neinsager-Gesicht« hat? Wenn das der Fall ist, dann beneiden Sie gewiß alle, die von Eltern mit einem »Ja«-Gesicht großgezogen wurden oder die einen Ehepartner mit einem »Ja«-Gesicht haben. Es ist nun einmal so: Wir fühlen uns zu Menschen hingezogen, deren Gesichter uns einladen und ermutigen.

Während seiner Präsidentschaft war Thomas Jefferson einmal mit einer Gruppe von Begleitern zu Pferd unterwegs. Sie kamen an einen Fluß, der nach einem heftigen Regenfall über die Ufer getreten war. Das Hochwasser hatte die Brücke aus der Verankerung gerissen. Die Reiter waren dazu gezwungen, den Fluß zu Pferd zu durchqueren, wobei sie in den reißenden Fluten ihr Leben riskierten. Jeder Reiter war mit echter Todesgefahr konfrontiert, weshalb ein Fremder, der nicht zu der Gruppe gehörte, dem Geschehen aus einiger Entfernung zuschaute. Nachdem einige der Männer den Weg in die Fluten gewagt und das andere Ufer wohlbehalten erreicht hatten, ging der Fremde auf Präsident Jefferson zu und bat darum, von ihm durch den Fluß gebracht zu werden. Der Präsident willigte ohne jedes Zögern ein. Der Mann stieg zu ihm auf das Pferd, und wenig später erreichten beide das andere Ufer. Als der Fremde vom Pferd stieg, erkundigte sich einer der umstehenden Männer: »Sagen Sie, warum haben Sie sich ausgerechnet den Präsidenten für diesen Gefallen ausgesucht?« Der Mann war wie vom Donner gerührt; er hatte nicht geahnt, daß er soeben einen Hilfsdienst vom Präsidenten persönlich in Anspruch genommen hatte. »Ich weiß nur das eine«, sagte er. »In manchen von Ihren Gesichtern stand die Antwort ›Nein‹, und in manchen die Antwort ›Ja‹. Er hatte ein ›Ja‹-Gesicht.«[2]

Die Freiheit schenkt uns ein »Ja«-Gesicht. Ich bin mir ganz sicher, daß Jesus ein »Ja«-Gesicht hatte. Ich habe ihn zwar nicht in seiner Menschengestalt gesehen, aber das, was ich über ihn gelesen habe, läßt darauf schließen, daß er ganz sicher eines hatte. Welch einen Gegensatz muß er dargestellt haben! Er war von gebildeten Männern umgeben, religiösen, ehrwürdigen, gerechten (oder besser gesagt: selbstgerechten) Leuten, die das Gesetz stundenlang auswendig zitieren konnten, professionellen Leuten, deren ganzes Gebaren ein einziges »Nein!« verkörperte. So fromm sie auch nach außen hin waren, so hatten sie eine Killerseele, aber dennoch sickerte nichts von ihrem Gift in sein Leben hinein. Ganz im Gegenteil: Er bewirkte eine umwälzende Veränderung der Religion, weil er eine »Ja«-Botschaft verkündete, während seine professionellen Kollegen »Nein!« schimpften. Das hat mich schon seit Jahren fasziniert. Wie war das möglich? Wie hat er es nur geschafft, ihrem Einfluß etwas ungleich Wertvolleres entgegenzusetzen? Mit einem Wort gesagt: Es war Gnade. Er war so voller Gnade und Wahrheit, daß er ihrem enggeistigen Gift keinerlei inneren Raum ließ.

Im Rückblick auf seine Zeit mit Jesus erinnert Johannes (einer der Zwölf) sich, daß Jesus ungewöhnliche, noch nie dagewesene Qualitäten besaß; von dieser Zeit sagt Johannes: »[U]nd wir haben seine Herrlichkeit gesehen.« Das Besondere an Jesus war diese unbegreifliche »Herrlichkeit«, eine Herrlichkeit, welche die Gegenwart Gottes darstellte. Aber mehr noch: Dieser herrlichkeitsdurchdrungene Jesus war »voll Gnade und Wahrheit«. Lassen Sie diese Formulierung einmal auf sich wirken. Seine Herrlichkeit, dieses Zusammenspiel von Gnade und Wahrheit, machte sein Anderssein aus. Jesus kam in eine Welt der Finsternis und Forderungen, der Vorschriften und Verbote von seiten der heuchlerischen, religiösen Elite und wies einen neuen, völlig anderen Weg – er allein, der »voll Gnade und Wahrheit« war, lebte seinen Zeitgenossen eine revolutionäre Lebensweise vor. Im Gedanken an diese Einzigartigkeit fügt Johannes hinzu: »Aus seiner Fülle haben wir alle empfangen, Gnade über Gnade« (Joh 1,16).

Übersehen Sie nicht den inneren Zusammenhang zwischen diesem Vers und Vers 14. Zuerst schreibt Johannes: »… wir haben seine Herrlichkeit gesehen« und fährt dann fort: »Aus seiner Fülle haben wir alle empfangen.« Auf Johannes und die anderen Jünger hatte dies einen bleibenden Effekt. Gnade über Gnade färbte auf sie ab; sie erlebten eine tiefgreifende Veränderung an sich. Sein Stil wurde auch ihr Stil. Seine Toleranz wurde ihre. Seine Bereitwilligkeit, seine Liebe, seine Herzlichkeit, sein Mitgefühl: Alles wurde von diesen Männern absorbiert und zwar in einem solchen Maß, daß sie von Grund auf umgekrempelt wurden. Bis zum Ende des 1. Jahrhunderts hatte das Wirken dieser Männer im Römischen Reich bereits solche Wellen geschlagen, daß die Folgen nicht mehr zu übersehen waren.

Seine einführenden Aussagen faßt Johannes mit einer Gegenüberstellung der beiden religiösen Richtungen zusammen: »Denn das Gesetz wurde durch Mose gegeben, die Gnade und die Wahrheit kamen durch Jesus Christus« (Joh 1,17).

Das Gesetz des Mose brachte Berge von Forderungen, Regeln, Vorschriften mit sich. Diese hohen Anforderungen wiederum brachten kaum zu erfüllende Forderungen mit sich, die Wasser auf die Mühlen der Schriftgelehrten und Pharisäer gossen. Indem diese nämlich das Gesetz durch Zusätze anreicherten, machten sie ihren Zeitgenossen das Leben um so schwerer: Schuld und Schuldgefühle wurden immer belastender. Die Pharisäer waren so besessen von Aspekten wie Pflicht, äußerer Lebensführung und der Unterscheidung von Gut und Böse (besonders bei anderen), daß sie ein unglaublich strenges System schufen, in dem kein Platz für Freude war. Dies führte zu herzlosen, selbstgerechten, sogar vorurteilshaften Richtersprüchen, und das von ihnen in Bewegung gesetzte religiöse System wurde zu einer Fassade der Äußerlichkeiten, anstatt innere Echtheit zu fördern. Gehorsam war etwas, was sich erzwungenermaßen aus der Pflicht ergab und nicht aus der überströmenden Freude über die empfangene Liebe.

Doch durch Jesus Christus kamen die Gnade und die Wahrheit, und eine langersehnte Revolution des inneren Menschen befreite die Gefangenen des religiösen Systems. Angstvolles Dienen aus Schuldgefühlen heraus wurde durch den spontanen Wunsch abgelöst, ihm aus tiefer Dankbarkeit und Freude heraus nachzufolgen. Anstatt äußere Moral zum Thema zu machen, sprach er von den Werten des Herzens. Anstatt zu verlangen, daß der Sünder eine lange Liste von Vorschriften erfüllen müsse, betonte er das Vertrauen, selbst wenn dieses nur die Größe eines Senfkorns hätte.

Ein neues Zeitalter brach an, das Zeitalter der Freiheit, wie denn auch Jesus selbst lehrte: »Dann werdet ihr die Wahrheit erkennen, und die Wahrheit wird euch befreien« (Joh 8,32). Die starre, an Äußerlichkeiten orientierte Religion wurde nun endlich von Gnade abgelöst, von einer Gnade, die Befreiung in Beziehungen hineintrug. Zweifellos waren die ersten Gnadenkiller die Gesetzeslehrer und Pharisäer.

Gnade: Eine Begriffsbestimmung

Was ist Gnade? Und ist Gnade etwas, was sich ausschließlich auf das Leben und Wirken Jesu bezieht? Es wird Sie vielleicht überraschen, daß Jesus den Begriff selbst nie gebraucht hat. Statt dessen hat er das Konzept gelehrt und, was nicht minder bedeutend ist, vorgelebt. Die Bibel enthält keine Definition von Gnade, obwohl Gnade immer wieder auf ihren Seiten zu finden ist – nicht nur als das Wort selbst, sondern auch in der Form von zahlreichen, konkreten Beispielen. Um zu verstehen, was Gnade bedeutet, müssen wir bei einem alten hebräischen Wort anfangen, das ursprünglich »beugen« oder »sich vorbeugen« bedeutete. Im Laufe der Zeit verstand man darunter mehr, so etwas wie »unverdientes Wohlwollen«.

Wenn Sie schon einmal in London waren, haben Sie vielleicht Mitglieder des englischen Königshauses zu sehen bekommen. Wenn das zutrifft, dann haben Sie möglicherweise einen Eindruck von dem bekommen, was Kultiviertheit, Erhabenheit und Distanz ist. Ab und zu berichten die Zeitungen über irgendein Mitglied des Adelsstandes, weil der oder die Betreffende sich die Zeit genommen hat, um stehenzubleiben, das erhabene Haupt zu neigen und einen Bürgerlichen zu begrüßen und zu segnen. Das ist Gnade. Der Bürgerliche hat keinerlei Anspruch darauf, von einem Mitglied des Königshauses bemerkt, begrüßt oder sonstwie bedacht zu werden. Doch weil die Königin so gnädig ist, hat sie den Wunsch, stehenzubleiben, sich herabzuneigen, den Bürgerlichen zu berühren und sogar zu segnen.

Der verstorbene Pfarrer und Bibelforscher Donald Barnhouse hat es vielleicht am treffendsten ausgedrückt, als er schrieb: »*Liebe, die sich nach oben richtet, ist Anbetung; Liebe, die sich nach außen richtet, ist Zuneigung; Liebe, die sich herabneigt, ist Gnade.*«[3]

Gnade bedeutet, jemandem, der dies nicht verdient und aus sich selbst heraus niemals erlangen kann, eine Gunst oder eine Freundlichkeit zu erweisen. Das Annehmen von Gottes unverdientem Wohlwollen steht im scharfen Gegensatz zum Verdienen dieser Gunst durch gute Werke. Das Konzept von Gnade schließt das Moment des Unverdientseins ein. Der Empfänger erhält etwas, was er keineswegs verdient hat. Die Gunst, die der Geber ihm erweist, entspringt einzig und allein dem Wohlwollen des Gebers.

Ich erinnere mich lebhaft an meine letzte Tracht Prügel. Es war an meinem dreizehnten Geburtstag. Da ich soeben den glorreichen Lebensabschnitt des Teenager-Daseins begonnen hatte, hielt ich mich wohl für unnahbar. Mein Vater war dagegen längst nicht so überzeugt von meiner, vermeintlich soeben erlangten Bedeutung und Unabhängigkeit wie ich selbst. Ich lag auf meinem Bett. Er verbrachte den schwülen Oktobernachmittag in unserem Houstoner Garten, wo er Unkraut jätete. Er rief mich: »Charles, komm nach draußen und hilf mir beim Jäten!« Ich rief durchs Fenster zurück: »Nee. Ich hab' schließlich heute Geburtstag, falls du das vergessen haben solltest.« Die Aufmüpfigkeit in meinen Worten war nicht zu überhören. Ich war zum Gehorsam erzogen worden, aber mit dreizehn hielt ich mich plötzlich für zu wichtig für solche Dinge. Mein Vater stellte an diesem Herbstnachmittag einen neuen Hundert-Meter-Rekord auf. Bevor ich wußte, wie mir geschah, war er schon in meinem Zimmer und versetzte mir auf dem Weg zum Garten eine Tracht Prügel, die sich gewaschen hatte. Ich jätete Unkraut, bis die Stiefmütterchen im Mondschein schliefen.

Am selben Abend überraschte er mich mit einem Geburtstagsessen in einem Restaurant. Die Tracht Prügel am Nachmittag hatte ich voll und ganz verdient. Die Überraschung am Abend hatte ich nicht verdient. Das Geburtstagsessen war Gnade. Mein Vater hatte diesem aufmüpfigen Dreizehnjährigen eine Gunst erwiesen. An diesem Abend kam ich in den Genuß von etwas, was ein scharfsinniger Theologe namens Benjamin Warfield »*unentgelt-*

liche Gunstleistung eines Übergeordneten an einen, der dies durch nichts verdient hat«[4] genannt hat. Ich kam in den Genuß von Gnade.

Noch ein Aspekt der Gnade muß betont werden: Gnade ist absolut kostenlos. Als Empfänger von Gnade werden Sie niemals zur Kasse gebeten werden. Sie bezahlen zu wollen, wäre ein Ding der Unmöglichkeit. Die meisten von uns tun sich mit diesem Gedanken schwer, weil wir uns alles, was wir besitzen, aus eigener Kraft erarbeitet haben. »Umsonst ist nur der Tod«, besagt die alte Redensart. Aber bei Gnade ist das anders: Gnade wird uns kostenlos, ohne jede Gegenverpflichtung frei Haus geliefert. Wir sollten erst gar keinen Versuch machen, sie zu bezahlen; das wäre eine Beleidigung.

Angenommen, Sie sind bei Freunden zum Essen eingeladen. Sie lassen sich die Köstlichkeiten schmecken, und danach sitzen Sie gemütlich mit Ihren Freunden im Wohnzimmer beisammen, um sich bei schöner Musik zu unterhalten. Schließlich stehen Sie auf, holen sich Ihren Mantel und verabschieden sich. Bevor Sie aber zur Tür hinausgehen, langen Sie in die Tasche und fragen: »So, und was bin ich euch schuldig?« Was für eine lächerliche Peinlichkeit! So etwas ist mehr als unangebracht, wenn man netterweise von jemandem zum Essen eingeladen worden ist.

Ist es nicht verrückt, daß diese Welt voller Menschen ist, die meinen, Gottes Gnade durch gute Werke bezahlen zu müssen? Irgendwie hoffen sie, Gott milde zu stimmen, indem sie sich besonders anstrengen und sich seine Gunst erarbeiten; doch diese Gunst würde auf Werken beruhen. So funktioniert Gnade nun einmal nicht.

Jesus ist gekommen, um am Kreuz zu sterben und damit die Forderung zur Tilgung aller Sünden zu erfüllen. Wir brauchen diese Gnade nur noch für uns in Anspruch zu nehmen, indem wir das kostenlose Geschenk des ewigen Lebens annehmen. Punkt. Wir kommen in den Genuß von Gottes Gunst, weil sein Sohn den Preis unserer Sünde schon mit seinem Sterben und seiner Auferstehung bezahlt hat. Das, lieber Freund, ist Gnade, wunderbare Gnade. Wenn das kein Grund ist, ein »Ja«-Lächeln auf jedes Gesicht zu zaubern!

Gnade: Ein paar konkrete Beispiele

Jesus selbst lieferte mehrere perfekte Illustrationen dessen, was Gnade ist. Greifen wir doch einmal einige heraus. Für die Frau, die in flagranti ertappt wurde, ergriff er Partei. Das Gesetz sah eindeutig vor, daß man sie zu steinigen hatte. Die Gnadenkiller, die sie zu Jesus schleppten, forderten dies auch. Doch zu diesen selbstgerechten Schriftgelehrten und Pharisäern sagte Jesus: »Wer von euch ohne Sünde ist, werfe als erster einen Stein auf sie.« Welche Gnade! Von Gesetzes wegen hatten sie durchaus das Recht, die Frau unter den Steinen in ihren Händen zu begraben – und das hätten sie auch getan, ohne mit der Wimper zu zucken. Da standen sie, und aus den Augen blitzte ihnen der Eifer der Selbstgerechtigkeit, bis sie auf die Gnade in der Person Jesu trafen.

Als sein Freund Lazarus gestorben war, kam Marta ihm entgegengelaufen, während Maria zu Hause auf ihn wartete. Beide warfen ihm vor: »Herr, wärst du hier gewesen, dann wäre mein Bruder nicht gestorben.« Diese Worte enthalten eine heftige Anklage. Er reagierte voller Gnade darauf. Mit einer einzigen Handbewegung hätte er die beiden in die Ewigkeit befördern können, doch er verzichtete darauf, auch nur ein einziges hartes Wort zu sagen. Das ist Gnade.

Kindern begegnete er voller Gnade. Wenn er Geschichten erzählte, war Gnade eines seiner Lieblingsthemen. Er erzählte die Geschichte des verlorenen Sohnes mit Worten der Gnade. Wenn er von Menschen erzählte, die in einer hoffnungslosen Situation steckten, kam die Rettung in der Form von überströmender Gnade. Wie in der Geschichte vom schuldbeladenen Zolleintreiber. Anstatt den Profi-Frommen, der fest davon überzeugt war, daß Gott eigentlich stolz darauf sein müsse, so jemanden wie ihn zu haben, als Musterknaben hinzustellen, bedachte Jesus den namenlosen Sünder, dessen Gebet lautete: »Gott, sei mir Sünder gnädig!«, mit seinem ganzen Wohlwollen.

Selbst am Kreuz weigerte er sich, seinen Feinden zu zürnen. Erinnern Sie sich an seine Worte? »Vater, vergib ihnen ...« Keine Spur von Rachegedanken, keine Verbitterung. Wunderbar, diese

Gnade! Erstaunlich, welche Befreiung sie mit sich brachte. Und sie kam mit Macht von dem einzigen auf der Welt, der unbegrenzte Macht besaß: von dem Sohn Gottes.

Ich möchte eindringlich darum bitten, daß wir diese Gnade nicht auf ihn beschränken. Auch wir können lernen, Gnade auszuleben. Weil wir dazu fähig sind, haben wir keine Ausrede. Wir müssen Gnade konkret ausleben, nicht nur mit Worten und durch spektakuläre Hilfeleistungen in Krisenmomenten, sondern gerade auch in den kleinen Dingen des Alltags.

Sir Edward C. Burne-Jones, der berühmte englische Maler des 19. Jahrhunderts, ging einmal zu seiner Tochter zum Tee. Seine kleine Enkeltochter durfte ausnahmsweise auch bei Tisch dabeisein. Als ihr Betragen jedoch zu wünschen übrigließ, schickte ihre Mutter sie zur Strafe in die Ecke, wo sie mit dem Gesicht zur Wand stehen mußte. Als erfahrener Großvater mischte Sir Edward sich nicht in die Erziehungsmethoden seiner Tochter ein, doch am nächsten Morgen klopfte er mit einem Sortiment an Farben und seiner Palette bei seiner Tochter an die Tür. Er ging zu der Wand, wo das kleine Mädchen am Tag zuvor hatte stehen müssen, und verzierte sie mit allerhand kleinen Bildern: ein Kätzchen, das seinen eigenen Schwanz jagt, Schafe auf einer Weide, Goldfische in einem Teich. Beide Wände der Ecke verzierte er mit seinen Malkünsten, um seiner Enkeltochter eine Freude zu machen. Wenn sie das nächste Mal zur Strafe in der Ecke stehen mußte, dann sollte sie wenigstens etwas zum Anschauen haben.[5]

So ist auch unser Herr. Wenn wir ungute Dinge tun, dann züchtigt er uns, manchmal sogar sehr streng, doch er kehrt uns niemals den Rücken. Er schickt sein Kind nicht in die Hölle! Genausowenig enthält er uns seine Gnade vor und sperrt uns hinter das Eisengitter des Gesetzes. Er geht mit seinen Kindern gnädig um; er begegnet uns mit seinem herrlichen, begeisternden, unverdienten Wohlwollen. Das ist wirklich wunderbar!

Es wird immer Leute wie jene damals geben, die nur Mißbilligung für die Ehebrecherin hatten, Leute, die uns zur Strenge, zu Starrheit, zur Kaltherzigkeit drängen wollen. Ja, es wird immer Leute geben, die lieber steinigen als verzeihen, die lieber verurteilen als verstehen wollen. Ich wage aber zu hoffen, daß wir uns alle dem immer größer werdenden Lichterzug jener anschließen, die das Ausleben der Gnade nach dem Vorbild Jesu für wesentlich effektiver als alles andere halten. Mit Sicherheit eine Einstellung nach dem Herzen Gottes!

Mit welchen Resultaten ist zu rechnen?

Sie kennen vielleicht die Geschichte des Rip Van Winkle, der zwanzig Jahre lang schlief und sich beim Aufwachen in einer völlig veränderten Welt wiederfand. Während seines zwei Jahrzehnte dauernden Nickerchens hatten sich überall phänomenale Dinge ereignet, von denen er nicht das geringste gemerkt hatte. Wie Rip Van Winkle sind auch viele unserer Zeitgenossen narkotisiert, die uns das gnadenerfüllte Leben mit seiner befreienden Macht vorenthalten wollen. Wachen Sie auf aus dem Narkoseschlaf! Die Zeit der Gnade ist gekommen! Und wie wird die Welt aussehen, in der Sie sich nach Ihrem Langzeitschlaf wiederfinden werden?

Zum Schluß dieses ersten Kapitels möchte ich vier praktische Erwartungen auflisten, mit denen Sie sich dem Thema Gnade nähern können.

Erstens können Sie damit rechnen, Gottes Gaben an Sie und andere besser schätzen zu lernen. Welche Gaben? Ich denke an mehrere. Das Geschenk der Errettung (auf das wir im nächsten Kapitel näher eingehen werden). Das Geschenk des Lebens. Das Geschenk des Lachens, der Musik, der Schönheit, der Freundschaft, der Vergebung. Wer die Freiheit, die Gott uns anbietet, für sich in Anspruch nimmt, der lernt alle Gaben, die das Leben beinhaltet, zu schätzen.

Zweitens können Sie damit rechnen, weniger Zeit und Energie darauf zu verwenden, das Handeln anderer unter die Lupe zu nehmen oder zu kritisieren. Wäre das nicht eine große Erleichterung? Wer persönliche Erfahrungen mit Gnade macht und anfängt, sich auf dem Feld der Freiheit zu bewegen, der gibt sich schon bald nicht mehr mit Haarspaltereien ab. Der wird anderen das Recht auf eigene Entscheidungen zugestehen, auch wenn er selbst anderer Meinung ist.

Drittens können Sie damit rechnen, toleranter und weniger gesetzlich zu werden. Äußerlichkeiten werden Ihnen nach der Lektüre dieses Buches nicht mehr so viel bedeuten. Sie werden ein Verlangen nach geistlicher Echtheit in sich tragen, anstatt noch länger eine Religion des oberflächlichen Handelns zu ertragen. Sie werden so sehr mit dem Ausleben von Gnade beschäftigt sein, daß Sie keine Zeit mehr haben, Andersdenkenden das Leben durch Anklagen schwer zu machen.

Viertens können Sie damit rechnen, einen Riesenschritt auf dem Weg zu geistlicher Reife voranzukommen. Wenn Ihr Horizont sich durch Ihr wachsendes Verständnis von Gnade erweitert, werden Sie auch an geistlicher Reife gewinnen. Neue Perspektiven werden sich Ihnen eröffnen. Die Veränderung wird so tiefgreifend sein, daß Sie sich selbst kaum wiedererkennen werden!

Das erinnert mich an ein Erlebnis aus der Zeit, als ich zehn oder elf Jahre alt war. Sie werden es kaum glauben, aber bis dahin hatte ich noch nie ein Football-Spiel gesehen … ich meine ein richtiges Football-Spiel von einer Oberschule, einem College oder eine Profi-Mannschaft. Mein Horizont war sagenhaft eng, weil meine Erfahrungswelt auf unsere Nachbarschaft in East Houston begrenzt war. Wir hatten damals nicht einmal einen Fernseher. Als wir einmal Freunde in Austin übers Wochenende besuchten, lud der Familienvater uns Kinder zu einem Football-Spiel der *University of Texas* ein. Ich wußte zwar nicht genau, um was es sich da handelte, aber wenn es mit Football zu tun hatte, war ich Feuer und Flamme. Schließlich spielte ich zu Hause fast jeden Nachmittag Football mit den Nachbarskindern.

Dieses Erlebnis werde ich nie vergessen! Als wir das Stadion betraten, müssen meine Augen wohl tellergroß gewesen sein. Und als wir uns auf unsere Plätze oben auf der Tribüne setzten, war ich buchstäblich überwältigt von dem Anblick, der sich mir bot. Dort unten auf dem Spielfeld wärmte Bobby Layne sich vor dem Spiel auf; wenig später sollte er den Longhorns zu einem entscheidenden Sieg verhelfen. Das Spielergebnis war großartig – Gewinnen macht halt immer Spaß –, aber der Langzeiteffekt bei mir war noch bedeutender. An einem einzigen Nachmittag war mein Horizont förmlich explodiert! Ich hatte einen Eindruck von der Spannung, der Farbe, dem Draufgängertum von »echtem« Football bekommen, und von da an war ich ein anderer. Zu meiner alten Vorstellung von diesem Sport konnte ich nun nicht mehr zurückkehren. Das Erlebnis brachte mich einen großen Schritt in meiner Entwicklung voran.

Glauben Sie mir: Wenn Sie erst die echte Freiheit gekostet haben, die aus Gnade resultiert, dann werden Sie ein Leben der Knechtschaft nie wieder dulden können … allen Ernstes.

Kapitel 2

Das Geschenk

Lassen Sie uns einmal über Irrlehre nachdenken. Als erstes beantworten Sie mir bitte die Frage: Was ist Ihrer Ansicht nach die gefährlichste Irrlehre der Welt? Nehmen Sie sich ruhig einen Moment Zeit zum Überlegen. Die Irrlehre, an die ich denke, ist so frech und häßlich, daß sie die Engel zum Erröten bringen könnte. Sie ist heimtückisch, gerade weil sie sich nach außen hin eigentlich recht attraktiv gibt. Schon seit langer Zeit hat sie enorm viele Anhänger. Im Grunde genommen existiert sie schon seit der Zeit des Paradieses. Ich gebe Ihnen ein paar Anhaltspunkte:

- Die Weltanschauung, die dahintersteckt, findet sich in zahllosen Selbsthilfebüchern, vielen Gedichten und den meisten Biographien von Leuten, die über Nacht reich und berühmt geworden sind.
- Diese Irrlehre schimmert immer wieder bei Politikerreden und Abschlußfeiern von Oberschulen und Colleges durch. Im akademischen Bereich ist sie ausgesprochen beliebt.
- Sie schmeichelt unserem Ego, sie ist Wasser auf die Mühlen unserer eigensüchtigen Natur.

Kurz gesagt, ich meine den Humanismus.

William Ernest Henley, der 1849 in Gloucester (England) geboren wurde und seit seiner Kindheit behindert war, gehörte zu den frühen Humanisten. Er schrieb einen Text, der in ganz Amerika häufig von den Klassenbesten in der Festrede zur Abschlußfeier der Oberschule zitiert wird.

»INVICTUS
Aus tiefer Nacht, die mich umgibt,
so schwarz, so schwer, so endlos weit,
dank' ich den Göttern, so's sie gibt,
für meine Unbesiegbarkeit.

Wenn ich des Schicksals Spielball bin,
so klage ich mit keinem Schrei.
Ich nehm' des Zufalls Schläge hin,
das Haupt voll Blut, doch hoch und frei.

Im Jenseits, nach der Müh', dem Weh,
liegt Ungewisses nur bereit,
doch ängstigt mich kein Drohen je
in aller Zeit und Ewigkeit.

Eng sei die Pforte, heißt's und lang
der Strafen Zahl – was kümmert's mich?
Mein Schicksal liegt in meiner Hand.
Mein Seelenkapitän bin ich!« [1]

Ich würde sagen, der Mann nimmt den Mund ziemlich voll, meinen Sie nicht auch? Wenn das wirklich stimmt, was er da schreibt, nämlich daß wir unbesiegbare Seelen haben, daß wir selbst die Fäden unseres Schicksals und unserer Zukunft in der Hand haben, dann höre ich schon im Geiste den Schlachtruf: »Was kostet die Welt?«

Achtung, Gefahr: Irrlehre auf freiem Fuß!

Eine solche Einstellung ist Ihnen doch sicherlich schon öfters begegnet, oder nicht? Wenn es Ihnen so geht wie mir, dann haben

Sie Ähnliches schon seit Ihrer Kindheit gehört. Es klingt doch auch so knackig-frisch, so mitreißend: »Streng dich nur an, und du wirst es schon selbst schaffen. Jeder ist seines eigenen Glückes Schmied. Nichts ist unmöglich. Man muß sich nur ein bißchen Mühe geben. Du kannst alle Ziele erreichen, die du dir steckst – sogar den Himmel!« (Oder, wie es zu Luthers Zeiten hieß: »man kann einem lieben Verblichenen mit dem nötigen Kleingeld im Eiltempo dorthin verhelfen«.)

Was sich so plausibel anhört, ist in Wirklichkeit eine Irrlehre und zwar eine, die ich persönlich für die gefährlichste von allen halte. Warum? Weil die Betonung auf dem liegt, was wir für Gott tun anstatt auf Gottes Handeln für uns. Es gibt Leute, die so überzeugt von dieser Sicht sind, daß sie ihr letztes Hemd dafür verpfänden würden. Oft sind das solche Zeitgenossen, deren Lieblingsvers aus der Bibel lautet: »Hilf dir selbst, dann hilft dir Gott« (was übrigens nirgends in der Bibel vorkommt). Wenn das kein Gnadenmord schwersten Kalibers ist! In Wirklichkeit hilft Gott den Hilflosen, den Unwürdigen, denen, die nicht in das Schema der Gesellschaft passen, denen, die seinen Erwartungen einfach nicht gerecht werden. Trotzdem wird diese Unwahrheit heute lauter denn je von den Dächern trompetet. Die meisten betrachten sich selbst durchaus als Kommandeur ihres Schicksals, als Kapitän ihrer Seele. Es ist ein uraltes Konzept, das tief im Herzen des Menschen verwurzelt ist. Und was spräche auch dagegen? Schließlich schmeichelt es dem Lieblingsobjekt der Menschheit seit Urzeiten: dem eigenen Ich.

Lassen Sie sich eine der ersten biblischen Begebenheiten vor Augen führen, wo dieses Konzept sein Debüt gab. Viele, viele Jahrhunderte vor Christus, als es noch keine Sprachen- und Kulturvielfalt gab, wohnten die Menschen der Welt in einer Gegend namens Schinar und sprachen ein- und dieselbe Sprache. Sie faßten den einstimmigen Entschluß, ein Bauwerk von enormen Ausmaßen zu errichten, einen Turm, dessen Spitze bis in den Himmel reichen sollte. Die Bibel erzählt diese Begebenheiten folgendermaßen:

> »Alle Menschen hatten die gleiche Sprache und gebrauchten die gleichen Worte. Als sie von Osten aufbrachen, fanden sie

> eine Ebene im Land Schinar und siedelten sich dort an. Sie sagten zueinander: Auf, formen wir Lehmziegel, und brennen wir sie zu Backsteinen. So dienten ihnen gebrannte Ziegel als Steine und Erdpech als Mörtel. Dann sagten sie: Auf, bauen wir uns eine Stadt und einen Turm mit einer Spitze bis zum Himmel, und machen wir uns damit einen Namen …« (Gen 11, 1-4).

Klingt das nicht erhebend? Wäre das nicht ein Vorhaben, das überall große Beachtung finden würde? Keiner könnte widerstehen! Eine einmalige Gelegenheit! Ich kann mir direkt vorstellen, wie die Handelskammer von Schinar den neuen Slogan »Ehre sei dem Menschen in der Höhe« unter die Leute brachte, um damit Bauarbeiter anzuwerben. Jeder machte mit.

Dieser Turm fasziniert mich schon seit Jahren, besonders seine Spitze, die »bis zum Himmel« reichen sollte. Als Junge habe ich in der Sonntagsschule Bilder von dem Turmbau zu Babel gesehen. Auf diesen Bildern stieß die Turmspitze bis in die Wolken vor. In meiner kindlichen Unbedarftheit malte ich mir aus, wie die Turmspitze buchstäblich bis in den Thronsaal Gottes hineinreichte. Dabei war ein Bauwerk von der Höhe eines Wolkenkratzers damals ein Ding der Unmöglichkeit. Es gab zwar recht stattliche Gebäude, aber mit Sicherheit nichts derartig Riesenhaftes.

Vor mehreren Jahren habe ich mich einmal intensiv mit diesem Text aus der Genesis beschäftigt und dabei etwas sehr Hilfreiches entdeckt. Der zentrale Teil von Vers 4 liest sich im Urtext folgendermaßen: »… dessen oberes Stück bei den Himmeln ist.« Die Präposition »bei« drückt das Element des Begleitens oder des Repräsentierens aus. Die Turmspitze sollte irgendwie so konstruiert sein, daß sie die Himmel repräsentierte.

Bei meinen Nachforschungen habe ich ebenfalls festgestellt, daß vor mehreren Jahrzehnten Ausgrabungen in der Gegend des alten Schinar durchgeführt worden sind. Man fand nicht nur die Reste eines einzigen Turms; offensichtlich war eine ganze Reihe von diesen Zikkurraten (kegelförmige Bauwerke mit einer spiralenförmigen Rampe zum Besteigen des Turms) errichtet worden. Von diesen Zikkurraten hatte eine weit über alle anderen hinausgeragt. Es ist durchaus möglich, daß es sich hier um den Turm aus Genesis, Kapitel 11 handelt. Am interessantesten ist, daß man in der Nähe der Spitze dieses Turms Tierkreiszeichen eingeritzt fand, Zeichen und Symbole, die Sternenkonstellationen – oft als »die Himmel« bezeichnet – darstellen sollten. Es war beinahe ein Schrein dort oben – fast so, als hätten sich die Bauherren gedacht: »Der gute alte Gott! Jetzt sieht er auf unsere Stadt herunter und staunt über das, was wir da gebaut haben. Stellt euch bloß vor, wie berühmt wir werden. Wir haben uns einen Namen gemacht! Der Segen Gottes ist uns sicher, weil wir so etwas Prächtiges geleistet haben!« Es war die Sternstunde des Humanismus.

Es fragt sich aber, was Gott nun tatsächlich von diesem Bauwerk hielt, das da zur Ehre des Menschen errichtet worden war. Als erstes sei erwähnt, daß er ihre Gedanken längst durchschaut hatte:

> »Da sah der Herr herab, um sich Stadt und Turm anzusehen, die die Menschenkinder bauten. Er sprach: Seht nur, ein Volk sind sie, und eine Sprache haben sie alle. Und das ist erst der Anfang ihres Tuns. Jetzt wird ihnen nichts mehr unerreichbar sein, was sie sich auch vornehmen« (Gen 11,5-6).

Damit wir uns nicht falsch verstehen: Der Mensch ist zu unglaublichen Leistungen fähig. Man sollte nicht den Fehler machen, die Fähigkeiten des Menschen zu unterschätzen. Gott selbst erkennt dies an, wenn er – mit unseren Worten ausgedrückt – zu verstehen gibt: »Das ist erst die Spitze des Eisbergs. Dieses Denken wird sie bis ans Ende der Menschheit nicht mehr loslassen. Sie werden vor nichts zurückschrecken. Was sie sich in den Kopf setzen, das werden sie auch tun.« Daher brachte er das Projekt zum Stillstand.

> »Auf, steigen wir hinab, und verwirren wir dort ihre Sprache, so daß keiner mehr die Sprache des anderen versteht« (Gen 11,7).

Lesen Sie die folgenden beiden Verse sehr genau, und Sie werden feststellen, daß Gott den Turm zu Babel keineswegs dem Erdboden gleichmachte; die Arbeiter ließen die Baustelle von selbst im Stich.

»Der Herr zerstreute sie von dort aus über die ganze Erde, und sie hörten auf, an der Stadt zu bauen. Darum nannte man die Stadt Babel (Wirrsal), denn dort hat der Herr die Sprache aller Welt verwirrt, und von dort aus hat er die Menschen über die ganze Erde zerstreut« (Gen 11,8-9).

Ich hätte gern gewußt, wie viele Generationen von Menschen dann später durch Schinar reisten und diese Stadt, die mit der Zeit zu Schutt und Asche verfiel, kopfschüttelnd besichtigten. Im Grunde genommen muß die Antwort auf diese Frage lauten: »Anscheinend noch nicht genug!« Die Menschheit hat es versäumt, ihre Lehre aus der Sache mit Babel zu ziehen. Wir scheinen es uns statt dessen in den Kopf gesetzt zu haben, das, was Gott ausradieren wollte, zu restaurieren und museumsmäßig zu erhalten. Zu viele Menschen halten an der Überzeugung fest, daß sie es, wenn sie nur fleißig der eigenen Nase folgen, in Gottes Augen zu etwas Beachtlichem bringen werden. »Ich will einen Turm bauen«, verkündet da einer. Warum? »Weil ich berühmt werden will. Ich will mir einen Namen machen. Anerkennung steht mir zu. Und ich brauche das Gefühl, etwas geleistet zu haben, den Stolz, mir einen Namen gemacht zu haben. Ich habe so meine Vorstellungen vom Leben, und da lasse ich mir nicht dreinreden.« Gott entgegnet: »So wird's aber nicht gehen!« Trotzdem werden überall, wo man auch hinsieht, weiterhin zahllose Do-it-yourself-Türme errichtet. Schließlich sagt man sich ja voller Zuversicht: »Hilf dir selbst, dann hilft dir Gott!« Doch dieses egozentrische Abstrampeln stellt Auswüchse einer gefährlichen Irrlehre dar: Hier haben wir es mit einem Evangelium der Werke zu tun, einem Gnadenkiller der schlimmsten Art.

James Russel Lowell war ein Zeitgenosse William Ernest Henleys. Nicht nur der Atlantische Ozean, sondern auch eine enorme theologische Distanz lag zwischen diesen beiden Männern. Lowell, ein Amerikaner, beschrieb eine Geisteshaltung, die der in Henleys Gedicht nicht unähnlich ist:

»Die Wahrheit für immer auf dem Schafott,
das Falsche für immer auf dem Thron –
Noch bestimmt das Schafott die Zukunft,

doch hinter der unbekannten Dämmerung
steht Gott mitten im Schatten
und läßt nicht nach,
auf sein Eigentum zu achten.«[2]

Plädoyer für die Wahrheit

Die meisten Menschen sind eifrig mit Turmbauen beschäftigt, denn sie hoffen, dadurch zu Rang und Namen zu kommen, doch Gottes Wahrheit schafft Klarheit. Auf der Basis von Gottes Wort, der Bibel, möchte ich jeden dazu auffordern, sich schlicht und einfach die eigene Unzulänglichkeit einzugestehen und Gottes Gnade in Anspruch zu nehmen. Anstatt sich für eine selbstgebastelte Eintrittskarte zum Himmel abzustrampeln (wobei wir für unsere Knochenarbeit und Erfolge alles Lob selbst einheimsen), sollten wir endlich offen eingestehen, daß wir geistlich gesehen hilflos sind und es uns besser bekommt, Gottes Geschenk der Gnade anzunehmen. »Warum?«, wollen Sie wissen. »Warum sollte ich nicht herauskehren, wieviel ich für Gott tue anstatt umgekehrt?« Weil das schlicht und einfach Irrlehre ist. Wieso? Indem ich meine eigenen Leistungen beweihräuchere, beleidige ich seine Gnade und stehle das Lob, das ihm allein gebührt.

Verlassen wir die Ebene Schinar mit ihrer Turmstadt und wenden wir uns einem Mann zu, der nicht lange danach gelebt hat. Abraham hieß er, ein Mann, der sich eigentlich schon einen beachtlichen Namen gemacht hatte. Was dagegen seine Gerechtigkeit vor Gott anging, so besaß er nichts, wodurch er sich Gottes Gunst verdient hätte. Im Römerbrief wird dies glasklar herausgestellt:

> »Müssen wir nun nicht fragen: Was hat dann unser leiblicher Stammvater Abraham erlangt? Wenn Abraham aufgrund von Werken Gerechtigkeit erlangt hat, dann hat er zwar Ruhm, aber nicht vor Gott« (Röm 4,1-2).

Diese letzte Aussage ist es wert, genauer betrachtet zu werden. Einer, der viel Beachtliches geleistet hat, kann sich vor seinen Mitmenschen rühmen. Die Leute sind von seiner Leistung beeindruckt. Sie klatschen Applaus. Sie geben »Ehre, wem Ehre gebührt.« Sie sprechen den Namen des Betreffenden mit Hochachtung aus. Vielleicht widmen sie ihm sogar ein Bronzedenkmal oder benennen Schulen und Straßen nach ihm. Er hat vielleicht Grund zum Angeben vor seinen Zeitgenossen. Doch laut Römerbrief, Kapitel 4 hat er keinerlei Grund zum Prahlen vor Gott. Nicht einmal ein berühmter Mann wie Abraham konnte sich Gottes Gunst und Segen durch Werke erkaufen.

Im Endeffekt waren es nicht Abrahams Werke, durch die er bei Gott Gunst fand, sondern einzig und allein Gottes Gnade. Völlig losgelöst von allem, was Abraham angesammelt und geleistet, gekauft und erreicht hatte, erklärte Gott ihn für gerecht. Er »rechtfertigte« ihn. Donald Grey Barnhouse schreibt:

> *»Der Tag kam, an dem der sündige Abraham in Gottes Rechnungsführung plötzlich für gerecht erklärt wurde. Dies hing in keiner Weise mit irgendeiner besonderen Qualität Abrahams zusammen. Gott tat es aus sich heraus, und Abraham wurde zum Empfänger souveräner Gnade. Einem Sünder wurde die Gerechtigkeit Gottes geschenkt. Im Rechnungswesen Gottes wurde Abraham die Gerechtigkeit Gottes zuerkannt, verliehen, zugedacht, zugeschrieben. Der allmächtige Gott selbst vollbrachte eine Gnadentat, deren Motiv seine unergründliche Liebe war, indem er sich zu dem Strafregister herabneigte und alles löschte, was gegen Abraham sprach, und dann in das Buch schrieb, daß er, Gott … diesem Mann Abraham nun vollkommene Sündlosigkeit bescheinigte, und zwar zu einer Zeit, als Abraham in sich gottlos war. Das ist Rechtfertigung.«*[3]

Wie kann man behaupten, ein hochverehrter Stammvater wie Abraham sei »gottlos« gewesen? Dazu brauchen Sie nur ein wenig hinter die Kulissen seines Lebens (oder jedes x-beliebigen Lebens) zu schauen, und es wird Ihnen klar werden. Tief in Abrahams

Herzen herrschte eine gähnende Leere. Hinter allen Besitztümern und aller menschlichen Größe verbarg sich eine Kulturtradition des Götzendienstes (nachzulesen in Josua, Kapitel 24). Ein Götzenverehrer hatte ihn großgezogen. Die Frau, die er heiratete, stammte aus derselben götzenverehrenden Gegend. Durch Geburt, Natur und eigenes Handeln war er ein Sünder. Doch Gott in seiner unergründlichen Gnade machte all das ungültig. Und als er Abraham sagen hörte: »Ich glaube«, da schrieb Gott ihm vollkommene Gerechtigkeit in sein Schuldenkonto. Dies nennt die Bibel »Gerechtmachung« bzw. »Rechtfertigung«.

Darf ich mit einer Definition aufwarten? *Gerechtmachung ist eine souveräne Tat Gottes, durch die er den glaubenden Sünder für gerecht erklärt – zu einem Zeitpunkt, an dem der Betreffende noch sündig ist.* Obwohl Abraham auch nach seinem Glaubensbekenntnis und seiner Gerechtmachung in Abständen immer wieder sündigte, hörte Gott ihn, wenn er sagte: »Ich glaube … ich glaube an dich.« Und Gott schrieb ihm göttliche Gerechtigkeit auf seinem Konto gut. Dies tat er, obwohl Abraham nach wie vor sündigte. Doch Abraham brauchte sich nie wieder den Kopf darüber zu zerbrechen, wie er eigentlich vor seinem Gott dastand. Er galt ein für allemal als gerecht. Er hatte etwas geschenkt bekommen, dessen er vollkommen unwürdig war und das er sich nie und nimmer verdienen konnte. Um es wieder einmal zu betonen: Dies ist Gnade. Doch ist Abraham der einzige, dem sie gilt? Die Antwort findet sich in den beiden folgenden Versen:

> »Dem, der Werke tut, werden diese nicht aus Gnade angerechnet, sondern er bekommt den Lohn, der ihm zusteht. Dem aber, der keine Werke tut, sondern an den glaubt, der den Gottlosen gerecht macht, dem wird sein Glaube als Gerechtigkeit angerechnet« (Röm 4,4-5).

Die meisten Leute, die ich kenne, freuen sich auf den Zahltag. Da sind Sie bestimmt keine Ausnahme, oder? Woche für Woche, Monat für Monat setzen Sie sich am Arbeitsplatz ein. Am Lohntag bekommen Sie Ihr wohlverdientes Geld. Ich habe noch keinen getroffen, der sich vor dem Chef auf den Boden wirft und sagt:

»Herzlichen Dank! Vielen herzlichen Dank für diese wunderbare, unverdiente Gabe. Wie kann ich Ihnen nur je für meine Lohntüte danken?« Wenn wir das täten, dann würde unser Chef wahrscheinlich eine ziemliche Krise bekommen, oder zumindest würde er sich fragen: Was hat man dem (oder der) denn bloß in den Kaffee getan? Warum …? Weil Ihre Lohntüte oder Ihre Gehaltsüberweisung alles andere als ein Geschenk ist. Sie haben sich Ihr Geld redlich verdient. Es steht Ihnen zu. Lassen Sie es sich auszahlen! Geben Sie es aus! Sparen Sie es! Investieren Sie es! Spenden Sie es! Sie haben es sich doch verdient. In der Arbeitswelt, wo Löhne und Gehälter Vereinbarungssache sind, kann von Gnade nicht die Rede sein. Was wir bekommen, verdienen wir uns; es ist die Gegenleistung für unsere Arbeit. Ein Arbeiter bekommt »den Lohn, der ihm zusteht.«

Doch Gottes Betriebswirtschaft funktioniert nach einem anderen Prinzip. Bei Gott gibt es kein Gnadenverdienen. Geistlich gesehen haben Sie und ich einzig und allein den Tod verdient. Ob Sie es wahrhaben wollen oder nicht: Wir stehen total bankrott da, ohne jede Hoffnung auf eine ewige Errettung, ohne geistliche Pluspunkte; wir besitzen nichts, was uns die Gunst unseres heiligen und gerechten himmlischen Vaters garantieren könnte. Durch nichts können wir ihn dazu bewegen, sich über das Kinn zu streichen und zu sagen: »Tja, also, vielleicht hast du dir das ewige Leben im Himmel ja doch irgendwie verdient.« Nie und nimmer. Es ist sogar so, daß einer, der ein moralisch einwandfreies Leben vorzuweisen hat, keine besseren Chancen auf Gottes Gunst hat als einer, der ein riesiges Durcheinander aus seinem Leben gemacht hat und sich herzlich wenig um Gottes Willen kümmert. Alle, die sich Hoffnungen auf ewige Gerechtigkeit machen, müssen sich Gott auf derselben Grundlage nähern: auf der Grundlage von Gottes Gnade, mit der er uns beschenken will. Und dieses Geschenk ist absolut kostenlos. Jede Darstellung von Errettung, die davon abweicht, ist schlicht und einfach eine Irrlehre.

Das soll zum Thema Abraham genügen. Nun lesen wir weiter im Römerbrief, und dieser folgende Text wird mir dabei helfen zu erklären, wie dieses kostenlose Geschenk in die Hände aller gelangt, die glauben.

> »Gerecht gemacht aus Glauben, haben wir Frieden mit Gott durch Jesus Christus, unseren Herrn« (Römer 5,1).

Schauen Sie sich diese Worte einmal genau an. Wir, die wir durch Glauben gerechtfertigt werden und nicht durch Werke, wir bekommen das, was wir uns am allermeisten gewünscht haben: Frieden mit Gott. Etwa deshalb, weil wir irgendwelche besonderen Qualitäten vorzuweisen hätten? Ganz und gar nicht. Der Vers sagt aus, daß wir aus Glauben gerecht gemacht werden. Jesus Christus, unser Herr, hat letztendlich die Strafe für unsere Sünden verbüßt, als er an unserer Stelle am Kreuz starb. Auf Sünde gegen Gott steht die Todesstrafe. Und Jesus Christus, der sich als Sündloser zu unserem Stellvertreter machte, verbüßte ein für alle Mal unsere Sünden. Er gab sein Leben für uns. Darum macht Gott allen, die an seinen Sohn glauben, das ewige Leben zum Geschenk.

Weil dies so grundlegend für das Verständnis von Gnade ist, habe ich dieses zweite Kapitel für die Darstellung und Erläuterung von Gottes kostenlosem Geschenk reserviert. Wenn wir es erst in seiner vertikalen Dimension als kostenloses Geschenk Gottes an uns begriffen haben, dann ergibt sich die horizontale Dimension – unser Weiterreichen der Gnade an andere – größtenteils von selbst. Wenn wir erst die selten verkündete Tatsache akzeptieren, daß wir Gott seine Gnade und Gerechtigkeit mit nichts abkaufen können, dann erst sind wir bereit, sein kostenloses Geschenk anzunehmen.

Das klingt so einfach. Und genau das ist es auch – bis auf ein hartnäckiges Problem: das Problem der Sünde. Egal, wie lange wir die Schulbank drücken, wie viele schlaue Bücher wir lesen, wie fleißig wir in die Kirche gehen: Wir sind nun einmal mit dem Problem der Sünde behaftet.

> »Durch einen einzigen Menschen kam die Sünde in die Welt und durch die Sünde der Tod, und auf diese Weise gelangte der Tod zu allen Menschen, weil alle sündigen« (Röm 5,12).

Eignen Sie sich etwas Theologie an. Das ist zum Verständnis und zum Wertschätzen der Gnade unerläßlich. Wir sind schon angeschlagen, wenn wir geboren werden. Dieselbe Sünde, die Adam in die Welt brachte, hat die gesamte Menschheit infiziert. Keiner ist immun. Und keine menschliche Heldentat kann die ewige Barriere, die uns von Gott trennt, beseitigen. Weil Adam sündigte, haben alle gesündigt. Das führt zu der Schlußfolgerung: Wir sind alle ausnahmslos auf Hilfe angewiesen. Wir brauchen Vergebung. Wir brauchen einen Retter.

Wer hilft uns nun aber aus der Klemme? Lesen Sie die folgenden beiden Verse langsam und sorgfältig.

> »Wie es also durch die Übertretung eines einzigen für alle Menschen zur Verurteilung kam, so wird es auch durch die gerechte Tat eines einzigen für alle Menschen zur Gerechtsprechung kommen, die Leben gibt. Wie durch den Ungehorsam des einen Menschen die vielen zu Sündern wurden, so werden auch durch den Gehorsam des einen die vielen zu Gerechten gemacht werden« (Röm 5,18-19).

Wunderbar! Welch eine herrliche Zusage! »Was? Sie meinen also, Chuck, daß ich schlicht und einfach nur an Jesus Christus glauben muß, wenn ich ewiges Leben mit Gott haben will, Vergebung meiner Sünden, eine bombensichere Zukunft im Himmel – und das alles, ohne einen einzigen Finger dafür krumm machen zu müssen?«

Ja, haargenau. Das lehrt die Bibel. Um es wieder einmal zu sagen: Das ist Gnade. Darum ging es bei der protestantischen Reformation. Die Errettung ist das Resultat göttlicher Gnade, nicht menschlicher Werke. Wie wäre es mit einem Beispiel aus der Bibel? Mit dem Fall eines Mannes, der kurz davor war, sein Leben auszuhauchen? Der Mann, auf den ich hinauswill, war wie Jesus zum Tod am Kreuz verurteilt worden und hing nun neben ihm. Erinnern Sie sich an die Szene?

»Jesus, denk an mich, wenn du in dein Reich kommst«, sagte er. Worte des Glaubens sind es, das schlichte Flehen eines Mannes, der sein Leben lang Unrecht getan hatte. Mit letzter Kraft (er hatte nicht einmal genug Zeit für ein einziges gutes Werk ... auch taufen lassen konnte er sich nicht mehr!) wandte er sich an Jesus. Hilflos hängt er am Kreuz, und er vertraut. Sein Vertrauen drückt er mit seinem Flehen aus. Und Jesus antwortet ihm mit einem Versprechen: »Heute noch wirst du mit mir im Paradies sein.«

Zurück zum Römerbrief, Kapitel 5, Vers 20, wo es heißt: »Das Gesetz aber ist hinzugekommen, damit die Übertretung mächtiger werde …« Das ist beileibe nicht übertrieben! Manche mißverstehen diese Aussage und meinen, das Gesetz sei eine bedauerliche Fehlkonstruktion, weil es zu einer Zunahme der Übertretungen führe. Falsch. Als das Gesetz in Kraft trat, definierte es unsere Sünde, und unsere Schuld bekam einen Namen und damit mehr Gewicht. Schon beim ersten Lesen der Worte »Du sollst nicht … Du sollst nicht … Du sollst nicht …« wird uns klar, was Sünde ist. Gottes Anforderungen sind vollkommen angebracht. Seine Gebote sind perfekt und rein. Sie stellen das dar, was Gott von seinem Volk erwartet. Das Gesetz wurde formuliert, um uns begreiflich zu machen, was dazu notwendig ist, Gottes Standard von Gerechtigkeit zu erfüllen – doch wir schafften es nicht. Das Gesetz mahnte unablässig: »Tu's nicht! Tu's nicht! Tu's nicht!« Doch die Menschheit versagte. Das Gesetz vermittelte uns die Forderung nach Vollkommenheit, doch es gab keine Hilfestellung, keine Ermunterung. Der höchste Dienst, den das Gesetz uns Menschen erwies, lag darin, daß es uns eine glasklare Definition von Sünde gab und dadurch unsere Schuld beim Namen nannte und sie somit schwerer machte. Und genau das tut es auch heute noch. Bis zum heutigen Tag führt das Gesetz uns schmerzhaft vor Augen, wo wir gesündigt haben.

Einer der ersten Jobs, die ich als junger Teenager hatte, war Zeitungen austragen. Zwei Jahre lang trug ich die *Houston Press* aus. Es war kein schlechter Job und er sorgte dafür, daß ich nicht auf dumme Gedanken kam, aber mit der Zeit wurde mir das Zeitungsaustragen ziemlich langweilig.

Einmal, als ich einen langen Nachmittag damit verbracht hatte, zweihundert Zeitungen zusammenzurollen und in die Vorgärten zu werfen, kam ich auf dem Heimweg per Fahrrad an dem Rasen des Eckhauses gegenüber von unserem Haus vorbei. Ich dachte mir: Ich bin ja schon total kaputt … Zeitverschwendung, um das ganze Riesengrundstück herum zu fahren. Ich nehm' einfach die Abkürzung über den Rasen; dann bin ich schneller zu Hause. Gedacht, getan. Beim ersten Mal hatte ich noch leichte Gewissensbisse, als ich über den gepflegten, dichten Rasen radelte. Sie müssen nämlich wissen, daß der Garten *das* Prachtstück in der ganzen Nachbarschaft war. Unser Nachbar gab sich jede erdenkliche Mühe mit ihm. Ich hatte ihn schon oft beim allwöchentlichen Rasenmähen gesehen. Ach, was machte es schon aus, wenn ich nur dieses eine Mal darüber fuhr! Am nächsten Nachmittag kam ich wieder auf dem Fahrrad daher und dachte: Na, ob ich heute wieder die Abkürzung fahre? Ich tat es, und zwar mit noch leichteren Gewissensbissen als am Tag davor. Theoretisch wußte ich, daß ich das besser bleibenlassen sollte, aber wenn es dann darauf ankommt, hat man vor sich selbst immer eine Ausrede parat.

Innerhalb von zwei Wochen hatten meine Fahrradreifen eine schmale Kerbe in den Rasen gegraben. Spätestens jetzt wußte ich, daß ich eigentlich um die Ecke zu fahren hatte, doch das tat ich nicht. Ich schüttelte meine Schuldgefühle ab, so gut es ging.

Am Ende der dritten Woche stand plötzlich ein kleines, jedoch nicht zu übersehendes Schild in der Nähe des Bürgersteigs vor dem Pfad, den ich verursacht hatte. Darauf stand zu lesen:

RASEN BETRETEN UND MIT DEM RAD BEFAHREN UNERWÜNSCHT!

Fehlte nur noch mein Name! Zu meiner Schande muß ich gestehen, daß ich mich nicht an dem Schild störte; ich fuhr einfach daran vorbei und radelte auf meinem »Trampelpfad« weiter. Offen gestanden war mir recht unwohl zumute dabei. Warum? Das Schild hatte meine Sünde beim Namen genannt und meine Schuld dadurch bleischwer gemacht. Das Hochinteressante an der Sache ist aber, daß das Schild mich keineswegs davon abhielt, über das Grundstück zu fahren. Ganz im Gegenteil: Es übte eine sonderbare Faszination auf mich aus. Es trieb mich dazu, weiterhin zu sündigen.

Bei Schildern mit der Aufschrift »FRISCH GESTRICHEN« ist es ähnlich. Ich habe schon öfters frische Farbe berührt, einfach nur, weil jemand ein Schild angebracht hatte, Sie nicht auch? Wenn man die Fläche nicht als frisch gestrichen beschildert hätte, dann wäre ich erst gar nicht auf die Idee gekommen, sie zu berühren. Wo es aber heißt: »NICHT BERÜHREN«, da kann ich nicht widerstehen. Eine innere Macht drängt mich, den Finger auf die frische Farbe zu legen. Gebrochenheit der menschlichen Natur wurde dieses Phänomen früher genannt. Mit Schildern allein ist dem Sünder nicht geholfen.

Einer meiner guten Freunde erzählte mir von einer Reise nach San Francisco, wo er ein höchst ungewöhnliches Schild sah. Es trug die Aufschrift: »BITTE VERSUCHEN SIE MAL, DEN RASEN NICHT ZU BETRETEN«. Worauf ich hinauswill? Das Verbotsschild, das Sie da vor sich haben, hat keinerlei Macht, Gehorsam von Ihnen zu erzwingen. Es kann zwar die Sünde beim Namen nennen, und es verleiht unserer Schuld größeres Gewicht, wenn wir es nicht beachten, doch am Übertreten des Verbots kann es uns nicht hindern.

Genauso verhält es sich mit dem biblischen Gesetz. Das Gesetz, von Gottes Hand in Großbuchstaben auf die Steintafeln gemeißelt, forderte: »ICH BIN HEILIG! EHRE MEINEN NAMEN UND HALTE MEINE GEBOTE!« Doch niemand schaffte dies, was auch die Aussage aus Römerbrief, Kapitel 5, Vers 20, erklärt, wo es heißt, daß »die Übertretung mächtiger« wurde.

Das Gesetz definiert Sünde, doch es verhindert sie nicht. Wo ist ein Ausweg? Gibt es noch Hoffnung? Die Antwort steht im selben Vers: »… wo jedoch die Sünde mächtig wurde, da ist die Gnade übergroß geworden.« Ist das nicht herrlich? Die Gnade übersteigt die Sünde; sie hat eine höhere Wertigkeit als die Sünde und brachte dadurch Hoffnung.

Lassen Sie mich dies noch erweitern: Wo die Sünde über die Ufer trat, kam die Flut der Gnade. Wo die Sünde meßbar anstieg, stieg die Gnade um ein unermeßlich Höheres an. Wo die Sünde begrenzte, war die Gnade ohne alle Grenzen. Wo die Sünde kolossale Ausmaße erreichte, war die Gnade überkolossal. Wo die Sünde bis zum Überdruß vorhanden ist, da ist es die Gnade im Überfluß. Die Definition und Brandmarkung der Sünde durch das Gesetz halten keineswegs den Strom der Gnade Gottes auf. Der Tod Jesu am Kreuz reichte aus, um die Strafe der Sünde ein für alle

Male zu begleichen. Die Gnade, die er in die Tat umsetzte, war nicht etwa nur knapp ausreichend, sondern im reichen Überfluß vorhanden. Augustus Toplady schrieb:

> *»Die Schrecken des Göttlichen Gesetzes*
> *haben nichts mit mir zu tun.*
> *Der Gehorsam meines Erlösers bis aufs Blut*
> *verbergen meine Übertretungen vor dem*
> *(verurteilenden) Blick.«*[4]

Gnade für den Sünder

Verwenden Sie die nächsten Minuten darauf, diese Passage in Ruhe auf sich wirken zu lassen. Sie stammt aus dem Brief des Paulus an die Epheser.

> »Ihr wart tot infolge eurer Verfehlungen und Sünden. Ihr wart einst darin gefangen, wie es der Art dieser Welt entspricht, unter der Herrschaft jenes Geistes, der im Bereich der Lüfte regiert und jetzt noch in den Ungehorsamen wirksam ist. Zu ihnen gehörten auch wir alle einmal, als wir noch von den Begierden unseres Fleisches beherrscht wurden. Wir folgten dem, was das Fleisch und der böse Sinn uns eingaben, und waren von Natur aus Kinder des Zorns wie die anderen. Gott aber, der voll Erbarmen ist, hat uns, die wir infolge unserer Sünden tot waren, in seiner großen Liebe, mit der er uns geliebt hat, zusammen mit Christus wieder lebendig gemacht. Aus Gnade seid ihr gerettet. Er hat uns mit Christus auferweckt und zusammen mit ihm einen Platz im Himmel gegeben. Dadurch, daß er in Christus Jesus gütig an uns handelte, wollte er den kommenden Zeiten den überfließenden Reichtum seiner Gnade zeigen. Denn aus Gnade seid ihr durch den Glauben gerettet, nicht aus eigener Kraft – Gott hat es geschenkt –, nicht aufgrund eurer Werke, damit keiner sich rühmen kann« (Eph 2,1-9).

Beachten Sie diese Kernstücke der Passage: »aus Gnade«, »durch den Glauben«, »Gott hat es geschenkt«.

Mit großer Vorfreude sehe ich schon jetzt, daß ich eines herrlichen Tages an einem Ort sein werde, wo es keine Prahlerei, keine Angeberei mit berühmten Bekannten, keinen Egoismus geben wird. Raten Sie mal, wo das sein wird? Im Himmel. Dort wird niemand ein frommklingendes Glaubenszeugnis geben, in dem mit dem Zaunpfahl auf die eigenen Erfolge hingewiesen wird. Nichts dergleichen. Alle werden nur das eine Wort über ihre Lebensgeschichte geschrieben haben: »Gnade«.

»Wie hast du es denn geschafft, hier herauf zu kommen?« »Gnade!« »Wie war das möglich?« »Gnade.« »Wie heißt du?« »Gnade.« Im Himmel wird jeder sich einzig und allein auf Gnade berufen können. Wohin man auch sieht: Gnade, Gnade, *Gnade*!

Als ich meine theologische Ausbildung machte, tat sich einer meiner Kommilitonen schwer, unendlich schwer mit dem Lehrstoff. Er hoffte nur, den Abschluß irgendwie zu schaffen. Ich erinnere mich noch gut, wie ich in regelmäßigen Abständen mit den anderen Studenten zum Postraum ging, wo wir unsere korrigierten Klausuren und Hausarbeiten abholten. Jedesmal fanden sich ein paar Studenten in der Ecke zusammen und verglichen ihre Ergebnisse: »Was hast du bei Frage 4 geschrieben?« »So und so.« »Was? Ich hab' doch fast das gleiche geschrieben, und mir hat er's angestrichen!«

Doch einer beteiligte sich nie an diesem sinnlosen Schwadronieren. Er öffnete schweigend sein Postfach, nahm sein Heft heraus und schrieb, bevor er seine Zensur überhaupt ansah, in Großbuchstaben über die Klausur: »GNADE«. War die Zensur schlecht, so schrieb er: »GNADE«. War die Zensur gut: »GNADE«. Hatte er nur gerade eben ausreichend abgeschnitten: »GNADE«. Von diesem Kommilitonen habe ich eine wertvolle Lektion gelernt. Mehr als Gottes Gnade hat doch keiner von uns vorzuweisen.

In einem Buch von Elisabeth Elliot fand ich folgende Zeilen:

»Mit leeren Händen komme ich
zu Deinem Kreuz; es rettet mich.«[5]

Und wenn Gnade das einzige ist, auf das wir uns berufen können, wem gebührt dann alle Ehre? Dem, der am Kreuz starb.

Und jetzt die Preisfrage: Ist Ihnen klar, weshalb die Gnadenkiller darauf versessen sind, diese wunderbare Tatsache unter Beschuß zu nehmen? Aber natürlich! Weil sie nämlich der »Do-it-yourself-und-ernte-alles-Lob-selbst«-Religion den Wind aus den Segeln nimmt. Wie zu Luthers Zeiten melden sie sich in jeder Generation zu Wort und behaupten: »Wißt ihr, ihr müßt euch äußerste Mühe geben.« Oder: »Auf bestimmte Dinge müßt ihr von jetzt an verzichten.« Oder: »Ihr müßt Beweise dafür liefern, daß euer Glaube aufrichtig ist.« Oder: »Gott wird euch erst helfen, wenn ihr das und das und das tut. Sonst habt ihr seine Hilfe nicht verdient.« Alles Lügen! In seiner Gnade will Gott uns die Errettung zum Geschenk machen. Mehr tun als es anzunehmen, kann man nicht. In dem Moment, in dem Sie es annehmen, werden Sie mit der Kraft ausgestattet, zu verzichten, aufzugeben, mehr zu tun, aufzuhören, anzufangen – was auch immer. Aber lassen Sie keine Unklarheit aufkommen, was die Errettung angeht. Die Errettung ist eindeutig ein Geschenk Gottes an Sie. Allem gegensätzlichen Gerede zum Trotz liegt die Betonung nicht auf dem, was wir für Gott leisten, sondern auf dem, was Gott für uns geleistet hat.

Vor einiger Zeit, als ich mich intensiv mit diesem Thema der wunderbaren Gnade Gottes befaßte, stieß ich auf ein Gedicht von Dorothea Day, mit dem sie eine Gegendarstellung zu Henleys »Invictus« bringen will. Ihre Worte treffen den Kern der Humanistischen Philosophie. Sie hat ihren Zeilen den Titel *My Captain* (»Mein Kapitän«) gegeben:

»Im Sonnenlicht, das mich erhebt,
so hell, so warm, so endlos weit,
dank' ich dem Gott, der wirklich lebt,
für Jesus, Sieger allezeit.

Das Schicksal liegt in seiner Hand;
mein Herz in froher Andacht schweigt.
Ich fürchte nicht, was ›Los‹ genannt,
das Haupt aus Ehrfurcht tief verneigt.

Im Jenseits, nach der Müh', dem Weh
leb' ich mit ihm! Welch große Freud'!
Drum ängstigt mich kein Drohen je
in aller Zeit und Ewigkeit.

Das schmale Tor macht mich nicht bang:
Was Jesus tilgte, zählt nicht mehr.
Mein Schicksal liegt in seiner Hand,
mein Seelenkapitän ist er.«[6]

Können Sie in aller Aufrichtigkeit von sich sagen, daß Jesus Ihr Schicksal in der Hand hält, daß er der »Kapitän« Ihrer Seele ist? Sein Name ist der einzige Name, den Sie aus diesem Leben mit in den Himmel nehmen können, wenn Sie sterben. Kein beruflicher Erfolg, kein Ruhm, kein gepolstertes Bankkonto verschafft Ihnen dort Zutritt. Sie werden einzig und allein deshalb eingelassen werden, weil Sie das kostenlose Geschenk des ewigen Lebens angenommen haben – nicht mehr, nicht weniger, nichts anderes.

An der Himmelspforte gibt es nur ein einziges Kennwort: Gnade.

Kapitel 3

Ist Gnade nicht reichlich riskant?

Jetzt denkt vielleicht mancher von Ihnen im stillen: Sie reden ja bloß soviel von Gnade, weil Sie Kalifornier sind. Immer wenn ich solche Bemerkungen höre, muß ich schmunzeln. Die Kalifornier müssen es sich tagaus, tagein gefallen lassen, von solchen Leuten angestarrt und angesprochen zu werden, die alle Kalifornier über einen Kamm scheren: Sonnengebräunte Pazifik-Surfer sollen sie angeblich sein, lässig-legere Typen, die alles Nachdenken mit Tiefgang scheuen und ein total streßloses Leben führen. Was dahingehend interpretiert werden kann, daß die Leute aus Kalifornien sich immer ein wenig am Rande der Extreme bewegen und einen fragwürdigen Lebensstil haben. Als ich neulich mit meiner Schwester Luci darüber redete, lachte sie und meinte: »›Verwerfung‹ ist bei uns wohl mehr als nur ein geologischer Fachausdruck!«

Vor nicht allzulanger Zeit bekam ich einen Beschwerdebrief von einer Frau, die meine Radiosendung gehört hatte. Unter anderem machte sie ihrem Ärger über ein Familienfoto Luft, das auf der Rückseite von einem meiner Bücher abgedruckt ist. Das Foto zeigt unsere ganze Familie: Kinder, Enkelkinder, unseren Hund Sah Sha – eben die ganze Sippe mit Kind und Kegel. Die Frau hatte etwas gegen das Foto, weil wir alle »so kalifornisch« aussahen. »Sogar Ihr Hund sieht entsetzlich kalifornisch aus!« schimpfte sie. Ja, wie sollen wir denn sonst aussehen? Litauisch vielleicht? Was kann Sah Sha dazu, daß ihr Fell schneeweiß ist? Es ist gar nicht so einfach, ein Hundejunges ihrer weißfelligen Rasse zu finden, das schwarzes oder rotes Fell hat.

Um mit Expräsident Nixon zu sprechen: Eins möchte ich klipp und klar sagen: Ich habe schon an die Gnade Gottes geglaubt, als ich noch keinen Fuß auf kalifornischen Boden gesetzt hatte. Ich komme aus einer Familie, die an Gnade glaubte. Ich habe an einem Seminar studiert, wo Gnade großgeschrieben wurde. Ich habe die Bedeutung dieser Gnade und eines gnadenorientierten Lebens in allen geographischen Phasen meines Daseins geschätzt und gelehrt: in Texas, im Orient, in Neuengland und jetzt in Kalifornien. Die Botschaft der Gnade ist überall willkommen, weil sie auf jede Gegend der Welt paßt: die Präriestaaten, den tiefen Süden, den herrlichen Nordwesten, den sonnigen Südwesten, die Inseln, die Dritte Welt – einfach überall. Selbst in den Gegenden, die ich nur besuchsweise kennengelernt habe, ist mir der gemeinsame Nenner aufgefallen: Die meisten Menschen sehnen sich danach, frei zu sein. Das Sklavendasein ist ihnen zuwider. Sie wollen Freiheit, doch sie haben keine Ahnung, wo oder wie sie sie suchen sollen. Nichts ist hier so wirkungsvoll wie ein richtiges Verständnis von Gottes einzigartiger Gnade, um diese Freiheit herbeizuführen. Ich freue mich immer, wenn ich dabei eine Hilfe sein kann.

Aber ist das nicht eine ziemlich riskante Sache? Werden manche Leute diese Gnade nicht schamlos ausnutzen? Riskiert ein Pfarrer in Kalifornien – oder wo auch immer – nicht etwa, daß manche seiner Zuhörer sich hemmungslos extreme Freiheiten herausnehmen, wenn er die Botschaft der Gnade mit dem Nachdruck verkündet, wie ich es hier in diesem Buch tue? Kann diese Zeit der Gnade nicht auch zu einem Mißbrauch von Gnade führen?

Bevor ich diese Fragen beantworte, möchte ich Sie zu einer Reise nach England einladen. Von allen Ländern der Welt hat England den ausgeprägtesten Ruf des »Understatements«. Ich habe wiederholt die Beobachtung gemacht, daß die Engländer nur wenige Dinge groß herauskehren. Und was den christlichen Glauben betrifft (ich meine den evangelikalen Bereich), so wird er in England vielleicht so konservativ praktiziert wie sonst nirgends auf der Welt. Und von allen evangelikalen Geistlichen Englands gelten nur wenige als so konservativ wie der inzwischen verstorbene Martyn Lloyd-Jones, der jahrzehntelang Pfarrer an der Westminster Chapel war. Als eingefleischter Calvinist puritanischer Prägung war Dr. Lloyd-Jones ein Biblizist ersten Ranges. Seine Auslegungen entspringen einer extrem konservativen Sicht. Dies alles erwähne ich, damit Sie den Mann, den ich gleich zitieren werde, als das krasse Gegenteil des verbreiteten (wenn auch falschen) Image des »typischen« Kaliforniers einordnen können.

Zwölf Jahre vor seinem Ruhestand bis zum Tag seiner letzten Predigt beleuchtete dieser Mann den Römerbrief von der Kanzel der traditionsreichen Westminster Chapel. Seine Auslegungen wurden zwar mitunter als langatmig empfunden, doch niemand konnte ihm je Nachlässigkeit oder unangebrachte Hemdsärmeligkeit vorwerfen. Und dennoch hat ausgerechnet Martyn Lloyd-Jones klar und deutlich darauf hingewiesen, daß die Verkündigung von Gnade nicht nur riskant ist, sondern daß ihr Mißbrauch sogar als Beweis der echten Gnadenbotschaft Gottes gelten kann.

Halten Sie sich an Ihrem Surfbrett fest, wenn Sie jetzt seinen Kommentar zu der Frage des Paulus zu Beginn des sechsten Kapitels des Römerbriefes lesen: »Heißt das nun, daß wir an der Sünde festhalten sollen, damit die Gnade mächtiger werde?«

> »*... Wenn es nun stimmt, daß die Gnade angesichts überströmender Sünde in einem noch größeren Maß überströmt, bedeutet dies dann, ›daß wir an der Sünde festhalten sollen, damit die Gnade mächtiger werde?‹*
>
> *Zuerst einmal möchte ich eine Anmerkung machen, eine sehr wichtige und zentrale Anmerkung. Die echte Verkündigung des Evangeliums als Errettung durch Gnade allein bringt immer das Risiko des Mißverständnisses mit sich. Es gibt keinen besseren Test dafür, ob jemand wirklich das neutestamentliche Evangelium der Errettung predigt als diesen: daß manche die Botschaft falsch verstehen und dahingehend begreifen, daß man ja ohnehin durch Gnade errettet werde und daher tun und lassen könne, was man wolle; man könne nach Herzenslust sündigen, weil die Gnade Gottes gewissermaßen als Blankoscheck benutzt werden kann. Dies ist ein sehr guter Test der Evangeliumsverkündigung. Wenn meine Predigt und Darle-*

gung der guten Botschaft von der Errettung nicht mit diesem Mißverständnis konfrontiert wird, dann predige ich nicht das wahre Evangelium. Lassen Sie mich erläutern, wie ich das meine:

Wenn jemand Gerechtmachung durch Werke predigt, würde niemand diese Frage überhaupt erst aufwerfen. Angenommen, es predigt jemand: ›Wenn ihr Christen sein wollt, wenn ihr in den Himmel kommen wollt, dann müßt ihr aufhören zu sündigen, ihr müßt gute Werke tun, und wenn ihr das regelmäßig und absolut konsequent tut, dann macht ihr euch zu Christen, ihr werdet euch mit Gott versöhnen und in den Himmel kommen.‹ Es versteht sich von selbst, daß einer, der so etwas predigt, niemals mit einem solchen Mißverständnis zu rechnen hat. Niemand würde zu ihm sagen: ›Heißt das nun, daß wir an der Sünde festhalten sollen, damit die Sünde mächtiger werde?‹, denn seine Botschaft lautet ja gerade, daß man zu ewiger Verdammnis verurteilt werde, wenn man weiterhin sündige, und daß man sich nur retten könne, indem man sich keinerlei Sünden zuschulden kommen lasse. Daher kann es in diesem Fall gar nicht erst zu dem Mißverständnis kommen, von dem hier die Rede ist …

… Diese Anklage hat nie jemand gegen die römische Kirche vorgebracht, doch gegen Martin Luther wurde sie häufig ins Feld geführt; genau hierin bestand ja die Kritik der römischen Kirche an Martin Luthers Predigten. Man behauptete: ›Dieser Mann, dieser ehemalige Priester hat seine Lehrmeinung nur deshalb geändert, weil er seine eigene Ehe und seine Fleischeslust rechtfertigen wollte‹, und so weiter und so fort. ›Dieser Mann‹, so klagten sie an, ›ist ein Verfechter der Gesetzlosigkeit, und das ist Ketzerei.‹ Genau das war es, was sie an ihm kritisierten. Die gleiche Anklage wurde vor zweihundert Jahren gegen George Whitefield vorgebracht. Es ist die Hauptanklage eines in der Form erstarrtes, toten Christentums – falls es so etwas überhaupt geben kann – gegen die sensationelle, umwerfende Botschaft, daß Gott die Gottlosen gerecht macht. … Das ist meine Anmerkung, eine Anmerkung von großer Bedeutung für alle, die Gottes Wort verkündigen. Allen Pasto-

ren und Predigern möchte ich sagen: Wenn Ihre Verkündigung der Errettung noch nie in dieser Weise mißverstanden worden ist, dann sollten Sie Ihre Predigten einmal unter die Lupe nehmen und sie darauf untersuchen, ob Sie wirklich die Errettung predigen, die im Neuen Testament dem Gottlosen angeboten wird, dem Sünder, jenen, die in Übertretungen und Sünden tot sind, jenen, die Feinde Gottes sind. Diese Art des Risikos ist nun einmal in der wahrheitsgemäßen Darstellung der Errettungslehre enthalten.«[1]

Martyn Lloyd-Jones hielt Gnade nicht nur für riskant, sondern für regelrecht gefährlich. Er war davon überzeugt, daß sie mißverstanden werden kann. Inwiefern? Es wird immer Leute geben, die sie ausnutzen wollen. Die sich ein falsches Bild von ihr machen. Sie werden nicht vor Extremen zurückschrecken und die Unwahrheit unters Volk bringen, man könne nun nach Herzenslust sündigen. Meinen Kollegen muß ich mit Martyn Lloyd-Jones sagen: Wenn Sie sich als Botschafter der Gnade verstehen, wenn Sie meinen, wirklich Gottes Gnade zu predigen, doch niemand nutzt dies aus, dann haben Sie die Gnade vielleicht nicht nachdrücklich oder intensiv genug gepredigt. Ich kann Ihnen versichern: Gnadenkillende Pfarrer und Pastoren werden einen solchen Vorwurf nie zu hören bekommen. Dafür werden sie schon sorgen!

Der Preis des Risikos

Damit komme ich zu der Frage nach der Höhe des Risikos. Ich wiederhole: Ist Gnade riskant? Und ob! Das Buch, das ich hier vorlege, trägt ein großes Risiko in sich. Ich bin mir durchaus der Tatsache bewußt, daß Gnade ein kontroverses Thema ist, besonders dann, wenn ich dazu aufrufe, daß die Christen die Freiheit, die sie in Jesus haben, für sich in Anspruch nehmen sollen. Einige werden das, was ich schreibe, für total verrückt halten. Andere werden es mißverstehen und mich falsch zitieren; sie werden mir vorwerfen, mich nicht die Spur an der Heiligkeit Gottes zu stören, weil ich ja, so werden sie behaupten, den Leuten die Freiheit zum Sündigen gegeben habe. Aus dem Lager der »Fleischeslust« wird man mir dagegen von Herzen dafür danken, die Betreffenden von ihren Gewissensbissen befreit zu haben, denn sie meinen nun, es sei rechtens, ihren lockeren, freizügigen Lebensstil weiterzuführen. Ich wünschte mir, diese Nebeneffekte gäbe es nicht, aber ich bin bereit, dieses Risiko um der vollständigen Botschaft von Gottes Gnade willen einzugehen. Jawohl, Gnade, die in ihrer vollen Schönheit dargestellt wird, ist riskant. Aus allen Ecken und Winkeln werden plötzlich sowohl Gnadenausbeuter als auch Gnadenmörder auftauchen!

Ein klärendes Wort

Zurück zu einem Bibelvers, den wir uns im vorigen Kapitel schon angeschaut haben, nämlich Römerbrief, Kapitel 5, Vers 1: »Gerecht gemacht aus Glauben, haben wir Frieden mit Gott durch Jesus Christus, unseren Herrn.«

Um vor einem heiligen und gerechten Gott Bestand zu haben und in Frieden mit ihm leben zu können, muß man als gerecht gelten. Wir sind daher auf seine Gerechtmachung angewiesen. Erinnern Sie sich an die Definition von Gerechtmachung? Es ist das souveräne Handeln Gottes, durch das er einen glaubenden Sünder für gerecht erklärt, während dieser sich noch in einem sündigen Zustand befindet. Es bedeutet nicht etwa, daß der glaubende Sünder nie wieder sündigt. Es bedeutet nicht einmal, daß der glaubende Sünder in dem Sinn gerecht gemacht wird, daß er plötzlich dauerhaft sündlos ist. Der Sünder wird für gerecht erklärt. Gott schenkt dem Sünder das Geschenk des ewigen Lebens in dem Moment, in dem der Sünder gläubig wird, und erklärt ihn dadurch für gerecht.

Zu diesem Zeitpunkt steckt der Sünder noch in einem Dasein der wiederkehrenden Sünde. Er ist noch keiner Kirche beigetreten. Er beteiligt sich noch nicht an der Kollekte. Er hat noch nicht alles aufgegeben, um Jesus nachzufolgen. Er ist noch nicht getauft. Er hat kein Gelübde getan, von nun an ein aufopferndes, fleckenlos reines Leben zu führen. Er hat einfach nur das Geschenk des ewigen Lebens angenommen. Er hat seine Einstellung Jesus gegenüber geändert (*metanoia* – »Umkehr«) und das Geschenk Gottes ohne jede Bezahlung durch Werke angenommen. Punktum. Transaktion beendet. Aus Gnade, durch Glauben allein erklärt Gott den Sünder für gerecht (Gerechtmachung), und von diesem Moment an beginnt der gerechtfertigte Sünder einen Reifeprozeß (Heiligung). Mit jedem Tag, Stück für Stück begreift er besser, was es bedeutet, ein Leben zu leben, das Jesus Ehre macht. Aber schlagartig? Unmöglich.

Bitte verstehen Sie mich richtig: Gerechtmachung bedeutet nicht, daß ich plötzlich so dastehe, »als hätte ich nie gesündigt«. Ich höre das häufig, und immer wieder bin ich darüber bestürzt. Gerechtmachung bedeutet folgendes: Obwohl ich in Abständen sündige und nicht in der Lage bin, ein hundertprozentig sündenfreies Leben zu führen, hat Gott mich für gerecht erklärt, als ich anfing zu glauben. Und weil ich von Zeit zu Zeit noch immer sündige, habe ich um so mehr Grund zur Dankbarkeit für Gottes Gnade. Als Sünder habe ich die Vergeltung meines Handelns verdient. Als Sünder fürchte ich mich vor der geistlichen Rechtsprechung. Für mich Sünder ist Gnade meine einzige Hoffnung auf Überleben. In ihrer reinsten Form ist sie für einen Erdenbewohner völlig unbegreiflich.

Angenommen, Sie haben einen sechsjährigen Sohn, den Sie innig lieben. Tragischerweise müssen Sie eines Tages erfahren, daß Ihr Sohn auf grausame Weise ermordet wurde. Nach einer langen Fahndung wird der Täter endlich ermittelt. Sie haben die Wahl. Wenn Sie alles daransetzen würden, den Mörder auf den elektrischen Stuhl zu bekommen, wäre dies Vergeltung. Wenn Sie es den Justizbehörden überlassen, mit dem Mörder in angemessener Weise zu verfahren – eine faire Gerichtsverhandlung, ein Schuldgeständnis, das Urteil, die Vollstreckung –, dann wäre dies strafrechtliche Gerechtigkeit. Sollten Sie sich aber für die Begnadigung des Mörders einsetzen, ihm die Tat verzeihen, ihn zu sich nach Hause einladen und ihn an Sohnes Statt adoptieren, dann wäre das Gnade.

Ist Ihnen jetzt klar, warum Gnade so schwer zu begreifen und anzunehmen ist? Nur die wenigsten von uns, die diese Seite gerade lesen, wären zu so etwas bereit, vielleicht niemand. Aber Gott tut es Tag für Tag. Er nimmt den schuldigen, doch glaubenden Sünder, der sagt: »Ich bin verloren, unwürdig, in allen Punkten der Anklage schuldig und nicht wert, Vergebung zu erhalten«, und er überreicht ihm das Geschenk des ewigen Lebens, weil Jesus am Kreuz schon die Strafe für Sünde, nämlich den Tod, auf sich genommen hat. Von nun an hält Gott den schuldigen Sünder, der allein durch Glauben zu ihm kommt, für genau so gerecht wie seinen eigenen Sohn. Er lädt uns sogar zu sich ein und macht uns zu seinen eigenen Kindern. Anstatt uns mit Vergeltung oder mit dem Urteil, nach dem das Gesetz verlangt, zu begegnen, überhäuft er uns mit Gnade.

Um auf meine Aussage von vorhin zurückzukommen: Wo Gnade in diesem extremen Ausmaß geglaubt, verkündet und ausgelebt wird, da wird es auch Mißbrauch von Gnade geben. Damit ist felsenfest zu rechnen.

Vielleicht gehören Sie zu denen, die auf eine glückliche Zeit zurückschauen, als Ihre Kinder noch klein waren. Sie haben Ihre Kinder gnadenorientiert und mit Ausgewogenheit erzogen. Sie haben ihnen genug Raum zum Lernen, zum Wachsen, sogar für Fehler zugestanden; Sie haben sie geliebt, ihnen biblische Grundsätze vermittelt und ihnen Mut zugesprochen. Sie haben Ihre Kinder in einer Atmosphäre der Gnade erzogen, wie wir bei Swindolls daheim das getan haben. Und trotz alledem stecken Sie vielleicht gerade in einer Krisenzeit, obwohl Sie so vieles in der Kindererziehung richtig gemacht haben. Sie haben Ihrem Kind das richtige Maß an Freiheit gelassen und die Zügel gelockert, wenn Ihnen dies angebracht schien. Als Ihr Sohn oder Ihre Tochter aber volljährig wurde, warf er bzw. sie plötzlich alles, was Ihnen hoch und heilig ist, über Bord und macht noch immer keine Anstalten, zur Besinnung zu kommen. Die enorme Schlacht, die Sie nun auszufechten haben, ist der Kampf mit Ihren Schuldgefühlen. Es ist mein Gebet, daß Gott jedem von Ihnen, auf den diese Situation zutrifft, helfen möge. Ich habe viele Eltern beobachtet, die absolut keinen Grund haben, sich mit solchen Schuldgefühlen zu quälen. Vielleicht macht Ihnen obendrein auch noch zu schaffen, daß Sie sich vor anderen als Versager fühlen, so unnötig und unverdient dies auch ist. In Wirklichkeit sieht die Sache so aus, daß Ihr erwachsenes Kind eine eigene Entscheidung getroffen hat und nun die Suppe selbst auslöffeln muß, doch leider sind Sie in Mitleidenschaft gezogen worden. Sie sind todunglücklich. Sie befürchten, daß Sie früher zu großzügig mit Ihrem Wohlwollen gewesen sind.

Aus derselben Befürchtung heraus machen viele Pfarrer einen Riesenbogen um Gnade, damit nur ja niemand in der Gemeinde seine Botschaft mißversteht und sie als »billige Gnade« auffaßt, ein Ausdruck, den wir Dietrich Bonhoeffer verdanken. Ich finde diese Wendung sehr hilfreich, doch wir müssen genau begreifen, was er damit gemeint hat. »Billige Gnade« rechtfertigt die Sünde, nicht den Sünder. Wahre Gnade dagegen rechtfertigt den Sünder, nicht die Sünde. Lassen Sie sich Mut machen, wahre Gnade nicht zu fürchten, nur weil es Leute gibt, die sie fälschlich als billige Gnade auslegen. Trotz aller Risiken, die damit verbunden sind, ist Gnade das totale Wagnis wert.

Alternativen zu Gnade

Wenn Sie sich dazu entschließen, nichts zu riskieren, wenn Sie auf Nummer Sicher gehen wollen und weder die Botschaft der Errettung aus Gnade verkünden, noch ein gnadenorientiertes Leben führen, welche Alternativen bleiben Ihnen dann? Ich kann Ihnen auf Anhieb vier nennen, und alle vier sind heutzutage weit verbreitet.

1. *Ich kann Werken größere Bedeutung als Gnade zumessen.* Ich könnte Ihnen einreden, daß Sie als Sünder eine stärkere Bindung an Jesus Christus an den Tag legen müssen, indem Sie ihm mit guten Werken dienen; erst dann können Sie von sich behaupten, wirklich gläubig zu sein. Da ist nur ein großer Haken an der Sache: Ein Sünder kann sich Jesus Christus überhaupt nicht mit Feuereifer verpflichten. Er ist geistlich gesehen doch tot, erinnern Sie sich? In einem unbekehrten Herzen ist kein Platz für hundertprozentigen Einsatz in Sachen Jesus. Ein gehorsamer, ergebener Jünger Christi wird man erst nach der glaubenden Hinkehr zu ihm. Erst kommt der Glaube, dann die Werke. Erst kommt die Überzeugung, dann das Handeln. Martin Luther hat gesagt, daß niemand gut sei und Gutes

tun könne, wenn Gottes Gnade ihn nicht zuerst gut mache; niemand werde durch gute Werke gut, sondern gute Werke könne nur jemand tun, der gut sei. Es sei wie bei dem Obstbaum: die Früchte machten nicht den Baum, sondern der Baum trage die Früchte. Alle Werke, ganz gleich, wie gut sie gemeint seien und wie gut sie anzusehen seien, seien wertlos, wenn sie nicht die Gnade als Ursprung hätten.[2]

2. *Ich könnte Ihnen eine Liste mit Ge- und Verboten aufoktroyieren.* Diese Liste stelle ich nach meinem persönlichen Gutdünken und/oder herkömmlichen Ansichten zusammen. Ich betrachte es als meine Pflicht, Ihnen zu sagen, was Sie zu tun und zu lassen haben. Dann definiere ich Bedingungen, unter denen Sie Gottes Gunst über meine Instanz verdienen können. Sie tun, was ich Ihnen auftrage, Sie lassen, was ich Ihnen verbiete, und damit sind Sie »in«. Halten Sie sich aber nicht in allen Punkten an die Liste, so sind Sie »out«. Dieser gesetzliche, gängelnde Führungsstil ist leider eine der gebräuchlichsten Methoden in evangelikalen Kreisen. Gnade wird dadurch grausam stranguliert. Obendrein haben jene, die das Sagen haben, eine derartig einschüchternde Wirkung auf andere, daß ihre Autorität nie hinterfragt wird. Es gibt nur wenige Mutige, die es wagen, die Listenschreiber zur Rede zu stellen. Über diese Alternative zu Gnade werde ich an anderer Stelle in diesem Buch noch erheblich mehr sagen.

3. *Ich lasse keinerlei Raum für Grauzonen.* Alles ist entweder schwarz oder weiß, richtig oder falsch. Dies führt zu einer autoritären Machtausübung der Kirchenleitung über »ihre« Schäfchen. Ob man Gemeinschaft mit jemandem pflegt, hängt davon ab, ob derjenige in das Schema paßt oder nicht. Das ist das Tragische an diesem Ansatz. Die selbstgerechte, starre Norm wird wichtiger als der Umgang mit anderen. Bevor wir uns entschließen können, uns mit dem oder der Betreffenden anzufreunden, ergründen wir sorgfältig, wie er oder sie über bestimmte Dinge denkt. Im Endeffekt läuft es darauf hinaus: Es ist uns wichtiger, recht zu haben (natürlich wissen wir genau, was in jedem Fall das Richtige ist), als unseren Nächsten wie uns selbst zu lieben. Unser Schema von Gut und Böse überschattet jegliche Anzeichen von Nächstenliebe. Ich bin fest davon überzeugt, daß es da, wo Gnade existiert, auch Grauzonen geben wird.

4. *Ich lehne alle ab, die anders denken als ich und sich meinen Zielen nicht unterordnen.* Gnadenkiller sind für ihre selbstgerechte Einstellung bekannt. Dies stellt wohl das einzige, wirklich Jesus unähnliche Merkmal in den evangelikalen Kreisen von heute dar.

Ein schneller Blick durch den Zeittunnel wird sich als hilfreich erweisen. Jesus sah sich mit den Wortführern der Gesetzlichkeit, nämlich den Schriftgelehrten und Pharisäern konfrontiert. Auch viele, die an ihn glaubten, hörten ihm zu. Er hatte der Menschenmenge seine Botschaft verkündet, eine Botschaft der Hoffnung, der Vergebung und der Freiheit.

> »Als Jesus das sagte, kamen viele zum Glauben an ihn. Da sagte er zu den Juden, die an ihn glaubten: ›Wenn ihr in meinem Wort bleibt, seid ihr wirklich meine Jünger. Dann werdet ihr die Wahrheit erkennen, und die Wahrheit wird euch befreien‹« (Joh 8,30-32).

Er redete von der befreienden Macht der Wahrheit. Obwohl die offiziellen Gnadenkiller seine Botschaft zurückwiesen, versicherte er ihnen, daß die Wahrheit sie befreien könne. Alle, die ihr Leben unter das Zeichen der Gnade stellen, werden diese Befreiung erleben.

Befreit von was? Befreit vom »Ich« als Maß aller Dinge. Befreit von Schuldgefühlen und -komplexen. Befreit von den gräßlichen Impulsen, die ich nicht unterbinden konnte, als ich noch ein Sklave der Sünde war. Befreit von der Tyrannei, die andere mit ihren Meinungen, Erwartungen und Anforderungen auf mich ausgeübt haben. Und wozu befreit? Zum Gehorsam befreit. Zur Nächstenliebe befreit. Frei genug, um anderen zu verzeihen – und mir selbst auch. Frei genug, um anderen zuzugestehen, ihre Individualität zu wahren und sie in ihrem Anderssein zu akzeptieren. Frei genug, um jenseits des Menschenmöglichen zu funktionieren. Frei genug, um Jesus Christus zu dienen und mich für seine Verherrlichung einzusetzen. Mit klaren Worten hat Jesus seinen Zuhörern gesagt, daß seine Wahrheit sie von allen unnötigen Einschränkungen befreien könne: »Wenn euch also der Sohn befreit, dann seid ihr wirklich frei« (Joh 8,36). Das finde ich einfach umwerfend.

Den Möglichkeiten sind keine Grenzen gesetzt. Schlagen wir den Römerbrief auf, mit dem wir dieses Kapitel begonnen hatten:

> »Wir wissen doch: Unser alter Mensch wurde mitgekreuzigt, damit der von der Sünde beherrschte Leib vernichtet werde und wir nicht Sklaven der Sünde bleiben. Denn wer gestorben ist, der ist frei geworden von der Sünde. Sind wir nun mit Christus gestorben, so glauben wir, daß wir auch mit ihm leben werden. Wir wissen, daß Christus, von den Toten auferweckt, nicht mehr stirbt; der Tod hat keine Macht mehr über ihn. Denn durch sein Sterben ist er ein für allemal gestorben für die Sünde, sein Leben aber lebt er für Gott. So sollt auch ihr euch als Menschen begreifen, die für die Sünde tot sind, aber für Gott leben in Christus Jesus.
> Daher soll die Sünde euren sterblichen Leib nicht mehr beherrschen, und seinen Begierden sollt ihr nicht mehr gehorchen. Stellt eure Glieder nicht der Sünde zur Verfügung als Waffen der Ungerechtigkeit, sondern stellt euch Gott zur Verfügung als Menschen, die vom Tod zum Leben gekommen sind, und stellt eure Glieder als Waffen der Gerechtigkeit in den Dienst Gottes. Die Sünde soll nicht über euch herrschen, denn ihr steht nicht unter dem Gesetz, sondern unter der Gnade.
> Heißt das nun, daß wir sündigen dürfen, weil wir nicht unter dem Gesetz stehen, sondern unter der Gnade? Keineswegs!« (Röm 6,6-15).

Als wir ohne Jesus lebten, glichen wir den Sklaven des Altertums auf dem Sklavenmarkt; in unserer tiefen Verderbtheit sahen wir nirgends einen Hoffnungsschimmer, wir waren verloren, an die Sünde gekettet, freudlos, leer, geistlich bankrott. Wir konnten nur zu Gott sagen: »Hab Erbarmen. Ich bin schuldig. Ich bin der Sklave meiner Leidenschaften. Ich habe nicht die Freiheit, meinem Erlöser gehorsam zu sein.« Doch in dem Moment, wo Jesus in unser Leben kam, besiegte er unseren Sklavenbesitzer und befreite uns zum Gehorsam. Vor unserer Bekehrung waren wir der Sünde hörig. Durch unsere Bekehrung wurden wir befreit – befreit zum Gehorsam. Das ist Gnade.

Das Kunststück des Loslassens

Damit kommen wir zurück zum Thema Risiko. Aus Gnade wurden wir von Sünde befreit, von ihrer Herrschaft über unser Denken, unsere Wünsche und Ziele, unser Handeln. Als Befreite, die nun ein Leben der Gnade leben, können wir allerdings auch zu weit gehen, indem wir unsere Freiheit so hemmungslos ausnützen, daß wir plötzlich wieder zu Dienern der Sünde werden. Doch das ist in Wirklichkeit keine Freiheit, sondern Zügellosigkeit. Angesichts dieser Möglichkeit entscheiden sich viele für Gesetzlichkeit, damit sie tunlichst nicht in die Versuchung geraten, unverantwortlich zu leben. Das ist eine schwache Entscheidung. Wieviel besser wäre es, eine so große Liebe zu Gott und eine so hohe Achtung vor ihm zu haben, daß wir freiwillig Zurückhaltung und Selbstdisziplin üben!

Ich erinnere mich noch gut an die Zeit, als ich den Führerschein machte. Ich muß ungefähr sechzehn gewesen sein. Drei Jahre lang durfte ich schon hin und wieder hinterm Lenkrad sitzen (beängstigende Vorstellung, nicht?). Mein Vater begleitete mich dann meistens auf dem Beifahrersitz und gab mir Tips und Anleitung. Bei solchen Fahrten war meine Mutter so gut wie nie dabei, weil sie mehr an den Fingernägeln kaute (und vor Angst schrie), als daß sie mir Unterricht gab. Mein Vater war in dieser Hinsicht etwas gelassener. Ein heulender Motor und quietschende Bremsen machten ihm längst nicht soviel aus. Am besten schlug sich mein Großvater. Wenn ich seinen Wagen fuhr, kam es ab und zu vor, daß ich mit irgendeinem Objekt kollidierte. Schepper! Klirr! Aber mein Großvater sagte bei solchen Gelegenheit nur: »Fahr ruhig weiter, Junge, ‘ne neue Stoßstange kann ich mir jederzeit kaufen, aber ‘nen neuen Enkel nicht. Wenigstens hast du gerade wieder was dazugelernt.« Welch eine Seele von Mensch! Nach drei Jahren dieser mehr oder weniger mißglückten Fahrversuche machte ich dann endlich den Führerschein.

Ich werde nie den Tag vergessen, an dem ich mit meinem frisch bestandenen Führerschein nach Hause kam und rief: »Guck mal, Dad!«, worauf er antwortete: »Na, da schau an! Hast ja deinen Führerschein! Prima, mein Junge!« Er warf mir seine Autoschlüssel zu und grinste: »Weißt du was? Du kannst den Wagen zwei Stunden haben, ganz allein.« Oh, welche Musik in meinen Ohren!

Ich bedankte mich, tanzte zur Garage, stieg in den Wagen und schob den Schlüssel ins Zündschloß. Mein Puls muß wohl auf 180 gestiegen sein, als ich rückwärts aus der Einfahrt setzte und losbrauste. Als ich nun »ganz allein« – juchu!!! – am Steuer saß, kamen mir die wildesten Ideen: Dieser Wagen schafft bestimmt 100 Meilen die Stunde. Wenn ich tüchtig auf die Tube drücke, komme ich in den zwei Stunden zweimal nach Galveston und zurück. Ich könnte über den Gulf Freeway rasen und dabei vielleicht ein paar Stopschilder überfahren. Schließlich sitzt keiner neben mir, der's mir verbieten könnte! Total verrücktes Zeug! Aber wissen Sie was? Ich habe nichts dergleichen versucht. Ich habe mich brav an die Straßenverkehrsordnung gehalten. Ich erinnere mich sogar noch deutlich daran, wie ich früher als zum verabredeten Zapfenstreich wieder vor der elterlichen Garage vorfuhr – die zwei Stunden hatte ich nicht einmal voll ausgenutzt. Kaum zu fassen, was? Ich hatte den vollgetankten Wagen meines Vaters für mich allein und vollkommene Entscheidungsfreiheit, aber ich habe nicht über die Stränge geschlagen. Warum nicht? Mein Verhältnis zu meinem Vater und meinem Großvater war so intensiv, daß ich es nicht fertiggebracht hätte, ihr Vertrauen zu mißbrauchen, obwohl ich jetzt einen Führerschein besaß und ich in dem Wagen allein war. Über die Jahre hinweg hatte sich ein Vertrauensverhältnis zwischen uns entwickelt, eine gegenseitige Verbundenheit, die mich vor Übermut bewahrte.

Nachdem er mir die Schlüssel zugeworfen hatte, war mein Vater nicht etwa losgerannt, um einen Zettel auf das Armaturenbrett zu kleben: »Fahr auf keinen Fall schneller als die Geschwindigkeitsbegrenzung!« oder: »Die ganze Stadt ist voller Polizisten, und die werden dich erwischen. Daß du mir nur ja keinen Unsinn machst!« Nein, er hatte nur gelächelt und gesagt: »Hier hast du die Schlüssel, mein Junge. Viel Spaß!« Welch ein großartiges Beispiel von ausgelebter Gnade! Viel Spaß? Und ob ich den hatte! Inzwischen bin ich selbst ein Vater, der dieselbe Situation viermal bei den eigenen Kindern erlebt hat und ich kann Ihnen sagen: Ich weiß jetzt, zu welch einem Risiko mein Vater bereit gewesen war.

Die Freiheit bringt viele Vorteile mit sich, in deren Genuß manche von Ihnen noch nie gekommen sind, weil Sie sich noch nie getraut haben, Gnade auszukosten. Das sage ich keineswegs vom hohen Roß herab, aber ich bin davon überzeugt, daß manche Christen vom Entsetzen gepackt würden, wenn sie plötzlich selbständige Entscheidungen treffen sollten. Weil sie es seit Jahren gewohnt sind, sich herumkommandieren zu lassen, fürchten sie sich vor der Freiheit. Es gibt Menschen, die es bevorzugen, nach der Pfeife anderer zu tanzen; sie lassen sich lieber sagen, was sie zu tun und zu lassen haben, was sie glauben sollen und warum. Und das Ergebnis ist tragisch: immerwährende Unmündigkeit. Wem man nichts zutraut, wer keine Befreiung erlebt, der wird nie mündig werden. Er wird nie selbständiges Denken lernen.

Ein Mitarbeiter unserer Zentrale von *Insight For Living* erzählte mir vor ein paar Monaten, daß eine Frau angerufen habe, um sich zu erkundigen, was mein »offizieller Standpunkt« bezüglich einer bestimmten, kontroversen Frage sei. Als man ihr sagte, daß ich grundsätzlich keine »offiziellen« Erklärungen zu solchen Dingen abgebe, war sie fassungslos … und sogar ein wenig ungehalten. »Woher sollen wir wissen, wie wir uns in dieser Sache entscheiden sollen, wenn Chuck uns keine Anhaltspunkte gibt?« Manch einer mag sich über ihre Frage amüsieren, aber ich finde sie recht bedenklich. Haben wir denn eine Generation von Christen großgezogen, die sich von einem Pfarrer vorgeben lassen müssen, wie sie sich in einer eher persönlichen Angelegenheit entscheiden sollen? Zwischen verantwortlicher Kirchenleitung und dogmatischer, absolutistischer Herrschaft besteht ein großer Unterschied. Trotz aller Risiken sollte man einen Christen gut informieren und ihm dann die Freiheit zugestehen, seine eigenen Schlüsse zu ziehen. Warum sollte ein Pfarrer ständig öffentliche Stellungnahmen und Dekrete abgeben? Das kommt mir reichlich päpstlich vor. Sind wir schon so weit weg von dem, was Gnade bedeutet?

Solange Sie von den Ge- und Verbotslisten anderer abhängig sind und sich ohne die Standpunkterklärung eines kirchlichen Oberhauptes keine eigene Meinung bilden können, werden Sie nie richtig erwachsen werden. Es ist nicht meine Aufgabe als Prediger des Evangeliums, eine Gruppe treuer Zuhörer auszunutzen oder die

Gewissensentscheidungen anderer zu diktieren. Es ist vielmehr meine Aufgabe, die Heilige Schrift so sachgemäß wie möglich zu lehren und mich zu bemühen, anderen mit dem Vorbild eines gottgefälligen Lebensstils zu dienen (mein Leben soll in erster Linie Gott gefallen, nicht anderen Menschen) und ihnen die Freiheit zuzugestehen, Gottes Führung auf ihre Weise zu folgen. Damit bin ich bislang immer gut gefahren, und ich habe vor, auch weiterhin so vorzugehen. Ich denke, Josua hat damals denselben Kurs verfolgt, als er die Israeliten vor die Entscheidung stellte, wem sie denn nun dienen wollten: »Ich aber und mein Haus, wir wollen dem Herrn dienen.« Ziemlich riskant so etwas, aber es hat funktioniert. Und das tut es auch heute noch.

Augustinus hat einmal gesagt: »Liebe, und dann tu, was du für richtig hältst.« (Genauer: und was du dann willst, das tue.) Das gefällt mir. Die gesunden Grenzen sind in der ersten Satzhälfte enthalten, die Freiheit in der zweiten. So lebt man ein gnadenorientieres, befreites Leben. Was sind die Vorzüge eines solchen Lebens? Mir fallen mehrere ein. Als von der Gnade Befreiter werden Sie:

- nicht mehr von impulsive Begierden beherrscht.
- zu selbständigen Entscheidungen fähig.
- dazu fähig, unabhängig vom vergleichenden Blick auf andere und dem Drang zu ihrer Bevormundung denken zu können.
- schneller ein größeres Maß an geistlicher Reife und Flexibilität erlangen und dadurch zu dem mündigen Menschen werden, zu dem Gott Sie bestimmt hat.

Apropos Mündigkeit, vielleicht ist dies eine gute Gelegenheit, allen Eltern zu sagen: Ich hoffe, Sie suchen nicht immer noch nach Methoden, um Ihre erwachsenen Kinder zu bevormunden. Lassen Sie sie los. Werfen Sie ihnen die Schlüssel zu. Lassen Sie sie in Ruhe. Die meisten Psychotherapeuten, die ich kenne, verbringen täglich viel zu viele Stunden damit, ihren Klienten aus dem Käfig der von den Eltern einzementierten Vorschriften herauszuhelfen. Auf sich gestellt, sind diese Menschen hilflos. Geben wir unseren erwachsenen Kindern doch mehr Freiheit, liebe Eltern, und nehmen wir ihnen das Joch unserer Erwartungen ab. Ich würde Ihnen sogar vorschlagen, jedem Ihrer erwachsenen Kinder einen Brief zu schreiben, in dem Sie ihnen ihre Unabhängigkeit bescheinigen: »Jetzt, wo du auf eigenen Füßen stehst, sollst du wissen, daß ich dir voll und ganz vertraue. Ich verlasse mich darauf, daß Gott dich führt und leitet. Ich respektiere dich. Du bist jetzt erwachsen.«

Mit den Schwierigkeiten des Loslassens geht man wohl am besten um, indem man das Gleichgewicht wahrt. Klar, es wird immer solche geben, die mit ihrer Freiheit zu weit gehen. Wir wissen alle, daß Gnade eine riskante Sache ist. Machen wir uns nichts vor: Einige werden unverantwortlich mit ihrer Freiheit umgehen. Eine solche Verantwortungslosigkeit können Sie ziemlich schnell erkennen:

1. Der Betreffende zeigt wenig Nächstenliebe; sein Denken kreist meistens um sich selbst.
2. Der Betreffende sucht nach Argumenten, um offensichtlich falsches Verhalten zu verteidigen.
3. Der Betreffende möchte nicht für sein Verhalten zur Rechenschaft gezogen werden.
4. Der Betreffende läßt niemanden nahe an sich heran, der ihm mit guten Ratschlägen zur Seite stehen könnte.
5. Der Betreffende schaut mit Geringschätzung auf Neubekehrte herab, deren Glaube noch nicht ausgereift und daher schwach ist.

In der Bibel wird ein solcher Mensch als »schwacher Bruder« bezeichnet. (Doch aufgepaßt: Manche sind »professionelle schwache Brüder«; in Wirklichkeit sind sie keineswegs schwach, sondern Legalisten, wie sie im Buche stehen. Die Rolle des »schwachen Bruders« spielen sie gekonnt.)

Das Gleichgewicht zu wahren, ist unbedingt notwendig. Weil Gnade riskant ist, sind freiwillige Einschränkungen wichtig. Es ist notwendig, daß wir diese beiden Dinge im Auge behalten, meinen Sie nicht auch? Man muß schon schwindelfrei sein, wenn man auf dem Hochseil der Gnade balancieren will. Doch zugleich muß man auch auf Windböen achten, die hin und wieder an uns rütteln.

Ein paar praktische Tips zur Wahrung des Gleichgewichts

Beim Nachdenken über das Leben im Spannungsfeld von Risiko und Gleichgewicht habe ich drei Vorschläge formuliert:

Erstens: Es ist hilfreich, den Extremen aus dem Weg zu gehen, wenn Sie die Freiheit auskosten wollen, die die Gnade Ihnen bescheren will. Tun Sie Ihr Bestes, um die Ausgewogenheit zu wahren, und dann genießen Sie Ihre Freiheit. Kein Grund zu Schuldgefühlen. Kein Grund zur Angst. Versuchen Sie es doch einmal: Gönnen Sie sich den Luxus, frei zu sein. Werfen Sie Ihren gesunden Menschenverstand nicht über Bord, aber leben Sie auch nicht in Angst und Schrecken vor Leuten, die Ihre Freiheiten ausspionieren wollen. Mehr über dieses Thema in Kapitel 5.

Zweitens: Betrachten Sie Gnade als unverdientes Geschenk, nicht als exklusives Recht. Auch dies wird Ihnen beim Wahren des Gleichgewichts helfen. Leben Sie dankbar, nicht arrogant. Genießen Sie das Leben, aber geben Sie nicht mit Ihrem Genuß an. Es kommt immer auf die richtige Einstellung an, nicht wahr? Dies hat nichts mit Ihrer finanziellen Lage, Ihrer Wohnsituation, Ihrem Geschmack in Sachen Kleidung oder Ihrer Automarke zu tun. Es hat einzig und allein mit Ihrer inneren Einstellung zu tun.

Drittens: Vergessen Sie nicht, daß Sie die Gnade umsonst erhalten haben; unseren Erlöser aber hat sie das Leben gekostet. Für Sie mag sie kostenlos sein, diese Gnade, doch für Jesus war sie unvorstellbar teuer, als er sie für uns kaufte. Und wer wollte nicht frei sein? Schließlich ist unsere Freiheit von dem grausamen Sklavendasein schon für uns erkauft worden!

The *Killing Fields* ist ein beachtlicher Film. Er ist die Darstellung einer wahren Geschichte über einen Reporter von der *New York Times*, der während einer Zeit großen Blutvergießens in Kambodscha eingesetzt war. Sein engster Mitarbeiter war ein Kambodschaner, der dann später in die Gefangenschaft der *Roten Khmer* geriet; dieses marxistische Regime ist für seine Grausamkeit bekannt geworden. Was der Kambodschaner auf der Flucht in die Freiheit durchmachte, ist haarsträubend. Vielleicht haben auch Sie an manchen Stellen in diesem Film nach Luft gerungen.

Der Schwerpunkt des Films liegt auf der Flucht des Assistenten aus der Gefangenschaft dieses Horror-Regimes. Glauben Sie mir, dies ist kein Film für Zartbesaitete. Was der Mann sieht und durchmacht, läßt sich kaum beschreiben. Er wird brutal zusammengeschlagen, eingesperrt und gefoltert. Um sich vor dem Hungertod zu retten, trinkt er das Blut eines verendeten Tieres auf dem Feld. Er lebt unter den schlimmsten Bedingungen. Schließlich plant er seine Flucht. Er gerät von einer Extremsituation in die andere. Einmal versinkt er auf der Flucht in einem Schlammloch, das sich als schleimige Leichengrube entpuppt, und während er sich aus dem Durcheinander von verwesendem Menschenfleisch, Schädeln und Knochen herausarbeiten will, steigen Schaumblasen an die Oberfläche. Es könnte einem schlecht bei dem Anblick werden! Dann stolpert er plötzlich auf eine Lichtung. Zu seiner großen Verwunderung stellt er fest, daß die kambodschanische Grenze in Sichtweite ist. Unterhalb von ihm liegt ein kleines Flüchtlingslager. Er erblickt ein Lazarett und eine Flagge. Auf der Flagge ist ein Kreuz. Endlich, endlich Hoffnung! Die Szene wird durch anschwellende Musik untermalt. Das Gesicht des Mannes erhellt sich – ein wortloser Aufschrei: »Ich bin frei! Ich bin frei!« Endlich kommt er in den Genuß seiner langersehnten Freiheit. Später gelingt ihm dann die Ausreise nach Amerika, wo er ein tränenreiches Wiedersehen mit seinem Freund feiert – alles nur, weil er ein freier Mensch ist. Endlich frei!

Gnade ist Gottes große Botschaft der Errettung. Es ist tragisch, daß manche nach wie vor in einem Schlammloch der Verwesung vor sich hin vegetieren, weil sie sich von einem Evangelium der Beschränkungen, Forderungen, Negativbilder und Paragraphenreitereien abgestoßen fühlen. Vielleicht gehören Sie zu jenen, die sich in Gefangenschaft befinden, denen die Freude von einem freudefeindlichen Regime gestohlen wurde und deren Hoffnung ausgelöscht worden ist. Wenn das zutrifft, dann habe ich wunderbare Nachrichten für Sie. Sie sind dicht vor der Grenze. Dort drüben weht schon die Fahne. Und auf der Fahne ist ein Kreuz. Und wenn Sie zu dem Lager der Gnade unter dem Kreuz kommen, werden Sie nie wieder in diesem widerwärtigen Schlammloch leben müssen. Sie werden frei sein … endlich frei.

Kapitel 4

Unverdiente und bedingungslose Gnade

Der Ausdruck »gnädige Frau« bzw. »gnädiger Herr«, so geschliffen und gepflegt er auch klingen mag, ist Lichtjahre von der Bedeutungstiefe des biblischen Gnadenbegriffs entfernt. Was die Bibel unter Gnade versteht, hat eine Tragweite, die Menschenleben verändert. Auch nach einem ganzen Jahrzehnt des intensiven Forschens wären wir noch weit davon entfernt, die ganze Tiefe des Gnadenbegriffs auszuloten.

Ich habe Lewis Sperry Chafer, den Gründer des theologischen Seminars, an dem ich studiert habe, nie persönlich kennengelernt. Er war einige Jahre vor meinem Studienbeginn 1959 verstorben. Einige meiner Mentoren und Professoren haben ihn dagegen gut gekannt. Sie haben ihn ausnahmslos als einen Mann in Erinnerung, der Gnade in seiner Lebensführung großgeschrieben hat. Mit überzeugender Beredsamkeit hat er das Konzept der Gnade gelehrt und es in seinem privaten wie beruflichen Leben auch beispielhaft in die Praxis umgesetzt. Ich bedaure aufrichtig, Dr. Chafer nicht mehr kennengelernt zu haben.

Einer meiner Mentoren hat mir von der letzten Vorlesung über Gnade erzählt, die dieser Mann Gottes gehalten hat. Es war an einem heißen Nachmittag in Dallas (Texas) im Frühjahr 1952. Der alte Professor, der in diesem Semester von seinem Rollstuhl aus gelehrt hatte, wischte sich den Schweiß von der Stirn. Am Ende der Vorlesung hätte man eine Nadel fallen hören können. Es war, als reflektierten die angehenden Theologen andächtig über das soeben

Gehörte. Der weißhaarige alte Herr rollte seinen Stuhl zur Tür, und als er das Licht ausschaltete, brach plötzlich ein tosender Applaus los. Der beliebte Theologieprofessor wischte sich mit gesenktem Kopf die Tränen ab und hob die Hand, um Ruhe zu gebieten. Eine letzte Bemerkung wollte er noch machen, und sanftmütig lächelnd ließ er den Blick über den Hörsaal schweifen. In die atemlose Stille hinein sagte er leise: »Meine Herren, ich beschäftige mich nun schon ein halbes Leben lang mit diesem Thema … und ich stehe erst am Anfang der Entdeckungsreise dessen, was die Gnade Gottes eigentlich beinhaltet.« Drei Monate später begegnete dieser große Gnadenverkündiger im Alter von einundachzig Jahren für immer seinem himmlischen Herrn.

Ich singe John Newtons Kirchenlied *Amazing Grace* nur selten, ohne an die Schlußworte dieses Gnadenverkündigers zu denken:

> *»Oh Gnade Gottes, wunderbar*
> *hast du errettet mich.*
> *Ich war verloren ganz und gar,*
> *war blind, jetzt sehe ich.«*[1]

Niemand, nicht Lewis Sperry Chafer, nicht einmal John Newton, hat Gottes Gnade mehr zu schätzen gewußt als der Apostel Paulus, der im 1. Jahrhundert gelebt hat. Nach einer Vergangenheit des stolzen Pharisäerdaseins, der grausamen Brutalität und des Unglaubens wurde er ein vollkommen anderer: Aus dem fanatischen Christenverfolger wurde ein demütiger Diener Christi. Die Ursache? Die Gnade Gottes. Lassen wir ihn selbst zu Wort kommen:

> »Denn ich bin der geringste von den Aposteln; ich bin nicht wert, Apostel genannt zu werden, weil ich die Kirche Gottes verfolgt habe. Doch durch Gottes Gnade bin ich, was ich bin, und sein gnädiges Handeln an mir ist nicht ohne Wirkung geblieben. Mehr als sie alle habe ich mich abgemüht – nicht ich, sondern die Gnade Gottes zusammen mit mir. Ob nun ich verkündige oder die anderen: das ist unsere Botschaft, und das ist der Glaube, den ihr angenommen habt« (1 Kor 15,9-11).

Gnade – ein elementarer Grundsatz biblischer Lehre

Seine Laufbahn, seine Erfolge verdankte Paulus laut eigener Aussage der Gnade Gottes. Aus dem Nachdenken über diese Worte des großen Apostels heraus möchte ich eine Art »Credo des Paulus« formulieren, indem ich aus seinen Aussagen drei wesentliche Kernpunkte herausfiltere. Ganz nebenbei, es ist zwar nicht einfach aber manchmal sehr hilfreich, einen vielschichtigen, theologischen Sachverhalt in einfache, allgemeinverständliche Worte zu fassen.

Erster Punkt: Gott tut das, was er tut, aus Gnade. Allein der Gnade Gottes, so sagt Paulus, verdanke er die Tatsache, daß ihm nicht nur das Leben geschenkt worden sei, sondern daß er mit der Leitung der christlichen Gemeinde betraut wurde. Eigentlich hatte Paulus ein strenges Urteil verdient, doch Gott gewährte diesem Mann statt dessen Gnade. Menschlich gesprochen, hätte Paulus für all die Qualen, die er anderen zugefügt hatte, mit gleicher Qual büßen müssen. Doch so kam es nicht, weil Gott ihm gnädig war.

Das führt uns zum *zweiten Punkt: Ich bin, was ich bin, durch die Gnade Gottes.* Anders ausgedrückt: »Wenn ich irgendwelche guten Qualitäten habe, so verdiene keineswegs ich das Lob dafür, sondern nur die Gnade Gottes.«

In unserem Zeitalter des beruflichen Erfolgszwangs, der Betonung auf persönlicher Leistung und des ich-bezogenen Karrierebastelns ist es mehr als angebracht, Gottes Gnade ins rechte Licht zu rücken. Wie viele Macher, die den Höhepunkt ihrer Karriere erreicht haben, würden in einem Interview mit einem Reporter vom Wall Street Journal antworten: »Ich bin, was ich bin, durch die Gnade Gottes«? Wie viele Spitzensportler würden so etwas bei einer Medaillenverleihung sagen? Wäre das nicht ein echter Schock, wenn heute jemand sagen würde: »Gemach, nun übertreiben Sie mal nicht. Was ich da geleistet habe, verdanke ich einzig und allein der unverdienten Gnade Gottes«? Eine solche Aufrichtigkeit ist selten.

Der *dritte Punkt*, der in dem letzten Satz enthalten ist, läßt sich so formulieren: *Ich akzeptiere dich so, wie du bist, durch die Gnade*

Gottes. Gnade will nicht einfach nur konsumiert werden; sie will auch weitergegeben werden. Sie will die Runde machen, sie will als Grundlage von Freundschaften dienen und die tragende Rolle bei innigen Beziehungen spielen.

Jesus hat von dem Leben in Fülle gesprochen, das wir in dem Moment beginnen, wo wir die Freiheit seiner Gnade annehmen. Wäre es nicht prima, wenn mehr Menschen nach seinem Plan verfahren würden? Nichts ist so wirkungsvoll wie Gnade, wenn es darum geht, andere aus ihrer Gefangenschaft zu befreien.

Manche, so scheint es, gleichen dem Cartoon, den ich neulich sah. Ein autoritärer, aggressiver Typ sitzt neben seinem stilleren, passiveren Kumpel. Mit draufgängerischer Dreistigkeit sagt der Kühne zu dem Schüchternen: »Wenn ich das Sagen in der Welt hätte, würde ich alles ummodeln. ALLES!« Der eingeschüchterte Freund fragt lammfromm: »Da hast du dir aber viel vorgenommen. Womit würdest du denn anfangen?« Wie aus der Pistole geschossen, kommt die Antwort: »Mit dir, du Trottel!« Keine Spur von Gnade. Ihnen sind bestimmt schon solche Gnadenkiller über den Weg gelaufen, nicht wahr? Mir auch. Mit ihrem notorischen »Nein«-Gesicht kommen sie auf uns zu: »Du gefällst mir nicht. Ich werde dich ändern.«

Es scheint Menschen zu geben, die geradezu auf die nächste Gelegenheit zur Konfrontation warten. Mit ihrem argwöhnischen Wesen und ihren negativen Denkweisen sind sie fest dazu entschlossen, jeden Fehler, jedes Versagen, jede Schwäche an anderen aufzudecken und mit dem Finger darauf zu zeigen. Es gäbe mindestens zwanzig Dinge, die sie lobend erwähnen könnten, doch statt dessen verfolgen sie wie ein Elefant im Porzellanladen ihr größtes Ziel im Leben: Sie wollen dafür sorgen, daß jemand, der zur Zielscheibe ihrer Verbesserungswut geworden ist, seine eigenen Fehler nie wieder vergißt. Gnadenkiller sind schnell bei der Hand, andere mit ihrem ständigen »Du mußt dieses ...« und »Du solltest jenes ...« herumzukommandieren. Anstatt zu loben, machen sie nieder !

Jackie Hudson ist eine gute Bekannte von uns. Sie ist die talentierte Dame, die die zweifelhafte Auszeichnung besitzt, mir das Skifahren beigebracht zu haben. Sie ist die Geduld in Person, das steht fest! Sie hat ein Buch geschrieben, in dem sie an einer Stelle ein Beispiel für das liefert, wovon hier die Rede ist:

»Zu Anfang meines Berufslebens hatte ich einen Chef, bei dem zahlreiche ausdrückliche sowie ungeschriebene Gesetze galten. Eins davon besagte, daß ich bis 23 Uhr das Licht zu löschen hatte, damit ich am nächsten Morgen nicht übermüdet zur Arbeit kam. Er wohnte nicht weit von mir entfernt, und wenn er einmal feststellte, daß bei mir das Licht nach 23 Uhr noch brannte, dann stellte er mich am nächsten Tag unweigerlich zur Rede.
Ich erinnere mich noch gut an mein erstes Lob von ihm – nachdem ich den Job schon ein ganzes Jahr gemacht hatte. Ich hatte ein Projekt zu betreuen gehabt, und ich hatte Tag und Nacht mein Bestes dafür gegeben, um alles tadellos hinzukriegen, um meinen Chef zufriedenzustellen.
An dem bewußten Tag bestellte er alle Angestellten eine Stunde früher, damit sie mir bei den Vorbereitungen helfen sollten. Er bestand ausdrücklich darauf, obwohl ich ihm erklärt hatte, daß dies nicht notwendig sein würde. Nachdem die Angestellten eine Stunde lang untätig herumgestanden hatten, begann die Veranstaltung. Alles lief wie am Schnürchen. Besser hätte es wirklich nicht klappen können.
Hinterher kam mein Chef zu mir, blickte auf den Fußboden und sagte die langersehnten Worte: ›Sie haben gute Arbeit geleistet, Miss Hudson.‹ Mein Jahr in diesem Arbeitsklima hatte einen bedauerlichen Effekt auf mich: Aufmüpfigkeit. Aber in diesem neuen Wohlwollen begann ich langsam zu wachsen. Gnade ist ein fruchtbarer Boden …
Gnade konzentriert sich auf das Wesen und Wirken Gottes; wir selbst messen uns nicht mehr so viel Bedeutung zu. Und trotzdem verfallen wir so leicht darauf zu meinen, wir müßten uns Gottes Gunst irgendwie verdienen, als ob Gnade zu schön sei, um wahr zu sein.«[2]

Viele (um nicht zu sagen: die meisten) Christen leben so, als bekämen sie einmal im Jahr eine Zensur von einem Gott, der stirnrunzelnd dasteht, die Hände in den Taschen seines Hausmantels vergraben. (Ich weiß auch nicht, wieso, aber die meisten Leute stellen sich Gott im Hausmantel vor, nie im Jogginganzug oder mit Shorts oder Badehose … anscheinend geht es nicht ohne Bart und den weißen Hausmantel). Dann sagt Gott also: »Na ja, Johnson, drei minus.« Und: »Dorothy, schämst du dich denn nicht?« Und: »Nicht schlecht, Smith. Hätte allerdings auch besser sein können.« Welch eine gotteslästerliche Vorstellungskraft wir haben!

Wie kommen wir nur auf so etwas? Wer ist für solche Horror-Vorstellungen von unserem Gott verantwortlich? Woher haben wir die Idee, Gott sei ungehalten oder böse auf uns? Wir wissen doch, daß der ganze Zorn Gottes auf seinen Sohn am Kreuz ausgegossen wurde. Wie können wir dann so etwas denken? Mehr noch: Der Grund, weshalb er Jesus aus dem Grab auferstehen ließ, lag darin, daß er seinen Sohn mit reinem Wohlwollen betrachtete. Jesus hatte die Sünden voll und ganz getilgt. Überlegen Sie einmal folgendes: Wenn der Vater von der Sündentilgung seines Sohnes zufriedengestellt ist und wenn wir aus Gnade durch Glauben jetzt zu seinem Sohn gehören, dann ist Gott auch mit Ihnen und mir zufrieden. Wann werden wir das endlich begreifen?

Vielleicht liegt das Hindernis darin, daß wir unser Leben lang Chefs, Freunde, Pastoren und Eltern haben, die uns mit ihren Listen kommen. Es wird immer solche geben, die ständig größere Erwartungen an uns stellen. Gnadenkiller sind sie, ob sie es wahrhaben wollen oder nicht. Sie setzen alles daran, uns vom Kurs der Gnade abzubringen, indem sie uns Schuldgefühle einimpfen, uns Vorwürfe machen und uns manipulieren. Doch Gott ist ganz anders. Er will uns klarmachen, daß wir alles, was wir haben und sind, allein seiner wunderbaren, grenzenlosen, einzigartigen Gnade verdanken. Wenn wir dies erst begriffen haben und praktizieren, dann sind wir plötzlich von dem großen Eifer beseelt, diese Gnade an andere weiterzugeben. Auf der Grundlage von Gottes Gnade gestehen wir anderen freudig die Freiheit ihrer Individualität zu.

In einem ihrer Bücher erzählt Elisabeth Elliot von einem jungen Mann, der sich allem Weltlichen abwenden will, um Jesus nachzufolgen. Was muß ich von nun an aufgeben?, fragt er sich.

Mit den Antworten, die er erhält, will sie aufzeigen, wie widersinnig es ist, Gott durch selbstauferlegte Vorschriften und Gesetzlichkeit milde stimmen zu wollen. Was muß er aufgeben? Schmunzeln Sie nicht allzusehr …

> *»Als erstes gewiß bunte Kleidung. Sortiere alles aus, was nicht einfarbig weiß ist. Schlafe nicht mehr auf einem weichen Kopfkissen. Verkaufe deine Musikinstrumente und iß von jetzt an kein Weißbrot mehr. Wenn du deinen Gehorsam Jesus gegenüber ernst nimmst, dann kannst du weder in warmem Wasser baden noch dich rasieren. Wer sich rasiert, der belügt den, der uns erschaffen hat, indem er das Werk des Schöpfers zu verbessern sucht.«*[3]

»Finden Sie diese Antwort absurd?« fragt sie. Zu unserer Überraschung lesen wir dann den folgenden Kommentar:

> *»Diese Antwort galt in den angesehensten christlichen Lehranstalten des 2. Jahrhunderts als Vorschrift! Ist es möglich, daß die Regeln und Vorschriften vieler Christen des 20. Jahrhunderts den Nachfolgern Christi in einigen Jahren ebenso absurd erscheinen werden?«*[4]

Bevor wir geringschätzig mit dem Finger auf die Gnadenkiller des 2. Jahrhunderts zeigen oder uns über sie lustig machen, sollten wir uns lieber erst einmal selbst ein paar Fragen stellen: Welche Reglementierungen vermitteln wir unseren Brüdern und Schwestern in der Familie Gottes? Auf welche Vorstellungen von »Erlaubt« und »Unerlaubt« haben wir uns festgelegt, um sie anschließend auch anderen überzustülpen? Was müssen sie tun, um sich in unseren Dunstkreis der bedingten Liebe vorzuarbeiten, damit sie sich akzeptierter fühlen können? Und diese letzte Frage muß ich noch hinzufügen: Wer gibt uns das Recht dazu, anderen Menschen Vorschriften zu machen, wie sie sich zu verhalten haben?

Wenn der große Apostel keine Liste hatte, wenn er alles, was er geworden war, allein der Gnade Gottes verdankte, dann kann ich Ihnen versichern: Wir sitzen alle im selben Boot. Wir sind alle ebenso unqualifiziert, ebenso unwürdig, doch auch ebenso bedingungslos vom Vater geliebt. Wer innere Reife erlangen soll, der braucht Raum zum Wachsen, und das schließt Raum für Fehler ein, Raum zum selbständigen Denken, zur eigenen Meinung, zum Versagen. Gnade muß riskiert werden; sonst werden wir zu verkümmerten Christen, die nicht denkfähig sind, die keine Entscheidungen fällen können, deren Motiv die Angst ist und denen Freude fremd ist, da wir nichts als die Anforderungen und Erwartungen anderer kennen. Wann werden wir es je begreifen? Gott sucht sich die Unwürdigsten aus, um sie mit seiner bedingungslosen Annahme zu beschenken.

Ein Beispiel, aus dem wir lernen können

Kommen Sie mit, wir wollen unsere moderne Welt für ein paar Minuten verlassen und in den Zeittunnel steigen. Reisen Sie mit mir in die Ära vor dreitausend Jahren, in die Zeit der Dynastien des Altertums und der Könige Israels. Es ist eine brutale Zeit, wo die Angehörigen des früheren Königs erbarmungslos umgebracht werden, sobald die neue Dynastie auf dem Thron sitzt. Alle, die irgendwie mit dem Geschlecht des ehemaligen Königs verwandt waren, hatten guten Grund dazu, von der Thronbesteigung des neuen Königs an in Angst und Schrecken zu leben.

Die Situation, auf die ich hinauswill, war folgende: König Saul und sein Sohn Jonatan waren bei einer Schlacht ums Leben gekommen. Als David von dem Tod der beiden hörte, war er sehr betrübt, doch das änderte nichts an der Tatsache, daß Gott ihn zum Nachfolger Sauls bestimmt hatte. Kaum war David nun der neue König Israels, als Sauls Angehörige auch schon überstürzt flüchteten, weil sie glaubten, David werde ihnen, wie es bei den damaligen Dynastien üblich war, nach dem Leben trachten. Die Szene, die uns die Bibel beschreibt, ist ein einziges Chaos:

> »Jonatan, der Sohn Sauls, hatte einen Sohn, der an beiden Füßen gelähmt war. Er war fünf Jahre alt gewesen, als die Nachricht vom Tod Sauls und Jonatans aus Jesreel eintraf;

seine Amme hatte ihn aufgehoben, um mit ihm zu fliehen, aber in der Eile der Flucht war er ihr vom Arm gefallen; seitdem war er gelähmt. Sein Name war Merib-Baal« (2 Sam 4,4).

Bei dem hektischen Aufbruch zur Flucht erlitt Sauls kleiner Enkelsohn eine Verletzung, die ihm zur Behinderung wurde. Medizinische Versorgung gab es nicht. Den Rest seines Lebens brachte er als Gehbehinderter zu. Hier verlassen wir Merib-Baal als Fünfjährigen. Über die nächsten fünfzehn bis zwanzig Jahre seines Lebens findet sich nichts in den Manuskripten des Altertums.

Die Frage des Königs

Das neunte Kapitel von Samuel 2 liefert das nächste Glied in der Kette. Inzwischen sind mehrere Jahre vergangen. Merib-Baal ist erwachsen und fristet sein Dasein als Behinderter. David ist der König Israels, ein sehr beliebter König sogar. Das ganze Land ist des Lobes voll. Zu diesem Zeitpunkt ist seine persönliche Lauterkeit noch intakt. Unter seiner Herrschaft hat sich das jüdische Königreich von rund 15 000 Quadratkilometern auf das Zehnfache erweitert. Die israelitische Arme ist so erfolgreich wie noch nie zuvor. Feindliche Nationen haben Respekt vor dem schlagkräftigen, neuen Volk. David ist gesund und hat allen Grund zur Zufriedenheit. Noch nie hat er auf dem Schlachtfeld eine Niederlage erlitten, weshalb das Land eine Zeit des relativen Friedens erlebt. Davids Wirtschafts- und Außenpolitik stellen eine willkommene Neuerung nach Sauls Regime dar. Jede Familie hat nicht nur Brot im Haus, sondern auch Butter dazu. Hier haben wir eine seltene Ära des Wohlstands und des von Gott geschenkten Friedens vor uns.

Von der Güte und Gnade seines himmlischen Herrn überwältigt, sinnt der König über all den Segen nach, den Gott ihm zugedacht hat. Dabei muß er wohl auch einen nostalgischen Moment gehabt haben, denn sein Jugendfreund Jonatan fällt ihm ein, und er fragt: »... Gibt es noch jemand, der vom Haus Saul übriggeblieben ist? Ich will ihm um Jonatans willen eine Huld erweisen« (2 Sam 9,1).

Ein edles Anliegen eines dankbaren Mannes. Diejenigen von Ihnen, die sich in einer vergleichbaren Lebenssituation befinden, wissen sicherlich, daß es Momente gibt, in denen einem solche Gedanken kommt. Sie denken zurück und erinnern sich an eine gute Freundschaft, an einen besonderen Menschen, der eine bedeutende Rolle in Ihrem Werdegang gespielt hat. Sie lächeln und wünschen sich eine Gelegenheit, Ihre Dankbarkeit zum Ausdruck zu bringen, doch vielleicht lebt Ihr Freund inzwischen schon nicht mehr.

Haargenau so ergeht es David. Vermutlich denkt er an den Moment vor vielen Jahren zurück, als Jonatan und er einander ewige Treue geschworen hatten, ganz gleich, was auch geschehen mochte:

> »... Der Herr möge mit dir sein, wie er mit meinem Vater gewesen ist. Nicht wahr, wenn ich dann noch am Leben bin, wirst du entsprechend der Huld des Herrn an mir handeln. Wenn ich aber umkomme, dann entzieh meinem Haus niemals deine Gunst, selbst wenn der Herr jeden der Feinde Davids auf dem Erdboden ausrottet. So schloß Jonatan einen Bund mit dem Haus David. – Der Herr halte sich schadlos an Davids Feinden. – Und Jonatan ließ auch David bei seiner Liebe zu ihm schwören; denn er liebte ihn wie sein eigenes Leben« (1 Sam 20,13-17).

Bei der Rückschau auf seine Jugend fällt David das Versprechen wieder ein, und er sucht nach einer Gelegenheit, es zu erfüllen. Ich möchte Sie auf einen Ausdruck aufmerksam machen, den David benutzte:

> »... Gibt es noch jemand, der vom Haus Saul übriggeblieben ist? Ich will ihm um Jonatans willen eine Huld erweisen« (2 Sam 9,1).

Ich meine das hebräische Wort *chesed*, das im Alten Testament häufig mit »Erbarmen«, »Güte« oder »Gnade« übersetzt wird. Gibt es noch irgendeinen Verwandten von Saul, dem ich dieselbe Gnade erweisen könnte, die Gott mir erwiesen hat? So überlegt David.

Am beeindruckendsten an dieser Frage finde ich das, was sie nicht beinhaltet. David fragt nicht etwa: »Gibt es noch jemand, der meine Huld verdient hätte? Gibt es noch jemand, der sich qualifiziert hat? Gibt es noch jemand, der besonders intelligent ist und den ich deshalb gut in meiner Regierung gebrauchen könnte? Oder jemand mit Muskelpaketen, den ich in meinem Heer unterbringen könnte?« Nein, er fragt einfach nur: »Gibt es noch jemand?« Sein Interesse ist an keine Bedingung geknüpft; seine Frage steckt voller Gnade. »Ich möchte gern wissen, ob es noch irgend jemanden vom Stamme Sauls gibt.«

In diesem nostalgischen Augenblick hat David ein ausgeprägtes »Ja«-Gesicht. Doch irgendwie habe ich das Gefühl, daß der Diener, den er zu sich ruft, ein »Nein«-Gesicht hat. Ziba heißt er. Lesen Sie seine Antwort und hören Sie auf das ablehnende »Nein« in seiner Stimme.

> »Zum Haus Sauls gehörte ein Knecht namens Ziba; man rief ihn zu David, und der König fragte ihn: Bist du Ziba? Er antwortete: Ja, dein Knecht. Der König fragte ihn: Ist vom Haus Sauls niemand mehr am Leben, daß ich ihm göttliche Huld erweisen könnte? Ziba antwortete dem König: Es gibt einen Sohn Jonatans, der an beiden Füßen gelähmt ist« (2 Sam 9,2-3).

Spüren Sie nicht auch dieses Nein in seiner Antwort, obwohl sie an der Oberfläche bejahend war? Aber sicher. »König David, da ist zwar jemand ... aber ich kann mir beim besten Willen nicht vorstellen, daß du den hier im Palast haben willst. Der ist nämlich verkrüppelt. Er paßt nicht hierher. Er ist nicht fein genug.« Was als ein geringschätziges Nasenrümpfen interpretiert werden kann: »Er ist eben anders als wir hier.«

Ich finde es enorm, wie König David darauf reagiert. Anstatt zu fragen: »Was du nicht sagst! Wie schlimm ist es denn mit seinem Handikap?«, antwortete David: »Wo ist er?«, das will sagen: »Wo steckt der Mann? Schnell, bringt ihn her!« Welche Gnade! Vielleicht reichlich überrascht antwortet Ziba: »Er lebt jetzt im Haus Machirs, des Sohnes Ammiëls, in Lo-Dabar« (2 Sam 9,4).

Interessanterweise bedeutet *Lo-Dabar* soviel wie »Einöde«, oder anders ausgedrückt: »kein Weideland«. Es scheint, als wollte der Diener den König darauf hinweisen, daß Jonatans Sohn in einer Gegend wohnt, die völlig unfruchtbar ist, wo es keinen Ackerbau gibt – eine karge, verarmte Wüstenlandschaft. Doch David zögert keine Sekunde. Er hat genug gehört, um sein Vorhaben in die Tat umzusetzen.

Ein Behinderter wird vor den König geladen

> »Da schickte der König David hin und ließ ihn aus dem Haus Machirs, des Sohnes Ammiëls, in Lo-Dabar holen. Als Merib-Baal, der Sohn Jonatans, des Sohnes Sauls, zu David kam, warf er sich (vor ihm) auf sein Gesicht nieder und huldigte ihm. David sagte: Merib-Baal! Er antwortete: Hier ist dein Knecht. David sagte zu ihm: Fürchte dich nicht; denn ich will dir um deines Vaters Jonatan willen eine Huld erweisen: Ich gebe dir alle Felder deines Großvaters Saul zurück, und du sollst immer an meinem Tisch essen« (2 Sam 9,5-7).

Der behinderte Mann schlotterte geradezu vor Angst, als er am Königspalast in Jerusalem ankam. Seit seiner Kindheit hatte die Parole seines Lebens »Immer hübsch anonym bleiben« gelautet. Er wollte auf keinen Fall erkannt werden, besonders nicht von dem König, der seinem Großvater auf den Thron gefolgt war. Das hätte den sicheren Tod bedeutet. Und dennoch konnte er sich unmöglich weigern mitzukommen, als David ihm einen Abholer schickte. Bevor er wußte, wie ihm geschah, saß er auch schon in einem Wagen des königlichen Fuhrparks, und innerhalb kürzester Zeit stand er vor dem König persönlich.

Dies erklärt, warum die Worte Davids ihn restlos erstaunt haben müssen. Doch sie paßten zu David. Wer Gnade im Herzen hat, der möchte auch andere von ihrer Angst befreien, anstatt sie einzuschüchtern.

Ich möchte die Geschichte an dieser Stelle unterbrechen, um Ihnen eine Frage über Jesus zu stellen, den Sohn Gottes »voll

Gnade und Wahrheit.« Wissen Sie eigentlich, welche Anweisung am häufigsten von ihm zu hören war? Die meisten, denen ich diese Frage stelle, können sie nicht richtig beantworten. Unser Herr hat zahlreiche Gebote gegeben, aber eins davon hat er häufiger als die übrigen wiederholt. Können Sie sich denken, welches ich meine? Dieses: »Fürchtet euch nicht.« Ist das nicht wunderbar? »Fürchtet euch nicht.« Furcht ist eine verständliche Reaktion eines Menschen, der vor dem vollkommenen Sohn Gottes steht. Doch Jesus, der die Gnade in Person ist, sagte immer wieder: »Fürchtet euch nicht.« Er begegnete den Menschen nicht mit einem mißbilligenden Stirnrunzeln und einer Keule. Er begegnete ihnen mit offenen Armen und den tröstenden Worten: »Fürchtet euch nicht.« Mit diesen Worten begrüßte David auch Merib-Baal. Es sind Worte voller Gnade.

Merib-Baals erste Reaktion muß wohl die Angst gewesen sein, als nächstes einen Speer in den Leib gejagt zu bekommen. Kein Wunder, daß er sagt: »Hier ist dein Knecht«, als er sich vor dem König zu Boden wirft. »Fürchte dich nicht«, antwortet der König, doch der behinderte Mann kann nicht aufhören zu zittern. David will ihm begreiflich machen: »Ich habe dich doch nicht holen lassen, um dich für irgendwelche Sachen zu bestrafen, die du nicht einmal begangen hast. Ich meine es gut mit dir. Ich will dir helfen, nicht schaden.« Dies alles drückt er mit den Worten aus: »... denn ich will dir ... eine Huld erweisen.«

Ein Vorrecht wird gewährt

Übersehen Sie hier nicht das eine Element, das so ungeheuer wichtig im Zusammenhang mit der Gnade ist. David wollte diese Huld nicht etwa um Merib-Baals willen gewähren – er kannte den Mann ja überhaupt nicht persönlich –, sondern »um deines Vaters Jonatan willen«. Merib-Baal kann noch immer nicht fassen, was hier vor sich geht. »Da warf sich Merib-Baal (vor ihm) nieder und sagte: Was ist dein Knecht, daß du dich einem toten Hund zuwendest, wie ich es bin?« (2 Sam 9,8). Indem er sich selbst mit einem toten Hund vergleicht, beschreibt er sich als eine verachtungswürdige, wertlose Kreatur. »Ich bin doch bloß ein toter Hund aus *Lo-Dabar*. Warum läßt du mich nicht einfach weiter in meinem Elend vor mich hin vegetieren?«

Wissen Sie noch, als Sie das zu Gott gesagt haben? Ist es denn schon so lange her, daß Sie ihm begegnet sind? Oder ist es möglich, daß Sie es schon vergessen haben? Ehrlich gesagt gehört dieser Bericht zu meinen Lieblingspassagen im Alten Testament, weil Gnade hier auf eine so bezeichnende Weise dargestellt wird. Da ist also ein Mann, den keiner kennt, ohne Belang für den König und an beiden Beinen gelähmt. Er ist körperlich völlig unfähig, dem König irgendwelche Dienste zu erweisen. Er hatte nichts Attraktives an sich, doch David näherte sich ihm aus Gnade. Aufgrund der Freundschaft, die ihn mit Jonatan verbunden hatte, gewährt er Merib-Baal nun die gleichen Vorrechte, die er einem eigenen Sohn gewährt hätte.

Ohne zu zögern hält der König jetzt sein Wort. Welch eine Freude! Lesen Sie selbst:

> »Der König David rief Ziba, den Diener Sauls, und sagte zu ihm: Alles, was Saul und seiner ganzen Familie gehört hat, gebe ich dem Sohn deines Herrn« (2 Sam 9,9).

Ziba muß sich fassungslos die Augen gerieben und den Kopf geschüttelt haben. Träumte er etwa?

> »Du sollst mit deinen Söhnen und Knechten für ihn das Land bebauen und ihm den Ertrag bringen, damit der Sohn deines Herrn zu essen hat. Merib-Baal selbst aber, der Sohn des Herrn, soll immer an meinem Tisch essen« (2 Sam 9,10).

An vier Stellen des biblischen Berichts wird erwähnt, daß der Behinderte am Tisch des Königs essen sollte, nämlich in Vers 7, 10, 11 und schließlich Vers 13: »Merib-Baal blieb also in Jerusalem; denn er aß immer am Tisch des Königs; er war aber an beiden Füßen gelähmt« (2 Sam 9,13). Welch ein Bild! Welche Gnade! Von dieser Zeit an bekam er am Tisch des Königs zu essen und war bis an sein Lebensende versorgt. Unverdiente, doch bedingungslose

Liebe erfuhr er. Merib-Baal hat sicher mehrere Tage gebraucht, bis er sein Glück fassen konnte!

Malen Sie sich eine Alltagsszene im Palast des Königs aus. Der Gong ruft zum Essen, und David nimmt am Kopfende des Tisches Platz. Einen Moment später kommt Amnon, der clevere, gewiefte Amnon, dazu und setzt sich links von David an den Tisch. Die liebliche Tamar, eine bezaubernde, bildhübsche junge Frau, kommt ebenfalls dazu und setzt sich neben Amnon. Und dann tritt auch Salomo aus seinem Arbeitszimmer, der begabte, brillante, immerzu in Gedanken versunkene Salomo. Der Thronfolger nimmt andächtig Platz. Als nächster nimmt auch Abschalom Platz, der stattliche, gewinnende Abschalom mit seiner rabenschwarzen, lockigen, schulterlangen Haarmähne. An diesem Abend ist Joab, der tapfere Krieger und Truppenkommandant Davids, zu Gast. Der muskulöse, braungebrannte Joab bekommt einen Platz in der Nähe des Königs zugewiesen. Alle warten. Ein Scharren ist zu hören, das dumpfe Pochen von Krücken. Mühsam, unbeholfen erreicht Merib-Baal seinen Platz am Tisch und setzt sich. Seine Füße versteckt er unter der Tischdecke. Ich frage Sie: Wußte Merib-Baal, was Gnade war?

Hätte er heute gelebt, dann hätte er sich bestimmt in den Liedworten von John Newton wiedergefunden:

»Durch Schwierigkeiten mancher Art
wurd' ich ja schon geführt,
doch hat die Gnade mich bewahrt,
die Ehre Gott gebührt.«[5]

Davids Königsgnade und Gottes Errettergnade – ein Analogfall

Vielleicht sind Ihnen schon mehrere Entsprechungen zwischen der Gnade, die der König Merib-Baal erwies, und der Gnade, die Gott Ihnen und mir erweist, aufgefallen. Ich sehe mindestens acht:

1. Es gab eine Zeit, als Merib-Baal daheim bei seinem Vater wohnte, eine glückliche, sonnige Zeit. Das gleiche gilt für das erste Ehepaar der Welt, Adam und Eva, im Garten Eden.

2. Mit der Katastrophe kam die Angst, und Merib-Baal erlitt einen Sturz, der ihn für den Rest seines Lebens zum Krüppel machte. Analog dazu gilt, daß die Menschheit mit der Sünde einen Sturz tat, der uns eine Behinderung bescherte, die anhält, solange wir auf dieser Erde leben.

3. David, der König, handelte aus bedingungsloser Liebe zu seinem Freund Jonatan heraus, als er einen Menschen, irgendeinen Menschen suchte, dem er seine Gnade erweisen konnte. Hier ziehe ich die Parallele zu Gott dem Vater, der aus bedingungsloser Annahme seines einzigen Sohnes und dessen Todes am Kreuz heraus handelt, wenn er Menschen sucht, denen er seine Gnade erweisen kann.

4. Der Behinderte besaß nichts, konnte nichts und hatte auf nichts einen Anspruch. Er versuchte nicht einmal, sich die Gunst des Königs irgendwie zu verdienen. Ihm blieb nur, sie demütig anzunehmen. Uns geht es genauso: Als Sünder haben wir keine Hoffnung; wir sind unwürdig und haben Gottes Gnade durch nichts verdient. In aller Demut nehmen wir sie an.

5. Der König holte den Behinderten aus seinem Elendsdasein in Kargheit und Verzweiflung und beschenkte ihn mit hohen Ehren und einem Platz in seiner Gegenwart. Das gleiche hat Gott für uns getan. Aus unserem »Lo-Dabar« der Verzweiflung und Hoffnungs-

losigkeit rettete er uns und holte uns an einen Ort der geistlichen Nahrung und innigen Vertrautheit.

6. David machte Merib-Baal zum Mitglied seiner königlichen Familie und gewährte ihm auf Lebenszeit Kost und Logis, Freundschaft und Segen. Auch wir sind von Gott als Söhne und Töchter in seine königliche Familie aufgenommen worden und werden mit Segen überschüttet.

7. Das Hinken des Adoptivsohns war ein konstantes Mahnmal, das ihn an die Gnade des Königs erinnerte. Unser mit Sünde behafteter Zustand erinnert uns Zeit unseres Lebens daran, daß da, wo Sünde herrscht, die Gnade übermächtig ist.

8. Als Merib-Baal am Tisch des Königs saß, wurde er wie ein Sohn des Königs behandelt. Er hatte keine geringere Position als Abschalom oder Salomo. Wenn wir eines Tages das Festmahl mit unserem Herrn einnehmen, werden wir das gleiche erleben.

Dort werden wir neben Paulus und Petrus sitzen, neben Lydia und Priscilla, Maria und Phoebe, Jakobus, Johannes, Barnabas und Lukas, neben Märtyrern, Mönchen, Reformatoren und Evangelisten, neben Seminarrektoren und -professoren, Pfarrern und Missionaren, Schriftstellern und Staatsmännern, ohne Unterschied von Rang und Titel, ohne besondere Anerkennung von Leistung und Erfolg. Warum? Weil wir alle gleichermaßen unwürdig sind, durch die Bank, ausnahmslos. Alle sind wir von der Krankheit der Sünde infiziert. Und welch ein Jubel wird es sein, wenn wir Gott Loblieder singen werden!

»Wenn wir zehntausend Jahre sind
in seiner Herrlichkeit,
mein Herz noch von der Gnade singt
wie in der ersten Zeit.«[6]

Unser Lob wird dem Einen gebühren, der kam und starb, der auferstand und lebt. Sein Name ist Jesus. Seine Botschaft ist Gnade. Nur wenige haben ihn je so klar dargestellt wie John Bunyan:

»Du Sohn des Höchsten,
welch eine Gnade liegt in Deiner Menschwerdung!
Aus Gnade kamst Du vom Himmel hernieder;
aus Gnade verließest Du Deine Herrlichkeit;
aus Gnade wurdest Du arm und verachtet;
aus Gnade bürdetest Du Dir solche Lasten auf,
solche Lasten des Kummers,
solche unaussprechlichen Lasten der Schmach Gottes.
Du Sohn Gottes!
Gnade war in allen Deinen Tränen;
Gnade strömte mit Deinem Blut aus Deiner Seite hervor;
Gnade kam mit jedem Wort aus Deinem Mund;
Gnade trat da hervor, wo die Peitsche Dich traf,
wo die Dornen Dich stachen
und wo die Nägel Dich durchbohrten.
Das ist wahre Gnade!
Gnade, über die die Engel staunen,
Gnade, durch die die Sünder selig werden,
Gnade, die die Dämonen in Verwunderung versetzt.«[7]

Wenn wir dort mit allen Gotteskindern die große Hochzeit des Lammes feiern, dann wird das Tischtuch seiner Gnade all unsere Unzulänglichkeiten und Fehler verbergen.

Kapitel 5

Kampfansage an die Gesetzlichkeit

Freiheit ist es immer wert, erkämpft zu werden. Um der Freiheit willen haben viele Amerikaner ihr Leben für ihr Vaterland gelassen. Wenn wir amerikanische Kriegsveteranen fragen würden: »Warum haben Sie unter solch kargen und gefährlichen Bedingungen gelebt?« oder: »Was hat Sie denn nur dazu getrieben, so lange für Ihr Vaterland zu kämpfen?«, dann bekommen wir vermutlich eine Antwort wie: »Es ging immerhin um unser Heimatland. ... Ich liebe meine Heimat, und ich sah unsere Freiheit bedroht. Ich wollte sie verteidigen, und wenn es sein muß, würde ich mein Leben dafür einsetzen.«

In den Gründerjahren Amerikas hielt ein neununddreißigjähriger, radikal denkender Anwalt eine Rede vor dem Konvent in Virginia. Das Datum war 23. März 1775; die Stimmung im Land war von leidenschaftlichem Patriotismus geprägt. Und die Vaterlandsliebe dieses Mannes ließ sich nicht mehr eindämmen. Seine Worte klangen eher wie die Worte eines Propheten Gottes als die eines amerikanischen Patrioten, als er sagte:

> *»Wenn wir frei sein wollen, müssen wir kämpfen! ... Ich wiederhole, Sir: Wir müssen kämpfen! Unsere Waffen und unser Gott sind alles, was uns noch geblieben ist. Es ist vergeblich, den Ernst der Lage abmildern zu wollen. So laut die Herren auch ›Frieden! Frieden!‹ rufen mögen, so gibt es keinen Frieden. Der Krieg hat schon begonnen! ... Unsere*

Brüder sind schon auf dem Feld. Warum stehen wir hier müßig? ... Ist das Leben so kostbar oder der Frieden so süß, daß er um den Preis der Ketten und der Sklaverei erkauft werden muß? Davor bewahre uns der allmächtige Gott! Ich weiß nicht, welchen Weg andere einschlagen werden, aber was mich betrifft, so gebt mir Freiheit oder den Tod!«[1]

Welch eine bewegende Rede! Bis zum heutigen Tag begeistern uns die mutigen, leidenschaftlichen Worte des Patrick Henry. Wir feiern ihn als einen unserer Nationalhelden.

Keine neunzig Jahre später erleben wir wieder ein Blutbad, eines der beklagenswertesten in der Geschichte Amerikas. Und wieder ging es ursächlich um Freiheit, genauer gesagt: um den Konflikt zwischen Sklavenhaltern und Sklavenbefreiern. Damals waren die Schwarzen in unserem Land unfreie Menschen. Die Regierung der Vereinigten Staaten vertrat den Standpunkt, daß sie befreit werden sollten, und zwar notfalls mit Waffengewalt.

Charles Sumner brachte den ganzen Bürgerkrieg meisterhaft auf den Punkt, als er in einer Rede am 5. November 1864 sagte: *»Wo Sklaverei herrscht, kann keine Freiheit sein; und wo Freiheit herrscht, da kann keine Sklaverei sein.«*[2]

Wissen Sie, ich finde das sonderbar. Ich finde es sogar unglaublich, daß wir als Nation für die Freiheit unseres Landes zum Krieg bereit sind und daß wir als Volk notfalls auch gegeneinander für die Freiheit einzelner Gruppen in unserem Land zu kämpfen bereit sind, doch wenn es darum geht, unser Christsein auszuleben, geben wir unsere Freiheit kampflos auf. Wir finden nichts dabei, jedem Feind, der unsere nationale Freiheit bedroht, den Krieg anzusagen, doch wir sind längst nicht mit dem gleichen Eifer bei der Sache, wenn wir als begnadigte Christen unsere Freiheit verteidigen sollten. Wenn nur genug Legalisten an Bord kommen, überlassen wir ihnen so gut wie widerstandslos das Ruder. Wir werden uns vor ihrer Mißbilligung fürchten, wir werden uns hinfort nach ihren Listen richten, wir werden uns einschüchtern lassen, und um des lieben Friedens willen werden wir uns ihren Zielen unterordnen – auch wenn dies regelrecht in die Sklaverei führt.

Dies ist beileibe nichts Neues. Schon 1963 schrieb S. Lewis Johnson, einer meiner Seminarprofessoren, einen glänzenden Artikel, mit dem er den Nagel auf den Kopf traf.

> *»Eines der größten Probleme, mit denen die rechtgläubige christliche Kirche heute konfrontiert wird, ist das Problem des Legalismus. Eines der größten Probleme, mit denen die Kirche zur Zeit des Paulus konfrontiert wurde, war das Problem des Legalismus. Zu allen Zeiten hat es dies gegeben. Die gesetzliche Paragraphenreiterei beraubt den gläubigen Christen seiner Freude am Herrn, und mit der Freude am Herrn verliert er die innere Beteiligung an der Anbetung Gottes und die Bereitschaft, sich für die Sache Gottes einzusetzen. Was übrigbleibt, ist ein verkrampftes, trübsinniges, apathisches und lustloses Glaubensbekenntnis. An der Wahrheit ist Verrat begangen worden, und der wunderbare Name des Herrn wird zum Synonym eines mißgelaunten Spaßverderbers. Der Christ, der unter dem Gesetz lebt, ist ein trauriger Abklatsch des ursprünglich Beabsichtigten – er ist meilenweit davon entfernt.«*[3]

Obwohl dieser Artikel schon ein paar Jahrzehnte alt ist, beschreibt er treffend die Kirche der 90er Jahre und des beginnenden 21. Jahrhunderts. Wenn Sie einen Verein von »verkrampften, trübsinnigen, apathischen und lustlosen« Leuten besichtigen wollen, dann können Sie vielen (ich bemühe mich, nicht »den meisten« zu schreiben) evangelikalen Kirchen von heute einen Besuch abstatten. Es enttäuscht und bekümmert mich zutiefst, so etwas schreiben zu müssen. Wenn ich nach den größten Feinden des echten, lebendigen Christentums gefragt würde, dann würde ich höchstwahrscheinlich als erstes diese unerträgliche Gesetzlichkeit nennen. Wie ich schon zu Anfang des Buches geschrieben habe, ist sie ein Killer. Eine ganze Gemeinde stirbt, wenn der Pastor ein Paragraphenreiter ist. Ein Pastor geht zugrunde, wenn die Gemeinde aus Paragraphenreitern besteht. Paragraphenreiter, die mit ihren Listen von »Erlaubt« und »Unerlaubt« daherkommen, morden die Lebensfreude und Spontaneität von jenen, die ihre Freiheit gern auskosten möchten. Streng gesetzliche Leute in der Gemeindeleitung würgen die Gemeinde zu Tode, auch wenn sie hundertmal darauf beharren, daß sie Gott mit ihrem Vorgehen einen Gefallen tun.

Wenn Sie noch nie unter der Fuchtel der Gesetzlichkeit gestanden haben, dann sind Sie ein seltener Fall … und Sie wissen gar nicht, wie glücklich Sie sich schätzen können. Wenn Sie einmal in Gefangenschaft waren und sich wie ich in die Freiheit durchgeschlagen haben, dann wissen Sie besser als viele andere, welch ein kostbares Vorrecht Freiheit ist. Freiheit ist es wert, erkämpft zu werden!

Meine Bibel liegt aufgeschlagen neben mir, und zwar beim 5. Kapitel des Galaterbriefs. Der Galaterbrief ist zu Recht als die Magna Charta der christlichen Freiheit bezeichnet worden. Schon der erste Vers dieses Kapitels enthält eine einzige Aufforderung, die, wenn sie geglaubt und befolgt würde, viel gegen die Gesetzlichkeit ausrichten könnte.

> »Zur Freiheit hat uns Christus befreit. Bleibt daher fest und laßt euch nicht von neuem das Joch der Knechtschaft auflegen!« (Gal 5,1).

Nichts bringt den Legalisten mehr aus dem Konzept als das befreiende Element der Gnade. Im 1. Jahrhundert schrieb Paulus diese Worte an Christen, denen so etwas eigentlich nicht passieren dürfte, aber dennoch hatten sie sich die lähmende Herrschaft der Gnadenkiller aufzwingen lassen.

Wenn Patrick Henry den Mut hatte zu sagen: »Gebt mir Freiheit oder den Tod«, dann sollte der Christ auch den Mut haben zu sagen: »Gebt mir um Jesu willen die Freiheit.« Unterdrückung ist Quälerei, sei es nun politische oder geistliche. Gebt mir die Freiheit, die er auf Golgatha errungen hat, denn sonst bleibe ich ein Sklave. Der Tod ist erträglicher als Unterdrücktsein. Darum gebt mir die Freiheit, die er erkauft hat, denn sonst sehne ich mir den Tod herbei! Ein Dasein als Sklave leugnet die Gnade.

Zwei wichtige Begriffsdefinitionen

Ohne mich unnötig ins Abstrakte zu versteigen, möchte ich zwei Begriffe, von denen ich großzügig Gebrauch gemacht habe, näher definieren. Erstens: Was meine ich eigentlich, wenn ich sage, der Christ habe Freiheit? Und zweitens: Was steckt hinter der Feststellung, daß Legalismus Menschen unterdrückt?

Freiheit

Das Wort »Freiheit« hat zwei Richtungsaspekte: Freiheit *von* etwas und Freiheit *zu* etwas.

Freiheit bedeutet das Fehlen jeglicher Fremdherrschaft oder Unterdrückung. Freiheit bedeutet, von der Macht der Sünde und von Sündenschuld frei zu sein, frei von satanischer und dämonischer Autorität. Nicht minder wichtig ist die Freiheit von den Schuldgefühlen, die mich ebenso zum Gefangenen machen können wie die Tyrannei, die andere mit ihren persönlichen Meinungen, Verpflichtungen und Erwartungen auf mich ausüben.

Bevor Jesus mein Herr war, hatte ich keine Freiheit von meinen inneren Impulsen und Begierden. Ich war Satan ausgeliefert, und mein Lebensstil wurde von Sünde beherrscht. Wenn mein inneres Drängen übermächtig wurde, hatte ich keine Kontrolle darüber, nichts, was mich zurückhielt. Es war eine elende Unterdrückung.

Beispielsweise wurde ich viele Jahre lang von quälender Eifersucht beherrscht. Ich war machtlos dagegen. Ich diente der Eifersucht, wie ein Sklave seinem Herrn dient. Dann kam der Tag, an dem mir die begeisternde Gnade Gottes dämmerte, und ich ließ mich von ihr befreien. Fast augenblicklich war mein Eifersuchtsdenken verschwunden. Und vielleicht zum ersten Mal im Leben spürte ich echte Liebe: Die Freude, die Romantik, die Spontaneität, die ungehindert strömende Kreativität als Reaktion auf eine treue Ehefrau, die mich liebte, komme, was da wolle, die mir ihre Treue für ein ganzes Leben versprochen hatte. Diese Liebe und diese Treue motivierten mich dazu, sie ungehinderter denn je wiederzulieben. Ich liebte sie nun nicht mehr aus Angst, sie zu verlieren, sondern ich liebte sie aus der Freude und dem Segen heraus, der aus dem Wissen resultiert, bedingungslos und ohne Einschränkungen geliebt zu werden.

Jetzt, wo Jesus in mein Leben gekommen ist und ich mir seiner Gnade bewußt geworden bin, hat er mir die Freiheit von dieser Art der Sündenknechtschaft gewährt. Diese Freiheit geht mit Furchtlosigkeit einher, mit einem Gefühl der Unbesiegbarkeit in widrigen Umständen. Diese Macht verdanke ich, um es noch einmal zu betonen, Jesus Christus, der in mir lebt.

Darüber hinaus hat Jesus auch die Freiheit von dem Fluch des Gesetzes ermöglicht. Damit meine ich die Freiheit von dem ständigen Zwang, alles hundertprozentig richtig zu machen, um Gott und/oder anderen damit zu gefallen. Diese Freiheit entlastet uns von der Angst vor dem Strafurteil Gottes und auch dem Strafurteil eines belasteten Gewissens. Diese Freiheit bedeutet Freiheit von den Forderungen anderer, von allen Gute-Werke-Vorschriften des religiösen Umfeldes.

Eine solche Freiheit ist motiviert: Das Motiv lautet bedingungslose Liebe. Wenn die Gnade Jesu in Ihrem Leben voll aufgeblüht ist, dann werden Sie feststellen, daß Sie nun nicht mehr aus Angst, aus Beschämung oder aus Schuldgefühlen heraus handeln, sondern aus Liebe. Die qualvolle Tyrannei der Leistungserbringung zur Besänftigung anderer ist vorbei. Für immer.

Gnade schenkt uns auch die Freiheit, etwas zu tun, eine Freiheit, die Rechte und Privilegien eines freien Menschen zu genießen und dieselbe Freiheit auch anderen zuzugestehen. Man wird frei dazu, eine neue Kraft zu erleben und zu genießen, die nur Jesus schenken kann. Ich habe die Freiheit, zu dem Menschen zu werden, den er in mir sieht, unabhängig davon, wie er andere Menschen führt. Ich kann der Mensch sein, der ich bin. Ich habe die Freiheit, Jesus unabhängig und ganz persönlich zu kennen. Und diese Freiheit gebe ich dann an andere weiter, damit auch sie zu den Menschen werden, zu denen sie bestimmt sind – jeder auf seine Art!

Wissen Sie, Gott produziert doch keine Schablonenchristen, die auf der ganzen Welt das gleiche Denken, Aussehen und Handeln an den Tag legen. Der Leib Christi ist von Vielfältigkeit gekennzeichnet. Es war niemals Gottes Absicht, daß wir dieselbe Persönlichkeit haben, dieselben Äußerungen machen, dasselbe honigsüße Grinsen herumtragen, denselben Geschmack in Sachen Kleidung haben und uns für dieselben Dinge engagieren. Ich wiederhole: Gott liebt Vielfalt. Diese Freiheit, so zu sein, wie wir sind, ist einfach umwerfend schön. Ich habe die Freiheit, Entscheidungen zu treffen, die Freiheit, seinen Willen zu erforschen, die Freiheit, nach diesem Willen zu handeln, die Freiheit, seiner Führung in meinem Leben und in Ihrem Leben zu gehorchen. Wer eine solche Freiheit je gekostet hat, der wird sich mit nichts anderem mehr begnügen.

Vielleicht sollte ich noch einmal betonen, daß Sie sich diese Freiheit erkämpfen müssen. Warum? Weil die »Chefetage« des Christentums voller Leute ist, die liebend gern vergleichen und herumkommandieren und manipulieren, damit Sie genauso unglücklich werden, wie sie selbst es sind. Wenn sie selbst eisern daran festhalten, »verkrampft, trübsinnig, apathisch und lustlos« herumzulaufen, dann erwarten sie dies auch von Ihnen. »Elend sucht Gesellschaft« scheint das unausgesprochene Motto dieses Clubs zu sein, auch wenn niemand dies zugeben würde.

Legalismus

Dies ist ein geeigneter Moment, um den Erzfeind der Freiheit besser kennenzulernen. Legalismus, Gesetzlichkeit, Paragraphenreiterei, Enggeistigkeit – all diese Begriffe drücken dieselbe innere Einstellung aus, eine Denkart, die letztendlich auf Hochmut beruht. Wir haben es hier mit einem Aufzwingen künstlicher Maßstäbe zu tun, wobei der Zweck des Ganzen darin liegt, das eigene Ich aufs Podest zu erheben. Ein Legalist ist jemand, der sich eine Autoritätsstellung anmaßt und diese dann im extremen Maß mißbraucht. Wie Daniel Taylor so treffend darstellt, ist das Ergebnis einer solchen unrechtmäßigen Machtausübung bestenfalls Uniformität, Einstimmigkeit, aber keine Einheit ist!

»Die Hauptwaffe im Arsenal der autoritären Herrschaft, ob weltlich oder religiös, ist Legalismus: das Erstellen und Erzwingen von Verhaltensregeln zum Zweck der unrechtmäßigen Manipulation anderer. Als vielleicht schädlichste aller Perversionen von Gottes Willen und dem Wirken Jesu klammert der Legalismus sich an dem Gesetz fest, doch auf Kosten der Gnade; an dem Buchstaben, doch auf Kosten der Absicht, die dieser ausdrücken soll.

Der Legalismus ist eine von vielen Ausdrucksformen des zwanghaften menschlichen Sicherheitsbedürfnisses. Wenn wir tatkräftig eine umfassende Liste von Erlaubt und Unerlaubt durchsetzen (wobei die Betonung auf äußeren Verhaltensweisen liegt), dann haben wir nicht nur das sonst unvorhersagbare Verhalten anderer unter unsere Kontrolle gebracht, sondern auch Gottes Gunst erworben …

Die legalistische Form der autoritären Machtausübung vermengt das christliche Prinzip der Einheit mit der menschlichen Forderung nach äußerer Einheit, kurz: Uniformität. Einheit ist ein tiefgreifendes, sogar mystisches Phänomen. Es kostet viel Anstrengung, um sie herzustellen, doch nur mit Anstrengung allein läßt sie sich nicht fabrizieren; sie ist eine Quelle großer Sicherheit, doch sie verlangt auch große Risikobereitschaft.

Uniformität dagegen ist eine fraglose Angelegenheit, Sie läßt sich messen, beobachten und erzwingen. Sie ist größtenteils äußerlich, während Einheit im wesentlichen innerlich ist. Das Hauptziel der Uniformität ist es, Verhalten zu korrigieren, während das Hauptziel der Einheit eine entsprechende Geisteshaltung ist. Uniformität beruht auf vielen, rechtgläubigen Grundsätzen neben denen des Glaubens und des Verhaltens, darunter ein ebenso rechtgläubiger Erfahrungshintergrund und ein ebensolches Vokabular. Im Klartext heißt dies, daß von Gläubigen erwartet wird, auf möglichst ähnlichem Wege zu Gott zu kommen, gleiche Erfahrungen mit Gott zu machen und bei der Beschreibung dieser Erfahrungen ein vorgegebenes Standardvokabular zu gebrauchen.«[4]

Im Legalismus gilt: »Ich tue dies und unterlasse jenes, und dadurch gefalle ich Gott.« Oder: »Wenn ich doch nur zu diesem fähig wäre oder zu dem Verzicht auf jenes, dann würde ich Gott gefallen.« Oder vielleicht: »Diese Dinge, die ich hier tue oder unterlasse, dienen mir dazu, Gottes Wohlwollen zu verdienen.« Selbstverständlich ist in der Bibel nirgendwo die Rede von solchen Vorschriften. Sie sind einfach übernommen oder eingeimpft worden, um dann zum Zwang zu werden. Legalismus ist eine starre, todernste, fordernde und von irgendwelchen Gesetzen abgeleitete Angelegenheit. Zum Stolz, einem zentralen Element des Legalismus, gesellen sich andere Motivationsfaktoren. Schuldgefühle zum Beispiel. Und Angst. Und Beschämung. Dies alles verdichtet sich zu einer Betonung auf allem, was nicht sein darf und was man nicht tun sollte. Legalismus blüht in dem trübseligen Klima des Negativismus erst richtig auf.

Nur wenige haben den Legalismus klarer dargestellt als Eugene Peterson. Seine Ausführungen finden sich in seiner Gegenüberstellung von gesundem Glauben und Legalismus.

> *»Der Ausdruck ›gläubiger Christ‹ ruft bei verschiedenen Menschen unterschiedliche Assoziationen hervor. Der eine versteht einen steifen, nervösen, unflexiblen Verhaltensstil darunter, farblos und starr. Der andere versteht ein risikobereites Unterfangen voller Überraschungen darunter, ein bis in die Zehenspitzen gespanntes Leben voller Erwartung.*
>
> *Beide Bilder lassen sich durch Beispiele belegen. In den Gemeinden auf der ganzen Welt finden sich zahllose Demonstrationsobjekte für beide Positionen. Beschränken wir uns aber auf die Beispiele in der Bibel, dann läßt sich nur das zweite Bild belegen: das Bild des lebensfrohen, an allem interessierten Menschen – an Schmerz und Freude, an Rätsel und Erkenntnis, an Erfüllung und Suche –, weil er darin eine Dimension der menschlichen Freiheit sieht und weil er in jeder dieser Erfahrungen den Sinn und die Gnade aufspüren will. Wenn wir unsere Informationen aus der Bibel beziehen, dann kann es keinen Zweifel daran geben, daß das Leben als Christ ein getanztes, gehüpftes, gewagtes Leben ist.*

Wie kommt dann dieses andere Bild in den Köpfe so vieler Menschen zustande? Wie kann man nur das Leben als Christ mit Trübsinn, mit Übervorsicht, mit Gehemmtsein, mit Fadheit assoziieren? Wir würden sicherlich damit rechnen, daß eine Gemeinde von Christen, die gut mit den Freiheitsgeschichten der Bibel vertraut ist – den Geschichten von Abraham, Mose, David, Samson, Debora, Daniel –, keinerlei Belehrungen dulden würde, die die Freiheit unterdrücken wollen. Wir würden ebenfalls erwarten, daß eine Gruppe von Leuten, die von Kindesbeinen an die Geschichten von Jesus gehört haben, wie er Menschen befreite, und die Jesus zum Brennpunkt ihrer wöchentlichen Zusammenkünfte machen, ein feines Gespür für alles entwickeln, was ihre Freiheit schmälern will. Vielleicht erwarten wir auch, daß eine Interessengemeinschaft, in der jeder die Erfahrung der Befreiung von Sündenschuld gemacht hat, eine Gemeinschaft von Menschen, die nicht mehr unter der Fremdherrschaft der Emotionen oder der öffentlichen Meinung oder der unangenehmen Erinnerungen leben, sondern die nun hoffnungsvoll und in Glauben und in Liebe miteinander umgehen – daß diese Menschen höchst empfindlich auf andere Menschen oder Einflüsse reagieren würden, die ihre soeben erworbene Spontaneität unterdrücken wollen.

Doch es ist nun einmal so, daß die Gemeinschaft des christlichen Glaubens, ausgerechnet der Ort also, wo es am ehesten möglich ist, die Freiheit zu finden, auch zugleich der Ort ist, wo man sie am ehesten verlieren kann.«[5]

Sagen Sie mal ehrlich: Wie viele Gemeinden kennen Sie, wo »getanzt, gehüpft, gewagt« wird, Gemeinden, wo die Freude über die dem einzelnen geschenkte Gnade auch die anderen dazu motiviert, ihre Freiheit in Jesus auszuleben? Ich fürchte, die Zahl ist noch geringer, als wir ahnen. Werden wir doch einmal konkret. Wie viele Christen kennen Sie, die die Freude und die Freiheit haben, um randvoll mit Lebendigkeit angefüllt, tanzend und voller Spontaneität durchs Leben zu gehen – im Gegensatz zu den zahllosen Hunderttausenden, die sich alles von den Legalisten vorschreiben lassen und sich an deren Vorschriften anpassen?

Einer, der Befreiung erlebt hat, tut sich schwer, jemand zu verstehen, der die Fremdherrschaft vorzieht. Schauen Sie sich den letzten Satz des Zitats von Peterson noch einmal an. Damit trifft er wie üblich den Nagel auf den Kopf. Der eine Ort auf der Welt, wo wir die größte Hoffnung auf Befreiung haben, ist ausgerechnet zugleich der Ort, wo wir am meisten Gefahr laufen, in Gefangenschaft zu geraten: nämlich in der Kirche. Das bekümmert unseren Gott gewiß sehr.

Was im 1. Jahrhundert geschah, kann mit Sicherheit auch im 20. und 21. Jahrhundert passieren. Paulus schreibt den Galatern, wie überrascht er ist: »Ihr wart auf dem richtigen Weg. Wer hat euch gehindert, weiter der Wahrheit zu folgen?« (Gal 5,7).

Erlauben Sie mir eine Ausweitung seines Gedankens: »Als ich bei euch war, glänzten einige von euch beim Hundertmeterlauf, andere beim Vierhundertmeterlauf. Einige trainierten sogar noch längere Strecken; ihr hattet doch Marathonläufer in eurer Mitte. Die Wahrheit hatte euch befreit, und ich erinnere mich noch genau daran, welch tüchtige Läufer ihr wart und welch eine Freude ihr ausstrahltet. Wer hat sich euch in den Weg gestellt? Wer hat euch die Rennschuhe weggenommen? Wer hat euch weisgemacht, ihr dürftet euch nicht mehr für den Wettlauf begeistern? Da haben doch tatsächlich einige unter euch das Laufen total an den Nagel gehängt!« (Swindollsche Paraphrase).

Aber das ist noch nicht alles. Am Anfang des 3. Kapitels drückt Paulus sich sogar noch expliziter aus. Seine Anrede grenzt an Beleidigung: »Ihr unvernünftigen Galater«. (Vielleicht werden Sie sich daran stoßen, aber J. B. Phillips übersetzt an dieser Stelle sogar: »O you dear idiots …«, auf deutsch etwa: »Ach, ihr lieben Idioten …«)

> »Ihr unvernünftigen Galater, wer hat euch verblendet? Ist euch Jesus Christus nicht deutlich als der Gekreuzigte vor Augen gestellt worden? Dies eine möchte ich von euch erfahren: Habt ihr den Geist durch die Werke des Gesetzes oder durch die Botschaft des Glaubens empfangen? Seid ihr so unvernünftig? Am Anfang habt ihr auf den Geist vertraut, und jetzt erwartet ihr vom Fleisch die Vollendung« (Gal 3,1-3).

Der Apostel klagt sinngemäß: »Als ich bei euch war und euch die Wahrheit gepredigt habe, da habe ich euch einen Erlöser gebracht, der die Strafe für eure Sünden in voller Höhe abgeleistet hat. Mit seinem Tod und seiner Auferstehung vom Grab war die Sünde vor Gott voll und ganz beglichen. Ihr brauchtet nur noch zu glauben, daß er für euch gestorben und auferstanden ist. Seine Hinrichtung war ein öffentliches Ereignis, und nun haben alle Zugang zu der Wahrheit. Ihr habt die Wahrheit einmal geglaubt, und ihr wart wunderbar frei. Aber das hat sich geändert. Wer hat euch diese Unwahrheiten vorgegaukelt? Wer hat euch dazu gebracht, eure Aufmerksamkeit Gott gegenüber durch die Rücksicht auf die Meinung anderer zu ersetzen und euch nicht mehr auf das Werk des Geistes zu verlassen, sondern auf das, was ihr selber meint, leisten zu müssen? Wann hat dieser Unsinn bei euch angefangen?« Darauf läuft es hinaus.

Die Gute Nachricht übersetzt den ersten Vers folgendermaßen: »Ihr unvernünftigen Galater! Wer hat euch derart verhext?« Anders ausgedrückt: »Seid ihr denn total verrückt geworden? Wer hat euch eine Gehirnwäsche verpaßt?« Paulus ist außer sich. Wer hat die einst so »erweckten« Galater derart hypnotisiert?

An einer früheren Stelle, nämlich im Galaterbrief, Kapitel 1, Vers 6 beschreibt Paulus, wie fassungslos er ist:

> »Ich bin erstaunt, daß ihr euch so schnell von dem abwendet, der euch durch die Gnade Christi berufen hat, und daß ihr euch einem anderen Evangelium zuwendet.«

Versetzen Sie sich einmal in folgende Situation: Sie haben Ihre Kinder in einer gesunden Atmosphäre großgezogen. Weil Sie ein gutes Familienleben haben, entwickeln Ihre Kinder Selbstvertrauen und Stabilität, indem sie von Ihrer Aufrichtigkeit und Spontaneität lernen. Sie können mit Ihnen über alles reden. Die Kindern lernen, mit Konfrontationen und Problemen umzugehen. Kurz gesagt, sie wachsen zu lebenstüchtigen Menschen heran, was einschließt, daß sie eine persönliche Beziehung zu Jesus haben, den Willen Gottes befolgen und guten Kontakt zu anderen pflegen: alles Merkmale von Integrität, Risikobereitschaft, Echtheit.

Nachdem sie volljährig geword
der weit von Ihrem Wohnort ent
Ausland. Die Zeit vergeht, und S
sucht nach ihnen. Nach drei ode
endlich auf den langen Weg, um
geschockt über das, was Sie vor
verkrampftes, isoliertes, schmutzi
Leben. Sie können kaum fassen, d
haben, negative Einstellungen a
Selbstmordgedanken hegen. Ihr er
denn derartig zugesetzt? Wer hat
verpaßt? Was ist nur in den letz
wesen?« Eine vergleichbar schm
Paulus, als er an seine Freunde in G

Jetzt überlegen Sie einmal gan
Um Freiheit! »Ihr wart doch einma
in Galatien, jetzt seid ihr zu Sklave
was bei euch schiefgegangen ist.«
ziert: Gnadenkiller hatten sich in c
den Sieg davongetragen.

Drei Werkzeuge des Legalismu

Wie sieht denn nun eigentlich das
aus? Wie verschaffen sie sich Ein
Gemeinde, ein Missionswerk ode
kommen sie zur Tür herein? Wer s
sind sie so erfolgreich? Nach eing
beiden Kapitel des Galaterbriefs k
verschiedene Werkzeuge nennen,
Jahrhunderts eingesetzt wurden: Ir
chelei.

Knöpfen wir uns als erstes jene
indem sie Irrlehre einschmuggeln.
Heiligen Schrift hervor, daß Leg
Galatern verdrehten:

ɜn sind, ziehen sie an einen C
ernt liegt, vielleicht sogar i
ɜ bekommen allmählich Sehı
vier Jahren machen Sie sic
ie zu besuchen. Sie sind tota
inden. Ihre Kinder führen ein
es und seelisch verkrüppeltes
ıß sie derartig ernste Probleme
ı den Tag legen und sogar
ster Gedanke ist: »Wer hat dir
dir eine solche Gehirnwäsche
ɜn paar Jahren mit dir losge-
rzliche Erfahrung treibt auch
ılatien schreibt.
nüchtern: Worum geht es ihm?
frei. Aber jetzt, liebe Freunde
geworden. Ich möchte wissen,
Die Antwort ist nicht kompli-
ɜr Gemeinde breitgemacht und

s

Handwerkszeug der Legalisten
luß auf einen Menschen, eine
eine ganze Konfession? Wie
nd sie eigentlich? Und warum
hender Betrachtung der ersten
ınn ich Ihnen mindestens drei
lie von den Legalisten des 1.
lehre, Schikanierung und Heu-

vor, die die Wahrheit verzerren,
Klar und deutlich geht aus der
ılisten die Wahrheit bei den

Trotzdem hat sich die Irrlehre bis heute gehalten. Praktisch jede Sekte, jeder Kult predigt Errettung durch Werke. So etwas schmeichelt dem Ego. Man macht Ihnen weis, daß, wenn Sie lange genug an der Straßenecke stehen, wenn Sie genug Traktate verteilen, wenn Sie einen ausreichenden Teil Ihres Lebens opfern, wenn Sie genug von Ihrem Geld hergeben, wenn Sie genug beten oder genug Veranstaltungen besuchen – daß Sie dann Gott durch Ihre guten Werke und große Mühen gnädig stimmen können. Am Tag des Gerichts, wenn das Gute gegen das Schlechte in die Waagschale geworfen wird, ist Gottes Gunst Ihnen sicher. Das Ergebnis dieser Denkweise ist, um es noch einmal zu sagen, die Beweihräucherung des Menschen, denn der hat sich ja seine Errettung eigenhändig erarbeitet.

Gnade sagt aus, daß Sie nichts zu geben, nichts zu verdienen, nichts zu bezahlen haben. Selbst wenn Sie es versuchten, wäre es ein Ding der Unmöglichkeit. Erinnern Sie sich noch an das, was wir in Kapitel 2 gelernt haben? Die Errettung ist ein Geschenk. Wir brauchen nur noch das für uns in Anspruch zu nehmen, was Jesus schon bereitgestellt hat. Punkt. Trotzdem macht diese Irrlehre der Werke überall auf der Welt ihre Runden, und es ist noch kein Ende abzusehen. Sie ist so erfolgreich, weil der Hochmut der Menschheit so ausgeprägt ist. Wir haben das Gefühl, irgendeine Gegenleistung erbringen zu müssen; ein Geschenk anzunehmen fällt uns außerordentlich schwer. Es paßt einfach nicht in den Humanismus hinein, etwas Kostbares zum Nulltarif zu bekommen.

Bitte lassen Sie mich klar und deutlich sagen: Hören Sie auf, die Irrlehre vom Evangelium der Werke zu tolerieren. Machen Sie sich klar, daß es Sie in eine Knechtschaft bringt, die nie enden wird. Das wahre Evangelium der Gnade dagegen wird Sie befreien. Für immer.

Sehen wir uns Galaterbrief, Kapitel 1, Vers 10 doch einmal genauer an:

> »Geht es mir denn um die Zustimmung der Menschen, oder geht es mir um Gott? Suche ich etwa Menschen zu gefallen? Wollte ich noch den Menschen gefallen, dann wäre ich kein Knecht Christi.«

Fragen Sie sich vielleicht, was für ein Mensch Paulus vor seiner Begegnung mit Jesus gewesen ist? Hier verrät er uns etwas darüber: Er war jemand, der die Zustimmung anderer ungeheuer ernst nahm. Er schreibt: »Wollte ich noch *den Menschen* gefallen ...« (Hervorhebung durch den Autor). Ein Legalist war er damals, als er noch ein Pharisäer war. Unter anderem hatte er das Ziel, anderen Menschen zu gefallen.

Als er aber begriff, daß Jesus die Wahrheit über sich selbst gesagt hatte und daß sein Tod wirksam und ausreichend zur Tilgung aller Sünden war, da brach eine Welt für ihn zusammen, weil ihm plötzlich klar wurde, wie groß seine Schuld vor Gott war. Seine Begegnung mit Jesus auf dem Weg nach Damaskus war lebensverändernd. Jetzt und in den Jahren danach lernte er, daß man sich nicht zum Lebenszweck und -motiv machen kann, anderen Menschen zu gefallen oder aus Angst vor ihnen zu handeln. Es gibt nur einen, dem wir zu Gefallen leben und den wir zu fürchten haben, und das ist Gott.

An dieser Stelle möchte ich besonders alle Pfarrer und Verantwortlichen in den christlichen Gemeinden ansprechen. Menschen, die einzig und allein für Gott leben, sind innerlich unbesiegbar. Mehr noch: Wenn wir aufhören, anderen Menschen gefallen zu wollen, dann sind wir auch nach außen hin immun gegen die Einschüchterungsversuche anderer. Die Kirche unseres Herrn Jesu braucht mehr unbesiegbare, unerschrockene Pastoren.

Wir lassen es uns einiges kosten, Männer und Frauen für den Dienst im Werk des Herrn auszubilden. Die Gemeinden dagegen erhalten keine Ausbildung für die Zusammenarbeit mit den Pastoren. Dies ist beklagenswert. Eine Gemeinde muß wissen, wann sie sich vom Pfarrer leiten lassen soll, wie sie sein Urteil respektieren soll und wie wichtig es ist, ihm vertrauensvoll zu folgen. Ja, er sollte durchaus dieser Achtung würdig sein, und er sollte auch durchaus als Verantwortlicher der Gemeinde gegenüber handeln. Das Tragische ist nur, daß es zahlreiche Pastoren gibt, die um jeden Preis beliebt sein wollen und die ihre Botschaften an der Meinung anderer orientieren. Ich kann mir keine durchschlagendere Methode als diese vorstellen, um entweder eine Gemeinde zu ruinieren oder selbst zum Opfer der Angst vor anderen zu werden. Echte geistliche

Führung ist da unmöglich, wo der Betreffende sich einzig und allein nach dem richtet, was die Leute denken oder sagen werden.

Ich erinnere mich noch gut an die Begebenheit, aus der ich diese Lektion dauerhaft gelernt habe. Vor über zwanzig Jahren war ich Pastor in einem anderen Bundesstaat. Eine schwerwiegende Entscheidung stand an, über welche die Gemeindeleitung in zwei Lager gespalten war. Die Angelegenheit war brisant, und ich wußte, daß die Gemeinde sich darüber auf Dauer entzweien könnte. Obendrein sah die Sache so aus, daß meine Stimme im Ältestenrat das Zünglein an der Waage sein würde. Unser Gemeindevorstand bestand aus willensstarken Männern, die zur Hälfte pro, zur anderen Hälfte kontra waren, und meine Stimme sollte nun für die Entscheidung ausschlaggebend sein. Aller Augen würden auf mich gerichtet sein. Die Sitzung war für einen Donnerstagabend angesetzt. Ich war relativ jung und unerfahren, und rückblickend muß ich leider gestehen, daß mir damals noch zuviel daran lag, anderen Leuten alles recht zu machen.

Ich sagte Cynthia, daß ich einen Tag allein sein wollte, um alles in Ruhe zu durchdenken. Am Mittwoch morgen setzte ich mich in meinen Volkswagen (Baujahr 1969), fuhr auf die Schnellstraße, die aus der Stadt führt, und legte mein Neues Testament auf das Lenkrad. Ich schlug es beim 1. Kapitel des Galaterbriefs auf und fing an, zwischendurch einen Blick auf den Text zu werfen und diesen laut zu lesen. Plötzlich sprang mir Vers 10 wie ein Tiger mit scharfen Krallen von der Bibelseite entgegen: »... Suche ich etwa Menschen zu gefallen? ...« Ja, genau, es ist der Vers, den wir gerade betrachtet haben, aber an dem Tag sah ich ihn praktisch zum ersten Mal. Ich fuhr von der Schnellstraße ab, hielt an und las die Worte mehrmals laut. Welch eine Zurechtweisung! Ich hatte nicht nur meine Antwort gefunden, sondern ich war auch auf ein lebensveränderndes Prinzip gestoßen. Innerhalb von wenigen Minuten wich alle Furcht einer neuen Zuversicht. Ich verlor den Drang, einer Gruppe von Menschen alles recht machen zu wollen. Mein einziges Ziel war es jetzt, Gott alles recht zu machen. Ich war von dem zwanghaften Bestreben befreit, »Menschen gefallen« zu wollen.

Ich machte kehrt, fuhr zurück zu meiner überraschten Frau, die mich erst am nächsten Tag erwartet hatte, und erzählte ihr von meiner Entdeckung. Sie war sehr froh. Ihr war meine Unsicherheit an diesem Morgen aufgefallen. Am Abend des nächsten Tages vertrat ich meine aus dem Galaterbrief gewonnenen Überzeugungen in aller Offenheit, was einigen Gemeinderatsmitgliedern mißfiel, doch was letztendlich die beste Entscheidung herbeiführte. Einige traten zwar aus der Gemeinde aus … doch zum ersten Mal in meinem Pfarrerdasein erlebte ich den frischen Wind der Freiheit. Unbesiegbar und unerschrocken legte ich eine ruhige Zuversicht in meinem Führungsstil an den Tag, die mich bis heute gottlob nicht verlassen hat. Die Veränderung war einschneidend. Endlich war ich frei von dem Zwang, Menschen alles recht machen zu wollen.

Vielleicht ist dies auch einer der Gründe, weshalb ich die Bedeutung der Freiheit mit einer solchen Leidenschaft betone, weshalb ich Sie so ernstlich auffordere, sich von der lebendigen Macht der Gnade Gottes wachrütteln zu lassen. Wer es zuläßt, daß ihm die Freiheit abhanden kommt, der läßt sich nicht nur auf Irrlehren ein, sondern der lebt auch unter der Fuchtel der Gnadenkiller, die liebend gern andere manipulieren und einschüchtern.

Das zweite Werkzeug, das ich in den Händen der Legalisten entdecke, ist die Schikanierung von anderen, indem sie ihnen nachzuspionieren und sie in Gefangenschaft zu bringen versuchen:

> »Vierzehn Jahre später ging ich wieder nach Jerusalem hinauf, zusammen mit Barnabas; ich nahm auch Titus mit. Ich ging hinauf aufgrund einer Offenbarung, legte der Gemeinde und im besonderen den ›Angesehenen‹ das Evangelium vor, das ich unter den Heiden verkündige; ich wollte sicher sein, daß ich nicht vergeblich laufe oder gelaufen bin. Doch nicht einmal mein Begleiter Titus, der Grieche ist, wurde gezwungen, sich beschneiden zu lassen. Denn was die falschen Brüder betrifft, jene Eindringlinge, die sich eingeschlichen hatten, um die Freiheit, die wir in Christus Jesus haben, argwöhnisch zu beobachten und uns zu Sklaven zu machen, so haben wir uns keinen Augenblick unterworfen; wir haben ihnen nicht nachgegeben, damit euch die Wahrheit des Evangeliums erhalten

bleibe. Aber auch von denen, die Ansehen genießen – was sie früher waren, kümmert mich nicht, Gott schaut nicht auf die Person –, auch von den ›Angesehenen‹ wurde mir nichts auferlegt« (Gal 2,1-6).

Ich wüßte kaum einen Bibeltext, der die verheerenden Methoden des Legalismus deutlicher an den Tag bringt als dieser. Soeben haben wir eine Analyse derer vorgenommen, die das Evangelium verzerren und entstellen. Nun geht es um jene, die die Freiheit anderer ausspionieren, um sie in Gefangenschaft zu bringen. Lassen Sie mich mit ein paar Sätzen die Hintergründe dessen skizzieren, was Paulus hier im 2. Kapitel des Galaterbriefes anspricht.

Vierzehn Jahre zuvor hatte der Apostel Paulus eine Offenbarung von Gott bekommen, in der er zum Missionar für die Nichtjuden berufen wurde. Petrus dagegen, wie Sie sich sicher erinnern, sollte besonders unter den Juden evangelisieren. Nun stand Paulus in seiner Missionsarbeit vor einer schwerwiegenden Frage: Sollte man von einem bekehrungswilligen Nichtjuden verlangen, daß er sich zuerst beschneiden ließ, bevor man ihn als Christen akzeptieren konnte? Im Zusammenhang damit mußte ebenfalls geklärt werden, ob ein solcher Nichtjude die jüdischen Speisevorschriften befolgen mußte, ob das Gesetz des Mose für ihn galt und ob er in bestimmter Hinsicht eine jüdische Identität annehmen mußte. Oder anders ausgedrückt: Mußte Mose das vollenden, was Christus begonnen hatte? Paulus sagte entschieden »Nein«. Damit verkündete er das Evangelium Jesu auf der Grundlage der Gnade. Mit dieser Position verursachte er einigen der jüdischen Gläubigen schlaflose Nächte, besonders jenen, die eine legalistische Sicht der Errettung vertraten. Der Zustrom von so vielen nichtjüdischen Neubekehrten bereitete ihnen großes Kopfzerbrechen.

Die Reaktion des Paulus war beispielhaft: »Kommt, gehen wir zu den angesehenen Kirchenvätern, den Stützen der Kirche, und hören wir, was sie zu diesen Fragen zu sagen haben. Wir brauchen ihre Weisheit in dieser Sache.« So ging er also nach Jerusalem, wo das Konzil stattfinden sollte, und nahm Barnabas (einen beschnittenen Juden) und Titus (einen unbeschnittenen Nichtjuden) mit; beide glaubten an den Herrn Jesus Christus als ihren Erretter. Paulus erzählt uns, wie er nach seiner Ankunft vorging: »… legte der Gemeinde und im besonderen den ›Angesehenen‹ das Evangelium vor, das ich unter den Heiden verkündige; ich wollte sicher sein, daß ich nicht vergeblich laufe oder gelaufen bin« (Vers 2).

Er kam also mit einer offenen Einstellung. Sinngemäß sagte er: »Männer, ihr sollt wissen, daß ich den Heiden die gute Botschaft von Jesus auf dem Fundament der Gnade gepredigt habe. Ist dies richtig, oder muß ich meinen Ansatz korrigieren?« Ihre Antwort läßt sich so zusammenfassen: »Du hast es richtig gemacht.« Überlesen Sie nicht Vers 3: »Doch nicht einmal mein Begleiter Titus, der Grieche ist, wurde gezwungen, sich beschneiden zu lassen.«

Glauben Sie etwa, die Legalisten hätten dies däumchendrehend mit angehört? Keineswegs:

> »Denn was die falschen Brüder betrifft, jene Eindringlinge, die sich eingeschlichen hatten, um die Freiheit, die wir in Christus Jesus haben, argwöhnisch zu beobachten und uns zu Sklaven zu machen, so haben wir uns keinen Augenblick unterworfen; wir haben ihnen nicht nachgegeben …« (Gal 2,4-5).

Bravo! Warum hat Paulus sich ihre Nacht- und Nebelaktionen und ihre gesetzlichen Forderungen nicht gefallen lassen? Weil die Freiheit es wert ist, erkämpft zu werden! Diese hinterlistigen Legalisten wollten zuschlagen, doch er unterwarf sich ihnen nicht einmal einen Augenblick lang.

Scheren wir kurz aus dem Bericht aus, um das urtextliche Wort für »argwöhnisch beobachten« etwas genauer unter die Lupe zu nehmen. Das griechische Wort *kataskopeo* bedeutet laut A. T. Robertson soviel wie »auskundschaften, einen verräterischen Erkundungsgang machen«.[6] Warum? Das ist nicht schwer zu beantworten: Um andere zu Unfreien zu machen! Es gab Leute, denen die Freiheit des Paulus nicht nur mißfiel, sondern die sich auch zum Ziel gesetzt hatten, daß andere in der gleichen Knechtschaft wie sie selbst leben sollten. (Solche Leute gibt es übrigens auch heute noch.)

In Vers 4 sagt Paulus, daß sie sich »eingeschlichen« haben, um die Gläubigen zu Gefangenen zu machen. In Vers 5 betont er: »... so haben wir uns keinen Augenblick unterworfen; wir haben ihnen nicht nachgegeben, damit euch die Wahrheit des Evangeliums erhalten bleibe.« Hier haben wir ein gutes Prinzip vor uns: Wo sich Legalisten eingeschlichen haben, da muß die Gemeindeleitung eine unerschütterliche Position vertreten. Die Starken müssen die Schwachen verteidigen. Paulus war unverzagt, unerschrocken, unnachgiebig. Mit fester Entschlossenheit und Zuversicht hielt er die Freiheit aufrecht, auf die jeder der nichtjüdischen Neubekehrten ein Anrecht hatte. Er leistete den Legalisten effektiven Widerstand, und das müssen auch wir. Glauben Sie mir, Legalisten lassen sich nicht abweisen, wenn Sie sich vage und unbestimmt verhalten. Damit will ich ganz und gar nicht sagen, daß Sie etwa grob und ausfallend werden sollten, aber Sie sollten Ihren Standpunkt klar und entschlossen vertreten.

An anderer Stelle habe ich Eugene Peterson zitiert. Weil seine Worte zu dem passen, was ich hier zum Ausdruck bringen will, zitiere ich noch einen Abschnitt, der aus seiner Feder stammt:

> *»Es gibt Leute, die nicht wollen, daß wir frei sind. Sie wollen nicht, daß wir vor Gott frei sind, daß wir so, wie wir sind, durch seine Gnade Annahme finden. Sie wollen nicht, daß wir unseren Glauben echt und kreativ ausleben. Sie wollen uns gängeln; sie wollen uns zu ihren eigenen Zwecken ausnutzen. Sie selbst weigern sich, Feuereifer und Offenheit in ihrem Glauben zu zeigen; statt dessen tun sie sich mit einigen anderen zusammen und versuchen, ihre Forderung nach gleichem Aussehen, gleichem Reden und gleichem Handeln durchzudrücken, um sich dadurch in ihrem eigenen Wert zu bestätigen. Von neu Hinzugekommenen verlangen sie, daß diese so handeln, reden und sich geben wie sie selbst. Diese Leute unterwandern Glaubensgemeinschaften, ›um die Freiheit, die wir in Christus Jesus haben, argwöhnisch zu beobachten‹, und sie entwickeln dabei nicht selten raffinierte Methoden, mit denen sie befreite Gläubige bevormunden und einschränken wollen. Ohne zu wissen, wie uns geschieht, machen wir uns plötzlich Sorgen*

> *darüber, was andere über uns sagen werden, und unser ganzes Denken kreist nun um das, was andere von uns erwarten. Wir leben die gute Nachricht nicht mehr aus, sondern wir lernen dienstbeflissen das uns vorgegebene Drehbuch auswendig. In einem solchen Fall mögen wir uns in Sicherheit fühlen, doch frei sind wir nicht. Vielleicht überleben wir als religiöse Gemeinschaft, doch was es heißt, Mensch zu sein, lebendig in Liebe und Glaube zu sein, in der Hoffnung zu wachsen, das wissen wir nicht. Konformes und sich selbst applaudierendes Verhalten ist nicht frei. Doch Paulus hat sich ›keinen Augenblick unterworfen‹; er hat ›ihnen nicht nachgegeben, damit euch die Wahrheit des Evangeliums erhalten bleibe.‹ Jeder Befreite, der einen Funken von dem Mut des Paulus hat, wird tatkräftig in der Widerstandsbewegung mitkämpfen, die er gegründet hat.«*[7]

Vor mehreren Monaten unterhielt ich mich mit einem Mann, den ich sehr respektiere. Er übt ein führendes Amt in einer christlichen Organisation aus, das schwerwiegende und weitverzweigte Verantwortungen mit sich bringt. Er erzählte mir, wie bestürzt er über das gewesen sei, was ein Missionarsehepaar, das er und seine Frau seit Jahren kannten, erlebt hatte. Die Gesetzlichkeit, mit der sie im Missionsdienst immer wieder konfrontiert worden waren, war so unglaublich kleinkariert und gehässig gewesen, daß sie in die Staaten zurückgekehrt waren und ihre Laufbahn als Missionare an den Nagel hängten. Der Stein des Anstoßes war ein Glas Erdnußbutter gewesen. Ich glaubte, dies sollte wohl ein Witz sein, doch er versicherte mir, daß es der bittere Ernst sei. Ich konnte kaum fassen, was er mir dann erzählte.

In der Gegend, wo dieses Ehepaar als Missionare eingesetzt war, gab es nirgends Erdnußbutter zu kaufen. Erdnußbutter zählte aber nun zu den Lieblingsspeisen dieser Familie. Auf recht kreativem Wege ließen sie sich von ein paar Freunden in den Staaten hin und wieder etwas Erdnußbutter schicken, damit sie diese als besondere Delikatesse zu den Mahlzeiten auf den Tisch bringen konnten. Was sie bis zum Erhalt der ersten Pakete mit Erdnußbutter nicht ahnten, war die Tatsache, daß die übrigen Missionare es als besonderes Zeichen von geistlicher Reife betrachteten, auf Erdnußbutter zu den Mahlzeiten zu verzichten. Wahrscheinlich argumentierte man folgendermaßen: »Da Erdnußbutter hier unerhältlich ist, sollten wir um der Sache Christi willen darauf verzichten«, oder mit einem ähnlichen Unsinn. Ein Merkmal der geistlichen Reife bestand darin, daß man »sein Kreuz auf sich nahm« und ohne Erdnußbutter durchs Leben ging.

Die junge Familie sah dieses Argument nicht ein. Sie erhielten weiterhin in regelmäßigen Abständen ihre Pakete mit Erdnußbutter. Sie protzten keineswegs mit ihrem »Reichtum«; in ihren eigenen vier Wänden verzehrten sie ihre Erdnußbutter mit Genuß. Der Sturm im Wasserglas begann zu toben. Man sollte eigentlich von erwachsenen Missionaren erwarten können, daß sie anderen nicht auf den Teller schauen, stimmt's? Weit gefehlt! Die Gesetzlichkeit war so kleinlich, der Druck so hoch und der Ausschluß aus dem etablierten Kreis so schmerzhaft, daß die jungen Leute einen geistlichen Kollaps erlitten. Schließlich reichte es ihnen. Als sie merkten, daß sie gegen den steigenden Druck nichts ausrichten konnten, packten sie ihre Koffer und fuhren wieder nach Hause, reichlich ernüchtert und wahrscheinlich auch ein wenig zynisch. Hier haben wir ein zeitgenössisches Beispiel für einen Verein von mißgönnenden Legalisten, die die Freiheit anderer ausspionieren und unter Beschuß nehmen. Nicht einmal Missionare bilden eine Ausnahme.

Würden Sie wohl bitte Ihre Vorschriftsliste von »Erlaubt« und »Unerlaubt« anderen vom Leib halten? Behalten Sie sie für sich. Wenn Sie Erdnußbutter dekadent finden, bitte sehr! Es ist Ihr gutes Recht, die Finger davonzulassen. Wenn es Ihr Gewissen belasten würde, dann sollten Sie keine Erdnußbutter essen! Aber verbieten Sie mir oder jemand anders nicht, sie zu essen. Und verurteilen Sie uns auch nicht, wenn wir es tun.

Die Beispiele solcher Schikanierung sind zahllos. Vor kurzem hörte ich von einem jungen Mann, der an einem College studierte, wo äußerst strenge Regeln galten. Sonntags durfte niemand arbeiten. Kein Finger durfte gerührt werden! Raten Sie mal, was passierte. Der junge Mann spionierte seiner Frau nach und erwischte sie dabei, wie sie ein paar Wäscheteile, die sie gewaschen hatte, am Sonntag nachmittag zum Trocknen aufhängte. Jetzt halten Sie die Luft an: Der Mann zeigte seine Frau an! Die war bestimmt die ganze nächste Woche die Liebenswürdigkeit in Person. Offen gestanden gibt es Tage, an denen mich die Kleinlichkeit mancher Leute auf die Palme bringt.

In einem seiner ernsteren Momente hat Mike Yaconelli, der Herausgeber der Zeitschrift *The Wittenberg Door*, ein paar gepfefferte Worte über die Kleinlichkeit innerhalb der Kirche geschrieben:

> *»Kleinliche Leute sind häßliche Leute. Leute, die den Blick auf das Ziel verloren haben. Leute, die vom Wesentlichen zum Unwesentlichen übergegangen sind. Das Ergebnis ist, daß wir übrigen durch ihre Besessenheit von unbedeutenden Dingen in unserem Radius eingeschränkt werden. Es ist höchste Zeit, die Kirche von Kleinlichkeit zu befreien. Es ist höchste Zeit, daß die Kirche sich weigert, sich zum Opfer der kleinlich Denkenden machen zu lassen. Es ist höchste Zeit, daß die Kirche aufhört, Kleinlichkeit zu ignorieren. ... Kleinliches Denken ist zu einer ernsten Krankheit in der Kirche Jesu Christi geworden, zu einer Krankheit, die immer wieder zu unheilbaren Fällen von Entzweiung, Sand im Getriebe und Zerstörung führt. Kleinliche Leute sind gefährliche Leute, weil sie scheinbar nur lästig sind, während sie in Wirklichkeit eine Gefahr für die Gesundheit darstellen.«*[8]

Yaconelli hat recht: Es ist unumgänglich, daß die Kirche (und das sind Sie und ich, mein Freund) die Notwendigkeit für eine Zeit der Gnade einsieht, die Notwendigkeit zu einer neuen Reformation der Freiheit, die aller Welt verkündet, daß Freiheit es wert ist, erkämpft zu werden.

Das dritte Werkzeug der Gnadenkiller, das der Galaterbrief entlarvt, ist Heuchelei – Lüge und Hintergehung (Gal 2,11-14). Diese Passage liefert uns den seltenen Bericht einer Auseinandersetzung zwischen zwei bedeutenden Kirchenoberhäuptern. Es handelt sich dabei um den Apostel Paulus und um Petrus, der hier Kephas genannt wird: »Als Kephas aber nach Antiochia gekommen war, bin ich ihm offen entgegengetreten, weil er sich ins Unrecht gesetzt hatte« (Gal 2,11). Frage: Worum ging es? Paulus berichtet:

»Bevor nämlich Leute aus dem Kreis um Jakobus eintrafen, pflegte er zusammen mit den Heiden zu essen. Nach ihrer Ankunft aber zog er sich von den Heiden zurück und trennte sich von ihnen, weil er die Beschnittenen fürchtete« (Vers 11).

Er hatte also die Gewohnheit, mit den Nichtjuden zu essen, bis eines Tages die Judenchristen auftauchten. Und von da an hieß es: »Nein, danke, ich esse nie Schinken und mit euch schon gar nicht, ihr Heidenbabys«, wodurch Petrus hoffte, sich bei den Judenchristen beliebt zu machen. Vor der Ankunft von Jakobus und dessen Freunden hatte Petrus aber des öfteren zu seinen nichtjüdischen Kameraden gesagt: »Klar, Leute, wir gehören doch zusammen, also essen wir auch zusammen. Und immer her mit eurem Schweinespeck! Der schmeckt ja prima!« Heuchler!

Ich finde Ralph Keipers moderne Paraphrase von den zurechtweisenden Worten des Paulus sehr gelungen:

»Petrus, dein Atem riecht nach Schinken. Hast wohl dein Pfefferminzbonbon vergessen, was? Es hat Zeiten gegeben, da hast du die Finger tunlichst von Schweinefleisch gelassen, weil das zu deiner Hoffnung auf Errettung gehörte. Dann, als du anfingst, an Jesus zu glauben, war es egal, ob du Schinken aßest oder nicht. Aber jetzt, wo die Schinken-Meider aus Jerusalem gekommen sind, ißt du auf einmal wieder nur koschere Sachen. Aber der Geruch von Schinken haftet noch an deinem Atem. Du bist höchst inkonsequent. Du zwingst die nichtjüdischen Gläubigen dazu, jüdische Gesetze zu befolgen, die doch sowieso niemanden gerecht machen können.
Petrus, indem du einen Rückzieher zum Gesetz machst, leugnest du die Kraft, die allein uns ein Gott wohlgefälliges Leben schenkt.«[9]

Paulus durchschaute das Doppelspiel und stellte die Heuchelei des Petrus bloß. Mit Worten unserer Zeit ausgedrückt, schimpft er: »Erst machst du den Juden etwas vor, und dann machst du den Nichtjuden etwas vor, Petrus. Du redest von Freiheit, Petrus, aber du lebst nicht danach. Dann redest du vom Gesetz, aber danach lebst du auch nicht. Was ist denn jetzt Sache, Petrus? Entscheide dich!« Das Problem zog immer größere Kreise, als andere dem Beispiel ihres Anführers folgten und seine Heuchelei nachahmten:

> »Ebenso unaufrichtig wie er verhielten sich die anderen Juden, so daß auch Barnabas durch ihre Heuchelei verführt wurde. Als ich aber sah, daß sie von der Wahrheit des Evangeliums abwichen, sagte ich zu Kephas in Gegenwart aller: Wenn du als Jude nach Art der Heiden und nicht nach Art der Juden lebst, wie kannst du dann die Heiden zwingen, wie Juden zu leben?« (Verse 13-14).

Warum ging Paulus hier so energisch vor? Weil die Leute sich ein Beispiel an ihren Anführern nehmen. Schafe folgen dem Hirten. Und da gesetzliche Heuchelei niemals von allein sang- und klanglos verschwindet, muß man sie entschieden ausschalten. Um es wieder einmal zu betonen: Freiheit ist es wert, erkämpft zu werden.

Ich kenne einen fast sechzigjährigen Mann, dem die Erinnerung an die Heuchelei in seinem Elternhaus noch immer zu schaffen macht. Er hat fast sein ganzes Leben als Erwachsener dazu gebraucht, um zu begreifen, welche seelischen und geistlichen Langzeitschäden die Heuchelei seiner Eltern bei ihm hinterlassen hat. Seine ganze Kindheit hindurch ging er mit seiner Familie in eine Kirche, wo der Grundsatz gelehrt wurde, daß ein Christ nicht ins Kino gehen dürfe. Diese Regel wurde so strikt gehandhabt, daß die Mitglieder während des Gottesdienstes dazu aufgerufen wurden, nach vorn zu kommen und diese sowie auch andere »Sünden« öffentlich zu bekennen. Nun ging aber die Familie dieses Mannes regelmäßig freitags oder samstags abends ins Kino, und zwar klammheimlich. Die Eltern bleuten den Kindern ein, kein Wort darüber zu sagen: »Haltet bloß den Mund!« Da wird diesem kleinen Jungen also Woche für Woche auf dem Heimweg vom Kino gesagt: »Daß du am Sonntag bloß niemandem etwas davon verrätst!« Das Kino, das sie besuchten, lag natürlich meilenweit von der Kirche entfernt, damit die Gemeindemitglieder nichts merkten. Erst vor kurzem ist diesem Mann klargeworden, welch einen verheerenden Effekt diese Heuchelei auf sein Leben als

Christ hatte. Da seine Eltern es mit der Wahrheit nicht genau nahmen, ist es nicht verwunderlich, daß er selbst zum Lügner und Betrüger wurde. Erst spät im Leben ist es ihm mit der Hilfe eines guten christlichen Psychotherapeuten gelungen, Licht in seine innere Verwirrung zu bringen.

Wollen Sie in den Köpfen Ihrer Kinder ein Riesenchaos anzetteln? Hier haben Sie ein Rezept. Der Erfolg wird garantiert. Erziehen Sie sie in einer gesetzlichen, starren Atmosphäre der frommen Äußerlichkeiten, wo es mehr auf die äußere Schale als auf den Kern ankommt. Spiegeln Sie falschen Glauben vor. Tun Sie so, als seien Sie vom Geist durchdrungen. Bringen Sie Ihren Kindern dasselbe Schema bei. Vertreten Sie nach außen hin eine lange Liste von »Erlaubt« und »Unerlaubt«, doch insgeheim halten Sie sich nicht daran – aber geben Sie niemals zu, daß dies etwa Heuchelei wäre! Achten Sie darauf, daß das, was Sie sagen, nicht mit dem, was Sie tun, übereinstimmt. Dann können Sie felsenfest mit seelischen und geistlichen Kapitalschäden rechnen. Es besteht sogar die Aussicht, daß die innere Verwirrung Ihrer Kinder später zu irgendeiner Form der Abhängigkeit oder Sucht führt.

Übrigens, falls Sie versucht sind zu denken, daß Ihnen so etwas nicht passieren kann, daß Sie keinerlei Neigung zur Heuchelei haben, dann rufen Sie sich in Erinnerung, was Paulus in seinem Brief an die Galater bloßgestellt hat. Ein geistlicher Anführer vom Kaliber eines Petrus verfiel in Heuchelei, und mit ihm viele andere, »auch Barnabas.« Legalismus ist so raffiniert, so heimtückisch. Ich habe beobachtet, daß besonders solche, die dazu neigen, anderen nach dem Mund zu reden, in erhöhtem Maß anfällig sind, was uns wieder zu dem wunderbaren Vers zurückbringt, der uns befreit, nämlich Galaterbrief, Kapitel 1, Vers 10:

> »Geht es mir denn um die Zustimmung der Menschen, oder geht es mir um Gott? Suche ich etwa Menschen zu gefallen? Wollte ich noch den Menschen gefallen, dann wäre ich kein Knecht Christi.«

Vier effektive Strategien

Killer kann man nicht mild-nachsichtig übersehen oder aus Nettigkeit einfach hinnehmen. Man kann Legalismus ebensowenig dulden wie man zuläßt, daß eine Kreuzotter ins Haus kriecht und sich da versteckt. Über kurz oder lang gibt es eine Katastrophe. Also gut, die Freiheit ist einen Kampf wert. Wie stellen wir das an? Wo kann unsere persönliche Zeit der Gnade ihren Anfang nehmen? Ich schlage Ihnen vier wirkungsvolle Strategien vor:

1. Bleiben Sie fest in Ihrer Freiheit verankert. Ich denke wieder an das, was Paulus im Galaterbrief, Kapitel 5, Vers 1 geschrieben hat: »Zur Freiheit hat uns Christus befreit. Bleibt daher fest und laßt euch nicht von neuem das Joch der Knechtschaft auflegen!« Rücken Sie keinen Zentimeter von Ihrem Standpunkt ab. Bitten Sie Gott um den nötigen Mut dazu.

2. Hören Sie auf, die Gunst anderer zu suchen. Es mag zwar nicht leicht sein, eine derartig hartnäckige Angewohnheit loszuwerden, aber das Ergebnis ist wirklich alle Mühe wert, die Sie aufbringen werden. Wenn Sie zu einer Gruppe oder Gemeinschaft gehören, wo Sie sich gedrängt fühlen, gewisse Dinge mitzumachen, die im Grunde gegen Ihr Gewissen gehen, oder wo man Sie unter Druck setzt, gewisse Dinge, die Sie für vollkommen in Ordnung halten, zu unterlassen, dann nehmen Sie Ihren Hut! Es ist unklug, in einer Situation zu bleiben, gegen die sich Ihr Gewissen sträubt. So etwas läuft auf Menschenverehrung hinaus, nicht auf die Verehrung Gottes. Ganz gleich, welch einen frommen Anstrich solche Aktivitäten auch haben mögen: Hören Sie auf, anderen zu Gefallen zu leben.

3. Weigern Sie sich, sich der unrechtmäßigen Autoriät anderer zu unterwerfen. Nennen Sie es beim Namen: Sklaverei. Eine frömmelnde Fassade. Überlegen Sie einmal, wie schön es wäre, endlich den Nervenkrieg loszuwerden, die diese Knechtschaft mit sich bringt; malen Sie sich aus, wie erleichtert Sie sein werden, wenn

Sie endlich wieder – oder vielleicht zum ersten Mal seit Ihrer Kindheit – Sie selbst sein können.

4. Wahren Sie Ihre Aufrichtigkeit, wo es um Wahrheit geht. Das bedeutet, ein ehrliches Leben zu leben. Wenn Sie anderer Meinung sind als jemand anders, dann sagen Sie das freundlich, aber bestimmt. Auch wenn Sie der einzige sind, bleiben Sie Ihrer Überzeugung treu und vertreten Sie Ihren Standpunkt. Wenn Sie versagen, bekennen Sie: »Ich habe versagt.« Wenn Sie keine Antwort wissen, geben Sie das zu. Mit offenen Fragen zu leben, ist keine Schande. Und beim nächsten Mal, wenn Ihre Kinder Heuchelei an Ihnen entdecken, dann geben Sie Ihnen recht, auch wenn es Ihnen noch so peinlich ist: »Wißt ihr was, Kinder? Ihr habt recht. Da habe ich mich wie ein Scheinheiliger ersten Ranges benommen. Eure Beobachtung ist richtig.« Sagen Sie ihnen das. Es mag Ihnen zwar peinlich sein, aber letztendlich werden sie Ihnen Ihr Schuldbekenntnis hoch anrechnen. Und sie werden keine Langzeitschäden davontragen. Vor allen Dingen werden andere von Ihrer Selbstlosigkeit und Aufrichtigkeit lernen, sogar wenn Sie im christlichen Bereich beruflich tätig sind … besonders dann! Niemand erwartet Perfektion, aber Aufrichtigkeit kann und sollte man von Ihnen erwarten.

Wir brauchen Bestätigung und Ermutigung, um zu dem Menschen zu werden, zu dem wir bestimmt sind, und weil manche innerlich eher zerbrechlich sind, brauchen sie die Hilfe der Starken in ihrem Kampf um Freiheit. Freiheit ist es schon allein aus dem Grund wert, erkämpft zu werden, damit andere endlich frei atmen können. Paul Tournier schreibt dazu:

> *»… auf allen Gebieten, sogar auf dem Gebiet der Kultur und der Kunst, hat das Urteil anderer Menschen einen lähmenden Effekt. Die Angst vor Kritik ist der Todfeind der Spontaneität; sie hindert den Betreffenden daran, sein wahres Ich zu zeigen und sich selbst frei zum Ausdruck zu bringen. Es braucht viel an Mut, um ein Gemälde zu malen, ein Buch zu schreiben, ein Gebäude nach neuen architektonischen Richtlinien zu konstruieren oder eine unabhängige Meinung oder eine eigene Idee zu äußern.«*[10]

Wenn Ihnen der Ausdruck des Kämpfens um der Freiheit willen zu aggressiv ist, vielleicht auch zu egoistisch erscheint, dann betrachten Sie es unter dem Aspekt des Kämpfens, damit andere befreit werden, damit andere in den Genuß ihrer persönlichen Freiheit kommen. Jene, die dies auf den Schlachtfeldern der Weltgeschichte getan haben, sind als Vaterlandskämpfer oder Helden verehrt worden. Ich bin zutiefst davon überzeugt, daß jene, die dem Legalismus im geistlichen Bereich den Krieg erklären, die gleiche Ehre verdienen.

Kapitel 6

Befreit? Dann leben Sie auch so!

Ich habe noch nie Sklaverei erlebt. Nicht in ihrer rauhen Realität. Ich habe Bücher darüber gelesen, ich habe Filme darüber gesehen, Theaterstücke und Fernsehdokumentationen, wo Sklaverei in ihrer ganzen Grausamkeit dargestellt wurde, doch mit eigenen Augen habe ich sie noch nie gesehen. Darüber bin ich froh. Ich kann mir nichts Ungerechteres, Häßlicheres vorstellen. Als Amerikaner finde ich es erstaunlich – oder vielleicht besser: unbegreiflich –, daß meine Vorfahren bereit waren, für ihre eigene Freiheit und die Unabhängigkeit unseres Landes zu kämpfen, um dann ohne mit der Wimper zu zucken andere zu ihren Sklaven zu machen. Ein Salto mortale der menschlichen Logik: Freie Bürger, die Sklaven halten.

Um dieses Joch zu zerbrechen, mußte es zum Bürgerkrieg kommen. Hier war das Eingreifen eines mutigen, klardenkenden Präsidenten vonnöten, der seinen Einsatz damit bezahlte, mißverstanden, schlechtgemacht und letztendlich für eine Sache ermordet zu werden, die in seinen Augen nicht nur einen Kampf wert war, sondern sogar das Leben.

In seiner zweiten Antrittsrede 1865, wenige Wochen vor dem Attentat, sprach Abraham Lincoln davon, wie sehr beide Seiten »Krieg mißbilligten«, aber dennoch war es zum Krieg gekommen:

»Keine der beiden Seiten erwartete den Krieg in dem Umfang und der Länge, wie wir ihn erleben mußten. ... Jede Seite hatte

> *auf einen leichteren Sieg gehofft. ... Beide Seiten lesen dieselbe Bibel und beten zu demselben Gott, und jede erfleht sich seine Hilfe gegen die andere.«*[1]

An dieser Stelle brach dem wiedergewählten sechzehnten Präsidenten der Vereinigten Staaten vor innerer Bewegung die Stimme. *Und dann beklagte er, wie unbegreiflich es sei, »daß Menschen einen gerechten Gott um Hilfe dabei anflehen, ihr Brot mit dem Schweiß anderer Menschen zu verdienen.«*[2]

Schließlich wurde durch den 13. Zusatz zur Verfassung die Sklaverei gesetzlich abgeschafft. Nun waren die schwarzen Sklaven in ganz Amerika offiziell frei. Lange davor, sogar schon vor seiner zweiten Antrittsrede, hatte der Präsident jedoch seine Kritik an der Sklavenhaltung in einer Kundgebung geäußert, mit der er im Süden keine Sympathisanten gewinnen konnte. Am Neujahrstag 1863 wurde die Freilassungserklärung öffentlich verlesen, doch erst am 18. Dezember 1865 wurde die Verfassung offiziell in Kraft gesetzt. Obwohl Lincoln inzwischen tot war, lebte seine Botschaft noch immer. Endlich war sein Traum Wirklichkeit geworden. Die Nachricht breitete sich wie ein Lauffeuer auf Capitol Hill aus und erscholl bis in die Täler von Virginia, bis in jeden Winkel von Nord- und Südcarolina, bis in die Plantagen von Georgia, Alabama, Mississippi und Louisiana hinein. Die Schlagzeilen der Zeitungen in fast allen Staaten verkündeten: »Sklaverei gesetzlich abgeschafft.«

Doch was dann geschah, hätten viele sich niemals träumen lassen. Die überwiegende Mehrheit der Sklaven im Süden, die nun vom Gesetz her frei waren, verblieb in ihrem Sklavendasein. Die meisten lebten so weiter, als wäre nichts geschehen. Obwohl sie nun frei waren, änderte sich während der Neuordnung der politischen Verhältnisse in den Südstaaten so gut wie nichts an der Situation der Schwarzen.

Shelby Foote bestätigt dieses unerklärliche Phänomen in seinem dreibändigen Werk über den Bürgerkrieg:

> *»... der Schwarze war in einem ebenso starren Kastensystem der ›rassistischen Etikette‹ eingesperrt wie zu Zeiten der lega-*

lisierten Sklaverei. ... so war allen Schwarzen mit dem aus der Seele gesprochen, was ein Sklave aus Alabama 1864 gesagt hatte, als er nach seiner Meinung über den Großen Befreier gefragt wurde, dessen Proklamation in jenem Jahr rechtsgültig geworden war. ›Ich weiß nichts über Abraham Lincoln‹, antwortete er, ›außer daß er uns befreit hat. Und darüber weiß ich auch nichts.‹«[3]

So etwas nenne ich tragisch. Ein Krieg war gekämpft worden. Ein Präsident war ermordet worden. Ein Zusatz zur Verfassung hatte nun Rechtsgültigkeit. Männer, Frauen und Kinder, die einst Leibeigene anderer waren, besaßen nun rechtlich verbriefte Freiheit. Völlig unverständlich, wie so viele auch weiterhin in Angst und Elend lebten. Angesichts ihrer bitter erkämpften Freiheit zogen die Sklaven es vor, Unfreie zu bleiben. So grausam und brutal viele Sklavenbesitzer auch waren, so zogen die Männer und Frauen afrikanischer Herkunft es vor, ihren einstigen Besitzern bis zu deren Tod zu dienen. Es hat zwar einige Beispiele von Tapferkeit und Mut gegeben, doch in manchen Teilen des Landes war nichts davon zu spüren, daß die Sklaverei offiziell abgeschafft worden war und daß die Sklaven nun freie Menschen waren. Darauf hatten die Plantagenbesitzer es abgesehen. Sie handelten nach dem bewährten Motto: »Die Unwissenheit wird sie auf unseren Feldern halten.«

Wenn Sie dies tragisch finden, dann kann ich Ihnen etwas noch Tragischeres erzählen. Es gibt heute Christen, die wie Sklaven leben. Obwohl unser großer Befreier Jesus Christus den vollen Preis für die Abschaffung der Sklaverei bezahlt hat, leben die meisten Christen weiterhin das Leben eines Leibeigenen. Es hat sogar den Anschein, daß die meisten die relative Sicherheit und Überschaubarkeit eines Lebens als Sklave dem Risiko der Freiheit vorziehen. Und unser Sklaventreiber Satan lacht sich ins Fäustchen. Er freut sich, daß sich so viele diese Lüge aufschwatzen lassen und in dem tiefen Schatten der Unwissenheit vor sich hin vegetieren. Da sitzt er und reibt sich die Hände vor Vergnügen: »Na prima! Nur weiter so!«, und dabei weiß er genau, daß wir von seiner Autorität befreit worden sind. Besser als die meisten Gotteskinder weiß der

Widersacher, daß wir frei sind, doch das paßt ihm nicht. Darum tut er alles, was in seiner Macht steht, um uns in unserem Gefängnis der Beschämung, der Schuldgefühle, der Unwissenheit und Einschüchterung eingesperrt zu halten.

Einige Grundgegebenheiten der Sklaverei

Obwohl einige gut vertraut mit dem sind, was ich über die Sklaverei auf geistlicher Ebene sagen möchte, sind die meisten dies nicht. Daher halte ich einen kurzen Überblick für angebracht. Fangen wir mit dem »Befreiungsbrief« des Paulus, nämlich dem Römerbrief, an:

> »... wie es in der Schrift heißt: Es gibt keinen, der gerecht ist auch nicht einen; es gibt keinen Verständigen, keinen der Gott sucht. Alle sind abtrünnig geworden, alle miteinander taugen nichts. Keiner tut Gutes, auch nicht ein einziger. Ihre Kehle ist ein offenes Grab, mit ihrer Zunge betrügen sie; Schlangengift ist auf ihren Lippen. Ihr Mund ist voll Fluch und Gehässigkeit. Schnell sind sie dabei, Blut zu vergießen; Verderben und Unheil sind auf ihren Wegen, und den Weg des Friedens kennen sie nicht. Die Gottesfurcht steht ihnen nicht vor Augen.
>
> ... Wir wissen aber: Was das Gesetz sagt, sagt es denen, die unter dem Gesetz leben, damit jeder Mund verstummt und die ganze Welt vor Gott schuldig wird. Denn durch Werke des Gesetzes wird niemand vor ihm gerecht werden; durch das Gesetz kommt es vielmehr zur Erkenntnis der Sünde« (Röm 3,10 u. 20).

Im Römerbrief finde ich mindestens drei Parallelen zur Sklaverei. Die erste ist betrüblich: Wir wurden alle ohne Ausnahme in die Knechtschaft der Sünde hineingeboren. Wollen Sie wissen, wie hoffnungslos unser Sklavendasein war, bevor wir errettet wurden? Sehen Sie sich die Worte des Paulus noch einmal an und ziehen Sie Ihre Schlüsse daraus:

- Keiner ist gerecht.
- Keiner hat geistliches Verständnis.
- Keiner kann etwas vorweisen, was vor Gott Bestand hat.
- Keiner besitzt Reinheit, Unschuld, Frieden, Hoffnung.

Obendrein hatten wir auch keinen Ausweg; es stand nicht in unserer Macht, etwas an unserer versklavten Situation zu ändern. In seinem verlorenen Zustand hat der Geknechtete keine Ahnung, was Freiheit überhaupt ist.

Die zweite Parallele ist ein Feuerwerk des Jubels: Der Tag kam, an dem Jesus uns befreite. Der Tag kam, an dem die ewige Freilassungserklärung von den Höhen des Himmels bis in die Tiefen der Hölle ausgerufen wurde: »Der Sünder ist offiziell frei!« Diese Kundgebung nahm ihren Ursprung in dem leeren Grab Jesu an dem ersten aller Osterfeste, an dem Tag, als unser Großer Befreier Jesus Christus uns befreite. Der theologische Begriff dafür lautet Erlösung. Jesus hat uns erlöst.

> »Jetzt aber ist unabhängig vom Gesetz die Gerechtigkeit Gottes offenbart worden, bezeugt vom Gesetz und von den Propheten: die Gerechtigkeit Gottes aus dem Glauben an Jesus Christus, offenbart für alle, die glauben. Denn es gibt keinen Unterschied ...« (Röm 3,21-22).

Diese letzten zwei Worte finde ich einfach phantastisch: »keinen Unterschied.« Um sich für die Freiheit zu qualifizieren, muß man nicht etwa in einem bestimmten Land geboren worden sein. Man muß keine bestimmte Sprache beherrschen. Man muß keine bestimmte Hautfarbe haben. Weder Bildung, Kultur, eine hohe Einkommensklasse, noch bestimmte Verhaltensnormen spielen eine Rolle. Es gibt absolut keinen Unterschied. Warum? Weil wir allesamt Sklaven waren, Sklaven unseres Besitzers und Sklaven der Sünde. »Alle haben gesündigt und die Herrlichkeit Gottes verloren«, heißt es in Vers 23. Daher sind auch alle Sünder im gleichen Maß »errettbar«, wenn ich es so sagen darf. Wie? »Ohne es verdient zu haben, werden sie gerecht, dank seiner Gnade, durch die Erlösung in Christus Jesus« (Vers 24).

Lassen Sie mich das einmal mit verständlichen Begriffen erläutern, indem wir bei unserem Sinnbild der Sklaverei bleiben. Christus kam auf den Sklavenmarkt und sah jeden von uns dort in unserer verzweifelten Situation: Verloren waren wir, elend, geistlich nutzlos und unfähig, etwas an unserer Lage zu ändern oder unserer Knechtschaft zu entfliehen. Aus Erbarmen und Liebe bezahlte er in seiner Gnade das Lösegeld, um uns zu befreien. Der Preis war sein Tod. Zu jedem von uns sagt er sinngemäß: »Du brauchst jetzt nicht mehr deinem alten Besitzer zu dienen. Du bist frei. Du bist frei dazu, mit mir den Rest deines Lebens zu verbringen.«

Bevor Jesus in unser Leben kam, waren wir hoffnungslos in unseren Begierden verloren, machtlos gegen unsere Laster, unsere Triebe, unsere unersättliche Habgier, unsere fortwährende Eigensucht, sogar gegen unseren Zwang, entweder unseren Mitmenschen alles recht machen zu wollen oder andere zu bevormunden und zu manipulieren. Vielleicht haben wir flüchtige Momente des Vergnügens, der Zufriedenheit erlebt, doch unsere Unfähigkeit, all diese Dinge unter Kontrolle zu bringen, war unser Verhängnis. Wir waren Sklaven! Festgekettet waren wir, und wir wurden gezwungen, unserem damaligen Besitzer zu dienen. Wir besaßen nicht die innere Kraft, etwas daran zu ändern. Indem er uns »erlöste«, befreite uns Jesus. Als Gott dann Jesus von den Toten erweckte (die entscheidende Siegestat über Satan), sagte er sinngemäß: »Niemand braucht mehr als Opfer der Sünde zu leben. Alle, die an Jesus Christus, meinen Sohn, glauben, haben ewiges Leben und bekommen die Macht, in mir zu leben.« Wie ist es nur zu erklären, daß dieses verabscheuungswürdige Sklavenpack in den Genuß einer solchen Stellung vor Gott gekommen ist? Hier sind wir wieder bei unserem Lieblingswort angekommen: Gnade. Um es so auszudrücken, daß jeder es verstehen kann: Präsident Gnade hat uns die rechtskräftige Befreiung von unserem lebenslänglichen Besitzer Sündenzwang und seiner Frau Beschämung gewährt. Theoretisch wurden wir frei, als wir an Jesus glaubten, doch in der Praxis tut unser Plantagenbesitzer alles, was in seiner Macht steht, um uns unwissend, eingeschüchtert und in unserem Sklavendenken verankert zu halten.

Die dritte Parallele in Römer 3 ist tragisch: Viele Christen führen noch immer das Leben eines Sklaven. Wenn sie gesagt bekommen, daß sie nun frei sind, antworten einige mit dem Sklaven aus Alabama: »Ich weiß nichts über Gnade, außer daß sie uns befreit hat. Und was das bedeutet, darüber weiß ich auch nichts.« Viele Christen ziehen es vor, die Freiheit, die Jesus seinen Nachfolgern erkauft hat, zu ignorieren, und deshalb führen sie ein Leben, das in einer sündenorientierten Mentalität steckengeblieben ist. Nicht nur viele, sondern sogar die meisten.

Ans Licht kommt dies in Äußerungen wie: »Weißt du, ich komme einfach nicht dagegen an. Ich bin ja sowieso ziemlich wertlos; ich bin schließlich auch nur ein Mensch.« Anstatt diese ständigen Verweise auf das eigene Versagen, die eigene Unzulänglichkeit und Beschämung hinter sich zu lassen, bieten Christen zu oft den Anblick eines eingeschüchterten, verunsicherten religiösen Sklaven. Manchmal zeigt sich dies auch auf andere Weise. Wir verteidigen unsere Sünde mit irgendwelchen Argumenten, wir benehmen uns scheinheilig, manchmal lügen, hintergehen und stehlen wir. Dann sagen wir achselzuckend: »Na ja, perfekt ist schließlich keiner.« Dahinter steckt die Kapitulation: »Ich bin noch immer ein Sklave. Die Sünde ist nach wie vor mächtiger als ich. Ich schäme mich sehr. Aber ich kann's nun mal nicht ändern!« Unsinn! Wann fangen wir endlich an, wie Befreite zu leben? Gott sagt zu jedem von uns: »Wo Sünde herrschte, da ist die Gnade noch mächtiger. Es stimmt, daß du einmal der Sklave einer Leidenschaft warst, aber das ist jetzt vorbei. Jetzt bist du davon befreit worden. Du kannst ein Leben führen, das auf einer anderen Ebene liegt.« Gnade weckt und ermächtigt unsere Fähigkeit, Sünde zu besiegen.

Hier ist ein bahnbrechender Gedanke für Sie: Wenn wir die Freiheit, die die Gnade mit sich bringt, erst richtig begriffen haben, dann können wir lange Wegstrecken unseres Lebens ohne Sünde und Schuldgefühl gehen. Jawohl! Und warum auch nicht? Warum sollte die Sünde die Herrschaft über uns erlangen? Wer behauptet eigentlich, daß wir machtlos dagegen sind? Wie unbiblisch! Die meisten von uns haben sich derartig auf Niederlage vorprogrammiert, daß wir nur darauf warten, bis sie eintritt.

Um es so zu sagen, wie es ist: Die meisten Christen haben mehr Übung darin, mit ihrer Sünde zu rechnen und umzugehen, als auf ihre Freiheit zu zählen und sich an ihr zu freuen. Die Beschämung und die selbstauferlegte Schuld, die dies mit sich bringt, haben enorme Auswirkungen, ganz zu schweigen von der kapitulationsbereiten Einstellung, die mit jedem Mal verstärkt wird. Wir stehen morgens voller Angst vor Sünde auf. Voller Beschämung gehen wir durch den Tag. Abends haben wir dann eine lange Liste von Sünden zu bekennen. Wenn die Liste einmal etwas kürzer ausfällt, befürchten wir, mehrere »versteckte Sünden« übersehen zu haben. Oder wir sind vielleicht zu stolz geworden, um sie zu erkennen ...?

Was ist nur mit der Gnade passiert? Und wo bleibt das erfüllte Leben, das Jesus versprochen hat? Ist es etwa die Pflicht eines befreiten Menschen, ein derartig eingeschüchtertes Dasein zu führen? Sind wir nun befreit, in einem richtigen Sinn emanzipiert, oder sind wir es nicht? Wenn wir es sind, dann wollen wir auch so leben! Dies ist keineswegs eine Irrlehre, sondern die gesündeste Form der Theologie, die man sich nur vorstellen kann.

Ich kann Ihnen versichern, daß Ihr einstiger Dienstherr ganz und gar nicht damit einverstanden ist, daß Sie diese Worte lesen oder danach leben. Er will, daß Sie in der Wellblechhütte der Unwissenheit hausen, daß Sie die Lumpen der Schuldgefühle und Beschämung tragen und daß Sie aus Angst vor ihm und seiner Peitsche zittern. Wie der grausame Sklavenhalter will er Ihnen weismachen, daß Sie ab und zu Prügel brauchen, damit Sie hübsch brav und gehorsam bleiben. Hören Sie mich an: Das ist Irrlehre! Weil der Erlöser uns befreit hat, hat der alte Boß, dieser schlimmste aller Gnadenkiller, keinerlei Recht mehr, Ihnen mit der Peitsche zu drohen. Die Zeiten sind vorbei, mein Freund. Sie sind frei. Wir, die wir in den Zug dieser Gnadenzeit eingestiegen sind, weigern uns, wie Sklaven zu leben. Wir sind freie Menschen!

Aspekte der Freiheit

Wenn wir ein paar Seiten in dem Befreiungsbrief an die Römer weiterblättern, kommen wir bei Kapitel 6 an, eine der großartigsten

Passagen in Gottes Wort. Nachdem ich mich mehrere Monate lang intensiv damit befaßt habe (und zwar mit Begeisterung), bin ich zu der Ansicht gelangt, daß wir hier die Freiheitsdeklaration des Christen vor uns haben. Hier wird das Fundament unserer Freiheit so klar wie an keiner anderen Stelle dargestellt: Freiheit von den Einschüchterungsversuchen Satans und der Herrschaft der Sünde. Mit dieser Stelle sollten alle Neubekehrten ihre ersten Stunden mit der Bibel verbringen – nicht mit den Passagen, die uns darin unterweisen, was wir tun sollen, wenn wir gesündigt haben (z.B. 1 Joh 1,9), oder wie wir unsere Freundschaft mit Gott wiederherstellen können, so wichtig solche Bibeltexte auch sind. Nein, hier haben wir den Text, der dem Gläubigen seine Freiheit von der Macht der Sünde klarmacht und ihm zeigt, wie er ein siegreiches Leben über die Angst, die Schuldgefühle, die Beschämung und die Niederlage führen kann. Nehmen Sie sich ruhig reichlich Zeit für die ersten fünfzehn Verse des Römerbriefes, Kapitel 6. Es lohnt sich!

> »Heißt das nun, daß wir an der Sünde festhalten sollen, damit die Gnade mächtiger werde? Keineswegs! Wie können wir, die wir für die Sünde tot sind, noch in ihr leben? Wißt ihr denn nicht, daß wir alle, die wir auf Christus Jesus getauft wurden, auf seinen Tod getauft worden sind? Wir wurden mit ihm begraben durch die Taufe auf den Tod; und wie Christus durch die Herrlichkeit des Vaters von den Toten auferweckt wurde, so sollen auch wir als neue Menschen leben. Wenn wir nämlich ihm gleich geworden sind in seinem Tod, dann werden wir mit ihm auch in seiner Auferstehung vereinigt sein. Wir wissen doch: Unser alter Mensch wurde mitgekreuzigt, damit der von der Sünde beherrschte Leib vernichtet werde und wir nicht Sklaven der Sünde bleiben. Denn wer gestorben ist, der ist frei geworden von der Sünde. Sind wir nun mit Christus gestorben, so glauben wir, daß wir auch mit ihm leben werden. Wir wissen, daß Christus, von den Toten auferweckt, nicht mehr stirbt; der Tod hat keine Macht mehr über ihn. Denn durch sein Sterben ist er ein für allemal gestorben für die Sünde, sein Leben aber lebt er für Gott. So sollt auch ihr euch als Menschen begreifen, die für die Sünde tot sind, aber für Gott leben in Christus Jesus. Daher soll die Sünde euren sterblichen Leib

nicht mehr beherrschen, und seinen Begierden sollt ihr nicht gehorchen. Stellt eure Glieder nicht der Sünde zur Verfügung als Waffen der Ungerechtigkeit, sondern stellt euch Gott zur Verfügung als Menschen, die vom Tod zum Leben gekommen sind, und stellt eure Glieder als Waffen der Gerechtigkeit in den Dienst Gottes. Die Sünde soll nicht über euch herrschen; denn ihr steht nicht unter dem Gesetz, sondern unter der Gnade.
Heißt das nun, daß wir sündigen dürfen, weil wir nicht unter dem Gesetz stehen, sondern unter der Gnade? Keineswegs!«

Selbst beim flüchtigen Lesen dieser Gedanken fallen einem zwei Fragen auf, die der Apostel mit dem gleichen Wort beantwortet. Die Fragen mögen einander auf den ersten Blick ähnlich sehen, aber das sind sie nicht.

»Heißt das nun, daß wir an der Sünde festhalten sollen, damit die Gnade mächtiger werde? Keineswegs!« (Verse 1,2a).

»Heißt das nun, daß wir sündigen dürfen, weil wir nicht unter dem Gesetz stehen, sondern unter der Gnade? Keineswegs!« (Vers 15).

Diese beiden Fragen werfen zwei Aspekte der Freiheit auf. Die erste Frage betrifft jene, die ihre Freiheit nicht für sich in Anspruch nehmen und in ihrem Sklavendasein verharren – jene also, die die Gnade für null und nichtig erklären. (Um dieses Thema geht es in den ersten vierzehn Versen von Römerbrief, Kapitel 6.)

Die zweite Frage betrifft jene, die mit ihrer Freiheit zu weit gehen (Verse 15-23). Anders ausgedrückt, nutzen sie ihre Freiheit schamlos aus. Sie leben verantwortungslos. Wer dies tut, der mißbraucht Gnade (ein Thema, das ich im nächsten Kapitel ansprechen möchte). Lesen Sie nun dieses 6. Kapitel des Römerbriefes noch einmal und überzeugen Sie sich davon, ob das, was ich gerade gesagt habe, zutrifft und Ihnen beim Verständnis des ganzen Kapitels hilft.

Paulus reagiert auf beide Fragen mit demselben schroffen Wort: »Keineswegs!« Wir würden es vielleicht so ausdrücken:

- »Um keinen Preis!«
- »Fort mit solchen Gedanken!«
- »Bloß nicht!«
- »Nie und nimmer!«
- »Welch eine abartige Vorstellung!«

Paulus formuliert seine Ausführung zu der ersten Frage als Gegenfrage: »Wie können wir, die wir für die Sünde tot sind, noch in ihr leben?« (Vers 2).

Um diese Frage besser verstehen zu können, brauchen wir uns nur auf eine kurze Reise in unsere Vergangenheit vor unserer Erlösung zu begeben. Viele von Ihnen werden sich mit Schaudern daran erinnern. Wissen Sie noch, wie Ihr Verlangen stärker war als Ihre Kontrolle? Vielleicht sanken Sie Abend für Abend als Opfer einer Angewohnheit zu Bett, die Sie beim besten Willen nicht loswerden konnten. Erinnern Sie sich noch an das Gefühl der Hoffnungslosigkeit – ein schwarzer Tunnel, bei dem kein Ende in Sicht war? Was Sie auch taten, Sie konnten sich nicht ändern, nicht auf Dauer. Ihre Knechtschaft war Abhängigkeit in ihrer schlimmsten Form. Sie war ein Gefängnis, aus dem Sie nicht aus eigener Kraft entkommen konnten. Erinnern Sie sich noch an die immer unerträglicher werdende Beschämung, von der Sie sich zuweilen regelrecht erdrückt fühlten? Andere haben vielleicht schon so lange in ihrer Freiheit gelebt, daß sie vergessen haben, wie es war, als Verlorener in Knechtschaft zu leben. In diesem Fall werden sich die folgenden Worte von Gordon S. Seagrave als hilfreich erweisen:

> *»Es ist meine tiefste Überzeugung, daß jeder wenigstens einmal im Leben ins Gefängnis gehen sollte und daß diese Gefängnisstrafe aufgrund eines Verdachts verhängt werden sollte, nicht aufgrund einer erwiesenen Tat; die Gefängnisstrafe sollte eine Dauer von mindestens vier Monaten haben, die Situation solle aussichtslos erscheinen, und der Gefangene sollte möglichst die Hälfte seiner Zeit dort krank sein. ... Erst eine solche Gefangenschaft wird ihn lehren, wieviel echte Freiheit eigentlich wert ist.«*[4]

Stellen Sie sich vor, Sie würden auf einen Verdacht hin ins Gefängnis gesperrt, wo Sie bald in Vergessenheit geraten, weil die Justiz im Schneckentempo arbeitet. Sie werden krank. Man behandelt sie grob und menschenunwürdig. Sie werden geschlagen. Macht sich bald ein Gefühl von Verlorenheit und Hoffnungslosigkeit in Ihnen breit?

Zurück zu der Frage: »Wie können wir, die wir für die Sünde tot sind, noch in ihr leben?« Wer würde sich freiwillig noch einmal monatelang ins Gefängnis sperren lassen, nachdem er schon einmal dort gewesen ist und die Qualen am eigenen Leib erlebt hat? Worauf Paulus hinauswill: Warum um alles in der Welt würden Sklaven, die von Sünde und Beschämung befreit wurden, in die alte Knechtschaft zurückgehen wollen?

»Jawohl, Meister. Sofort, Meister. Schlag mich nicht, Meister … ich will auch immer ein gehorsamer Sklave sein.« Bei solchen Worten könnte einem schlecht werden, besonders wenn man früher selbst einmal ein Sklave war. Da sagen Sie nun: »Das könnte mir nie passieren. So etwas würde ich doch nie sagen!« Oh doch. Wir tun es jedesmal, wenn wir uns als hilflose Opfer unserer Triebe und Verlockungen sehen. Dadurch lassen wir uns von einem Sklavenbesitzer einschüchtern, der gar keinen Anspruch mehr auf uns hat. Lieber sollten wir sagen: »Ich weigere mich, so weiterzuleben. Durch die Gnade Jesu werde ich als Sieger, nicht als Besiegter leben.« Ja, so können Sie wirklich leben. Die meisten haben sich jedoch leider zu einem anderen Leben vorprogrammiert.

Ich möchte wagen zu behaupten, daß viele Christen 1 Johannes 1,9 auswendig aufsagen können: »Wenn wir unsere Sünden bekennen, ist er treu und gerecht; er vergibt uns die Sünden und reinigt uns von allem Unrecht.« Wer kann dagegen schon diese Stelle auswendig?

> »Stellt eure Glieder nicht der Sünde zur Verfügung als Waffen der Ungerechtigkeit, sondern stellt euch Gott zur Verfügung als Menschen, die vom Tod zum Leben gekommen sind, und stellt eure Glieder als Waffen der Gerechtigkeit in den Dienst Gottes« (Röm 6,13).

Wir haben uns vorprogrammiert zu denken: Ich weiß genau, daß ich heute sündigen werde, daß ich versagen werde ... daß ich wieder mal am Ziel vorbeischießen werde. Weil das nun mal so ist, muß ich dafür sorgen, daß ich anschließend Vergebung finde. Wer so denkt, der hat sich nicht zum Leben für Gott vorprogrammiert wie jene es getan haben, die sich nicht von der Macht der Sünde beherrschen lassen.

Viel besser ist es doch, jeden Tag mit siegreichen Gedanken zu beginnen, nicht mit Kapitulation; mitten in der Zeit der Gnade zu leben, nicht in einem Klima der Selbstvorwürfe; auf jede Versuchung mit der Bitte zu reagieren: Jesus, du bist mein Herr und Erretter. Ich bin dein Kind, dein befreites Kind, das sich auf deine Macht verläßt. Darum gehört dir dieser Tag, Jesus; er soll zu deiner Ehre gelebt werden. Benutze meine Augen, meinen Mund, meine Gedanken und mein Handeln dazu, deinen Sieg spürbar zu machen. Und Herr, tu dies den ganzen Tag über. Wenn ich mit Versuchungen konfrontiert werde, dann will ich zu dir kommen und mir deine Kraft dazu geben lassen, damit umzugehen. Die Sünde hat jetzt keine Macht mehr über mich.

Ja, ich weiß, es wird Zeiten geben, in denen wir vorübergehend versagen, doch dies wird nicht die Norm, sondern die Ausnahme sein. Wir haben einen neuen Dienstherrn. Aus Liebe dienen wir einem neuen Herrn, nämlich Jesus Christus, nicht dem alten, der uns quälte. Die Freundschaft mit ihm ist etwas wirklich Begeisterndes. Doch dazu wird es erst kommen, wenn wir unseren alten Sklavenhalter innerlich und äußerlich abgeschüttelt haben.

Der inzwischen verstorbene J. Vernon McGee hat während meiner Studienzeit am Dallas Theological Seminary einmal eine eindrückliche Geschichte erzählt. Es war während einer seiner Vorlesungen über den Römerbrief. Seine humorvollen Illustrationen sind mir unvergeßlich, besonders die folgende, die Dr. McGee in der *Chafer Chapel* erzählte:

»Eine Frau im tiefsten Süden verliebte sich in ihren Spielkameraden aus Kindheitstagen und heiratete ihn schließlich. Die Ehe der beiden war zwar nicht perfekt, doch sie waren recht glücklich miteinander. Die beiden blieben einander treu,

und das Leben zeigte sich von einer einigermaßen sonnigen Seite. Nach mehreren Jahren starb er dann plötzlich an einem Herzinfarkt. Sie brachte es nicht übers Herz, sich von seinem Anblick zu trennen, und ließ ihn einbalsamieren, auf einen Stuhl setzen, in eine Vitrine einglasen und in ihrem großen Wohnhaus gleich neben dem Eingang aufstellen. Jedesmal wenn sie zur Tür hereinkam, grüßte sie ihn: ›Hallo, John, wie geht's dir?‹, um dann an ihm vorbei die Treppe hinaufzugehen. Monat für Monat ging das so. Auf jeden ihrer Grüße antwortete er mit einem starren Lächeln und einer freundlich zum Gruß erhobenen Hand.

Nach etwa einem Jahr beschloß sie, eine Reise nach Europa zu machen. Es war ein wohltuender Tapetenwechsel. In Europa lernte sie einen netten Amerikaner kennen, der ebenfalls auf Urlaubsreise war. Sie verliebte sich Hals über Kopf in ihn. Nach einer stürmischen Zeit als verliebtes Pärchen heirateten die beiden und verbrachten ihre Flitterwochen in Europa. Über den guten alten John daheim auf der Farm verlor sie kein einziges Wort.

Schließlich traten die beiden die Rückreise in die Staaten an. Auf der gewundenen Straße, die zu ihrem Wohnhaus führte, malte er sich schon aus: Gleich kommt der Moment, wo ich meine Braut über die Schwelle in ihr Haus tragen werde … in dieses herrliche Haus, in dem wir nun für immer und ewig miteinander wohnen werden! Er hob sie hoch, schob die Tür mit der Hüfte auf und ging geradewegs ins Haus. Was er dort sah, brachte ihn so außer Fassung, daß er seine Frischangetraute um ein Haar fallen gelassen hätte!

›Wer ist denn das da?‹

›Ach, das ist doch John. Mein früherer Mann aus …‹

›Entschuldige, aber er ist nur noch Geschichte, eine mausetote dazu!‹

Der frischgebackene Ehemann schaufelte ein großes Loch und begrub ihren früheren Mann darin – mitsamt der Glasvitrine!«

Genau das hat auch Jesus getan! Leider haben viele Christen den »Einstigen« unwissentlich hinter Glas mumifiziert und begrüßen ihn nun jeden Morgen und leben Tag für Tag so, als hätte er noch das Sagen. Wir tun so, als sei unser »Einstiger« noch am Leben, obwohl wir für ihn eigentlich längst in einer anderen Welt leben. Er hat kein Anrecht auf einen Platz in unserem Denken. Wir dienen jetzt einem neuen Herrn, der uns über die Schwelle getragen hat, der uns zu einem neuen Leben erweckt hat, einer neuen Liebe, einer neuen Beziehung und einer völlig anderen Zukunft.

Der Mensch ist jedoch ein Gewohnheitstier. Deshalb ziehen wir die Überschaubarkeit des Sklavendaseins dem Risiko der Freiheit vor. Das war der Grund, weshalb die Sklaven auf den Plantagen blieben, und das ist auch der Grund, weshalb wir nach wie vor sündenbewußt leben – sogar in noch größerem Maße, als wir Jesusbewußt leben. Im Grunde unseres Herzens wissen wir, daß er uns erlöst hat; doch die meisten haben keine Ahnung, wie sie aus dem Angst-Versagen-Beschämung-Sündenbekenntnis-Syndrom ausbrechen können. Wie kommt man gegen die Gewohnheit an, dem alten Herrn zu dienen, um in den Genuß der Freiheit unter dem neuen zu kommen?

Drei Hilfen auf dem Weg in die Freiheit von der Sünde

In diesem so wichtigen Kapitel 6 des Römerbriefes bietet Paulus uns drei Hilfen für ein Leben an, das frei von der Autorität der Sünde ist. Jede der drei ist mit einem Kernbegriff in diesem Text verbunden:

- *Wissen*: »Wißt ihr denn nicht, daß wir alle, die wir auf Christus Jesus getauft wurden, auf seinen Tod getauft worden sind? … Wir wissen doch: Unser alter Mensch wurde mitgekreuzigt, damit der von der Sünde beherrschte Leib vernichtet werde und wir nicht Sklaven der Sünde bleiben. … Wir wissen, daß Christus, von den Toten auferweckt, nicht mehr stirbt; der Tod hat keine Macht mehr über ihn« (Verse 3, 6 und 9).
- *Begreifen*: »So sollt auch ihr euch als Menschen begreifen, die für die Sünde tot sind, aber für Gott leben in Christus Jesus« (Vers 11).

- *Zur Verfügung stellen*: »Stellt eure Glieder nicht der Sünde zur Verfügung als Waffen der Ungerechtigkeit, sondern stellt euch Gott zur Verfügung als Menschen, die vom Tod zum Leben gekommen sind, und stellt eure Glieder als Waffen der Gerechtigkeit in den Dienst Gottes« (Vers 13).

Um frei von der Autorität der Sünde zu werden, frei von dem alten Sklaventreiber, um die Macht zu einer neuen Lebensweise zu gewinnen, müssen wir etwas wissen, etwas begreifen und etwas zur Verfügung stellen.

Zugegeben: Das Kapitel 6 des Römerbriefes ist kein Stück leichte Unterhaltungsliteratur. Um diesen Text zu verstehen, müssen wir unseren Kopf schon etwas mehr anstrengen als bei einem Zeichentrickfilm im Fernsehen. Ich werde also mein Bestes tun, um mich deutlich und kurzweilig zu fassen, wenn wir nun den drei Fragen nachgehen: Was müssen Sie und ich wissen? Was müssen wir begreifen? Was müssen wir zur Verfügung stellen? Fangen wir beim *Wissen* an.

> »Wißt ihr denn nicht, daß wir alle, die wir auf Christus Jesus getauft wurden, auf seinen Tod getauft worden sind? Wir wurden mit ihm begraben durch die Taufe auf den Tod; und wie Christus durch die Herrlichkeit des Vaters von den Toten auferweckt wurde, so sollen auch wir als neue Menschen leben. Wenn wir nämlich ihm gleich geworden sind in seinem Tod, dann werden wir mit ihm auch in seiner Auferstehung vereinigt sein. Wir wissen doch: Unser alter Mensch wurde mitgekreuzigt, damit der von der Sünde beherrschte Leib vernichtet werde und wir nicht Sklaven der Sünde bleiben. Denn wer gestorben ist, der ist frei geworden von der Sünde« (Verse 3-7).

Um zu verstehen, um was es hier geht, müssen wir das Konzept der Wassertaufe vorübergehend beiseite legen und zur Kenntnis nehmen, daß hier von einer trockenen Taufe die Rede ist. Das Neue Testament spricht an manchen Stellen von einer nassen Taufe, während an anderen eine trockene Taufe gemeint ist. Letzteres ist hier der Fall.

Das griechische Wort *baptizo* hat in erster Linie etwas mit Identifikation zu tun. Mit diesem Begriff wurde im 1. Jahrhundert das Eintauchen eines hellen Kleidungsstücks in ein flüssiges Färbemittel beschrieben, sagen wir, in eine scharlachrote Tunke. In dem Moment, wo der Stoff in die scharlachrote Tunke eingetaucht wurde, veränderte sich seine Identität von der ursprünglichen Farbe und nahm die Farbe Scharlachrot an. Der Prozeß des Eintauchens, bei dem eine veränderte Identität herauskam, wurde *baptizo* genannt. Von diesem griechischen Wort leiten sich unsere Begriffe »Baptist« und »Baptisterium« her.

Jesus starb am Kreuz für uns. Für uns wurde er vom Tod auferweckt. Als wir an den Tod und die Auferstehung unseres Erlösers glaubten, wurden wir in dasselbe Geschehen »eingetaucht«, und unsere Identität wurde eine andere. Wir spürten es nicht, wir sahen es nicht, wir hörten es nicht, doch es war Realität. Als wir zu Jesus kamen, wurden wir in ihn hineingestellt, indem sein Tod unser Tod wurde, seine siegreiche Auferstehung vom Tod auch unsere Auferstehung, seine Auferweckung zu neuem Leben auch unsere Auferweckung. Seine Macht für dieses Leben wurde auch unsere Macht. Bevor wir diese Dinge erleben können, müssen wir sie erst einmal wissen. Das Leben als Christ ist kein Hinterherstolpern eines Zwerges, der große Mühe hat, mit dem Erretter Schritt zu halten. Der Erretter lebt in mir, und ich lebe in ihm. In dieser Identifikation mit ihm wird seine Macht auch meine Macht. Sein Leben wird mein Leben, und seinen Sieg über die Sünde brauche ich nur noch für mich selbst zu beanspruchen. Ich brauche keine Sekunde mehr als Sklave der Sünde zu leben.

> »Sind wir nun mit Christus gestorben, so glauben wir, daß wir auch mit ihm leben werden. Wir wissen, daß Christus, von den Toten auferweckt, nicht mehr stirbt; der Tod hat keine Macht mehr über ihn. Denn durch sein Sterben ist er ein für allemal gestorben für die Sünde, sein Leben aber lebt er für Gott« (Verse 8-10).

Sie werden wohlmeinenden Christen begegnen, die von Selbstkreuzigung reden, von der Kreuzigung des eigenen Ichs. Aber ich habe gute Neuigkeiten für Sie: Das ist schon längst passiert. Sie sind doch in Christus. Er wurde ein für allemal gekreuzigt. Er starb für Sie, damit Sie nicht noch einmal zu sterben brauchen. Weil unsere Identität nun mit seiner verbunden ist, haben wir die Macht, den Rest unseres Lebens fern von aller Sklaverei zu leben. Unser Tod in bezug auf die Sünde ist schon eine vollendete Tatsache. Theoretisch ist alles längst erledigt. Ein siegreiches Leben beginnt mit dem Moment, wo wir dies wissen. Die »Freiheitsdeklaration« Jesu hat das ganze Thema der Sündenknechtschaft gegenstandslos gemacht. Nachdem wir nun, was die Macht der Sünde anbelangt, gestorben sind, haben wir die Freiheit, mit unserem neuen Herrn zu leben und zu wirken.

Zu meinen Lieblingsgeschichten gehört die Geschichte des Missionars, der per Schiff von Liverpool aus nach Afrika reiste, um dort im Küstengebiet seinem Heiland zu dienen. In Lagos mußte er umsteigen und schiffte sich auf einem Küstenschlepper ein, der ihn in die moskitoverseuchte Gegend bringen sollte, wo er nun bis zu seinem Lebensende wirken wollte. Im Hafen von Lagos begegnete er einem sarkastischen, alten Sklavenhändler, der verächtlich zu ihm sagte: »Was? Da wollen Sie hin? Machen Sie sich auf Ihren Tod gefaßt!«, worauf der Missionar, ein echter Christ, schlicht und einfach antwortete: »Gestorben bin ich schon lange, bevor ich Liverpool verließ.«[5]

Erst wenn Sie und ich wissen, daß wir in bezug auf die Autorität der Sünde gestorben sind und in bezug auf Gottes Macht durch Jesus Christus lebendig sind, können wir das Leben eines Siegers führen anstatt das eines Besiegten.

Als nächstes lernen wir aus Römer Kapitel 6, Vers 11, daß wir etwas *begreifen* müssen: »So sollt auch ihr euch als Menschen begreifen, die für die Sünde tot sind, aber für Gott leben in Christus Jesus.« Das Wort »begreifen« ist von entscheidender Bedeutung. Das griechische Wort im Urtext bedeutet soviel wie »zählen, berechnen, einschätzen, zuschreiben«. Es ist ein Begriff aus der Buchführung, aus dem Finanzwesen. Anstelle der Bedeutung tue so, als ob dies der Fall ist, gilt hier: erkenne dies als die Wahrheit an; schreibe es in deine Geschäftsunterlagen; graviere es in deine Hirnrinde ein. Und was sollen wir als wahr anerkennen? Die

Tatsache, daß wir in Christus sind, daß wir in bezug auf die Sünde tot sind. Und daß Christus in uns lebt und Gottes neue Macht in uns entfesselt.

Das Resultat einer solchen Berechnung? »Daher soll die Sünde euren sterblichen Leib nicht mehr beherrschen, und seinen Begierden sollt ihr nicht gehorchen« (Vers 12).

Indem wir dies alles berechnen (begreifen) und die Wahrheit, die wir kennen, als Tatsache verbuchen, entthronen wir die Sünde und weigern uns, unseren Begierden weiterhin zu gehorchen. Damit geht ein ebenso befreiender Aspekt einher: Selbst wenn wir sündigen, selbst wenn wir ab und zu versagen, wird Gott uns nicht wie einen Sklaven auspeitschen und uns anherrschen: »Du solltest dich schämen!«, sondern er will seinen geliebten Kindern Vergebung gewähren.

Als ich voriges Jahr an einer einwöchigen Konferenz teilnahm, wo ich Vorträge zu halten hatte, wurde mir eine vierundzwanzigjährige Frau vorgestellt, deren Unbehagen und Bekümmerung sichtlich groß waren. Im Gespräch mit ihr bekam ich schnell den Eindruck, daß sie mit Schuldgefühlen belastet und von Beschämung überwältigt war. Sie konnte mir kaum in die Augen sehen. Es dauerte nicht lange, bis sie mir von ihrer Vergangenheit erzählte, in der mehrere Männer eine intime Rolle gespielt hatten. Zwei oder drei Jahre zuvor war sie gläubig geworden. Je mehr sie sich für geistliche Dinge interessierte, desto mehr quälte sie ihre Vergangenheit. In letzter Zeit war es so schlimm geworden, daß sie in ihrer Beschämung zu befürchten begann, Gott würde sie für ihr Tun richten, oder sie würde rückfällig werden.

Je länger ich mit ihr sprach, desto klarer wurde mir, wie groß ihre Liebe und ihr Vertrauen zu Jesus waren – doch die Kernaussagen von Römer 6 kannte sie nicht. Ihr größtes Problem? Sie hatte nicht verstanden, was Gnade eigentlich ist. Sie wußte nicht, daß sie in Jesus eine unumstößliche Sicherheit besaß und daß sie daher keinen Grund zur Angst, keinen Grund zur Beschämung hatte. Ich schlug die Bibel auf und las ihr dieses Kapitel vor, um zwischendurch eine Erklärung dessen einzuflechten, was sie »wissen« und »als Tatsache anerkennen« mußte. Immer wieder unterbrach sie mich, um mich an ihre Vergangenheit zu erinnern, die ihr so enorme Schuldgefühle verursachte. Ihr Gesicht spiegelte einen inneren Kampf wider. Ihr alter Sklavenbesitzer wollte sie nicht freilassen. Jedesmal erinnerte ich sie aufs neue an Gottes Vergebung in Jesus, an ihre neue Position durch seine Gnade, an die Notwendigkeit, sich selbst nun als befreit zu betrachten, nicht mehr als Sklavin. Ich muß diese Begriffe wohl mindestens ein halbes Dutzend Male gesagt haben. Endlich dämmerte es ihr. Sie verzieh sich selbst (ein Meilenstein auf dem Weg der Annahme von Gottes Gnade), und sie nahm ihre Freiheit in Empfang. Den Rest der Woche leuchtete diese Frau geradezu vor Lebensfreude. In ihrem Denken hatte eine Umwandlung stattgefunden: Sie betrachtete sich nun nicht mehr als eine Sklavin voller Beschämung und Schande, sondern als einen Menschen, der befreit war von dem hartnäckigen Angriff des Feindes, der nichts anderes als ihre Kapitulation erzwingen wollte. Anstatt jeden Tag mit Mutlosigkeit und Angst zu beginnen, fing sie an, sich auf ihre Freiheit von ihrem ehemaligen Fronherrn zu berufen. Anstatt immerzu zu denken: »Meine Sünde, meine Schande, mein Versagen«, konzentrierte sie sich auf »seine Vergebung, seine Gnade, sein Leben.« Die Veränderung in ihrem Gesicht war einfach nicht zu übersehen. Bis zum Freitag hatte sie das deutlichste »Ja«-Gesicht von allen Konferenzteilnehmern.

In unserem schönen Bundesstaat Kalifornien gibt es viele malerische Straßen und Schnellstraßen, die durch gebirgiges Gelände führen. Einige davon sind schmal und nicht gefahrlos, doch allesamt bieten sie Landschaftsbilder von atemberaubender Schönheit. Wer einmal den *Pacific Coast Highway 1* von Los Angeles nach San Francisco gefahren ist, wird die unglaublich malerischen Bilder der rauhen Küstenlandschaft nie vergessen. Einige der Kurven sind besonders gefährlich und müssen langsam und mit großer Vorsicht gefahren werden. Die Steilhänge unterhalb der Straße machen nicht nur einen Teil der malerischen Landschaft aus, sondern stellen auch eine beträchtliche Gefahr für den Autofahrer dar.

Ich habe mir nun überlegt, daß unser Bundesstaat den Autofahrern auf diesen gefährlichen Straßenabschnitten zweierlei Dienste anbieten könnte. Zum einen könnte der Staat unterhalb jeder engen Kurve eine gut ausgestattete Unfallklinik errichten. Jeder

Autofahrer, der mit zuviel Tempo in die Kurve geht, könnte dort geborgen und medizinisch versorgt werden. Zum anderen könnte der Staat vor jeder scharfen Kurve ein Schild mit der Aufschrift »Achtung! Enge Kurve! Tempo herabsetzen!« aufstellen. Es überrascht Sie sicherlich nicht, daß unser Straßenverkehrsamt sich für die zweite Lösung entschieden hat und nicht für die erste. Clever, nicht?

Aus dieser Entscheidung können wir etwas lernen. 1 Johannes 1,9 ist die Unfallklinik am Fuß des Abhangs. Dort werden wir geborgen und behandelt, was außerordentlich tröstend ist, doch noch besser wäre es, wenn wir uns den Rat aus Römer 6 zu Herzen nehmen würden. Hier wird Vorsorge betrieben, hier werden Warnschilder aufgestellt: »Um Unfälle zu vermeiden, verringern Sie Ihr Tempo! Achtung, Gefahrenstelle!« Wir müssen die Wichtigkeit dieser geistlichen »Warnschilder« richtig einschätzen und ihnen Tatsachenbedeutung zumessen. Damit kommen wir zu dem dritten Kernbegriff: *Zur Verfügung stellen*.

> »Stellt eure Glieder nicht der Sünde zur Verfügung als Waffen der Ungerechtigkeit, sondern stellt euch Gott zur Verfügung als Menschen, die vom Tod zum Leben gekommen sind, und stellt eure Glieder als Waffen der Gerechtigkeit in den Dienst Gottes. Die Sünde soll nicht mehr über euch herrschen; denn ihr steht nicht unter dem Gesetz, sondern unter der Gnade« (Verse 13-14).

Nicht nur intelligentes Rechnen (»begreifen«) auf der Basis von wahrer Information (»wissen«) muß stattfinden, sondern auch ein bewußtes Zur-Verfügung-Stellen für Gottes Zwecke. Dies formuliert Paulus in zwei einfachen Anweisungen:

Negativ gewendet: »Stellt eure Glieder nicht der Sünde zur Verfügung als Waffen der Ungerechtigkeit ...« Warum nicht? Weil wir jetzt keine Sklaven mehr sind. Unsere Körper sind nicht mehr die hilflosen Opfer von irgendwelchen Begierden und unbeherrschbaren Schwächen. Diese Zeiten waren an dem Tag vorbei, als wir Christ wurden. Vergessen Sie nicht, daß wir jetzt »Freigelassene« sind!

Positiv gewendet: »... sondern stellt euch Gott zur Verfügung als Menschen, die vom Tod zum Leben gekommen sind ... Die Sünde soll nicht über euch herrschen ...«

Als »Freigelassene« haben wir keine Zeit zu verlieren, endlich auch dementsprechend zu leben. Ich erinnere Sie daran: Unser Widersacher will nicht, daß wir so denken. Am liebsten würde er das Wort Gnade ausradieren. Da ihm dies jedoch unmöglich ist, hat er sich darauf verlegt, uns dahingehend irrezuführen, daß wir in unserer Sklavenmentalität steckenbleiben. Warum? Wenn wir nämlich anfangen, uns wie befreite Männer und Frauen zu verhalten, ist es aus mit der Bevormundung unseres alten Fronherren.

Ein Wort der Warnung

Ich würde Ihnen liebend gerne sagen, daß Veränderung kinderleicht ist, aber das stimmt leider nicht. Alte Gewohnheiten sind zäh. Korrektes Denken erfordert Mut. Zudem läßt sich unser Widersacher Satan nicht gern in seine Schranken verweisen. Das gleiche gilt für die Paragraphenreiter, die er für seine Zwecke einsetzt. Wenn es stimmt, daß die Sklavenbesitzer auf ihren Plantagen nach dem Bürgerkrieg fest dazu entschlossen waren, ihre Sklaven zu behalten, dann kann ich Ihnen versichern, daß die Gnadenkiller von heute sogar noch starrsinniger sind. Sie können sich darauf verlassen, daß die Feinde unserer Seelen einen großen Haß auf die Botschaft von der Freiheit haben. Gnade ist ihnen zuwider, deshalb lassen Sie sich warnen. Um das vorhersagbare Dasein der Sklaverei und Unwissenheit hinter sich zu lassen und in die neuen, risikoreicheren Felder der Freiheit und Gnade zu gelangen, werden Sie Mut und innere Entschlossenheit brauchen. Es ist mein Gebet, daß Gott Ihnen beides reichlich schenken möge. Sie sind nicht allein auf der Suche nach Freiheit. Sie haben viele Weggefährten. Eine echte Zeit der Gnade hat in vielen Herzen unzähliger Gotteskinder begonnen.

Der sechzehnte Präsident der Vereinigten Staaten sprach kurz nach der Ratifizierung der Freilassungserklärung durch den Kongreß Anfang 1863 eine Warnung aus. Was er sagte, klang eher wie ein Ausspruch Captain Ahabs aus Melvilles Roman *Moby Dick* als eine Rede von Abraham Lincoln:

> *»Wir gleichen Walfängern, die eine lange Jagd hinter sich haben. Es ist uns gelungen, das Ungeheuer mit der Harpune zu treffen, doch nun müssen wir aufpassen, wie wir das Boot steuern, sonst wird das Ungeheuer uns mit einem einzigen Schlag seines Schwanzes in die Ewigkeit befördern.«*[6]

Diese Worte machten den Präsidenten zum Propheten. Auf seine Freiheitserklärung folgte eine Eskalation des Bürgerkrieges. Er sollte absolut recht behalten. Die Freilassungserklärung verursachte noch größere Kämpfe und noch mehr Blutvergießen.

Eine solche Warnung ist vollkommen angebracht. Wer weiß, welche Kämpfe auf Sie warten, nachdem Sie sich jetzt dazu entschlossen haben, das Leben eines Freigelassenen zu führen, anstatt ein Sklave zu bleiben? Doch die gute Nachricht an Sie ist diese: Wir haben die Harpune schon in dem Ungeheuer versenkt. Nun müssen wir Sorgfalt beim Steuern des Bootes walten lassen und uns vor den geräuschvollen Schwanzschlägen in acht nehmen.

Kapitel 7

Befreiungsaktionen

Während des Wahlkampfs zur Präsidentschaftswahl im Herbst 1988 zog plötzlich ein völlig anderes Ereignis die Aufmerksamkeit aller auf sich. Anstatt sich bei den allabendlichen Fernsehnachrichten mit den Kandidaten der Demokraten und Republikaner zu befassen, verfolgte ganz Amerika das Schicksal zweier kalifornischer Wale, die in Alaska von einer dicken Schicht Packeis eingeschlossen waren. Ihre »Luftoase« lag meilenweit vom offenen Meer entfernt.

So sonderbar es auch klingen mag, so mußten Bush und Dukakis es hinnehmen, daß *Bonnett* und *Crossbeak*, wie die Wale von den Biologen getauft worden waren, ihnen die Schau stahlen.

Das Drama hatte damit angefangen, daß die sanften Riesen des Meeres die Tatsache übersahen, daß der Winter in diesem Jahr früher als sonst in Alaska Einzug hielt. Dieses Versäumnis führte dazu, daß sie an der Küste von einer immer massiver werdenden Eisschicht überrascht wurden, die ihnen den Weg in die Freiheit abschnitt.

Zuerst scherte sich kaum jemand um ihr Schicksal; nur ein paar tierliebende Eskimos schickten sich an, den Tieren zu helfen. Auf recht primitive Weise schleppten sie Kettensägen und lange Stangen an Ort und Stelle und begannen, in Abständen Löcher in das Eis zu brechen, damit die Wale auf dem Weg zum offenen Meer Atem schöpfen konnten. So mühsam die Arbeit auch war, so waren sie fest entschlossen, sich bis zum offenen Ozean vorzuarbeiten.

Das Wetter war problematisch. Zuweilen war der Frost so scharf, daß die Tierfreunde die Wasseroberfläche maschinell in Bewegung halten mußten, damit die Löcher nicht sofort wieder zufroren, besonders während der heftigen Nachtwinde. Sobald die Medien sich eingeschaltet hatten, zog das Projekt weitere Kreise. Andere freiwillige Helfer kamen dazu. Da das ursprüngliche Vorhaben nicht zügig genug vonstatten ging, wurde ein »Drehbohrer auf Schrauben« eingesetzt, ein Koloß von Gefährt, das sich auf zwei schraubenförmigen Pontons fortbewegte und so aussah, als sei es dem Drehbuch zu einem Science-fiction-Film entsprungen. Dieses unförmige Wunder der modernen Technologie räumte die krachenden Eisschollen zentimeterweise aus dem Weg und bahnte sich so eine Fahrtrinne in Richtung Ozean. Doch auch dieses Prozedere erwies sich als zu langsam und arbeitsaufwendig. Als nächstes kam die Nationalgarde mit zwei fliegenden Baukränen des Typs CH-54 dazu, zwei Helikoptern also, die eine ganze Serie von fünf Tonnen schweren Zementblöcken auf das Eis abwarfen, damit die Wale schneller in die Freiheit gelangen konnten.

Als nächstes meldeten sich, oh Wunder, die Sowjets mit zwei Eisbrechern zur Stelle. Der eine war 20 000 Tonnen schwer und elf Stockwerk hoch, der andere etwas kleiner, jedoch mit einer ähnlichen Ausrüstung an Bord. Interessanterweise wehten zwei Flaggen auf den sowjetischen Schiffen. Vielleicht zum ersten Mal in der Geschichte flatterte das Sternenbanner der Vereinigten Staaten einträchtig neben Hammer und Sichel. Alle politischen Differenzen, alle wirtschaftlichen und militärischen Konflikte traten in den Hintergrund bei dieser Rettungsaktion, deren Ziel es war, zwei Walen in die Freiheit zu verhelfen. Hurra! Bei Point Barrow (Alaska) geschah es endlich. Die ganze Welt jubelte, als die beiden erschöpften Kreaturen lautlos in die offene See hinausglitten.

Offen gesagt war ich froh über diese Abwechslung mitten im Wahlkampf, denn sie bescherte uns neue Gesichter und ungewohnte Landschaften auf dem Bildschirm des Pantoffelkinos. Anstelle von politischen Schlammschlachten bekamen wir Eisbrecher zu sehen, anstelle von ätzenden Anschuldigungen sahen wir echte Kooperation. Wir seufzten vor Rührung. Das ganze Unternehmen hatte etwas Edles, Erbauliches an sich. Obwohl das Projekt mit erheblichen Kosten verbunden – 1,5 Millionen Dollar wurden innerhalb der drei Wochen ausgegeben – und die 100 Kilometer lange Strecke ungeheuer aufreibend gewesen war, empfand man den Themenwechsel als erfrischend.

Ein paar Tage nach der erfolgreichen Beendigung der Rettungsaktion kam es mir in den Sinn, daß wir in der Tat ein seltenes Phänomen miterlebt hatten. Ich dachte darüber nach, wie eigenartig es doch ist, daß wir als Menschen eher dazu bereit sind, Wale zu retten, als unseren Mitmenschen zur Hilfe zu kommen. Für diese zwei Meeresbewohner, mit denen uns nicht einmal eine gemeinsame Sprache verbindet, sind wir bereit, Kopf und Kragen zu riskieren, Unmengen von Geld auszugeben und unermüdlich bei arktischer Kälte zu arbeiten, bis sie frei sind – und das ist auch alles schön und gut so. Wo es aber darum geht, einem Mitmenschen zu helfen, Freiheit innerhalb von Gottes Familie zu finden, da sind wir längst nicht zu solchen heroischen Maßnahmen bereit.

Wenn das Ziel der Aktion ist, persönliche Freiheit für andere anzustreben, damit diese frei atmen können und Zugang zu einem Ozean der unbegrenzten Möglichkeiten haben, sieht es mit unserer Bereitschaft zur Kooperation längst nicht so rosig aus. Ist das nicht sonderbar? Die meisten scheinen ihren Mitmenschen lieber den Weg in die Freiheit zu verbauen als ihnen Hilfestellung zu geben. Ganze Völker sind dazu bereit, ihre ideologischen Differenzen in den Hintergrund zu stellen und gemeinsam zuzupacken, damit die Natur frei atmen kann, doch wenn es darum geht, daß die christliche Gemeinschaft einem ihrer Zöglinge auf dem Weg in die echte Freiheit helfen soll, sieht die Sache schon anders aus. Es mag sich zwar grausam anhören, aber in dieser Welt befinden sich Gnadenkiller auf freiem Fuß, die die Löcher im Eis zuschaufeln und den Menschen unter der Packeisschicht ihrer Manipulation und starren Kontrolle die Luft abschneiden. Es ist unglaublich tragisch, aber wahr: Niemand gebietet diesem Tun Einhalt, auch wenn ein Mitmensch dadurch seelische Qualen leiden muß. Wir befreien zwar Wale, aber nicht unsere Mitmenschen.

In dieser ganzen Diskussion über Gnade und Freiheit sollte ich an dieser Stelle vielleicht ein paar klärende Worte einflechten. Einige von Ihnen fragen: Hat Freiheit denn nicht auch ihre

Grenzen? Sollte man sich nicht in seinem Freiheitstreben grundsätzlich mehr zurückhalten? Wo kämen wir denn hin, wenn jeder so denken würde…?!

Ja, unbedingt. Gnade wird zuweilen mißbraucht. Darunter verstehe ich, daß jemand seine Freiheit auf unkluge Art und Weise gebraucht, ohne Rücksichtnahme auf jüngere, für Vor- oder Zerrbilder besonders empfängliche Glaubensgeschwister. Allerdings bin ich der Meinung, daß eine solche Zurückhaltung Sache des einzelnen ist. Man kann sie nicht erzwingen. Einschränkungen sind durchaus angebracht und notwendig, doch ich finde keine Bibelstelle, aus der hervorgeht, daß wir diese Zurückhaltung voneinander einfordern können. Das zu tun wäre Gesetzlichkeit. Es würde Atemlöcher im Eis zuschütten. Es wäre ein Attentat auf die Gnade. Die beste Beschränkung ist Selbstbeschränkung, ausgelöst durch die innere Weisung des Heiligen Geistes, die Person und Gegenwart Jesu Christi im Herzen des einzelnen.

In den letzten dreißig Jahren habe ich die Beobachtung gemacht, daß die meisten Gläubigen eher Befreiung als Beschränkungen brauchen. Unsere Aufgabe ist es, Hilfestellung bei der Befreiung zu leisten; die Einschränkung ist Gottes Aufgabe. Gott leistet da wesentlich wirkungsvollere Arbeit als wir.

Balsam für die Seele

Gewisse Bibelverse lassen sich mit den Atemlöchern im Packeis vergleichen: Sie verhelfen uns zu Luft! Damit will ich sagen, daß sie echte Freiheit fördern. Sie bewahren uns vor dem Ersticken! Ich möchte allen, die frei, wirklich frei von der Knechtschaft anderer und der Gefangenschaft der Gesetzlichkeit sein wollen, ans Herz legen, diese Verse immer wieder zu lesen. Tippen Sie solche Schriftstellen oder ähnliche auf kleine Kartons und kleben Sie diese an Ihren Badezimmerspiegel. Lesen Sie jeden Morgen laut, was auf ihnen steht. Diese Verse werden die Gnade in Ihnen tagtäglich erwecken und wachhalten. Die folgenden Verse habe ich mir zu eigen gemacht und zitiere sie oft:

- »Zur Freiheit hat uns Christus befreit« (Gal 5,1a).
- »Denn wer gestorben ist, der ist frei geworden von der Sünde« (Röm 6,7).
- »Denn das Gesetz des Geistes und des Lebens in Christus Jesus hat dich frei gemacht vom Gesetz der Sünde und des Todes« (Röm 8,2).
- »Was ergibt sich nun, wenn wir das alles bedenken? Ist Gott für uns, wer ist dann gegen uns? Er hat seinen eigenen Sohn nicht verschont, sondern ihn für uns alle hingegeben – wie sollte er uns mit ihm nicht alles schenken?« (Röm 8,31-32).
- »Dann werdet ihr die Wahrheit erkennen, und die Wahrheit wird euch befreien« (Joh 8,32).
- »Wenn euch also der Sohn befreit, dann seid ihr wirklich frei« (Joh 8,36).

Beim Entdecken der Freiheit auf den Seiten der Bibel werden Ihnen noch mehr solcher Verse begegnen. Beispielsweise schreibt Paulus an Timotheus, man solle seine Hoffnung auf Gott setzen, »der uns alles reichlich gibt, was wir brauchen« (1 Tim 6,17). Ich kann mir kaum ein lohnenderes Vorhaben vorstellen als dieses: anderen dabei zu helfen, das von Gott geschenkte Leben voll auszukosten. Dies ist mit Sicherheit auch eins meiner Ziele.

Einige von Ihnen sind in der Seelsorge tätig. Und ich müßte mich schon sehr irren, wenn es nicht zu Ihren Aufgaben und befriedigenden Aktivitäten gehören sollte, anderen Menschen Hilfen zur Entspannung und Lebensfreude zu geben. Damit haben Sie sich ein nobles Ziel gesetzt. Ich möchte Ihnen Mut machen, Ihren Ratsuchenden dabei zu helfen, die Freiheit, die sie zum Leben nötig haben, zu finden. Wenn die Sünden in dem jeweiligen Fall bereinigt sind, können Sie dem Betreffenden dabei helfen, den Schleier der Beschämung abzulegen und den rostigen Anker der Schuldgefühle, die ihn lange genug festgekettet haben, einzuholen. Ein solcher Ballast ist unerträglich. Er erstickt auf die Dauer jeden. Er würgt einem die Luft ab. Letztendlich begräbt er einen unter sich. Hören Sie nicht auf, die Atemlöcher im Packeis freizuschaufeln! Ganz gleich, wie lange es auch dauern mag: Lassen Sie nicht locker!

Sie brauchen kein professioneller Seelsorger zu sein, um anderen zu helfen. Nehmen Sie sich vor, Ihren eingekesselten Freunden in die Freiheit zu helfen. Vielleicht sind Sie ihre einzige Hoffnung im Kampf gegen die Gnadenkiller. Ich kann Ihnen in aller Offenheit sagen, daß ich mir für den Rest meines Pastorendaseins vorgenommen habe, immer mehr Luftschächte für meine Pfarrerkollegen freizuschaufeln, denen die Freude an der Freiheit abhanden gekommen ist und die wenig von der Begeisterung der Gnade wissen. Wenn jemand an Luftmangel zu ersticken droht und dringenden Bedarf an der »Operation Gnadenzeit« hat, dann sind es jene, die im christlichen Bereich beruflich tätig sind!

Überall in Gottes Wort finden sich Atemlöcher. Eins davon ist die große Luftoase, die Paulus in seinem Brief an die Korinther freigeschaufelt hat:

> »Alles, was auf dem Fleischmarkt verkauft wird, das eßt, ohne aus Gewissenhaftigkeit nachzuforschen. Denn dem Herrn gehört die Erde und was sie erfüllt. Wenn ein Ungläubiger euch einlädt und ihr hingehen möchtet, dann eßt, was euch vorgesetzt wird, ohne aus Gewissensgründen nachzuforschen. Wenn euch aber jemand darauf hinweist: Das ist Opferfleisch!, dann eßt nicht davon, mit Rücksicht auf den, der euch aufmerksam macht, und auf das Gewissen; ich meine das Gewissen des anderen, nicht das eigene; denn (an sich gilt): Warum soll meine Freiheit vom Gewissensurteil eines anderen abhängig sein? Wenn ich in Dankbarkeit mitesse, soll ich dann getadelt werden, daß ich etwas esse, wofür ich Dank sage?« (1 Kor 10, 25-30).

In 1 Korinther 10 geht es um den Verzehr von Fleisch. Damals war das heißeste Thema nicht etwa, ob man ins Kino gehen darf, ob man sich schminken darf, ob man tanzen oder Karten spielen darf. Die große Streitfrage lautete: Darf ein Christ Fleisch essen, das einem Götzen geopfert worden ist? Eine Portion Hintergrundinformation ist hier angezeigt.

Bei den heidnischen Kulturen des Altertums war es gang und gäbe, den Götzen Fleisch zu opfern. Ein Teil des geschlachteten

Tieres blieb jedoch übrig und wurde auf dem Fleischmarkt verkauft. Das Fleisch an sich war vollkommen in Ordnung. Es gab Christen, die absolut nichts dabei fanden, solches Fleisch auf dem Markt zu kaufen. Andere, die erst vor kurzem zum Glauben gekommen waren und davor selbst an solchen Götzenverehrungen teilgenommen hatten, waren dagegen der Meinung, daß man dies nicht tun sollte. Ihr Argument lautete etwa so: »Dieses Fleisch ist einem Götzen geweiht worden. Wir sollten die Finger davonlassen. Das Fleisch ist dämonisch verseucht, weil es von einer Feier im Götzentempel kommt.« Dem entgegnet Paulus sinngemäß: »Kein Fleisch ist verseucht, weil andere Teile des Tieres auf einem heidnischen Altar geopfert wurde. Kein Götze aus Holz oder Stein kann ein Stück Fleisch verseuchen.« Deshalb schreibt er auch: »Alles, was auf dem Fleischmarkt verkauft wird, das eßt ...« Der Apostel nahm die Freiheit, solches Fleisch zu essen, für sich in Anspruch, auch wenn andere dies nicht taten.

Sehen Sie sich Vers 27 noch einmal an: »Wenn ein Ungläubiger euch einlädt und ihr hingehen möchtet, dann eßt, was euch vorgesetzt wird ...« Paulus hackt ein Loch ins Eis. Er will Gläubige befreien. Sie sollen sich nicht den Kopf über das Fleisch zerbrechen, das im Haus eines Nichtchristen auf den Tisch kommt. Wenn der Ungläubige Grillsteaks für die Party vorgesehen hat, prima! Guten Appetit! Alle nachbohrenden Fragen sind überflüssig.

Paulus gibt zwar auch ein paar gute Ratschläge darüber, wann Zurückhaltung geboten ist, doch das allgemeine Prinzip besagt, daß man das Fleisch ruhig essen darf. »Die Gnade Gottes erlaubt es euch«, will der Apostel der Gnade uns sagen. Einige kennen diese Freiheit nicht, doch das gibt ihnen nicht das Recht, jene, die das Fleisch essen, zur Rechenschaft zu ziehen.

Dies sagt Paulus auch in Vers 30: »Wenn ich in Dankbarkeit mitesse, soll ich dann getadelt werden, daß ich etwas esse, wofür ich Dank sage?« Gute Frage. Indem er sie stellt, hackt er ein weiteres Loch ins Packeis. Und er trägt sein Argument mit Unerschrockenheit vor: »Warum macht ihr mir Vorwürfe darüber, daß ich das esse, was mir vorgesetzt wird? Der eine mag halt diese Sorte Fleisch, der andere jene.«

Neulich ist mir etwas Lustiges passiert. Einer der Ton- und Beleuchtungstechniker in unserer Gemeinde (ein richtiger Spaßvogel!) hörte mich über dieses Thema predigen. Ein paar Wochen später nahm er mich gekonnt auf den Arm. Mit einem scheinheiligen Gesicht fragte er mich: »Du hattest doch neulich Geburtstag, nicht wahr?«, was ich mit einem Kopfnicken bejahte. »Und du kommst ursprünglich aus Texas?« Spätestens jetzt war mir klar, daß mir hier etwas blühte! »Ja«, antwortete ich. »Also, da hab' ich was für dich«, sagte er und gab mir eine kleine Dose von der Größe einer Schnupftabaksdose. Der Inhalt? Gürteltierfleisch! Ich verzog das Gesicht. Auf dem Etikett stand zu lesen: »Reines Gürteltierfleisch aus Texas. Von der Sonne gedörrt und auf der Straße weichgeklopft.« Auch eine Zutatenliste war abgedruckt: »Reines sonnengedörrtes Gürteltier, von einem Holzfällerlaster drei Meilen südlich von Pollok (Texas) überfahren. Höchstgehalt an Haaren und Kies: 20 %. Fremdstoffe nicht ausgeschlossen.« Der Mann erklärte mir, daß ich, da ich ja an Gnade glaubte, die Freiheit besäße, den Doseninhalt reinen Gewissens zu verzehren. Ich dachte: Pfui! Da wird's ja sogar einer Made schlecht!

Worauf ich hinauswill? Aufgrund der Gnade darf mein Freund Gürteltierfleisch essen, und ich darf es ebenso. Es ist uns durchaus erlaubt. Und wenn er das tun will, dann spricht nichts dagegen, aber was mich betrifft, so hat Gott mich dahingehend geführt, daß ich es halt eben nicht esse. (Es sind diese »Fremdstoffe«, die mich davon abhalten ...) Aber wenn Sie gern Gürteltierfleisch mögen, bitte, ich gönne es Ihnen von ganzem Herzen! Ich für meinen Teil halte mich an meine persönliche Liste von »Unerlaubt« (und darauf steht auch Gürteltierfleisch). Auf Ihrer Liste steht es vielleicht nicht. Lassen Sie es sich schmecken! Ich verspreche Ihnen, daß ich Sie weder zur Rechenschaft ziehen noch verurteilen werde, wenn Sie sich jetzt an all den Haaren und Kieselsteinen die Zähne ausbeißen.

Wovon rede ich hier eigentlich? Ich sage es noch einmal im Klartext. Zwingen Sie mir nicht Ihre persönliche Liste von »Erlaubt« und »Unerlaubt« auf! Und Sie können sich felsenfest darauf verlassen, daß ich Ihnen ebensowenig meine persönliche Liste von »Erlaubt« und »Unerlaubt« aufzwingen werde! Frei zu sein bedeutet, daß keine Macht der Welt Sie dazu auffordern kann, mit meiner Liste übereinzustimmen; ebensowenig sollten Sie mich tadeln, weil meine Liste nicht in allen Punkten mit Ihrer übereinstimmt. Dies ist eine der Möglichkeiten, wie Christen in Harmonie miteinander leben können. Die Bezeichnung dafür lautet: Leben durch Gnade … und eine bessere Möglichkeit gibt es nicht.

Jetzt sagen Sie: »Aber wenn ich nun eine Liste in der Bibel finde?« Das ist etwas vollkommen anderes. Jede Regel, die wir in der Bibel finden, ist absolut verbindlich. Hier handelt es sich um eine inspirierte Liste, keine Liste, die für jemanden ganz persönlich gilt. Ich möchte Ihnen Mut machen, Ihr Leben von ganzem Herzen nach der Heiligen Schrift zu gestalten, völlig unabhängig davon, wie andere es damit halten. Doch wenn die Bibel Fragen offenläßt, ist die nächste Instanz das persönliche Dafürhalten des einzelnen. Mehr über dieses Thema an anderer Stelle.

Gott hat seinen Kindern eine wunderbare Freiheit in Christus gegeben. Diese Freiheit beinhaltet nicht nur die Freiheit von Sünde und Beschämung, sondern auch eine Freiheit des Lebensstils, so daß wir zu Anschauungsobjekten seiner Gnade werden können. Frei zu sein, seine Freiheit zu genießen und anderen dasselbe Recht zuzugestehen ist schwer für jemanden, der innerlich unsicher ist. Es ist besonders schwer für jemanden, der von enggeistigen Eltern großgezogen und von enggeistigen Lehrern oder Pastoren geführt wurde, die zuviel Wert auf die Meinungen anderer legten. Dieser Typ von Eltern und Pastor kann extrem manipulierend und verurteilend sein. Oft benutzen solche Menschen die Bibel als Holzhammer, um andere damit weichzuklopfen und so gefügig zu machen, anstatt sie in die Gnade hineinzuführen. Manchmal brauchen Menschen, die unter einer solchen enggeistigen Wolke gehockt haben, Jahre ihres Lebens, bis sie den Mut aufbringen, sich frei in der Gnade Gottes zu bewegen. Leider gehen manche, die den Weg in die Freiheit endlich geschafft haben, anschließend zu weit und bilden sich etwas auf ihre neugewonnene Freiheit ein. Das Ergebnis kann ebenso tragisch sein wie bei jenen, die ihre Freiheit überhaupt noch nicht kennengelernt haben. Um auf eins meiner Lieblingswörter zurückzukommen: Wir brauchen Ausgewogenheit.

Im vorigen Kapitel habe ich den ersten Teil von Römer 6 herangezogen. In diesem Kapitel wollen wir uns den zweiten Teil genauer ansehen. Anfangen möchte ich mit den beiden Fragen, um die es in Römer 6 geht. Diese beiden Fragen mögen einander zwar ähnlich sehen, doch inhaltlich sind sie das ganz und gar nicht.

Frage Nr. 1

> »Heißt das nun, daß wir an der Sünde festhalten sollen, damit die Gnade mächtiger werde?« (Röm 6,1).

Etwas eher im Text, nämlich in Römer 5,10 lesen wir: »... wo jedoch die Sünde mächtig wurde, da ist die Gnade übergroß geworden.« Die Frage, die sich hier logischerweise aufdrängt, wird von Paulus in Römer 6,1 gestellt; sie läßt sich folgendermaßen umformulieren: »Wie wäre es, wenn wir weiterhin als Sklaven der Sünde leben? Wir haben doch die Gnade, und die ist ja bekanntlich grenzenlos.« Paulus antwortet mit Nachdruck: »Keineswegs!«

Wie wir schon gesehen haben, hat diese erste Frage mit jenen zu tun, die es versäumen, ihre Freiheit auszuleben. Sie suchen sich die Sünde als Sklavenhalter aus. Christen, die tagaus, tagein so leben, sind sich ihrer eigenen Anfälligkeit zum Sündigen im übersteigerten Maß bewußt. Sie haben Angst vor dem Versagen. Beschämung beherrscht ihr ganzes Denken. Indem sie ihre gesamte Aufmerksamkeit auf ihre Anfälligkeit für die Sünde richten, bahnen sie ihrem eigenen Versagen den Weg. Anstatt sich auf die Vorzüge eines Lebens im Dienst für Jesus zu konzentrieren und ihre Freiheit auszukosten, die er ihnen schenken will, leben sie auch weiterhin als Sklaven ihres alten Wesens.

Wer so lebt, der entwickelt eine »Schwarzseher-Mentalität«. Da nehme ich also meine Autoschlüssel, gebe sie einem meiner Teenager, der gerade den Führerschein gemacht hat, und sage: »Also, damit wir uns richtig verstehen, du wirst mit Sicherheit einen Unfall bauen. Das ist so klar wie Kloßbrühe. Als erstes lernst du deshalb die Telefonnummer unseres Versicherungsvertreters auswendig. Wenn's dann geknallt hat, hast du die Nummer gleich parat. So, hier sind die Schlüssel. Amüsier dich gut!«

Welch ein pessimistischer Ratschlag! Aber genau damit traktieren wir junge Christen. »Leute, hört zu, ihr müßt euch darauf gefaßt machen, daß ihr sündigen werdet. Seht euch also vor. Lernt 1 Johannes 1, Vers 9 auswendig, ja? Dann wißt ihr, was ihr zu tun habt, wenn ihr dann sündigt.« Wie oft (falls überhaupt!) wird dagegen einem Neubekehrten gesagt: »Weißt du was? Du brauchst der Sünde von jetzt an nicht mehr zu dienen. Du kannst mehrere Tage ohne sie leben, vielleicht sogar eine ganze Woche oder noch länger. Du hast nämlich jetzt einen neuen Herrn: Jesus. Und denk dir, du hast jetzt eine Macht in dir, eine, die du noch nie besessen hast – ich meine den Heiligen Geist. Außerdem hast du einen Schlüsselbund namens Heilige Schrift. Wenn du nun den Schlüssel richtig ins Zündschloß schiebst, kannst du ein Leben führen, wie du es nie für möglich gehalten hättest. Vielleicht wirst du nicht hundertprozentig unfallfrei fahren. Es wird Situationen geben, in denen du sündigen wirst. Für solche Fälle möchte ich dir erklären, was du zu tun hast. Aber denk dran: Das ist nicht die Norm, sondern die Ausnahme. Die gute Nachricht ist, daß du jetzt durch Jesus von deinem alten Sklavenbesitzer befreit worden bist.« Die Gnade hat uns frei gemacht! Wir sind »Freigelassene«.

Löcher im Packeis! Wenn uns jemand das früher gesagt hätte, wären wir dann innerlich gereift? Hätten wir den Weg zum offenen Meer gefunden? Ich bin felsenfest davon überzeugt, daß wir uns innerhalb von Monaten frei im Ozean getummelt hätten, wenn uns jemand ein solches Atemloch freigeschaufelt hätte. Wo die Gnade erwacht, da bestimmen Hoffnung und Lebensfreude unseren Tag.

Frage Nr. 2

> »Heißt das nun, daß wir sündigen dürfen, weil wir nicht unter dem Gesetz stehen, sondern unter der Gnade? Keineswegs!« (Röm 6,15).

Diese Frage mag rein äußerlich der ersten gleichen, doch sie zielt in eine andere Richtung: »Sollen wir jetzt absichtlich sündigen, weil wir nicht mehr unter dem Gesetz leben, sondern unter der Gnade?« Oder noch anders ausgedrückt: Was hält uns davon ab, so richtig auf die Pauke zu hauen? Fünfe gerade sein zu lassen? »Nicht unter dem Gesetz« bedeutet wohl soviel wie: »Ich lebe so, wie's mir paßt.

Ich tue und lasse, was ich will. Schließlich bin ich ja jetzt unter der Gnade!« Manche mißverstehen die Bibel tatsächlich dahingehend. Das Ergebnis ist, daß sie ihren Ungehorsam gegen Gott mit allerlei Argumenten verteidigen. Ich habe Menschen erlebt, die dies in einem extremen Maß getan haben; sie reden sich ein, es sei ihr gutes Recht, sich über explizite biblische Anweisungen und Grundsätze hinwegzusetzen, ihre Ehe aufzulösen, ihr Eheversprechen zu brechen und sich einen neuen Partner zu suchen. Auf die Frage, womit sie ein derartig verantwortungsloses Verhalten rechtfertigen können, berufen sie sich so gut wie ausnahmslos auf die Gnade, als sei diese die gottgegebene, allgemeingültige Lizenz für alles, was einem in der Nase kitzelt. Ein solches Verdrehen der Heiligen Schrift zugunsten der eigenen egoistischen Interessen hat nichts mit Gnade zu tun.

Ein solches falsches Argumentieren ist ins Kraut geschossene Freiheit, Zügellosigkeit, hinter der sich nichts anderes als Ungehorsam verbirgt. Manche mögen so etwas als Leben unter Gnade bezeichnen; ich nenne es Gnadenmißbrauch. Wer so etwas tut, der ist nicht nur selbst konfus und leidet Schaden, sondern er macht auch andere konfus und fügt ihnen Schaden zu. Und genau darum geht es auch in der zweiten Hälfte von Römer 6: In dem Eifer, die Freiheit bis an ihre Grenzen auszukosten, rutscht man unversehens in einen Mißbrauch der Freiheit ab. Wir tun gut daran, die Gnade als Vorrecht aufzufassen, das wir genießen und schützen sollten, nicht als Lizenz für ein Leben nach unserem eigenen Gutdünken.

Warnung an alle Freien

Selbst die Bürger eines freien Landes brauchen Einschränkungen. Es sollte uns daher nicht überraschen, daß Gott seinen Kindern einige Warnungen mit auf den Weg gibt, damit wir als unter seiner Gnade Lebende seine Freiheit nicht mißbrauchen. Diese Warnungen finden sich in den Versen 16 bis 23 von Römer 6. Keine davon ist kompliziert, doch um eine jede wirklich zu begreifen, müssen wir uns konzentrieren. Aus irgendwelchen Gründen hört man heutzutage wenig in den Kirchen über dieses Thema. Eine Lektion im richtigen Umgang mit Gnade ist daher angezeigt.

»Ihr wißt doch: Wenn ihr euch als Sklaven zum Gehorsam verpflichtet, dann seid ihr Sklaven dessen, dem ihr gehorchen müßt; ihr seid entweder Sklaven der Sünde, die zum Tod führt, oder des Gehorsams, der zur Gerechtigkeit führt.«

In diesem Vers 16 steckt ein allgemeines Prinzip. Wenn ich die Aussagen des zweiten Kapitelteils mit einem Satz zusammenfassen sollte, dann würde ich diesen Satz folgendermaßen formulieren: Wie wir leben, hängt von dem Herrn ab, den wir uns aussuchen. »Ihr wißt doch: wenn ihr euch als Sklaven zum Gehorsam verpflichtet, dann seid ihr Sklaven dessen, dem ihr gehorchen müßt«. Aber klar! Wer sich einem Herrn unterwirft, der wird sein Sklave. Und wie sehen die Alternativen aus?

Es gibt nur zwei Möglichkeiten: »... entweder Sklaven der Sünde, die zum Tod führt, oder des Gehorsams, der zur Gerechtigkeit führt.« Jeden Tag unseres Lebens sind wir mit der Wahl konfrontiert, Gutes oder Böses zu tun. Wenn wir unsere Abc-Schützen in die Schule schicken, sagen wir ihnen: »So, mein Schatz, du mußt wissen, daß Mama und Papa nicht bei dir sind, um dir zu sagen, was du zu tun hast. In der Schule wird es einige Kinder geben, die dir Mut machen, das Richtige zu tun; andere werden dir Ungehorsam und Böses schmackhaft machen wollen. Überlege dir, was du tust. Suche dir deine Freunde gut aus. Sei klug.«

Mit den Worten aus Römer 6 ausgedrückt, würde es etwa so klingen: »Dient dem richtigen Herrn. Entscheidet euch für den Gehorsam, der zur Gerechtigkeit führt.« Sehen Sie, bevor der Erlöser in unser Leben kam, hatten wir keine Wahl. Wir waren allesamt Gefangene des Packeises. Frei atmen konnten wir nicht. Der Weg in die Freiheit stand uns nicht offen; zu den Tiefen des Ozeans der Gerechtigkeit fehlte uns der Zugang. Wir waren die Sklaven des Bösen, der Gesetzlosigkeit, der Eigensucht, des sündigen Handelns und der unreinen Motive. Als Jesus kam, befreite er uns und ermöglichte uns damit die Entscheidung, entweder ihn zu unserem Herrn zu wählen oder uns wieder von der Sünde beherrschen zu lassen.

Die Gute Nachricht übersetzt hier ähnlich wie J. B. Phillips: »Wem ihr euch als Sklaven unterstellt, dem müßt ihr auch gehorchen.« So einfach liegt der Fall. Jeden Tag, jede Minute treffen wir eine Entscheidung, wem wir nachfolgen wollen. Wenn wir uns für den Erretter entscheiden, sind die positiven Konsequenzen zahlreich. Entscheiden wir uns aber für die Sünde, dann wird das destruktive, quälende Folgen haben. Wo paßt nun die Gnade in diese Gleichung hinein? Ganz einfach. Die Gnade ermöglicht uns die Wahl.

Vor unserer Hinkehr zu Jesus hatten wir keine Wahl. Wir kannten nur die Sünde. Das ganze Leben war von Unrecht gekennzeichnet. Als wir aber zum Kreuz kamen und Jesus das Recht gaben, über unser Leben zu herrschen, wurde uns eine Entscheidungsmöglichkeit gewährt, die etwas völlig Neues für uns war. Die Gnade befreite uns von dem Zwang, der Sünde zu dienen, und gab uns die Gelegenheit, der Führung Jesu freiwillig zu folgen. Solange wir dies tun, werden wir nicht sündigen! Doch sobald wir anfangen, Abstriche an seiner Herrschaft zu machen, taucht unser alter Sklavenbesitzer wieder auf, um uns zur Sünde zu verführen.

Ich wünschte, ich könnte jedem von uns 365 Tage im Jahr frei von jeder Schuld garantieren, doch das ist leider nicht möglich – jedenfalls nicht hier auf dieser Erde. Fortdauernde Sündenfreiheit (oder mit einem theologischen Fachausdruck »vollkommene Sündlosigkeit« genannt) werden wir erst dann praktizieren, wenn wir verherrlichte Körper haben und im Himmel wohnen. Das Schöne an der Sache ist aber, daß wir nicht ständig, Tag für Tag sündigen müssen. Die Gnade hat uns zum Gehorsam, zur Nachfolge Jesu befreit.

> »Gott aber sei Dank; denn ihr wart Sklaven der Sünde, seid jedoch von Herzen der Lehre gehorsam geworden, an die ihr übergeben wurdet. Ihr wurdet aus der Macht der Sünde befreit und seid zu Sklaven der Gerechtigkeit geworden« (Verse 17-18).

Welch eine wunderbare Tatsache! Wenn wir uns für die Gerechtigkeit entschließen, ist unser Leben von Gottes Segnungen, Stabilität und Kraft gekennzeichnet, alles Dinge, die sich mit der Zeit verbreitern und vervielfältigen. Aber ist Ihnen auch aufgefallen, daß man, wenn man sich für das Unrechte entscheidet, mit der Zeit in einen immer mieseren Lebensstil verfällt? Lassen Sie mich aus der Bibel Belege dafür liefern. Sprichwörter 5, Vers 21 besagt: »Denn der Weg eines jeden liegt offen vor den Augen des Herrn, / er achtet auf alle seine Pfade.«

Angenommen, Frank ist Christ. Obwohl er weiß, daß er damit einen gravierenden Fehler macht, entschließt er sich dazu, sich von seiner angeborenen Natur – Sündhaftigkeit – beherrschen zu lassen. Mit voller Absicht entschließt er sich zum Ungehorsam; die Wahl steht ihm ja offen. Obwohl Gott durchaus eingreifen könnte, gesteht er Frank in seiner Gnade die Freiheit zur Entscheidung zu. Sehen Sie mal, welche Konsequenzen dies hat:

> »Der Frevler verfängt sich in der eigenen Schuld,
> die Stricke seiner Sünde halten ihn fest.
> Er stirbt aus Mangel an Zucht, wegen seiner großen Torheit stürzt er ins Verderben« (Sprichwörter 5,22-23).

Welch ein lebhaftes Wortbild! Normalerweise würden wir diese Situation nur auf einen Ungläubigen beziehen, doch sie beschreibt ebenso einen Christen, der sich bewußt zum Ungehorsam gegen Gott entscheidet. Und anstatt seinen Fehler zu bereuen, verharrt er in seinem Zustand des Trotzes, was den Geist Gottes betrübt, der in ihm lebt. Ein solcher falscher Selbstbehauptungstrieb entsteht da, wo ein Gläubiger absichtlich aus seiner eigenen Kraft oder seinem eigenen Willen heraus handelt, sich über die Lehren der Bibel hinwegsetzt und sich starrsinnig weigert, seine Schuld einzugestehen. Die Weisungen des Heiligen Geistes werden ignoriert, und Ungehorsam wird zum Lebensstil. Wer sich für ein solches Verhalten entscheidet, gerät in einen Strudel. Das Böse wird mächtiger. Je tiefer Frank darin versinkt, desto gefährlicher wird die Sache, doch gleichzeitig wird er immer unempfindlicher dagegen, und es dauert nicht lange, bis er in der Dunkelheit seiner Abwege verschwindet. Wie der verlorene Sohn landet er in Dreck und Elend. Und genau da befinden sich heute viele Christen. Es gibt auf dieser Welt nicht viele Situationen, die beklagenswerter sind. So tragisch dies auch wäre, Frank könnte in diesem Zustand sterben. Dies war auch bei einigen in Korinth der Fall: »Deswegen sind unter euch viele schwach und krank, und nicht wenige sind schon entschlafen« (1 Kor 11,30). Ja, einige weigerten sich, durch Bekenntnis und Buße zurückzukehren, und die Folge davon war ihr körperlicher Tod.

Nun verteidigen viele verirrte Christen einen solchen Lebensstil, indem sie sagen: »Alles steht doch unter der Gnade. Es steht mir frei, meine Frau zu verlassen und meinen Kindern den Rücken zu kehren, um eine Frau zu heiraten, die ich attraktiver finde und die mich leidenschaftlicher lieben wird. Das werden zwar manche Leute in christlichen Kreisen nicht akzeptieren, aber weil Gott ja so großzügig ist, habe ich die Freiheit, dies zu tun. Schließlich ist die Frau, die ich heiraten will, auch Christ. Wir sind beide unter der Gnade!« Oder: »Ich ziehe es vor, mit meinem Partner zusammenzuleben, anstatt ihn zu heiraten. Es liegt mir nicht, mich langfristig auf jemanden festzulegen und ihm Versprechungen zu machen. Die Gnade verleiht mir die Freiheit, das zu tun, was mir zusagt.« Irrtum! So etwas ist niemals Zweck der Gnade. Es ist Mißbrauch der Gnade.

Gnade bedeutet nicht, daß wir so leben können, wie es uns paßt, egal, welche Konsequenzen dies hat. Gnade bedeutet nicht, daß Gott ungeachtet meines Handelns auf mich herablächeln wird. Gnade bedeutet vielmehr, daß ich die Freiheit habe, zwischen Gerechtigkeit und Ungehorsam zu wählen.

Wenn ich mich für letzteres entscheide, werde ich mit den Konsequenzen leben müssen: Seelische Qualen, ein schlechtes Gewissen, Kummer und Zerstörung, die ich anderen innerhalb der christlichen Gemeinde zufüge und die Schande, die ich über den Namen Jesu bringe.

Wenn die Gerechtigkeit im Sinne von Rechtschaffenheit verschmäht wird, kann die Sünde sich wie in der Zeit vor der Bekehrung mit der Zeit vervielfachen. Der Christ kann vorübergehend »sündenblind« werden. Ich möchte Ihnen vorschlagen, daß Sie sich einmal ernsthaft mit diesem Thema befassen, weil Sie in Ihrem Leben als Christ immer wieder damit konfrontiert werden können und weil Sie merken werden, wie leicht man in die Falle läuft. William Barclay schreibt:

»Sünde zieht weitere Sünde nach sich. Beim ersten Mal tun wir es vielleicht noch etwas zögernd, mit einem Zittern und Schaudern. Beim zweiten Mal fällt uns das Sündigen schon leichter; und wenn wir es weiterhin fleißig üben, wird es mit der Zeit mühelos; die Sünde verliert ihren Schrecken. Wer den Pfad der Sünde einschlägt, der läßt sich auf eine Eskalation der Sünde ein.«[1]

Ich betone dies alles nicht, weil ich ein Spaßverderber sein will, sondern weil ich eindringlich vor Gefahren warnen will. Diese Warnung müssen wir an alle weitergeben, denen wir in die Freiheit helfen wollen. Wenn wir unsere Flügel in der Gnade ausbreiten und unsere Freiheit kosten, wenn wir neue Tiefen und neue Höhen erforschen, dann tun wir gut daran, niemals unser Hauptziel im Leben aus dem Blick zu verlieren, nämlich Gott zu verherrlichen und ihm Freude zu machen. Im Kolosserbrief finden wir unseren Lebenszweck folgendermaßen beschrieben:

»Denn ihr sollt ein Leben führen, das des Herrn würdig ist und in allem sein Gefallen findet. Ihr sollt Frucht bringen in jeder Art von guten Werken und wachsen in der Erkenntnis Gottes. Er gebe euch in der Macht seiner Herrlichkeit viel Kraft, damit ihr in allem Geduld und Ausdauer habt. Dankt dem Vater mit Freude! Er hat euch fähig gemacht, Anteil zu haben am Los der Heiligen, die im Licht sind« (Kol 1,10-13).

Bevor wir nicht durch den Glauben angenommen haben, was uns Jesus am Kreuz erworben hat, können wir Gott nicht gefallen. Jetzt, wo das Kreuz über unserem Leben steht und das Blut Jesu uns von unserer Sünde gereinigt hat, sind wir frei – wunderbar frei dazu, ihm Freude zu machen. Aber von Zwang kann hier nicht die Rede sein. Tun wir es nicht, geraten wir in die Fallstricke unserer eigenen Angeschlagenheit.

Jay Adams hat den Weg der fortschreitenden Sünde mit lebhaften Worten geschildert:

»Eine Lüge verlangt nach einem Dutzend weiterer zur Deckung. ... Die Talwärtsspirale der Sünde führt von einem

Problem über eine fehlerhafte, sündige Reaktion zu dem nächsten Problem, das diese verursacht und das die nächste fehlerhafte, sündige Reaktion hervorruft ...
Sündige Angewohnheiten sind hartnäckig, aber wenn sie nicht durchbrochen werden, fesseln sie einen immer fester. Stramm von diesen Seilen umspannt, kreist man spiralenartig nach unten. ... Letztendlich ist man der Sklave der Sünde.«[2]

Wie wäre es mit einer nützlichen Warnung? Gönnen Sie sich niemals den Luxus, sich hinter Gnade als Ausrede für Ungehorsam zu verstecken. So etwas nennt die Bibel Vermessenheit. Mir ist aufgefallen, daß immer mehr Christen zu dieser Vermessenheit neigen. Innerhalb der letzten acht bis zehn Jahre habe ich mehr Fälle von Gnadenmißbrauch dieser Art erlebt als je zuvor in meinem Leben als Geistlicher. Zu diesem Thema soll noch eine weitere Stimme zu Wort kommen. Vor mehreren Jahren schrieb John Henry Jowett ein paar Zeilen, die auch jetzt noch nichts von ihrer aktuellen Bedeutung verloren haben:

»Die Flammen der Sünde lodern überall, und alle feinen Kräfte schrumpfen und verwelken in der zerstörerischen Hitze. Jede geistliche Zartheit erliegt ihrem bösartigen Zugriff. ... Sünde beeinträchtigt das Sehvermögen und führt zu Blindheit. Sünde betäubt das Gehör und führt letztendlich zur völligen Taubheit. Sünde verwirrt den Geschmackssinn; der Sünder verwechselt Süß mit Bitter und Bitter mit Süß. Sünde stumpft den Tastsinn ab und führt im Endeffekt zur Gefühllosigkeit. Diese Analogien sind alle biblischen Ursprungs, und der gemeinsame Nenner scheint folgender zu sein: Sünde blockiert und erstickt die feinen geistlichen Sinnesorgane; durch Sünde werden wir desensibilisiert, wahrnehmungsunfähig gemacht, und die Bandbreite unserer Beziehungen wird geschmälert. Sünde verursacht Unempfindlichkeit. Sie überzieht unser geistliches Innenleben mit Schwielen und reduziert dadurch die Fläche, die für Schmerz empfindlich ist.«[3]

Das Leben gleicht der Speisekarte im Restaurant »Zur Gnade«. In dieser neueröffneten Gaststätte können Sie sich bestellen, was Sie möchten. Die Speisen Ihrer Wahl werden Ihnen serviert, und Sie müssen sie essen. Wenn Sie sich das Falsche aussuchen und erst später merken, wie schlecht es Ihnen bekommt, denken Sie nur nicht, daß der Restaurantbesitzer Sie vor der Erkrankung schützen könnte. Sie selbst müssen wissen, was gut für Sie ist und was nicht. Es gibt jedoch auch in diesem Fall eine gute Nachricht für den, der sich »verwählt« hat: Gottes Gnade läßt Sie nie ohne Hoffnung, beim Vater wieder Aufnahme zu finden. Er wird Sie wieder bei sich willkommen heißen, wenn Sie Ihren Fehler als solchen einsehen, umkehren und wieder mit ihm zusammen durch Ihr Leben gehen wollen.

Als Ihr Bruder in der Familie Gottes darf ich Sie vor den Konsequenzen warnen, die Ihre schlechte Entscheidung nach sich ziehen wird, doch Gnade bedeutet, daß ich Sie zu nichts zwinge und Ihnen Ihre Entscheidungsfreiheit lasse. Gott ist durchaus in der Lage, Ihnen den Weg zu weisen. Er wird manchen diesen Lebensstil weisen, anderen jenen; manche wird er auf diesen Beruf zuführen, andere auf jenen; manchen wird er auf diese Karriere hinführen, anderen auf jene. Er wird manche dahingehend führen, daß sie ihre Kinder auf diese Weise erziehen, andere auf jene. Jeder hat die Freiheit dazu, seinen eigenen, von Gott gewiesenen Weg zu gehen. Vielleicht mögen Sie diese Art von Musik, aber ich eine andere. Vielleicht lege ich in meiner Gemeindearbeit die Betonung auf dieses, aber Sie suchen sich einen anderen Schwerpunkt aus. Der eine legt diesen Betrag in die Kollekte, der andere jenen. Diese Möglichkeiten stehen uns alle offen. Weil es Unterschiede im persönlichen Geschmack und in der persönlichen Anschauung gibt, schenkt uns die Gnade individuelle Entscheidungsfreiheit. Mein Rat ist dieser: Gestehen wir einander doch zu, eigene Entscheidungen zu treffen. Akzeptieren wir einander doch so, wie wir sind. Erkennen wir doch das Recht des anderen auf eine eigene Meinung, eine eigene Anschauung, einen eigenen Geschmack an. Dadurch schaufeln wir einander Atemlöcher im Packeis frei. Wir alle bekommen auf diese Weise besser Luft.

Vor einigen Jahren hörte ich eine hervorragende Sängergruppe, die in Südkalifornien auf Tournee war. Die jungen Leute nannten sich *Gospel State of Mind* (auf deutsch paraphrasiert: »Total auf das Evangelium eingestellt« – Anm. d. Übers.). Toller Sound, gute Stimmen und Stimmung, prima Musik – viel davon selbstgeschrieben. Einer der Songs handelte von Gnade. Beim Zuhören und Spüren der Freude, die sie ausstrahlten, dachte ich: Der Name der Gruppe gefällt mir. Er paßt zu diesen Leuten. Beim Schreiben dieser Seiten geht mir ihr Song wieder durch den Kopf, und mir wird bewußt, daß ich hier nicht nur darauf dränge, daß wir Gnade in unser aktives Vokabular aufnehmen, sondern daß wir sie auch in unseren Mitmenschen zum Aufblühen bringen, indem wir eine innere Geisteshaltung der Gnade in unseren Mitmenschen kultivieren. Ich möchte den Leib Christi dringend bitten, sich »total auf Gnade einzustellen.« Wenn dies geschieht, dann wird die Erwekkung für alle Welt offensichtlich sein, selbst für jene, die außerhalb der christlichen Kreise stehen.

Wichtige Faktoren zum Thema Gnade

Wenn wir Römerbrief, Kapitel 6, Verse 19 bis 23 lesen, stoßen wir auf mehrere Faktoren, die beim Kultivieren dieser »Gnadeneinstellung« wichtig sind.

Erstens entdecken wir die unbestreitbare Tatsache, daß wir einen Herrn brauchen. Einen besseren als Jesus gibt es nicht. Ohne eine Autorität kommen wir nicht aus. Auf uns selbst gestellt, sind wir weder den Krisen noch den Verlockungen des Lebens gewachsen. Oder sind uns selbst ausgeliefert, was oft das Schlimmste von allem ist. Gott hat uns nicht dazu erschaffen, ein isoliertes Dasein ohne eine Autorität über uns zu führen. Wir brauchen Gottes Führung. Lesen Sie das Kapitel sorgfältig zu Ende:

> »Wegen eurer Schwachheit rede ich nach Menschenweise: Wie ihr eure Glieder in den Dienst der Unreinheit und der Gesetzlosigkeit gestellt habt, so daß ihr gesetzlos wurdet, so stellt jetzt eure Glieder in den Dienst der Gerechtigkeit, so daß ihr heilig

> werdet. Denn als ihr Sklaven der Sünde wart, da wart ihr der Gerechtigkeit gegenüber frei. Welchen Gewinn hattet ihr damals? Es waren Dinge, deren ihr euch jetzt schämt; denn sie bringen den Tod. Jetzt, da ihr aus der Macht der Sünde befreit und zu Sklaven Gottes geworden seid, habt ihr einen Gewinn, der zu eurer Heiligung führt und das ewige Leben bringt. Denn der Lohn der Sünde ist der Tod, die Gabe Gottes aber ist das ewige Leben in Christus Jesus, unserem Herrn« (Röm 6,19-23).

Wenn ich diese Zeilen lese und das, was sie beinhalten, mit einfachen Worten ausdrücken will, dann kann ich zwei Aussagen formulieren. Erstens lehrt uns dieser Text, wie wichtig es ist, die richtige Entscheidung zu treffen. Sehen Sie sich die ersten drei Verse noch einmal an, diesmal in der Übersetzung der Guten Nachricht: »Ich gebrauche das Bild vom Sklavendienst, damit ihr besser versteht, worauf es ankommt. Früher hattet ihr euch der Unreinheit und dem Unrecht zur Verfügung gestellt. Das führte zu einem Leben, an dem Gott keine Freude haben konnte. Ebenso müßt ihr euch jetzt dem Guten zur Verfügung stellen; denn das führt zu einem Leben, das Gott gefällt. Solange ihr Sklaven der Sünde wart, wart ihr dem Guten gegenüber frei. Aber was kam dabei heraus? Ihr schämt euch jetzt, wenn ihr daran denkt; denn am Ende stand der Tod« (Verse 19-21).

Zweitens lehrt uns dieser Text, den Blick auf die Vorteile unserer gegenwärtigen Situation als Begnadigte zu richten. Lesen Sie die folgenden beiden Verse, die hier ebenfalls aus der Guten Nachricht zitiert werden: »Aber jetzt seid ihr von der Sünde frei geworden und gehört Gott. So kommt es, daß ihr tut, was Gott gefällt, und am Ende erwartet euch ewiges Leben. Die Sünde zahlt ihren Lohn: den Tod. Gott dagegen macht uns ein unverdientes Geschenk: Durch Jesus Christus, unseren Herrn, schenkt er uns ein Leben, das keinen Tod mehr kennt« (Verse 22-23).

- Durch Gottes Gnade wurden wir von der Knechtschaft der Sünde befreit.
- Durch Gottes Gnade wurden wir Mitarbeiter und Familienmitglieder Gottes.
- Durch Gottes Gnade werden wir mit reichen Segnungen beschenkt.

Welcher Art sind diese Segnungen? Auf Anhieb kann ich Ihnen mindestens drei nennen: ein begeisternder Reifeprozeß in unserem Christsein; ein schuldfreies Leben, das durch Kreativität und Freiheit gekennzeichnet ist; und schließlich das Resultat des Ganzen – ewiges Leben. Die Alternative? Eine sündige Lebensweise, deren Lohn der Tod ist. Wie sehen die Folgen im einzelnen aus? Ich kann Ihnen mehrere nennen:

- unmittelbarer Bruch mit Gott
- Verlust seiner segnenden Hand
- die Qual eines schuldigen Gewissens; das Wissen, wie sehr andere in Mitleidenschaft gezogen wurden
- Verlust der eigenen Lauterkeit
- sofortige Stagnation im geistlichen Wachstum
- belastete Beziehungen mit anderen Christen
- die Schande, die man über die eigene Familie und den Namen Jesu bringt
- der Schaden, den man dem Zeugnis der Ortsgemeinde zufügt.

Ja, aufgrund von Gottes Gnade steht es Ihnen frei, sich für einen der beiden Pfade zu entscheiden. Sie tun gut daran, sich für die Gerechtigkeit zu entscheiden. Wenn Ihre Wahl so ausfällt, dann kommen Sie in den Genuß eines wunderbaren Lebens, hier von Paulus das »ewige Leben« genannt. Die positiven Konsequenzen sind zahlreich und wunderbar. Sie können sich aber auch für den Pfad des Ungehorsams entscheiden und anfangen, sich Ihren »Todeslohn« auszahlen zu lassen; die Konsequenzen sind entsetzlich. Bevor Sie der Versuchung nachgeben, die Gnade, die Gott Ihnen gewährt, zu mißbrauchen, überlegen Sie sich gründlich, was dies für Folgen haben wird. Die Narben einer solchen Entscheidung müssen Sie möglicherweise ein Leben lang mit sich herumtragen. Sünden können zwar vergeben werden, doch manche Narben kann man nicht mehr wegoperieren.

Einer meiner ehemaligen Mitschüler lebt inzwischen nicht mehr; vor ein paar Jahren starb er an einem Herzinfarkt. Zu Schulzeiten war er der härteste, gemeinste, aufmüpfigste Kerl in der Klasse. Wenn er Football spielte, flogen die Fetzen. Er machte auch beim Ringkampf mit (er hat kein einziges Match verloren), und beim Baseball war er immer der Fänger. Eins seiner Sommerhobbys bestand darin, in der Galveston-Bucht Rennboot zu fahren. Er gehörte zu den wilden Typen, die am liebsten mit voll aufgedrehtem Motor über die Bucht jagten. Für geistliche Dinge interessierte er sich keine Spur. Was wir zu sagen hatten, war ihm schnuppe – bis Gott ihn eines Tages wachrüttelte.

Als er eines Abends unter einem hellen Sommermond mit sechzig Meilen die Stunde über die Bucht raste, kollidierte er mit einer hohen Welle in der Nähe der westlichen Landestege von Galveston. Das Boot machte einen Salto und sank. Obwohl er ziemlich ramponiert war, gelang es ihm, zu ein paar Felsbrocken zu schwimmen, wo er sich festhalten konnte. Die Wellen zerrten ihn auf und nieder, und die scharfen Kanten und Muschelscherben rissen ihm die Haut an Armen, Oberkörper und Beinen auf, so daß sein Blut ungehindert ins Wasser floß. Weil er wußte, daß es Haifische in der Bucht geben konnte, verspürte er zum ersten Mal im Leben echte Angst. Dies veranlaßte ihn, etwas zu tun, was er noch nie getan hatte: Er betete. Er gestand Gott, daß er es zwar nicht verdient hatte, doch er bat ihn darum, ihm das Leben zu retten. Ohne sich dessen bewußt zu sein, hatte er um Gnade gebetet, um Gottes unverdiente Gunst. Er versprach Gott nicht nur, Christ zu werden, sondern auch, eine Laufbahn als Pfarrer einzuschlagen (etwas, was für ihn das höchste aller Opfer darstellte; oh Horror!). In seiner Gnade griff Gott ein.

Keine fünf Minuten später wurde er von einem Boot der Küstenwache entdeckt und an Bord genommen. Er sah aus wie rohes Fleisch; die Muschelscherben und Felskanten hatten ihm die Arme, den Bauch und die Beine gründlich zerkratzt. Im Krankenhaus hatte er Zeit zum Nachdenken, und er nahm Jesus mit aufrichtigem Herzen in sein Leben auf. Für uns Schulkameraden, die wir ihn schon seit Jahren gekannt hatten, hätte es keine überraschendere Bekehrung geben können. Der Unfall hinterließ lange, streifenförmige Narben auf seinem Körper, die ihn zeit seines Lebens an die Nacht erinnerten, in der er mit knapper Not dem Tod entronnen war.

Nach und nach gerieten jedoch die Versprechungen, die er Gott gemacht hatte, in Vergessenheit, und er entschloß sich zur Rückkehr in seine frührere Lebensweise: Alkohol, Frauen, loses Mundwerk – einfach die ganze Bandbreite seines vorherigen Lebensstils. Glücklich war er nicht in seinem gottlosen Zustand, doch er vertraute niemandem an, wie elend er sich im Grunde seines Herzens fühlte. Eines späten Abends saß er betrunken am Steuer und raste frontal in die Betonstütze einer Unterführung. Durch den Aufprall wurde er durch die Windschutzscheibe geschleudert. Sein Gesicht war dauerhaft entstellt.

Dieses Erlebnis rüttelte ihn endgültig wach. Er schrieb sich bei einem College ein, besuchte dann später ein Predigerseminar und nutzte den Rest seines Lebens dazu, den Erlöser zu verkündigen, den er einmal ignoriert und dessen Gnade er mißbraucht hatte. Vor vielen Jahren erzählte er mir einmal, daß die Narben, die er nach jeder Dusche beim Abtrocknen im Spiegel sah, ihn lautlos anschrien; stumme Mahnmale seiner schlechten Entscheidungen, die er sowohl vor als auch nach seiner Bekehrung gemacht hatte. Er hatte zwar Vergebung gefunden, doch die Narben blieben.

Ja, die Gnade befreit uns dazu, uns zu entscheiden. Wir können uns für Gott entscheiden und uns von ihm die Kraft für alle Lebenssituationen schenken lassen. Wir können uns aber auch dazu entschließen, Gott den Rücken zu kehren, wie mein Freund es getan hatte, und müssen dann die unausweichlichen Konsequenzen in Kauf nehmen. Wenn Sie das nächste Mal die Verlockung verspüren, Ihrem alten Sklavenbesitzer wieder hörig zu werden, dann bedenken Sie: Die Gnade lädt Sie zwar zur Rückkehr ein und gewährt Ihnen Vergebung, aber sie löscht nicht automatisch auch die Narben aus, die die Sünde an Ihnen hinterlassen hat; manche werden Sie Ihr Leben lang mit sich herumtragen.

Trotz der furchtbaren Folgen, die die Sünde nach sich zieht, möchte ich betonen, daß wir anderen die volle Entscheidungsfreiheit zugestehen müssen. Tun wir dies nicht, so mißbrauchen wir die Gnade nicht minder als jene, die ihre Freiheit als *Lizenz zum Sündigen* ausnutzen. So überzeugt ich von dem Gedanken der Verantwortung füreinander bin, so sehr bedeutet Gnade für mich, daß ich den anderen nicht zwinge, manipuliere, richte oder bevormunde. Gnade bedeutet, daß ich dem anderen in die Freiheit helfe, indem ich für offene Atemstellen sorge. Gnade bedeutet, daß wir einander bewußt loslassen, damit jeder selbst innerlich reifen und wachsen kann; andernfalls werden wir die Freiheit des offenen Ozeans niemals erlangen. Weil uns so viel an dem anderen liegt, neigen wir dazu, ihn mit Hinweisen und Ratschlägen zu überschütten. Der Gedanke daran, daß er eine Bruchlandung erleiden könnte, tut uns weh, doch so behandelt Gott uns praktisch jeden Tag unseres Lebens. Wir neigen zum Festhalten, nicht zum Loslassen; wir neigen dazu, andere in unsere eigene Schablone zu pressen und ihnen keine Atemluft zuzugestehen, bis sie sich unserer Schablone angepaßt haben.

Wenn dies auf Sie zutrifft, dann ist der folgende Text (Verfasser unbekannt) für Sie. Er wird Ihnen dabei helfen, den Griff zu lockern. Wer Gnade praktizieren will, muß andere loslassen können.

»Loslassen

Loslassen bedeutet nicht, daß mir der andere egal wäre;
es bedeutet, daß ich ihm die Entscheidung nicht abnehmen kann.

Loslassen heißt nicht, daß ich nichts mit dem anderen zu tun haben will;
es ist die Einsicht, daß ich den anderen nicht gängeln kann.

Loslassen heißt: nicht belehren,
sondern die Einsicht, daß der andere mehr aus den Konsequenzen seines Handelns lernt.

Loslassen ist das Eingeständnis der eigenen Machtlosigkeit,
das Wissen, daß ich keinen Einfluß auf das Ergebnis habe.

Loslassen bedeutet, den anderen nicht ändern oder beschuldigen zu wollen;
der einzige, den ich ändern kann, bin ich selbst.

Loslassen heißt: nicht eingreifen,
sondern Mut machen.

Loslassen heißt: nicht verurteilen,
sondern den anderen Mensch sein lassen.

Loslassen bedeutet nicht das Dirigieren aller Umstände und Resultate,
sondern das Zugeständnis an den anderen, seine Umstände und Resultate selbst zu beeinflussen.

Loslassen heißt: nicht beschützen;
es erlaubt dem anderen, der Wirklichkeit ins Auge zu sehen.

Loslassen bedeutet nicht leugnen,
sondern akzeptieren.

Loslassen heißt: nicht nörgeln, schimpfen, anklagen,
sondern das Suchen und Bereinigen meiner eigenen Fehler.

Loslassen bedeutet nicht, alles nach meinen eigenen Wünschen zu gestalten,
sondern jeden Tag so zu nehmen, wie er kommt.

Loslassen bedeutet nicht, den anderen zu kritisieren und zu maßregeln,
sondern selbst zu dem zu werden, was ich mir erträume.

Loslassen heißt nicht, die Vergangenheit zu beklagen,
sondern für die Zukunft zu leben und zu wachsen.

Loslassen ist weniger Angst und mehr Liebe!«

Kapitel 8

Gnade üben – Freiheit gewähren

Gnade hat zwei Richtungsaspekte: vertikal und horizontal. Vertikale Gnade findet im Bereich unserer Beziehung zu Gott statt. Sie ist etwas wirklich Wunderbares. Sie befreit uns von den Zwängen und der Verurteilung durch das mosaische Gesetz. Sie bringt Hoffnung für den Sünder, nämlich das Geschenk des ewigen Lebens mit allen positiven Konsequenzen, die dies mit sich bringt. Horizontale Gnade findet im Bereich unserer mitmenschlichen Beziehungen statt. Auch hier begeistern mich ihre Folgen. Sie befreit uns von der Tyrannei, anderen alles recht machen zu müssen und dem Zwang, uns an die Forderungen, Erwartungen und Meinungen anderer anzupassen. Sie schenkt Erleichterung: das Auskosten von Freiheit mit allen positiven Ergebnissen, die dies mit sich bringt. Sie bringt unnötige Anklagen zum Verstummen und beseitigt selbstauferlegte Schuldgefühle.

Häufig nehmen Nichtchristen am deutlichsten die Schuldkomplexe vieler Christen wahr. Eine Frau aus unserer Gemeinde hat uns von einer Unterhaltung erzählt, die sie mit einem Kommilitonen an der *University of California* in Berkeley geführt hatte. Er wußte, daß sie Christ ist, und er ließ ihr gegenüber keinerlei Zweifel an der Tatsache, daß er kein Interesse am Christsein habe. Als sie ihn nach dem Grund fragte, gab er ihr eine Antwort, die einen schmerzhaft wahren Kern hat: »Weil die Leute mit dem größten Schuldkomplex meistens Christen sind. Nein danke!«

An dieser Stelle möchte ich Ihnen zwei persönliche Fragen stellen. Nur Sie allein können sie beantworten:

1. Machen Sie die Schuldgefühle Ihrer Mitmenschen schwerer oder leichter?

2. Neigen Sie eher dazu, die Freiheit Ihrer Mitmenschen zu fördern oder sie einzuschränken?

Beide Fragen zielen auf die innere Einstellung ab, nicht wahr? Wie wir mit anderen umgehen, hängt von unserer Einstellung ab. Unsere Einstellung ist daher von zentraler Bedeutung. Sie untersteht aber auch unserem Willen. Es liegt bei uns, welche Einstellung wir an den Tag legen: positiv und entgegenkommend oder einschränkend und starr. Das Resultat ist entweder eine Atmosphäre der Freiheit oder der Gesetzlichkeit. Je nach unserer inneren Einstellung sind wir entweder Gnadengeber oder Gnadenkiller.

Dr. Victor Frankl hat drei bittere Jahre in Auschwitz und anderen Konzentrationslagern überlebt. Über diese dunkle Zeit hat er ein Buch geschrieben, in dem er folgende aufschlußreiche Beobachtung macht:

> *»Wir, die wir in Konzentrationslagern gewesen sind, erinnern uns an Männer, die durch die Baracken gingen und andere Häftlinge trösteten, an Männer, die ihr letztes Stück Brot verschenkten. Es mögen zwar nicht sehr viele gewesen sein, doch sie beweisen ausreichend, daß man einem Menschen alles wegnehmen kann, nur das eine nicht: die letzte Menschenfreiheit, nämlich die Entscheidung, mit welcher Einstellung man an eine gegebene Situation herangeht.*
> *Und Entscheidungen gibt es fortwährend zu treffen; jeder Tag, jede Stunde stellte einen in irgendeiner Form vor Entscheidungen ... die bestimmten, ob man sich jenen Mächten unterwarf, die einen des eigenen Ichs, der inneren Freiheit zu berauben drohten; die bestimmten, ob man zum Spielball der Umstände wurde, ob man Freiheit und Würde aufgab, um sich in die Schablone des typischen Häftlings pressen zu lassen ...*

obwohl die äußeren Umstände wie Schlafmangel, Unterernährung und allerlei seelische Bedrängnisse auf den ersten Blick die Ursache dafür zu sein scheinen, daß die Häftlinge auf bestimmte Weise reagierten, zeigt die Endanalyse, daß der Mensch, zu dem der Häftling wurde, das Resultat einer inneren Entscheidung war, nicht das Resultat der Lagerbedingungen allein.«[1]

In diesen Worten steckt viel Wahrheit und Einsicht. Es sind innere Entschlüsse, nicht äußere Einflüsse, die uns zu dem machen, was wir sind. Mit diesem Buch hoffe ich, meinen Lesern die Bedeutung einer positiven Einstellung klarzumachen, die zur Weitergabe von Gnade führt – jener Gnade, die den anderen den Weg gehen läßt, den Gott ihm weist. Das Weitergeben von Gnade fängt mit einem inneren Entschluß an, dem Entschluß zum bewußten Loslassen.

Zwei Verhaltensweisen, die Gnade wertlos machen

Der große Theologiekurs der Bibel, nämlich der Römerbrief, enthält einen Abschnitt von großem praktischen Nutzwert. Er besteht aus einer Folge von Anweisungen, die uns, wenn wir sie befolgen, zu bejahenden, von Gnade geprägten Menschen machen werden.

> »Eure Liebe sei ohne Heuchelei. Verabscheut das Böse, haltet fest am Guten! Seid einander in brüderlicher Liebe zugetan, übertrefft euch in gegenseitiger Achtung! Laßt nicht nach in eurem Eifer, laßt euch vom Geist entflammen und dient dem Herrn! Seid fröhlich in der Hoffnung, geduldig in der Bedrängnis, beharrlich im Gebet! Helft den Heiligen, wenn sie in Not sind; gewährt jederzeit Gastfreundschaft! Segnet eure Verfolger; segnet sie, verflucht sie nicht! Freut euch mit den Fröhlichen und weint mit den Weinenden! Seid untereinander eines Sinnes, strebt nicht hoch hinaus, sondern bleibt demütig! Haltet euch nicht selbst für weise! Vergeltet niemand Böses mit Bösem! Seid allen Menschen gegenüber auf Gutes bedacht!« (Röm 12,9-17).

In diesen wenigen Zeilen ist der Kern des echten Christseins enthalten. Ich müßte mich schon sehr irren, wenn nicht jeder, der Jesus Christus kennt und liebt, etwa folgendermaßen darauf reagiert: »So möchte ich liebend gern sein. Was ich hier lese, sollte ich mir jeden Neujahrstag auf die Liste der guten Vorsätze schreiben! Meine Beziehungen zu anderen würden sich schlagartig verbessern. Ich wünschte, all diese Eigenschaften träfen auf mich zu!«

Warum behandeln wir einander nicht so, wie Gott uns anweist? Warum lieben wir einander mit soviel Heuchelei? Was hält uns davon ab, einander in brüderlicher Liebe zugetan zu sein? ... einander zu achten? ... einander zu helfen? ... Gastfreundschaft zu üben? Wenn andere befördert werden oder für eine besondere Leistung Anerkennung ernten, oder wenn sie über ein paar Annehmlichkeiten mehr als wir selbst verfügen, warum klatschen wir nicht Beifall und freuen uns mit ihnen? Warum vergelten wir Böses mit Bösem, obwohl wir doch genau wissen, daß Vergeltung die Trennmauer nur noch höher werden läßt? Ich könnte eine ganze Seite mit weiteren Warum-Fragen füllen. Es ist nun mal leider so: Wir neigen eher dazu, der Gnade Steine in den Weg zu legen, als ihr freie Bahn zu verschaffen. Wir halten sie häufiger auf, als wir sie frei fließen lassen. Woran hapert es nur bei uns? Warum sind wir so wenig bereit, horizontale Gnade in überströmendem Maße weiterzugeben?

Ich habe viele Monate lang darüber nachgedacht. Dabei habe ich nicht nur mein eigenes Verhalten in Augenschein genommen, sondern auch das von anderen Menschen, zumeist Christen. Meine Ergebnisse sind nicht gerade erfreulich zu nennen, aber ich denke, sie sind recht aufschlußreich und zutreffend. Die meisten von uns bringen es nicht fertig, dem Mitmenschen gegenüber großzügig zu sein, weil wir zwei sehr starke und sehr menschliche Angewohnheiten haben: Wir *vergleichen* uns mit anderen (was zu Kritik und einem Streben führt, besser als andere dazustehen), und wir versuchen, andere zu *bevormunden* (was zu Manipulation und Einschüchterung führt). Nehmen wir doch diese beiden Verhaltensweisen, die die Gnade an ihrer Entfaltung hindern, einmal genauer unter die Lupe.

Vergleichen

Christen scheinen eine echte Schwäche für das Vergleichen mit anderen zu haben. Aus irgendwelchen unerfindlichen Gründen haben wir etwas gegen Unterschiede. Gleichheit, Überschaubarkeit, gleiche Interessen sind uns lieber. Wenn einer anders als man selbst denkt oder handelt, wenn einer andere Kleidung bevorzugt, einen anderen Geschmack oder eine andere Meinung hat als man selbst oder einen anderen Lebensstil führt, werden die meisten Christen nervös. Wir legen viel zuviel Gewicht auf Nebensächlichkeiten und Aussehen und längst nicht genug auf Individualität und Vielfalt. Wir haben eine »Norm des Vertretbaren« festgesetzt, in deren Grenzen wir uns frei bewegen können und anderen dieselbe Freiheit zugestehen, aber wehe dem, der den Fuß über diese starre Grenze setzt!

Wir vergleichen unseren Musikgeschmack. Wir vergleichen unsere Jahreseinkommen. Wir vergleichen unseren Familienstand. Wenn jemand gern Choräle und stilvolle, geistliche Lieder hört, haben wir nichts dagegen. Hat jemand aber eine Vorliebe für Jazz und Rock, ist höchste Vorsicht geboten. Wenn jemand ungefähr soviel wie wir (oder auch weniger) verdient, fühlen wir uns in seiner Gegenwart wohl und entspannt; wir sind bereit, ihn zu akzeptieren. Verdient er aber ungeheure Summen, hat einen Luxuswagen in der Garage (oder sogar zwei!), besitzt ein Privatflugzeug oder eine Sommerwohnung, oder er gönnt sich öfters einen ausgedehnten Urlaub, dann finden wir ihn extravagant ... obwohl wir so gut wie nichts über seine Spendengewohnheiten wissen. Wenn jemand verheiratet ist und mehrere guterzogene und intelligente Kinder hat (so wie wir ...! Räusper), dann sind wir gern mit ihm zusammen. Er ist »in«. Lebt der Betreffende aber allein, ist geschieden oder alleinerziehend oder war noch nie verheiratet, dann ... also, »irgendwas stimmt nicht mit ihm/ihr.« Dabei ist das einzige, was daran nicht stimmt, der Vergleich!

Wer hat die Regeln zu diesem »Mensch-vergleich-dich«-Spiel verfaßt? Wo steht in der Bibel, daß Gott sich über solche negativen Einstellungen freut? Warum kann ein gläubiger Christ nicht eine Musik- oder Kunstrichtung mögen, die total anders als unser

Lieblingsstil ist? Wer behauptet eigentlich, es sei unchristlich, gut zu leben oder ein paar extravagante Dinge zu besitzen – besonders, wenn die Freigebigkeit ebenfalls extravagant ist? Warum sollten andere nicht das Auto fahren, das sie sich leisten können, oder Urlaub machen, wo sie möchten, oder in dem Haus ihrer Träume wohnen oder Kleidung tragen, die ihnen gefällt? Daß Sie oder ich dies nicht können oder möchten, bedeutet noch längst nicht, daß andere es nicht können oder dürfen. Vergleiche lassen Neidgefühle aufkommen. Sie lösen in uns den Hang zum Richten über andere aus; aus dem Vorurteil wird das Urteil. Das Schlimmste daran ist, daß bei all dem kein Platz mehr für Gnade ist. Es war nie Gottes Absicht, alle seine Kinder über einen Kamm zu scheren und sie auf die gleiche Lebensweise zu verpflichten. Sehen Sie sich einmal in der Natur um, die er erschaffen hat. Welch eine Vielfalt! Der Bussard und die Biene. Das Rebhuhn und das Reh. Der Obstbaum und die Orchidee. Der Hecht und der Hai.

Die Kirche ist keine fromme Fabrik zur Fließbandproduktion von Normtypen. Die Bibel wurde nicht geschrieben, um uns in eine Einheitsschablone zu pressen oder Papierheilige aus uns zu machen. Ganz im Gegenteil. Die Leute, von denen die Bibel erzählt, sind so verschieden voneinander wie Rahab und Ester, eine ehemalige Prostituierte und eine Königin; so ungewöhnlich wie Amos und Stephanus, der eine Feigenpflücker, der zum Prophet, der andere ein Diakon, der zum Märtyrer wurde. Vielfalt ehrt Gott. Kalkulierbarkeit und Mittelmäßigkeit langweilen ihn. Und wer einen Beweis dafür verlangt, daß Gott Vielfalt liebt, braucht sich nur in der Ahnengallerie der Kirchengeschichte umzusehen. Manche dieser Leute hätten es in den meisten evangelikalen Gemeinden von heute schwer: »Zu extrem. Zu exzentrisch. Zu liberal!« Können Sie sich den feurigen John Knox auf der verwissenschaftlichten Kanzel von heute vorstellen? Oder Martin Luther am Fernsehen? Sie schmunzeln bei dem Gedanken, denn Sie wissen, daß letzterer kein Blatt vor den Mund zu nehmen pflegte. Von ihm stammt auch das Eingeständnis, daß er am besten predige, wenn er ordentlich erzürnt sei.

Erst wenn wir diese enggeistige Angewohnheit des Vergleichens ablegen (jawohl, dies ist eine Form von Legalismus), kann durch uns genügend Gnade hindurch, um andere in Ruhe Mensch sein zu lassen. Gott hat jeden von uns so erschaffen, wie er oder sie ist. Er arbeitet an uns, um uns zu dem Menschen zu machen, den er sich in seiner Liebe gedacht hat. Seine einzige Vorlage dabei ist der Charakter seines Sohnes. Er möchte die Einzigartigkeit eines jeden wahren; er möchte, daß jeder von uns seine eigene Persönlichkeit entfaltet. Sein Schöpfungsplan sieht Individualität vor. Es gibt Sie nur ein einziges Mal auf der Welt. Es gibt mich nur ein einziges Mal auf der Welt. Kein Gotteskind gibt es in zwei- oder mehrfacher Ausführung.

Gesetzlichkeit verlangt von uns, daß wir uns an den Einheits-Look anpassen, daß wir dasselbe denken und dasselbe Aussehen haben. Dazu sage ich nur: »Laßt mich raus!« Gnade freut sich über Unterschiede, fördert Individualität, sonnt sich an Vielfalt und läßt jede Menge Raum für unterschiedliche Auffassungen. Sie löst den würgenden Griff und läßt dem anderen seine Freiheit. Hier sage ich: »Laßt mich rein!« Vergleichen ist destruktiv. Erst wenn wir aufhören, Vergleiche anzustellen, wird die horizontale Gnade ungehindert durch den Leib Christi fließen können.

Bevormunden

Eine andere Einstellung, die in uns geändert werden muß, wenn uns an der Freisetzung der Gnade noch zu unseren Lebzeiten liegt, ist der Hang zum Bevormunden anderer. Diese Methode ist besonders unter jenen verbreitet, die ihre innere Sicherheit aus religiöser Starrheit beziehen. Sie setzen ihren Willen durch Manipulation und Einschüchterung durch. Sie benutzen Panikmacherei, verschleierte Drohungen und indirekte Andeutungen, um andere zu gängeln. Wenn Sie je mit einem klassischen Bevormunder zu tun hatten, wissen Sie genau, was ich hier beschreiben will. Die meisten Bevormunder sind innerlich unsicher und haben keine Ahnung, was persönliche Freiheit überhaupt ist, weshalb ihnen auch bei der Freiheit anderer höchst unbehaglich zumute ist. Daher stellen sie Forderungen und zwingen anderen ihren Willen mit fester Entschlossenheit auf. Daß man es mit einem Bevormunder zu tun hat, merkt man ziemlich schnell. Feinfühligkeit ist nicht seine Stärke; er kann ziemlich bedrohlich und einschüchternd wirken.

Hierzu fällt mir eine Szene aus einem Cartoon ein. Er und sie zu Hause. Er sitzt auf dem Sofa und sieht fern. Da kommt sie hereingestürmt und verlangt, daß er auf das Programm umschaltet, das *sie* sehen will. Dabei droht sie ihm mit ihrer pummeligen Faust. Etwas verschüchtert fragt er sie, wer denn gesagt habe, sie könne ihn mir nichts, dir nichts einfach so herumkommandieren. »Diese fünf Finger hier!« knurrt sie und ballt dabei erneut ihre Faust.Und der Erfolg? Ganz zahm erkundigt er sich, welches Programm sie denn sehen möchte.

So bekommt sie also, was sie wollte. Er dagegen kommt sich wie ein Schwächling vor und verkrümelt sich aus dem Zimmer. Geknickt betrachtet er seine eigenen fünf Finger und fragt: »Wieso könnt ihr Jungs euch nicht auch mal so durchsetzen?«

Bevormunder gewinnen durch Einschüchterung. Ob nun durch ihr Tun oder ihre Worte, jedenfalls setzen sie uns unter Druck, um uns für ihre Zwecke einzuspannen. Die Bevormunder in christlichen Kreisen gehen dabei nicht ganz so dreist und unverfroren vor wie die eigenwillige, kräftige Dame mit ihrem nachgiebigen Partner. Doch sie sind nicht minder eisern entschlossen. Wie die Taktik auch sein mag, jedenfalls entwertet Bevormundung die Gnade, genau wie es das Vergleichen mit anderen tut. Wer dazu neigt, andere zu bevormunden, für den ist Gnade ein Fremdwort.

Vier biblische Grundsätze, die der Gnade Wert geben

Genug von Dingen, die die Gnade entwerten. Unser Ziel ist es doch, sie aufzuwerten, sie zu fördern, sie ungehindert strömen zu lassen, nicht wahr?

In seinem Brief an die Römer behandelt Paulus das Thema »Persönliche Freiheit« ausgiebiger als in seinen anderen Schriften. Im vierzehnten Kapitel gibt er beispielsweise vier äußerst praktische Richtlinien, die von allen befolgt werden können, denen es ernst mit der horizontalen Gnade ist. Ich hoffe nun, daß wir sie nicht nur zur Kenntnis nehmen, sondern daß wir sie auch konsequent befolgen werden. Der erste Grundsatz beruht auf folgender Stelle:

> »Nehmt den an, der im Glauben schwach ist, ohne mit ihm über verschiedene Auffassungen zu streiten. Der eine glaubt, alles essen zu dürfen, der Schwache aber ißt kein Fleisch. Wer Fleisch ißt, verachte den nicht, der es nicht ißt; wer kein Fleisch ißt, richte den nicht, der es ißt. Denn Gott hat ihn angenommen. Wie kannst du den Diener eines anderen richten? Sein Herr entscheidet, ob er steht oder fällt. Er wird aber stehen; denn der Herr bewirkt, daß er steht« (Röm 14,1-4).

Von dem Verzehr der Fleischteile, die von einem Opfertier im Götzentempel übriggeblieben sind, war schon die Rede; Hintergrundinformationen dazu erübrigen sich daher also. Doch vielleicht sollte ich die Frage wiederholen, die sich aus der Kontroverse ergab: Soll ein Christ solches Fleisch essen oder nicht? Manche fanden absolut nichts dabei, während andere es für verboten hielten, da sie meinten, man beschmutze sich auf geistlicher Ebene durch diese Verbindung zum Götzendienst. Überlegen wir uns doch einmal, wie diese Situation in das Thema Gnadenaufwertung hineinpaßt.

Grundsatz Nr. 1: *Wer dem anderen Gnade gewähren will, muß ihn zuerst einmal akzeptieren.* Der Kern des Problems hatte nichts mit Fleisch zu tun, sondern mit Nächstenliebe, mit *Akzeptieren.* So ist es auch heute noch. Oft schränken wir unsere Bereitschaft zur Nächstenliebe ein, indem wir Bedingungen daran knüpfen: »Wenn du dies tust (oder läßt), dann akzeptiere ich dich.« Paulus fängt bei der gegenseitigen Annahme an. Anders gesagt: »Wir wollen uns gegenseitig die Freiheit zugestehen, anderer Meinung zu sein – und einander trotz der unterschiedlichen Meinung akzeptieren.« Jene, die kein Fleisch aßen (hier als »im Glauben schwach« bezeichnet) wurden ermahnt, die Fleischesser zu akzeptieren und nicht zu richten. Die Fleischesser wurden ermahnt, jene, die kein Fleisch aßen, zu akzeptieren und sie nicht geringzuschätzen. Das Geheimnis liegt in der gegenseitigen Annahme. Dies klingt alles recht einleuchtend, solange ich von Fleisch rede. Fleisch ist zur Zeit kein heißes Thema. Es ist kein Kunststück für uns, diese Leute zu akzeptieren, weil es sie heute nicht mehr gibt!

Was passiert aber, wenn wir innerhalb unserer evangelikalen Kreise auf Meinungsverschiedenheiten stoßen, was die heißen Themen von heute betrifft? Hier sind ein paar Beispiele:

- Kino- oder Theaterbesuche
- Make-up
- Kartenspielen
- Fernsehen
- am Strand faulenzen
- nicht jeden Morgen bzw. jeden Tag Stille Zeit machen
- in Restaurants essen, wo Alkohol ausgeschenkt wird[2]
- bestimmte Kleidung
- bestimmte Autos
- bestimmter Schmuck
- bestimmte Musik
- Tanzen – Square Dance, klassischer Tanz, Disko oder welche Art auch immer
- bestimmte Berufe
- bestimmte Frisuren (falls man über die nötigen Haare dazu verfügt)
- der Besitz von gediegenen, kostbaren Gegenständen
- sich das Gesicht liften lassen
- Kaffee trinken
- bestimmte Speisen essen
- im Fitneßtrikot Sport treiben, u.v.m.

Es gibt Dutzende von weiteren Streitpunkten, die ich hier anführen könnte, von denen einige Sie sicher zum Lachen reizen würden. Aber in bestimmten Gegenden der Welt sind einige oder alle dieser Themen allen Ernstes tabu, und wenn Sie sich darüber hinwegsetzen, dann helfe Ihnen Gott, auch weiterhin in der betreffenden Gemeinde bleiben zu können. Wahrscheinlich wird über kurz oder lang jemand etwas sagen. Oder man wird Sie mit mißbilligenden Blicken zurechtweisen oder Sie bei gemeinsamen Unternehmungen ausschließen, alles Dinge, die auf einen Mangel an Gnade schließen lassen. Diese Kunst beherrschen wir meisterhaft. Wenn Sie sich Hoffnungen auf eine Überlebenschance machen, dann lernen Sie am besten die Verhaltensregeln auswendig, und zwar schleunigst. Aber gehen Sie nicht davon aus, daß überall die gleichen Tabus herrschen. Die Liste sieht auch heutzutage noch in jedem Kulturkreis anders aus.

Diese Woche las ich einen Artikel über eine Pfarrerkonferenz, zu der sich deutsche lutherische Geistliche einfanden. Unter anderem wurde auch Bier ausgeschenkt. Niemand dachte sich etwas dabei, weil ein Glas Bier in Deutschland gang und gäbe ist. Hätte sich aber einer der Männer eine Zigarre angesteckt, dann hätte es Krach gegeben. Sonderbar, nicht? Rauchen ist nicht erlaubt, aber bei Bier denkt sich keiner etwas.[3]

Ich kenne Gemeinden, wo man sich Mißbilligung einhandelt, wenn man ins Theater oder ins Kino geht, egal, welcher Art die Darbietung ist. Mitglieder solcher Gemeinden spionieren solche Einrichtungen regelrecht aus. Einige dieser selben Leute sitzen dann aber bis spätabends zu Hause vor dem Fernseher. Manche haben sogar Kabelfernsehen und sehen sich unter Umständen Filme an, die weitaus schlechter sind als viele Kinofilme. Komisch. Bei mir ist ein Film ein Film, egal, wo er gezeigt wird. Aber nicht bei solchen Leuten!

Eine meiner Lieblingsgeschichten stammt von einem Mann, der früher zu unserer Gemeinde gehörte. Er und seine Frau waren gut mit uns befreundet; inzwischen wohnen sie in einem anderen Landesteil. Die beiden mitsamt ihrem umwerfenden Sinn für Humor fehlen uns sehr. Vor vielen Jahren wohnte er in einer Kleinstadt, wo er die Jugendgruppe einer stark skandinavisch geprägten Gemeinde leitete. Fortschrittlich und einfallsreich wie er war, beschloß er, der Jugendgruppe einen Film über Mission zu zeigen. Der fragliche Film war ein völlig einwandfreier, anständiger Schwarzweißfilm über das Thema »Christliche Mission«. Der Projektor war noch nicht richtig abgekühlt, als der junge Mann von einigen Gemeindeältesten herbeizitiert wurde, die ihn zur Rede stellten: »Haben Sie der Jugendgruppe etwa einen Film gezeigt?« In aller Aufrichtigkeit antwortete er: »Ja, das stimmt.« – »Das gefällt uns aber gar nicht«, antworteten sie. Ohne aufmüpfig sein zu wollen, gab der Jugendleiter zu bedenken: »Aber bei unserer letzten Missionskonferenz wurden doch auch Dias gezeigt …«. Doch einer der Gemeindeältesten schnitt ihm das Wort ab, um ihm mit Nachdruck sein falsches Verhalten begreiflich zu machen: »Wenn es stillsteht, *in Ordnung*. Wenn es sich bewegt: *Sünde!*« Dias kann man also zeigen, doch sobald sich etwas auf der Leinwand bewegt, begibt man sich auf das Glatteis der Sünde. Mein Freund hatte dieses ungeschriebene Gesetz übertreten und bekam eins auf die Finger. Er und ich lachen heute noch über die Hirnrissigkeit dieser Logik, doch er betrachtet diese Gemeindeältesten keineswegs mit Geringschätzung. (Unser Ziel ist ja gegenseitige Annahme, die Grundlage einer Einstellung, in der die Gnade das Sagen hat.)

Paulus erwähnt im Römerbrief, Kapitel 14 die beiden häufigsten Reaktionen in einer solchen Konfliktsituation. Zuerst schreibt er: »Wer Fleisch ißt, verachte den nicht, der es nicht ißt ...« (Vers 3). Verachtung bedeutet, abschätzig von dem anderen zu denken, ihn für wertlos zu halten. Mit einer solchen Einstellung begegnen oft jene, die eine große Handlungsfreiheit für sich beanspruchen, ihren eher unbeweglichen und unfreien Zeitgenossen. Man verfällt so leicht in den Fehler, sie mit Geringschätzung und Verachtung zu behandeln.

Die zweite Reaktion, die Paulus erwähnt, ist die Umkehrung der ersten: »... wer kein Fleisch ißt, richte den nicht, der es ißt« (ebenfalls Vers 3). Richten bedeutet kritisieren, ein negatives Bild von dem anderen haben, Vermutungen über den anderen anstellen, die übertrieben und falsch sind und seinem Ruf schaden. Ganz gleich, wie überzeugt Sie Ihre Meinung zu einem bestimmten umstrittenen Thema vertreten: Wenn Sie jemanden richten, der in dieser Sache anders denkt als Sie, gehen Sie zu weit. So etwas geschieht schon seit langer Zeit, sogar schon seit dem 1. Jahrhundert. William Barclay schreibt:

> *»Die Juden hatten den Sabbat zur Schikane gemacht, indem sie einen wahren Dschungel von Vorschrifen, Verhaltensregeln und Verboten um ihn errichteten.«*[4]

Der Sabbat war zur Schikane geworden! Können Sie sich so etwas bei Ihnen vorstellen? Aber klar! Alles, was wir übertreiben, kann zur Schikane werden, was eben sehr tragisch ist.

Erinnern Sie sich an die Frage, die Paulus stellt? »Wie kannst du den Diener eines anderen richten? Sein Herr entscheidet, ob er steht oder fällt ...« Wenn wir jemanden von ganzem Herzen akzeptieren, dann tun wir das aus dem Wissen heraus, daß Gott durchaus in der Lage ist, den Betreffenden in allen Entscheidungen zu führen. Das nimmt uns die Verantwortung ab, als das Gewissen des anderen fungieren zu müssen. Es ist unsere Aufgabe, andere zu akzeptieren; es ist Gottes Aufgabe, sie zu führen.

Was bedeutet Annahme? Was gehört dazu, jemanden zu akzeptieren? Weil ich es nicht besser ausdrücken könnte als der Artikel, den ich vor Jahren gelesen habe, greife ich auf diese Quelle zurück, um die beiden genannten Fragen zu beantworten:

»Akzeptiertsein heißt, daß man etwas wert ist, so, wie man ist. Akzeptiertsein erlaubt einem, das wahre Ich zu zeigen. Man steht nicht unter dem Zwang, sich dem Bild anzupassen, daß jemand anderes sich von einem macht. Es bedeutet, daß man Gehör für das findet, was man zu sagen hat, weil das Gesagte ein Stück der eigenen Persönlichkeit ist. Man kann darüber reden, wie einem im tiefsten Grunde seines Herzens zumute ist und warum das so ist – und der andere hat ein echtes Interesse daran.

Akzeptiertsein heißt, daß man Ideen äußern kann, ohne unter Beschuß genommen zu werden. Man kann sogar abwegige Gedanken zum Ausdruck bringen und sie mit intelligenten Fragen durchdiskutieren. Man weiß sich geborgen. Der Gesprächspartner verurteilt einen nicht, auch wenn er anderer Meinung ist. Das bedeutet nicht etwa, daß man nie auf den eigenen Fehler hingewiesen oder berichtigt würde; es bedeutet schlicht und einfach, daß man ruhig man selbst sein kann, ohne von anderen durch Vorurteile zerstört zu werden.«[5]

Wer anderen ihre persönliche Freiheit zugestehen will, muß sie zunächst einmal akzeptieren. Lesen Sie die nächsten vier Verse aus Römerbrief, Kapitel 14, aus denen wir den zweiten Grundsatz formulieren werden:

»Der eine bevorzugt bestimmte Tage, der andere macht keinen Unterschied zwischen den Tagen. Jeder soll aber von seiner Auffassung überzeugt sein. Wer einen bestimmten Tag bevorzugt, tut es zur Ehre des Herrn. Wer Fleisch ißt, tut es zur Ehre des Herrn; denn er dankt Gott dabei. Wer kein Fleisch ißt, unterläßt es zur Ehre des Herrn, und auch er dankt Gott. Keiner von uns lebt sich selber, und keiner stirbt sich selber: Leben wir, so leben wir dem Herrn, sterben wir, so sterben wir dem Herrn. Ob wir leben oder ob wir sterben, wir gehören dem Herrn« (Verse 5-8).

Grundsatz Nr. 2: *Wo ich dem anderen keine Vorschriften mache, da lasse ich Gott die Freiheit, ihn selbst zu führen.* Ich schätze besonders die Aussage am Ende von Vers 5: »Jeder soll aber von seiner Auffassung überzeugt sein.« Geben Sie anderen doch Raum zum Formen ihrer eigenen Auffassungen. Haben Sie Neubekehrte in Ihrem Bekanntenkreis oder in Ihrer Gemeinde? Wollen Sie ihnen in ihrem Reifeprozeß eine Hilfe sein? Ein Tip: Lassen Sie jeden nach seiner Fasson Fortschritte machen. Lassen Sie sie in Ruhe das lernen, was sie lernen müssen, genau wie es bei Ihnen selbst der Fall war; gestehen Sie ihnen zu, auch einmal Schnitzer zu machen. Wenn Sie wirklich wollen, daß die Gnade in ihnen erwacht, dann behandeln Sie sie mit größerer Rücksicht, als Sie von anderen entgegengebracht bekamen. Zwingen Sie ihnen nicht Ihre Meinung auf, sondern lassen Sie sie zu ihrer eigenen Meinung finden. Nutzen Sie Ihren Erfahrungsvorsprung nicht zu einer Art Machtposition aus, sondern lassen Sie andere ihre eigenen Erfahrungen sammeln. Auf keinen Fall dürfen Sie sie bevormunden und manipulieren, um Ihre eigenen – wahrscheinlich höchst edlen – Zwecke zu erreichen.

Seien Sie ein Vorbild an akzeptierender Gnade. Lassen Sie sich nicht auf die Versuchung ein, zum Besserwisser für den Bruder oder zum Heruntermacher für die Schwester zu werden. Von der Sorte laufen schon viel zu viele in der religiösen Landschaft herum. Und nichts fällt unseren nichtchristlichen Mitmenschen schneller auf als angeblich fromme Christen, die sich gegenseitig in aller Öffentlichkeit »schlachten«. Denken Sie nur nicht, daß die Nichtchristen unseren Kannibalismus nicht bemerken würden!

Leslie Flynn erzählt von der Evangelisation, die der Prediger Jack Van Impe in *Green Bay* (Wisconsin) hielt. Die Evangelisation sollte an einem Sonntag nachmittag zu Ende gehen. Am Sonntag abend sollten in demselben Stadium öffentliche Ringkämpfe (Wrestling) stattfinden. Interessanterweise war für den darauffolgenden Tag, einen Montag, der Beginn einer weiteren evangelistischen Veranstaltungsreihe mit dem Prediger Rex Humbard gebucht. Man kann sich nun fragen, ob der Mann, der die Ankündigungen auf die Anschlagtafel setzte, nur einen witzigen Einfall hatte oder ob er den lieben Christen damit etwas sagen wollte …

> JACK VAN IMPE
> WRESTLING
> REX HUMBARD[6]

Die meisten Christen sind noch längst keine Meister in der Kunst, andere der Führung Gottes zu übergeben. Paulus rückt die Dinge in die richtige Perspektive, wenn er schreibt: »… wir gehören dem Herrn.« Es gibt nur wenige Dinge, die uns so wirksam vom Bevormunden anderer abhalten wie diese Worte. Wenn wir aufhören, anderen unsere Meinung aufzuzwingen, erleichtern wir ihnen damit den Reifeprozeß, denn nun können sie der Führung Gottes ungehindert folgen.

Weiter zu den nächsten vier Versen aus Römer Kapitel 14:

> »Denn Christus ist gestorben und lebendig geworden, um Herr zu sein über Tote und Lebende. Wie kannst also du deinen Bruder richten? Und du, wie kannst du deinen Bruder verachten? Wir werden doch alle vor dem Richterstuhl Gottes stehen. Denn es heißt in der Schrift: *So wahr ich lebe,* spricht der Herr, *vor mir wird jedes Knie sich beugen, und jede Zunge wird Gott preisen.* Also wird jeder von uns vor Gott Rechenschaft über sich selbst ablegen« (Verse 9-12).

Grundsatz Nr. 3: *Indem wir andere in die Freiheit entlassen, maßen wir uns keine Autorität an, für die wir nicht qualifiziert sind.* Dieser eine Satz reicht aus, um uns alle von unserem Hang zum Richten und Verurteilen zu kurieren. Wir sind doch gar nicht dazu qualifiziert. Uns fehlen die nötigen Kenntnisse. Wie oft haben wir voreilig geurteilt oder abschätzige Äußerungen gemacht, um dann später einsehen zu müssen, daß wir im Irrtum waren … und dann wünschen wir uns, wir könnten im Boden versinken. Warum sind wir nicht zum Richten anderer qualifiziert?

- Uns fehlt eine umfassende Kenntnis der Situation.
- Wir kennen die Beweggründe des anderen nicht.
- Wir schaffen es nicht, absolut objektiv zu denken.
- Wir können nicht über das Hier und Jetzt hinaussehen.
- Wir haben alle unsere blinden Flecken.
- Wir haben Vorurteile; unsere Perspektive ist verzerrt.
- Wir sind selbst nicht mustergültig und konsequent.

In einer Stadt in Connecticut unterschrieben dreiundfünfzig Bewohner eines Stadtteils die Liste einer Bürgeraktion gegen rücksichtsloses Fahren in ihrem Bezirk. Die Polizei schickte Radarstreifen. Ein paar Abende später wurden fünf Autofahrer wegen Verstoßes gegen die Straßenverkehrsordnung angehalten. Alle fünf hatten die Liste unterschrieben.[7]

Ich werde nie die Lektion vergessen, die ich vor einigen Jahren über das falsche Einschätzen eines Mitmenschen lernen mußte. Ich hielt Vorträge bei einer einwöchigen Sommerbibelkonferenz. Unter den Konferenzteilnehmern war auch ein Ehepaar, das ich nicht kannte. Am ersten Abend führten wir ein kurzes Gespräch miteinander. Beide machten einen netten Eindruck und schienen sich ausgesprochen auf die Konferenz zu freuen. Im Verlauf der Woche fiel mir auf, daß der Mann mit schönster Regelmäßigkeit bei den Vorträgen einschlief. Normalerweise macht mir so etwas nichts aus; ich rede oft in den Träumen anderer! Diesmal fing ich aber aus unerfindlichen Gründen an, mich darüber zu ärgern. Bis zum Mittwoch dieser Woche war ich regelrecht ungehalten. Wie gesagt passiert es mir öfters, daß jemand bei meinen Vorträgen einschläft – aber dieser Mann schlief schon nach den ersten zehn Minuten wie ein Murmeltier. Als der letzte Vortrag am Freitag abend zu Ende war (den er natürlich im Schlaf absolvierte), war ich zu dem Schluß gelangt, daß die Ehefrau diejenige war, die zu dieser Konferenz kommen wollte, nicht ihr Mann. Ich schätzte ihn als jemand ein, der anders lebt als er redet. »Wahrscheinlich ein Christ, der nicht weiß, was das ist«, dachte ich.

Nach dem Vortrag, als die Zuhörer und auch ihr Mann gegangen waren, kam die Frau nach vorn und bat, kurz mit mir sprechen zu dürfen. Ich vermutete, daß sie mir ihr Leid klagen wollte: Welch ein schweres Leben sie an der Seite eines Mannes habe, der sich nicht in demselben Maß für geistliche Dinge interessierte wie sie. Völlig danebengetippt. Sie erzählte mir, daß er die Idee gehabt habe, zu der Konferenz zu fahren. Es sei sein »letzter Wunsch« gewesen. Ich begriff nicht. Sie teilte mir mit, daß er unheilbar krebskrank sei und nur noch Wochen zu leben habe. Auf seinen Wunsch hin hätten sie sich für die Konferenz angemeldet, um meine Vorträge zu hören, koste es, was es wolle, obwohl die Medikamente, die er gegen seine Schmerzen nahm, ihn sehr schläfrig machten, was ihm außerordentlich peinlich sei. »Er ist ein treuer Nachfolger Jesu«, sagte sie, »und Sie sind sein Lieblingsprediger. Er wollte um jeden Preis zu dieser Konferenz kommen, um Sie kennenzulernen und Ihre Vorträge zu hören.« Ich war wie vor den Kopf geschlagen. Sie dankte mir noch für das Erlebnis dieser Woche und verabschiedete sich dann. Da stand ich nun allein und rang um Fassung. Eine härtere Lektion hatte ich noch nie erteilt bekommen. Ich hatte schlecht über meinen Bruder geurteilt und wie sich zeigte, völlig zu unrecht.

Besagt dieser Grundsatz, daß wir immer einer Meinung sein müssen? Nein. Um dieses Thema geht es im nächsten Kapitel, weshalb ich an dieser Stelle nicht im einzelnen darauf eingehen will. Es gibt Menschen, deren Meinung Sie und ich nicht teilen. Das ist völlig in Ordnung. Wir können einander trotzdem mit Respekt und Anstand behandeln, anstatt ihre Gesichter auf unsere Dartbordscheibe im Keller zu malen. Ich werde auf lange Sicht erheblich glücklicher sein, wenn ich die Tatsache akzeptiere, daß andere sich nicht immer meiner Meinung anschließen werden. Und dagegen ist auch nichts einzuwenden. Was wir jedoch unbedingt vermeiden müssen, das ist das Urteilen über andere. Um es noch einmal zu sagen: Dazu sind wir nicht qualifiziert. Gott allein kann und soll uns beurteilen! Die Verse 13 bis 18 aus dem Römerbrief, Kapitel 14 geben einen vierten Grundsatz her:

> »Daher wollen wir uns nicht mehr gegenseitig richten. Achtet vielmehr darauf, dem Bruder keinen Anstoß zu geben und ihn nicht zu Fall zu bringen. Auf Jesus, unseren Herrn, gründet sich meine feste Überzeugung, daß an sich nichts unrein ist; unrein ist es nur für den, der es als unrein betrachtet. Wenn wegen einer Speise, die du ißt, dein Bruder verwirrt und betrübt wird, dann handelst du nicht mehr nach dem Gebot der Liebe. Richte durch deine Speise nicht den zugrunde, für den Christus gestorben ist. Es darf doch euer wahres Gut nicht der Lästerung preisgegeben werden; denn das Reich Gottes ist nicht Essen und Trinken, es ist Gerechtigkeit, Friede und Freude im Heiligen Geist. Und wer Christus so dient, wird von Gott anerkannt und ist bei den Menschen geachtet.«

Grundsatz Nr. 4: *Wahre Nächstenliebe verlangt von uns, daß wir unsere Freiheit rücksichtsvoll ausüben.* Anders ausgedrückt: Liebe herrscht über Freiheit. Ich bin nicht mein eigener Herr, sondern Jesus hat einen Preis für mich bezahlt. Ich lebe nicht für mich selbst, sondern für meinen Herrn Jesus, meinen Gott. Ich lebe nicht für Sie, sondern für meinen Herrn Jesus. Für Sie gilt dasselbe. Im Endeffekt passe ich mich nicht dem an, was Sie mir vielleicht sagen, sondern ich passe mich dem Gebot meiner Liebe zu Ihnen an, weil ich Jesus Rechenschaft schuldig bin. Und Sie sind es ebenfalls.

Um die Verse aus dem Römerbrief, die wir soeben gelesen haben, zu umschreiben: »Nichts, was nicht ausdrücklich in der Heiligen Schrift für schlecht oder böse erklärt wird, ist schlecht oder böse, sondern eher eine Sache des persönlichen Empfindens oder Dafürhaltens. Das müssen wir einfach so stehenlassen. Auch wenn Sie selbst nicht das tun würden, was ein anderer tut, lassen Sie ihn gewähren. Und Sie, die Sie die Freiheit haben, es zu tun, geben Sie nicht mit dieser Freiheit an und verspotten Sie jene nicht, die nicht so mitkönnen. Wir sind hier in einem ›Aufbauunternehmen‹, nicht in einem ›Abrißgeschäft‹. Wohlgemerkt: Gott sieht in seinen Bauplänen für sein Königreich nicht vor, daß Nebensächlichkeiten wie Unterschiede im persönlichen Stil und der eigenen Meinung uns prägen, sondern die großen Dinge wie Gerechtigkeit und Frieden und Freude.«

Ein Kennzeichen von innerer Reife ist die Fähigkeit, mit persönlicher Freiheit umzugehen, ohne damit anzugeben. Wer diese Reife besitzt, kostet seine Freiheit nach Herzenslust aus, jedoch ohne Trompetenstöße und Fanfaren, sondern in der Gemeinschaft mit ähnlich Denkenden, die an dieser Freiheit keinen Anstoß nehmen.

Als unsere Kinder heranwuchsen, gestanden wir ihnen mit der Zeit immer mehr Rechte zu. Eins der ersten Sonderrechte, die unser Ältester bekam, bestand darin, daß er keinen Mittagsschlaf mehr halten mußte und abends länger aufbleiben durfte. Nun waren die drei jüngeren Kinder aber noch nicht alt genug, um die gleichen Rechte gewährt zu bekommen. Unser Ältester mußte deshalb seine neue Freiheit rücksichtsvoll ausüben. Wenn er damit angegeben hätte, wäre bei Swindolls das reinste Chaos ausgebrochen. Mit anderen Worten konnte er sich nicht erlauben, an der geschlossenen Zimmertür vorbeizumarschieren und seine Geschwister auf die Palme zu bringen: »Trallalalalala! Ich brauch' nicht zu schlafen!« oder: »Ätsch! Ihr müßt früh ins Bett, und ich darf gaaanz lange aufbleiben!« Wir haben ihm erklärt, daß er sich ruhig verhalten und Rücksicht auf seine Geschwister üben muß. Genau dieselbe Anweisung gibt Paulus auch Ihnen und mir. Andernfalls können die Gnadenkiller Munition sammeln, die sie dann auf uns abfeuern werden. Die Gnade gibt uns niemals das Recht, andere mit unserer Freiheit vor den Kopf zu stoßen. Wenn ich so etwas sehe, dann weiß ich, daß kindisches Verhalten unter Christen noch immer nicht ausgestorben ist.

Vier praktische Schritte im Zeichen der Gnade

Ich möchte dieses Kapitel mit einem Blick auf die letzten Verse des 14. Kapitels des Römerbriefes abschließen. Lesen Sie Vers 19 langsam und sorgfältig: »Laßt uns also nach dem streben, was zum Frieden und zum Aufbau (der Gemeinde) beiträgt.« Mit dieser großartigen Grundlage als Ausgangspunkt können Sie nun den ersten von vier praktischen Schritten in die Tat umsetzen.

1. *Konzentrieren Sie sich auf solche Dinge, die den Frieden fördern und andere weiterbringen.* Ich habe gute Erfahrungen mit einem doppelten »Filterverfahren« gemacht: Alles, was ich in Erwägung ziehe, filtere ich durch das doppelte Sieb zweier Fragen, die mich in die richtige Richtung steuern: a) Werde ich hiermit lediglich einen großen Wirbel verursachen oder trage ich zum Frieden bei? b) Werde ich hiermit jemanden verletzen und ihm Unrecht tun, oder helfe ich meinen Brüdern und Schwestern damit? Lassen Sie uns den festen Vorsatz verfolgen, einander Beistand und Rücksicht zu gewähren.

2. *Vergessen Sie nicht: Wer den Mitchristen verunsichert, schadet der Sache Gottes.* »Reiß nicht wegen einer Speise das Werk Gottes nieder!« (Vers 20). Wenn Sie mit Ihrer Freiheit angeben, stürzen Sie Mitchristen in einen Gewissenskonflikt, für die ihre »Freiheit« eine große Verunsicherung darstellt. Das ist unfair. Das ist sogar regelrecht niederträchtig. Die Bibel nennt es »Verachtung« und legt uns nahe, es nicht zu tun. Kosten Sie Ihre Freiheit mit Rücksichtnahme auf andere aus.

3. *Üben Sie Ihre Freiheit nur in Gegenwart jener aus, die dieselbe Freiheit genießen.* Um es noch einmal zu sagen: Setzen Sie sich einen privaten, persönlichen Rahmen. Denken Sie an das Beispiel unseres ältesten Kindes. Was der andere nicht weiß, macht ihn nicht heiß. Das hat nichts mit Hintergehen zu tun, sondern mit Rücksicht und notwendiger Zurückhaltung. Das Motiv ist nicht Heuchelei, sondern Nächstenliebe.

4. *Definieren Sie Ihren eigenen Standpunkt und weigern Sie sich, für jemand anderen Gott zu spielen.* Das ist leichter gesagt als getan. Vergewissern Sie sich, daß Ihr Standpunkt absolut richtig ist, und leben Sie dann auch danach. Indem Sie andere aus Ihrem würgenden Griff der Rechthaberei freilassen, entlasten Sie sich auch selbst und können sich besser auf das konzentrieren, was Gott mit Ihnen selbst vorhat. Sie haben weder die Zeit noch die Kraft, andere festzuhalten. Die Liebe verlangt, daß Sie jeden loslassen.

Vor einiger Zeit druckte die Zeitschrift *The American Scholar* ein Gedicht von Wyatt Prunty ab, das beredt das illustriert, was ich in diesem Kapitel zum Ausdruck bringen wollte.

»Fahrradfahren lernen (für Heather)

Die Älteren sausen schon voraus,
aufrecht wie kleine Kreisel in vollem Schwung,
zum Essen, Waschen und Bett,
bis auch wir endlich aufhören, wortkarg und müde,
neben dem dunkler werdenden Vorgarten, wo Bäume
ihre Schatten jetzt nach oben, nicht mehr nach unten werfen.

Ihre beachtliche Länge hänselt sie nun,
während sie gesenkten Kopfes ihr Rad schiebt,
hin- und hergerissen zwischen dem Wunsch zu fahren
und der Gewißheit, daß sie immerzu stürzen wird.

Morgen, wenn ich wieder hinterherlaufe,
die Arme bereit, sie aufzufangen,
wird sie in die Schräge gehen, sich dann fangen,
weit außerhalb meiner Reichweite,
bis sie in der Ferne klein wird,
immer kleiner, und der Punkt erreicht ist,
wo ich stehenbleibe und weiß,
daß ich ihr folgen müßte, um sie weiter zu lehren
und als sie es konnte, mußte ich sie loslassen.«[8]

Kapitel 9

Unterschiedliche Ansichten – gegenseitiger Respekt

Ein Kennzeichen für innere Reife ist die Fähigkeit, unterschiedliche Ansichten zu vertreten, ohne daß aus dem »Vertreten« ein »Treten« wird. Dazu ist Gnade im Sinne von Entgegenkommen nötig. Wer bei einer Meinungsverschiedenheit Takt walten lassen kann, der stellt ein gehöriges Maß dieser Gnade unter Beweis.

Leider neigen wir mit zunehmendem Alter dazu, immer spröder zu reagieren; wir werden immer schwerfälliger, beharrender und empfindlicher. Aus unerfindlichen Gründen trifft dies besonders auf evangelikale Christen zu. Man sollte meinen, daß die Kirche der Ort schlechthin sei, wo Toleranz, Takt, viel Platz für unterschiedliche Auffassungen und offene Diskussionen zu finden sind. Weit gefehlt. Es ist ein seltenes Vergnügen, Christen zu begegnen, die nicht nur Fortschritte in ihren Bibelkenntnissen, sondern auch in der Güte gemacht haben.

Von einem Freund hörte ich ein herrliches Beispiel. Der Pfarrer einer großen, innerstädtischen Baptistengemeinde bekam einen Brief vom Pfarrer einer anderen, nichtbaptistischen Gemeinde, in dem dieser eine recht ungewöhnliche Bitte äußerte: Unter den neuen Mitgliedern seiner Gemeinde seien einige, die lieber durch Eintauchen getauft werden wollten als durch Besprengen, wie es in dieser Konfession üblich sei. Ob der Baptistenpfarrer wohl so freundlich sein wolle, das Taufbecken für diese Täuflinge zur Verfügung zu stellen und die Taufe auch persönlich vorzunehmen?

Dies stellte den Baptistenpfarrer vor ein Dilemma: Wer garantierte ihm, daß die Taufkandidaten auch allesamt tatsächlich »wiedergeboren« waren? Da er der festen Überzeugung war, daß nur »wiedergeborene« Christen getauft werden sollten, konnte er sich nicht guten Gewissens mit dem Vorhaben einverstanden erklären, doch ihm lag daran, taktvoll vorzugehen, um den anderen Pfarrer nicht vor den Kopf zu stoßen. Daher schrieb er einen Brief, ein Musterstück an Güte, der folgende humorvoll formulierte Erläuterung enthielt: »Wir verrichten zwar keine Wäschereidienste, aber wir leihen Ihnen gerne unseren Trog.« Wenn doch nur alle Situationen dieser Art mit einem solchen Feingefühl gelöst würden!

Viele christliche Organisationen bewegen sich ständig am Rande des Aufruhrs und der Auflösung, weil kein Raum für abweichende Ansichten eingeplant ist, kein Verhandlungsspielraum, kein offenes Ohr für jene, die anderer Meinung sind. Ich habe von einigen Leitern größerer Organisationen und Gemeinden gehört, daß sie aus Prinzip keine kritische Post lesen. Ein anderer hat öffentlich erklärt, daß er niemanden im Vorstand dulden würde, der einen abweichenden Standpunkt vertrete. Als ich davon hörte, drängten sich mir gleich zwei Fragen auf: Woher nimmt er nur genug Leute für seinen Vorstand? Und was tut seine Frau, wenn sie einmal anderer Meinung ist? Vielleicht schreibt sie ihm einen anonymen Brief … Sorry, war nur eine Randbemerkung.

Der andere Aspekt der Kritik muß ebenso nachdrücklich betont werden, nämlich die Güte und die Rücksichtnahme, mit der wir sie äußern müssen. Da ich zu jenen gehöre, die ihre kritische Post größtenteils lesen, habe ich einen Einblick in die Art, mit der viele ihre kritische Meinung zum Ausdruck bringen. Es gibt zwar ein paar rühmliche Ausnahmen, doch im großen und ganzen gilt, daß Kritik taktlos, unverblümt, anklagend und zuweilen sarkastisch geäußert wird. Bei den ausfallendsten Briefen fehlen meistens – was ich feige finde – Absender und Unterschrift sowie ein ausreichendes Maß an Wahrheitsgehalt. Wenn das kein Gnadenmord Handelsklasse A ist!

Seit Jahren gebe ich den guten Rat, daß man anonyme Post erst gar nicht lesen sollte. Der Haken an der Sache ist aber, daß ich selbst dies meistens tue. Ich habe anderen geraten, solche Post überhaupt nicht zu beachten: »In den Papierkorb damit!«, doch ich selbst kenne den Inhalt dieser Briefe innerhalb kürzester Zeit *auswendig!* Ja, ich weiß, so etwas ist ungesund, aber ich weiß auch, daß ich nicht als Bild der Vollkommenheit herumlaufe. Es ist wirklich eine Kunst, das in die Tat umzusetzen, was man anderen predigt!

Sie sehen also, daß ich genug »Haß-Post« (ein starker, doch gelegentlich zutreffender Ausdruck) gelesen habe, um folgenden Vorschlag zu machen: *Denken Sie nach, bevor Sie Ihre Kritik an den Mann oder die Frau bringen.* Ich habe gute Erfahrungen damit gemacht, mich zuerst in den Betreffenden hineinzuversetzen und mir auszumalen, wie es ist, diesen Brief aus dem Umschlag zu nehmen und die scharfe Kritik meiner Worte zu lesen. Das Ergebnis dieser kleinen Schreibtischübung war dann meistens, daß mein kritischer Brief in den Papierkorb anstatt den Briefkasten wanderte.

Glauben Sie mir, bittere, harte Worte bleiben wie Granatsplitter im Kopf des anderen hängen, selbst bei jenen, die Sie für robust genug halten, um mit Kritik fertigzuwerden. Der Ankläger hat seine Worte vielleicht schon bald wieder vergessen, der Beschuldigte dagegen noch lange nicht. Wie sagt das alte Sprichwort doch so treffend: »Schreibe deine Kritik in den Staub, aber dein Lob in Marmor.« In den abschließenden Versen des Epheserbriefes, Kapitel 4 heißt es:

> »Über eure Lippen komme kein böses Wort, sondern nur ein gutes, das den, der es braucht, stärkt, und dem, der es hört, Nutzen bringt. Beleidigt nicht den Heiligen Geist Gottes, dessen Siegel ihr tragt für den Tag der Erlösung. Jede Art von Bitterkeit, Wut, Zorn, Geschrei und Lästerung und alles Böse verbannt aus eurer Mitte! Seid gütig zueinander, seid barmherzig, vergebt einander, weil auch Gott euch durch Christus vergeben hat« (Verse 29-32).

Prägnanter kann man es nicht ausdrücken. Lassen Sie Güte walten, lieber Freund und Mitchrist, bei allem, was Sie sagen oder schreiben. Es kostet Sie keinen Pfennig, Ihre abweichende Meinung mit Takt und Güte zum Ausdruck zu bringen in Situationen, wo Ihre

Vorschläge keinen Anklang fanden, wo Fehler gemacht wurden oder wo eine Zurechtweisung tatsächlich unumgänglich erscheint. Grobheit ist niemals angebracht, Güte dagegen immer.

Worüber Einigkeit beim Thema Uneinigkeit besteht

So sehr wir uns auch um Harmonie bemühen und so positiv und taktvoll wir auch vorgehen mögen, so wird es immer Situationen geben, wo verschiedene Leute verschiedener Ansicht sind. Wie ein Humorist einmal feststellte, ist das Leben halt keine exakte Wissenschaft, womit wir bei dem ersten von vier Punkten angelangt sind, über die wir uns alle (also schön: fast alle) einig sind.

1. *Unterschiedliche Meinungen sind etwas Unvermeidliches.* In diesem Buch habe ich immer wieder den Wert der Vielfalt und die Wichtigkeit der Individualität betont. Die Kehrseite der Medaille ist, daß man dadurch unterschiedlichen Meinungen Tür und Tor öffnet. Ich rede nur deshalb von der »Kehrseite der Medaille«, weil diese unvermeidliche Vielfalt der Ansichten zuweilen zu vehementen Meinungsverschiedenheiten führen kann.

Bei den meisten Themen wird es gegnerische Standpunkte und eine Vielzahl an Perspektiven geben. Das ist auch der Grund, weshalb es Vanille-, Schokoladen- und Erdbeereis gibt und warum Fords und Chevrolets, Chryslers und Cadillacs, Hondas und Toyotas gebaut werden. Aus diesem Grund haben wir Demokraten und Republikaner in diesem Land, Konservative und Liberale sowie Gemäßigte. Meinungsverschiedenheiten sind so gut wie vorprogrammiert. Anders geht es auch nicht in einer (inklusive der Religion) freien Gesellschaft. Ich vertrete meine theologischen Standpunkte mit großer Überzeugung, doch das heißt noch längst nicht, daß andere in allen Dingen meiner Meinung sein müßten. Deshalb ist mir auch der »Meinungsspielraum« innerhalb jeder zwischenmenschlichen Beziehung so wichtig. Besonders jene, die in führenden, verantwortlichen Positionen sind, müssen einen solchen Meinungsspielraum einkalkulieren, wenn sie einer unvermeidlichen Meinungsdifferenz die Schärfe nehmen wollen.

2. *Sogar unter den aufrichtigsten Christen kommt es manchmal zu unterschiedlichen Ansichten.* Früher bereitete mir dies große Schwierigkeiten. Ich konnte nicht begreifen, wie zwei Menschen, die Jesus mit dem gleichen Enthusiasmus nachfolgten, die mit dem gleichen Eifer an die Aussagen der Bibel glaubten, zu oft so unterschiedlichen Schlüssen gelangen konnten. In meiner jugendlichen Naivität war ich davon überzeugt, daß alle Gotteskinder denselben Standpunkt zu vertreten hätten. Weit gefehlt! Zu meiner großen Überraschung mußte ich die Feststellung machen, daß es zu ein- und demselben Thema nicht nur unterschiedliche Meinungen geben konnte, sondern daß Gott auch die Unverfrorenheit besaß, solche Menschen zu segnen, die meine Ansichten nicht teilten. Ich glaube, es war Dr. Bob Cook, der während seiner Amtszeit als Rektor des *King's College* den weisen Ausspruch tat: »Gott behält sich das Recht vor, auch Leute zu benutzen, die nicht meiner Meinung sind.« Ich gehe sogar noch einen Schritt weiter, denn ich bin inzwischen davon überzeugt, daß Gott längst nicht so engstirnig denkt wie viele seiner Anhänger. Ich habe die Erfahrung gemacht, daß man mit Gott weitaus besser zurechtkommt als mit den meisten aus seiner Gefolgschaft. Er ist toleranter, ohne jeden Zweifel gütiger und vergebungsbereiter als wir alle.

Im Gegensatz zu uns vergibt er uns nicht nur, sondern er vergißt unsere Übertretungen und entfernt sie so weit, wie der Osten vom Westen entfernt ist. Vielleicht kennen Sie die Geschichte von dem Mann, der Jesus liebhatte, aber der scheinbar machtlos gegen eine bestimmte sündige Angewohnheit war. Mehrmals in der Woche kam er vor den Herrn, um immer wieder dieselbe Sünde zu bekennen. In aller Aufrichtigkeit sagte er Gott dann, wie sehr er bereue, was er getan hatte, und wie dankbar er ihm für seine Gnade und Vergebung sei. Am Samstag derselben Woche kniete er dann wieder da: »Ach Herr, da komme ich noch einmal wegen der Sünde vom Montag. Bitte vergib mir und mach mich rein.« Worauf er Gottes Stimme hörbar vernahm: »Welche Sünde denn?«

Im Himmel wird es keine unterschiedlichen Konfessionen geben, keine verschiedenen Kategorien von Christen, sondern nur das unermeßliche Heer der Heiligen, und erst dann wird vollkommene Harmonie der Herzen und vollständige Einigkeit der Anschauungen herrschen. Bis dahin müssen wir damit rechnen, daß selbst die aufrichtigsten Gläubigen unterschiedlicher Meinung sein werden.

3. *Bei jeder Meinungsverschiedenheit sind dieselben zwei Elemente vorhanden: a) ein Sachverhalt, um den es geht und b) die unterschiedlichen Ansichten dazu.* Der Sachverhalt ist meistens objektiver Natur und hat mit Grundsätzen zu tun. Die Ansichten sind subjektiv und haben mit der individuellen Persönlichkeit zu tun. Und genau hier liegt die Ursache aller Auseinandersetzungen, welche sich schlicht und einfach als Meinungsverschiedenheit über einen Sachverhalt aufgrund unterschiedlicher Sichtweisen definieren lassen. Ich will ganz ehrlich sein: Jedesmal, wenn ich mir diese beiden Elemente in Erinnerung gerufen habe, ist es mir gelungen, sachlich zu bleiben und klar zu denken. Wo ich sie aber vergessen habe, da habe ich es in so gut wie keinem Fall geschafft, mich mit Umsicht und Klugheit durch den Konflikt zu manövrieren. Obendrein habe ich manches bereuen müssen, was ich während des Wortgefechts gesagt habe. Diese beiden schlichten Elemente haben immer dafür gesorgt, daß ich einen kühlen Kopf behalten habe. Warum? Der nächste Punkt liefert die Erklärung dafür.

4. *Bei vielen Auseinandersetzungen hat jede Seite begründete Argumente.* So »liberal« das auch klingen mag, so lassen Sie es sich erst einmal durch den Kopf gehen, bevor Sie abwinken. Oft, wenn ich mit einem Bruder oder einer Schwester gesprochen habe, die ihren Standpunkt ebenso überzeugt vertraten wie ich meinen, ist mir klargeworden, daß hier nicht kategorisch galt: »Ich habe recht. Du hast unrecht«, sondern: »Ich sehe die Dinge aus dieser Sicht, du aus jener.« Bei den meisten Auseinandersetzungen haben beide Seiten sowohl Plus- als auch Minuspunkte, woraus sich ergibt, daß keine der beiden auf der ganzen Linie Volltreffer erzielt. Trotzdem kann jede Auseinandersetzung zu einer ernsten, dauerhaften Entzweiung führen – und manchmal (vielleicht wird Sie dies überraschen) ist das sogar Gottes Absicht. Es gibt Situationen, wo Gott die gute Nachricht seines Sohnes in unterschiedliche Richtungen verbreiten läßt, indem er eine grundlegende Meinungsverschieden-

heit zwischen zweien seiner tüchtigen Diener zuläßt. Indem diese sich voneinander trennen und effektiv an zwei verschiedenen Orten weiterpredigen, sorgt er für eine reichere Ernte, als sie möglich gewesen wäre, wenn die beiden einer Meinung gewesen wären.

Zwei Missionare sind sich uneins

Genau das war der Fall bei zwei Männern, die jahrelang zusammengearbeitet hatten: Paulus, der gottesfürchtige Apostel der Gnade, und Barnabas, der gottesfürchtige Diener der Barmherzigkeit. Der Eifer, mit dem diese beiden bei der Sache waren, suchte im 1. Jahrhundert wohl seinesgleichen. Beide waren wirkungsvoll in ihrer Arbeit; beide hatten eine Antenne für geistliche Dinge. Keiner der beiden war selbstsüchtig oder kindisch. Trotzdem kam es zu der Auseinandersetzung. Malen Sie sich aus, was die Schlagzeilen unserer Zeitungen mit dieser Situation angestellt hätten:

»Krach zwischen Super-Evangelisten offen ausgebrochen«

oder:

»Mitarbeiter läßt Top-Evangelistenteam platzen«

… oder ähnlich aufpolierter Unsinn. Wenn ich im Laufe der letzten Jahre eins gelernt habe, dann ist es dies: Schlagzeilen sind trügerisch; die Zeitungen berichten nie den vollen Sachverhalt. Wenn es etwas zu verdrehen, übertreiben oder tendenziös darzustellen gibt, dann tun sie das in aller Regel auch.

Offen gestanden bin ich froh, daß wir unseren Bericht über zwei so geachtete, lautere Männer wie Paulus und Barnabas, die mit großer Überzeugung unterschiedliche Ansichten vertraten, der Bibel entnehmen können, nicht einem Sensationsblättchen …!

Viel zu oft gleichen wir Christen dem kleinen Spielzeughund, der im Autoheck sitzt und ununterbrochen zu allem nickt. Viel zu viele Christen befürchten, daß eine abweichende Meinung einer größeren Meuterei gleichkäme. Doch das stimmt nicht; wo Gnade herrscht, da ist Raum für unterschiedliche Meinungen. Der inzwischen verstorbene G. Campbell Morgan, den ich sehr geschätzt habe, fand das auch:

> *»Es tröstet mich enorm, dies [den Bericht der Auseinandersetzung zwischen Paulus und Barnabas] zu lesen. Ich bin dankbar für diesen Text, der uns die menschliche Seite dieser Männer überliefert. Hätte ich nie gelesen, daß Paulus und Barnabas sich uneins waren, dann hätte ich Grund zur Sorge gehabt. Diese Männer waren keine Engel, sondern Menschen.«*[1]

Noch ein Gedanke, bevor wir uns genauer ansehen, um was es bei diesem Streit nun eigentlich ging. Ganz gleich, wieviel an Positivem bei solchen Auseinandersetzungen unterm Strich herauskommt: Sie sind oft schmerzhaft, sehr schmerzhaft sogar. Besonders dann, wenn man attackiert wird und es vorzieht, nicht zurückzuschlagen. Je hitziger das Wortgefecht, desto höher der Druck im inneren Dampfkessel, und es kostet höchste Anstrengung, einen kühlen Kopf zu wahren. Nur Gottes Gnade kann uns genug Kraft dazu geben, auf harte Konter zu verzichten.

Dies erinnert mich an den Quäker[2], der eine widerborstige Kuh besaß. Jedesmal, wenn er sie molk, geriet er mit ihr aneinander. Eines Morgens war die Kuh besonders gereizt, doch er war fest dazu entschlossen, das Melken ohne ein einziges ungehaltenes Wort zu erledigen. Kaum hatte der Farmer mit der Arbeit begonnen, als die alte Bossy ihm mit voller Wucht auf den Fuß trat. Wortlos zerrte er, bis er seinen Fuß wieder frei bekommen hatte und setzte sich ächzend wieder auf seinen Melkschemel. Als nächstes peitschte sie ihm mit dem Schwanz ins Gesicht. Er lehnte sich einfach nur weit genug zurück, um sich außer Reichweite zu bringen. Dann warf sie den Melkeimer um, der schon zur Hälfte mit warmer Milch gefüllt war. Er fing wieder von vorn an und brummte sich ein paar Worte in den Bart, behielt jedoch einen kühlen Kopf. Als er endlich fertig war, tat er einen Stoßseufzer der Erleichterung und nahm Eimer und Schemel. Da versetzte die Kuh ihm einen Tritt, daß er krachend an der drei Meter entfernten Wand landete.

Nun war das Maß voll. Er rappelte sich auf, baute sich vor seiner Kuh auf, sah ihr in die großen Kuhaugen, hielt ihr den langen, knochigen Zeigefinger unter die Nase und rief: »Ihr wißt, daß ich Quäker bin. Ihr wißt auch, daß ich Euch nicht schlagen darf. *Aber Euch an einen Presbyterianer verkaufen, das darf ich!*«

Nun zu dem biblischen Bericht. Wie war es überhaupt zu dieser Auseinandersetzung zwischen Paulus und Barnabas gekommen? Angefangen hatte es mit ihrer ersten Missionsreise. Die beiden erfahrenen Verkündiger des Evangeliums hatten einen jungen Mann namens Johannes Markus mitgenommen, der weder erfahren noch von robuster Natur war. Vielleicht hatten sie soviel Vertrauen in ihn gesetzt, weil er ein Verwandter von Barnabas war und als junger Christ einen vielversprechenden Eindruck gemacht hatte. Auf der langen Reise durch unwegsames Gelände konnten sie einen Helfer gut gebrauchen, der ihnen die Vorräte und Kleidung trug. Alles ließ sich zunächst gut an:

> »Als sie in Salamis angekommen waren, verkündeten sie das Wort Gottes in den Synagogen der Juden. Johannes hatten sie als Helfer bei sich« (Apg 13,5).

Doch als sie die unwirtliche Gegend von Pamphylien erreicht hatten, befanden sie sich in einer Landschaft, die vermutlich größere Anforderungen stellte als die Küste der Normandie im Zweiten Weltkrieg. Wie Riesen aus Felsgestein lag die Gebirgskette vor ihnen. Die Küste war von krankheitsübertragenden Moskitos verseucht. Um es vorsichtig auszudrücken: Als sie in Perge in Pamphylien ankamen, war es mit ihrer Abenteuerlust gehörig vorbei. Die drei anfangs so enthusiastischen Missionare erlebten nun harte Zeiten. Johannes Markus war am Ende seiner Kräfte. Ihn verließ der Mut zur Weiterreise: »Von Paphos fuhr Paulus mit seinen Begleitern ab und kam nach Perge in Pamphylien. Johannes aber trennte sich von ihnen und kehrte nach Jerusalem zurück« (Apg 13,13).

Lesen Sie nicht zu hastig über diesen letzten Satz hinweg. Der junge Mann hatte seine Motivation verloren. Sein Traum war zu einem persönlichen Alptraum geworden. Vermutlich recht kleinlaut gab er zu: »Ich kann einfach nicht mehr. Ich fahre zurück.« William Barclay nennt ihn »den Deserteur«[3]. Chrysostomus sagte: »Der Junge wollte heim zu seiner Mutter.«[4] Mehrere Neutestamentler bezeichnen ihn als Abtrünnigen. Angesichts der enormen Strapazen gab Johannes Markus einfach auf und ging. Wenn meine Berechnungen stimmen, dann war dies obendrein zu einer Zeit, als Paulus krank wurde. Vielleicht litt er an Malaria oder an den ersten heftigen Kopfschmerzen, Folge eines Augenleidens. Wie auch immer, jedenfalls war dies die denkbar ungünstigste Zeit für ihn, von einem Mitarbeiter verlassen zu werden. Wenn je Zusammenhalt geboten war, dann war es jetzt. Trotzdem blieb Paulus und Barnabas keine andere Wahl, als allein weiterzukämpfen. Sie ahnten nicht einmal, was ihnen alles blühte. Vielleicht erinnern Sie sich, daß dies alles während der Missionsreise geschah, bei der Paulus so gesteinigt wurde, daß man ihn für tot hielt. Letzten Endes überstanden Paulus und Barnabas aber die Härten der Reise, kehrten zurück und berichteten von ihren wunderbaren Erfolgen. Ich habe mich oft gefragt, ob Johannes wohl in der Gemeinde von Antiochia dabei war, als die beiden anderen von ihrer Reise berichteten. Falls er es war, saß er vermutlich irgendwo im Hintergrund und schämte sich entsetzlich.

Die Streitfrage

Einige Zeit später ging es Paulus durch den Sinn: Wie wäre es, wenn wir uns mal wieder auf den Weg machten und bei unseren neubekehrten Freunden nach dem Rechten sähen? Die Apostelgeschichte (Apg 15,36-37) erzählt:

> »Nach einiger Zeit sagte Paulus zu Barnabas: Wir wollen wieder aufbrechen und sehen, wie es den Brüdern in den Städten geht, in denen wir das Wort des Herrn verkündet haben. Barnabas wollte auch den Johannes, genannt Markus, mitnehmen …«

»Komm, wir nehmen Johannes mit. Geben wir ihm noch eine Chance!« Der nächste Vers zeigt uns, daß Paulus anderer Meinung war: »… doch Paulus bestand darauf, ihn nicht mitzunehmen …« Erinnern Sie sich noch an meine Feststellung über die beiden Elemente jeder Debatte, nämlich ein objektiver Sachverhalt und auseinandergehende Meinungen dazu? Der Sachverhalt hier: Sollte man jemandem, der bei einer vorherigen Missionsreise vor den Schwierigkeiten davongelaufen ist, eine zweite Chance geben? Sollte man jemanden, der seine Mitarbeiter in einer Extremsituation im Stich gelassen hat, zu einer ähnlichen Missionsreise mitnehmen? Die auseinandergehenden Meinungen: Paulus fand: »Nein. Auf keinen Fall.« Barnabas sagte: »Ja. Unbedingt.«

Zwei unterschiedliche Meinungen

Da standen sie nun, die beiden Männer Gottes, jeder vollkommen von seiner eigenen Sicht der Dinge überzeugt. Auf der einen Seite haben wir Barnabas, die Barmherzigkeit in Person. Mein Freund Howie Hendricks hat ihn einmal »den Mann mit der kulanten Veranlagung« genannt. Barnabas ist einer, der hilft, wo er kann. Er ist derjenige, der sich auf den Weg zu Paulus machte, als die anderen Jünger noch argwöhnisch waren, was die Bekehrung dieses Mannes betraf. Als der ehemalige Christenverfolger plötzlich von sich sagte, er sei selbst Christ geworden, winkten die anderen Christen wissend ab: »Nein, nein, so etwas kann uns keiner weismachen.« Allein Barnabas ging zu Paulus, glaubte ihm, verbürgte sich für ihn und verschaffte ihm eine Aussprachemöglichkeit. Barnabas war derjenige, der ihn in die christlichen Kreise einführte. Barnabas war jemand, der anderen bereitwillig eine Chance gab. Daher hielt er es auch nun für angebracht, es ein zweites Mal mit Johannes Markus zu versuchen.

Paulus war anderer Meinung. Er hatte ohnehin einen völlig anderen Stil. Er war ein Mann der festen Überzeugung, ein ergebener Diener der Wahrheit; er hatte die meisten Gemeinden in der Geschichte der Heiligen Schrift gegründet. Paulus war ein Bahnbrecher, der bis zum heutigen Tag als Vorbild aller Missionsarbeit gilt, ein Mann der Disziplin und Entschlossenheit. Bei ihm galt: »Wer nicht mitmachen will, der soll uns aus dem Weg gehen.«

Paulus sah alles unter dem Gesichtspunkt des Nutzens für den Missionsdienst. Barnabas sah alles unter dem Gesichtspunkt des Nutzens für den einzelnen. Barnabas witterte eine Gelegenheit zur Bewährung des Johannes Markus. Es ist keine Vereinfachung der Dinge, wenn man Paulus als einen beschreibt, der sich vom kühlen Verstand leiten ließ, während Barnabas auf das Drängen seines Herzens hörte. Von ihm lesen wir: »Barnabas wollte auch den Johannes, genannt Markus, mitnehmen …« Er dachte sich: *Stellt euch bloß vor, welch ein wunderbarer Nachfolger Christi aus ihm werden könnte! Wir können ihn doch nicht einfach hierlassen, wo ihm das Geschehene nachgeht, wo er seine Wunden leckt, wo er sich wegen seiner Feigheit schämt und die Reue ihn quält. Das könnte sein Ende sein! Wir müssen ihn einfach mitnehmen.* Paulus war entschieden anderer Ansicht: »Auf gar keinen Fall!«

Beim genauen Lesen des nächsten Verses tritt die Tiefe seiner Überzeugung hervor: »… doch Paulus bestand darauf, ihn nicht mitzunehmen, weil er sie in Pamphylien im Stich gelassen hatte, nicht mit ihnen gezogen war und an ihrer Arbeit nicht mehr teilgenommen hatte« (Vers 38). Das griechische Wort für »im Stich gelassen hatte« ist auch das Ursprungswort unseres Begriffs »Apostat«, das einen vom Glauben Abtrünnigen bezeichnet. Paulus sah in dem Verhalten des Johannes mehr als nur ein Kalte-Füße-Kriegen; der junge Mann war abtrünnig geworden. »Er ist uns untreu geworden, und ich habe die Erfahrung gemacht, daß man einem Fahnenflüchtigen nicht mehr über den Weg trauen kann, besonders nicht einem, der uns so kräftig in der Patsche sitzen gelassen hat wie Johannes.« Paulus hatte nicht die Absicht, Johannes an seinen geplanten Aktionen teilnehmen zu lassen. Jedenfalls vorläufig nicht.

Ich vermute jetzt einfach einmal, daß Ihnen die Position des Barnabas sympatischer ist als die des Paulus, habe ich recht? Dafür habe ich Verständnis, und ich bin versucht, Ihnen beizupflichten. Andererseits denke ich an einen Vers aus den Sprichwörtern, der besagt: »Schlechter Zahn und stolpernder Fuß: / der Verräter am Tag der Not« (Spr 25,19).

Die Gute Nachricht übersetzt diesen Vers folgendermaßen: »Wer sich in der Not auf einen unzuverlässigen Freund verläßt, ist wie einer, der mit einem brüchigen Zahn kauen oder mit einem lahmen Fuß laufen will.« Wir tun gut daran, diese Warnung zu beherzigen.[5]

Bevor bei Ihnen der ganz große Großmut ausbricht, lassen Sie sich einmal fragen, ob Sie jemandem eine Geldsumme geliehen haben, die dieser nicht zurückgezahlt hat. Angenommen, die Summe steht immer noch aus. Läge Ihnen viel daran, demjenigen noch einmal Geld zu leihen? Wahrscheinlich nicht. Plötzlich sieht die ganze Sache schon viel klarer aus.

Warum? Weil das Vertrauen, das man zu Krisenzeiten in einen treulosen Mann setzt, eine riskante Angelegenheit ist. Er hat schon einmal versagt; er hat die Summe noch immer nicht zurückgezahlt, und es besteht die Aussicht, daß er es beim nächsten Mal genauso macht. Paulus überlegt sich: Was passiert, wenn er uns wieder im Stich läßt und einem von uns etwas zustößt? Welche Auswirkungen könnte das auf die Ungläubigen haben, die wir für Jesus erreichen wollen? Oder was wird, wenn sein Verhalten auf öffentliche Sympathien stößt und einige in der Gemeinde plötzlich meinen, Johannes sei im Recht? So etwas könnte eine Kirchenspaltung auslösen! Die Sache ist außerordentlich brenzlig.

Paulus hat durchaus nicht unrecht. Wenn Sie nur für die Argumente des Barnabas Verständnis haben, dann haben Sie vermutlich noch nie eine Krise in einem christlichen Projekt durchgemacht, in der Sie von einem Mitarbeiter im Stich gelassen wurden. Etwas Niederschmetternderes gibt es kaum. Ich will damit nicht etwa sagen, daß ich auf der Seite des Paulus oder auf der des Barnabas wäre; ich will lediglich zum Ausdruck bringen, daß ich Verständnis für beide habe, wodurch meine Beobachtung, beide Seiten hätten meistens begründete Argumente, wieder einmal Bestätigung findet.

War die Situation denn wirklich so vertrackt? Vers 39 zufolge kam es »zu einer heftigen Auseinandersetzung«. Das griechische Wort dafür ist *paroxysmos*, ein »Streit« oder »Wortgefecht«. Es kam zu einer derartig grundlegenden Differenz der Ansichten, daß die Entzweiung unumgänglich war. Das Endergebnis? Die beiden konnten sich nicht einigen und trennten sich daher fürs erste voneinander.

Trennung auf Dauer

Die beiden Männer sollten nie wieder ein Team bilden. Ihre Ansichten waren derartig unvereinbar, daß der eine schließlich sagte: »Ich gehe hier lang«, der andere: »Ich gehe dort lang.« Wenn Sie eine Karte zu Rate ziehen und sich ansehen, welchen Weg jeder der beiden einschlug, dann werden Sie feststellen, daß sie in entgegengesetzte Richtung losgingen: Barnabas und Johannes gingen an die Küste und setzten nach Zypern über, während Paulus und Silas, sein neuer Weggefährte, an Land blieben und zunächst in Richtung Syrien nach Nordosten gingen und dann westwärts nach Zilizien und den anderen Städten.

Die beiden waren aufbrausend geworden. Sie hatten sich ein hitziges Wortgefecht geliefert. Ich bin froh, daß der Disput nicht wortwörtlich in dem Bibeltext wiedergegeben wurde; wir sind ja selbst auch froh darüber, daß nicht alles, was wir unserem Gegenüber während einer heißen Diskussion an den Kopf geworfen haben, für die Nachwelt aufgezeichnet wird, stimmt's? Ich will die Auseinandersetzung keineswegs milder darstellen als sie war. Zwischen diesen beiden Männern Gottes fand eine hitzige Debatte statt.

Leslie Flynn malt aus, welchen Verlauf das Gespräch damals zwischen Paulus und Barnabas genommen haben könnte:

P.: *Johannes Markus? Den können wir nicht mitnehmen. Der hat uns letztes Mal im Stich gelassen.*
B.: *Aber das ist schon lange her.*
P.: *Er würde uns nur wieder davonlaufen. Er ist ein Deserteur.*
B.: *Er hatte genug Zeit, um das zu bereuen. Wir müssen ihm einfach eine Chance geben. Er hat das Zeug zu einem erstklassigen Missionar.*
P.: *Sag mal ehrlich, Barnabas: Willst du ihn unbedingt mitnehmen, weil er dein Vetter ist?*
B.: *Das ist unfair. Du weißt doch selbst, daß ich vielen Leuten geholfen habe, die überhaupt nicht mit mir verwandt waren. Ich bin halt einfach nur davon überzeugt, daß dieser junge Mann Verständnis und Ermutigung braucht. Eines Tages könnte ein vielbeachteter Evangelist aus ihm werden.*

P.: *Wir brauchen einen, der nicht aus Zucker ist. Er muß was aushalten können: Verfolgung, Pöbel, Hiebe, vielleicht auch Gefängnis. Unser Team muß zusammenhalten. Jeder muß absolut zuverlässig sein. Wie können wir einem jungen Burschen vertrauen, der uns so kläglich im Stich gelassen hat? Kommt nicht in Frage, Barnabas. Du weißt doch, was der Herr selbst gesagt hat: ›Keiner, der die Hand an den Pflug gelegt hat und nochmals zurückblickt, taugt für das Reich Gottes.‹*

B. *Ich habe mit ihm über sein Versagen geredet. Ich bin mir ganz sicher, daß so etwas nicht noch einmal vorkommen wird. Wenn wir ihn jetzt links liegenlassen, könnte das ungeheuren geistlichen Schaden zum Zeitpunkt echter Reue anrichten. Das wäre, als zerbräche man ein zartes Schilfrohr, als lösche man einen glimmenden Flachsdocht.*

P. *Es ist voreilig, ihm zu vertrauen.*

B. *Paulus, denk doch mal daran, wie wenig Zeit seit deiner Bekehrung verstrichen war, als ich meine Hand für dich ins Feuer legte. Die Apostel hatten Angst vor dir; sie befürchteten, du hättest deine Bekehrung nur vorgetäuscht, um dich in die Gemeinde in Jerusalem einzuschleichen. Ich habe nicht von dir verlangt, daß du dich zuerst einmal bewähren müßtest. Ich möchte Johannes Markus nicht länger warten lassen. Ich lege meine Hand für ihn ins Feuer.«*[6]

Es hätte auch noch leidenschaftlicher gewesen sein können. Immerhin waren diese beiden Männer langjährige Freunde. Als Missionare waren sie zusammen durch dick und dünn gegangen. Sie kannten einander seit vielen Jahren. Ich wüßte gern, ob die beiden schon als Kinder miteinander befreundet gewesen waren. Jeder verdankte dem anderen unendlich viel. Barnabas hatte sich für Paulus verbürgt, und Paulus hatte sich für Barnabas verbürgt. In einem hitzigen Moment der auseinandergehenden Meinungen erleidet ihre gemeinsame Missionsarbeit einen unwiderruflichen Stillstand. Von jetzt an geht jeder seine eigenen Wege.

Wenn Sie noch nie in einer ähnlichen Situation waren, können Sie sich nicht vorstellen, wie weh so etwas tut, besonders wenn der

Vorfall zwei Mitarbeiter eines christlichen Werkes betrifft. Machen Sie nicht den Fehler, einen solchen Konflikt zu verharmlosen. So etwas tut unbeschreiblich weh. Doch ist an diesem Punkt nicht alles verloren. Das Gute an der Sache, um es zu wiederholen, ist die Tatsache, daß aus einer solchen Situation heraus manchmal neue Gemeinden oder christliche Werke entstehen. Meinungsverschiedenheiten können zu neuen Anfängen, neuen christlichen Organisationen, neuen Zielen führen. Der Auslöser ist zwar in sich nicht gut. Ein Steinbrocken fällt in einen stillen See und peitscht hohe Wellen der verletzten Gefühle auf, zumindest zu Anfang. Doch die Wellen ebben mit der Zeit ab, bis die Betroffenen großherzig genug sind, um den Schmerz zu vergessen und neue Ziele anzusteuern.

Wer weiß schon zu sagen, welche christlichen Organisationen damals auf Zypern durch das neue Missionsteam Barnabas und Markus ins Rollen kamen? Des weiteren war es Johannes Markus, der das Markusevangelium verfaßt hat. Selbst Paulus schrieb am Ende seines Lebens: »Bring Markus mit, denn er wird mir ein guter Helfer sein« (2 Tim 4,11). Auch über Barnabas äußert er sich positiv. Paulus war zu sehr ein Mann der Gnade, um den Rest seines Lebens in Verbitterung zu verbringen. A. T. Robertson hat recht, wenn er schreibt:

> *»Niemand kann es Barnabas verübeln, seinem Cousin Johannes Markus eine Gelegenheit zur Bewährung gegeben zu haben; ebensowenig kann man es Paulus verübeln, daß er dieses Risiko nicht noch einmal eingehen wollte. Auf rein rationaler Ebene möchte man Paulus zustimmen, doch gefühlsmäßig sympathisiert man mit Barnabas. ... Paulus und Barnabas trennten sich sowohl im Zorn als auch zutiefst bekümmert. Paulus verdankte Barnabas so viel wie sonst niemandem. Barnabas verließ den beeindruckendsten Theologen seiner und aller Zeit.«*[7]

Ich hoffe, wir werden nie das vergessen, was einer der letzten Verse von Apostelgeschichte, Kapitel 15 festhält: »Paulus aber wählte sich Silas und reiste ab, nachdem die Brüder ihn der Gnade des Herrn empfohlen hatten« (Apg 15,40).

Man fragt sich, ob jemand aus der Gemeinde vielleicht zu ihm gesagt hat: »Du, Paulus, sieh zu, daß du nicht den Rest deines Lebens damit verbringst, Barnabas überall schlechtzumachen. Du wirst schon damit fertig. Laß dich nicht unterkriegen und mach weiter. Du hast einen Auftrag. Die Gnade wird dir helfen … die Gnade des Herrn.«

Ich finde es bemerkenswert, daß zwar in dem Text die Rede davon ist, wie die Gemeinde Paulus und seinen Gefährten mit ihrem Segen auf die Reise schickte, doch über Barnabas schweigt sich die Bibel in dieser Hinsicht aus. Vielleicht reiste Barnabas noch am selben Abend ab. Vielleicht zog er es vor, sich nicht durch das Minenfeld der Ansichten in der Gemeinde von Antiochia manövrieren zu müssen. Das Beste an dem ganzen Bericht ist, daß diese beiden willensstarken Männer die Auseinandersetzung innerlich überwanden. Auch dazu ist ein enormes Maß an wohlwollender Gnade notwendig.

Viel zu oft wird die Debatte endlos weitergeführt, und die Organisation zersplittert sich, weil die gegnerischen Seiten es nicht fertigbringen, sich von ihren Blessuren zu erholen. Heute sitzen viele in einer Art seelischer Dunkelkammer; wegen einer Auseinandersetzung in grauer Vorzeit befinden sie sich in einem Zustand völliger Verbitterung. Sie meinen, eine Erniedrigung erlitten zu haben, oder vielleicht hat man ihnen kein Gehör geschenkt. Viele leben in völliger Isolation und haben die geistlichen Jalousien permanent herabgelassen. Sie denken: *Mit dieser Gemeinde will ich nichts mehr zu tun haben!*, weil sie Zeuge einer Auseinandersetzung waren oder selbst in eine verwickelt gewesen sind. Wir brauchen Leute, die bei auseinandergehenden Meinungen das Wohlwollen wahren können und sich auf ihre Aufgaben besinnen, selbst wenn die Auseinandersetzung zur Entzweiung führt.

Ein paar persönliche Bemerkungen

Ich möchte ein paar Dinge weitergeben, die ich im Laufe der Jahre zum Thema auseinandergehende Meinungen und Umgang mit theologisch Andersdenkenden gelernt habe. Um Zeit zu sparen, komme ich ohne Umschweife zur Sache. Ich bin kein eingefleischter Fünf-Punkte-Calvinist. Es ist mir aber absolut kein Problem, jene, die dies sind, als meine Brüder und Schwestern im Glauben zu akzeptieren. Uns verbindet sogar eine fortdauernde Zusammenarbeit. Ich habe schon mehrmals Leute, die eine reformierte Theologie vertreten, zu Vorträgen hierher nach Fullerton eingeladen. Darin sehe ich nicht die geringste Schwierigkeit. Ich habe ein herzliches Verhältnis zu diesen Leuten! Ich wüßte keinen Grund, weshalb ich nicht Gemeinschaft mit ihnen pflegen sollte.

Ein weiteres Beispiel: Ich bin kein Charismatiker. Ich betrachte es jedoch keineswegs als meine Berufung, meine charismatischen Brüder und Schwestern mit einer Artilleriesalve theologischer Argumente einzudecken. Wer kann schon beurteilen, wieviel Gutes sie getan haben und welch fruchtbare Organisationen viele von ihnen betreiben? Die Gemeinde, deren Pastor ich bin, ist keine charismatische Gemeinde. Unsere Wurzeln liegen nicht in diesem Bereich, und daran wird sich wohl auch nichts ändern. Doch das bedeutet noch längst nicht, daß wir keine Gemeinschaft mit Charismatikern pflegen oder sie öffentlich unter Beschuß nehmen sollten. Es hat Zeiten gegeben, als ich dazu bereit gewesen wäre. Doch glücklicherweise bin ich seitdem ein bißchen erwachsener geworden und habe zur Kenntnis genommen, daß Gott viele von ihnen als Werkzeuge benutzt: als Liederschreiber, als Verfasser religiöser Texte und in der Verkündigung. Die Gnade Gottes verhilft uns zu gegenseitiger Nähe.

Ich bin kein Anhänger der »Bund«-Theologie, doch in meinem Freundeskreis befinden sich einige Kollegen, die »Bund«-Theologen sind. Mit einigen arbeite ich eng zusammen. Wir sind zwar bei einigen Punkten unterschiedlicher Meinung, doch wir bilden ein Team. Wir werden die Ewigkeit gemeinsam verbringen. Wir werden zu Jesus in die Höhe entrückt werden (ob sie das wahrhaben wollen oder nicht!). Da können wir ebensogut auch hier auf der Erde schon anfangen, Gemeinsamkeit zu suchen und einander zu mögen.

Einer meiner Freunde erzählt mir augenzwinkernd, er sei so sehr von der Wiederkunft Jesu[8] überzeugt, daß er in seinem Auto das Schildchen angebracht hat: »Vorsicht! Mitfahren auf eigene

Gefahr. Im Falle der Entrückung ist dieses Auto führerlos«. Möge Gott ihn segnen … Meine Theologie ist nicht ganz so extrem. Auch ich rechne mit der Wiederkunft Jesu vor dem Tausendjährigen Reich und der Entrückung, doch ein solcher Standpunkt rechtfertigt es meiner Ansicht nach nicht, Mitchristen, die anders darüber denken, die Gemeinschaft aufzukündigen. Selbstverständlich ist die Gottheit Jesu ein zentraler Punkt. Das gleiche gilt für die Unfehlbarkeit der Heiligen Schrift und ein paar andere Grundgegebenheiten. Doch die meisten Dinge, die wir nennen könnten, gehören nicht zu diesen Grundwahrheiten. Sehen wir es doch, wie es ist: Es gibt weitaus mehr Dinge, die uns vereinen, als Dinge, die uns trennen.

C. S. Lewis schrieb nach seiner Bekehrung 1929 an einen Freund: *»Nachdem alles, was es über die Zersplitterung der Christenheit zu sagen gibt, auch tatsächlich gesagt ist, bleibt dank Gottes Gnade enorm viel, was uns verbindet.«*[9] Aus diesem Grund möchte ich Sie heute dazu ermuntern, Ihre Energien auf das zu verwenden, was uns miteinander verbindet, nicht auf die wenigen Dinge, die uns trennen. Die Gemeinsamkeiten sind groß an der Zahl. Es ist höchste Zeit, daß wir unser Augenmerk auf sie richten. Dazu wird viel Gnade nötig sein.

Ich halte an den unterschiedlichsten Lehrinstituten Vorträge, nicht nur an christlichen Schulen, Colleges und Bibelschulen, sondern auch an staatlichen Universitäten. Obwohl ich einige dieser Institute nicht uneingeschränkt empfehlen kann, bedeutet das noch längst nicht, daß ich dort keine Vorträge halten oder geistliche Hilfen geben oder mich von Gott dort einsetzen lassen sollte. Die Gnade befreit mich dazu, eine andere Perspektive zu vertreten und ganz offen Jesus zu verkündigen, und zwar sogar dort, wo man völlig anders denkt als ich.

Es hat eine Zeit in meinem Leben gegeben, als ich Antworten auf Fragen parat hatte, die überhaupt niemand stellte. Ich vertrat eine solch starre Position, daß ich das kleinste I-Tüpfelchen mit Feuereifer verfocht. Ich konnte gar nicht genug Argumente nennen, für die ich zu sterben bereit gewesen wäre. Je älter ich werde, desto kürzer wird die Liste.

Wie ich zu Anfang des Kapitels gesagt habe, ist es unendlich wichtig, mit zunehmendem Alter auch an Gnade und Güte zuzunehmen. Wenn ich bei einer Auseinandersetzung den kürzeren ziehe, dann sollte ich dies mit Fassung und Wohlwollen hinnehmen. Gelingt es mir, meinen Gegner von meiner Position zu überzeugen, dann sollte ich die Demut wahren. Das Wichtigste ist, daß wir Gott Ehre machen, ob wir nun gewinnen oder verlieren.

Gnade leben, wenn die Meinungen auseinandergehen

Ich möchte dieses Kapitel mit einigen Bemerkungen schließen, die Ihnen dabei helfen können, mit Meinungsverschiedenheiten auf eine Weise umzugehen, die ganz entscheidend von der Gnade bestimmt wird.

Erstens: Man sollte immer Raum für abweichende Ansichten einkalkulieren. Wer dies nicht tut, der wird sich schwertun, sobald man Teenager im Haus hat. Teenager können die wirkungsvollsten Lehrmeister sein. Bei unseren war dies mit Sicherheit der Fall. Sie hatten beileibe nicht immer recht, und ich genausowenig. Als Vater von Heranwachsenden habe ich gelernt, daß sie meisterhaft eine neue Perspektive in die Diskussion einbringen können, sei es auch nur, um mich zum Denken zu bringen, um mich wachzurütteln und mir begreiflich zu machen, daß es auch andere Standpunkte gibt. Ich kann Ihnen versichern, daß mir diese Lektion außerordentlich hilfreich für meinen Beruf als Pfarrer gewesen ist. Sie hat mir große Dienste im Umgang mit jenen geleistet, denen ich persönlich Rechenschaft abzulegen habe. Widerspruch ist gesund für unsere Bescheidenheit.

Zweitens: Wenn eine Auseinandersetzung unvermeidlich ist, sollte man »Attentate« vermeiden. Zwischen einer Auseinandersetzung – selbst einer heftigen – und einem »Attentat« besteht ein himmelweiter Unterschied. Ich habe Wortgefechte erlebt, bei denen der eine den anderen auf die unfeine Art attackierte und auf dessen

Charakter zielte. Ich habe viele Schlammschlachten im Rahmen der Gemeindearbeit miterlebt. Ich habe erlebt, wie brutaler Rufmord im Namen des Christentums begangen wurde, sowohl mündlich wie auch schriftlich, und ich erinnere mich mit Schaudern daran. So etwas ist nun wirklich nicht nötig. Wenn wir uns schon streiten müssen, dann wollen wir das wenigstens auf faire Art und Weise tun

Drittens: Wenn Sie sich einmal nicht durchsetzen können, ist dies kein Weltuntergang. Das Leben geht weiter! Wenn eine Gemeindewahl anders ausfällt, als Sie sich erhofft hatten, tragen Sie es mit Fassung. Die Würfel sind gefallen. Wenn die Gemeinde auf Lauterkeit etwas hält, dann war es eine gerechte Wahl. Besinnen Sie sich auf Ihre Aufgaben. Und käuen Sie die Auseinandersetzung oder Wahl nicht in allen Einzelheiten wieder. Die Arbeit im Weinberg Gottes geht nicht voran, wenn wir es nicht fertigbringen, uns in die Lage zu fügen und zu sagen: »Na gut. Wir haben also verloren.« Ich bin im Süden aufgewachsen, und ich hatte keine Ahnung, daß die Südstaaten den Bürgerkrieg verloren haben, bis ich auf der Oberschule war … und selbst dann war diese Tatsache unter meinen Lehrern nicht ganz unumstritten. Ringen Sie sich dazu durch, sich mit Ihrer Niederlage abzufinden. Die Gnade wird Ihnen ganz sicher dabei helfen.

Viertens: Die beste Lösung besteht manchmal in einer Trennung. Dafür gibt es biblische Beispiele, wie wir gesehen haben. Paulus und Barnabas konnten sich nicht einig werden und trennten sich daher. Wenn ich mich nicht mit dem Programm einer bestimmten Organisation einverstanden erklären kann, dann muß ich eventuell mein Amt dort niederlegen. Dabei muß ich allerdings unbedingt vermeiden, andere aus Verbitterung darüber, daß ich meinen Willen nicht durchsetzen konnte, durch meine ungelösten Konflikte zu schleifen. Wenn Trennung die beste Lösung ist, sollte diese in aller Güte und gegenseitiger Achtung geschehen. Wenn die Widersprüche zahlreicher als die Zustimmungen sind, sollten Sie ernsthaft erwägen auszusteigen. Wer weiß? Vielleicht will Gott Sie dadurch auf einen anderen Platz in seinem Weinberg bringen.

Dieses Kapitel war für mich persönlich hilfreich. Das mag zwar sonderbar klingen, doch hin und wieder ist es notwendig, daß ein Autor sein Produkt mit einem ausreichenden Maß an Objektivität liest, um von seinen eigenen Worten angesprochen zu werden. In den letzten Jahren sind Widersprüche zu Dingen, die an sich reine Ansichtssache sind, mit überraschender Heftigkeit geäußert worden. Einige davon waren besonders hart und schmerzhaft. Cynthia und ich haben mehr als einmal die Zähne zusammengebissen und es unterlassen, uns zu verteidigen. In einigen Fällen sind wir völlig zu Unrecht angeklagt worden, und obwohl wir uns bemüht haben, die Dinge klarzustellen, gibt es noch immer irgendwelche Mißverständnisse. Ab und zu werden falsche Behauptungen und Übertreibungen laut, die darauf abzielen, unsere Organisation in Verruf zu bringen. Das tut weh. Es hat Behauptungen gegeben, die unsere Glaubwürdigkeit untergraben sollten, was es uns sehr schwermacht, dazu zu schweigen und weiterhin Wohlwollen an den Tag zu legen. Aber genau das werden wir tun. Wir vertrauen darauf, daß Gott unsere Lauterkeit bestätigen wird.

Inzwischen ist mir klar, daß der Schmerz deshalb so groß war, weil bei so vielem, was andere gedacht, gesagt und geschrieben haben, jegliche wohlwollende Gnade gefehlt hat. Doch Gott schenkt auch in solchen Situationen seine Gnade. Cynthia und ich müssen uns nur darauf berufen, uns daran festhalten und sie an andere weitergeben – mit vollen Händen. Ich bin fest davon überzeugt, daß Gottes Gnade uns auch durch diese Situationen hindurch bringen wird, selbst wenn wir auf Widerstand bei anderen stoßen. So ist es noch immer gewesen.

Und so finden wir uns mit den unterschiedlichen Ansichten ab und besinnen uns auf unsere Aufgaben. Schließlich gehört das dazu, wenn man praktizieren will, was man predigt, nicht wahr?

Kapitel 10

Hautnahe Gnade

Das vielleicht beste Buch, das abgesehen von der Bibel je geschrieben wurde, ist *Die Pilgerreise*. Wer diesen Klassiker des 17. Jahrhunderts nicht kennt, den wird die Tatsache überraschen, daß der Autor ihn während seiner dritten Gefängnisstrafe verfaßte. Beim ersten Mal war er sechs lange Jahre eingesperrt, beim zweiten waren es sechs weitere Jahre. Das Vergehen in beiden Fällen war dasselbe: Er hatte das Evangelium von Jesus Christus gepredigt. Als John Bunyan, Kesselflicker aus Bedford in England, zum dritten Mal ins Gefängnis mußte, gab Gott ihm den Anstoß zu diesem unsterblichen Stück Weltliteratur. Wie Händel, der sein musikalisches Meisterwerk *Der Messias* innerhalb von kurzer Zeit komponierte, brachte Bunyan seine Erzählung mit großer Geschwindigkeit zu Papier. William MacDonald schreibt: *»... Sie nahm mit der Geschwindigkeit eines Traums Gestalt an – und aus dem Traum wurde ein Buch.«*[1]

Das Buch, das vor über dreihundert Jahren veröffentlicht wurde, hat inzwischen weltweite Verbreitung gefunden. Mehrere Millionen Exemplare in zahlreichen Übersetzungen sind gedruckt worden. Immer wieder begegne ich anderen, die wie ich schon mehr als ein Exemplar zerlesen haben und die noch immer gern zu dem Buch greifen, um innerlich auferbaut zu werden. Ein solches Lob behalte ich mir für sehr wenige Bücher vor, doch *Die Pilgerreise* würde ich als eine meisterliche Schöpfung bezeichnen, in der biblische Aussagen auf zeitlose Art in ihrer ganzen Bedeutsamkeit dargestellt werden.

Hauptfigur dieser fesselnden Erzählung ist ein Mann namens Christ, dessen Pilgerreise von der Erde zum Himmel, von der Sünde zur Errettung von allen nur denkbaren Widrigkeiten des Lebens gekennzeichnet ist. Am Ende seiner ereignisreichen Reise erreicht er sein langersehntes Ziel, das »Paradies Gottes«. Unterwegs begegnet er einer ganzen Reihe von Menschen, Freund sowie Feind, die alle einen aufschlußreichen Namen tragen, darunter beispielsweise Evangelist, Helfer und Ausleger, die ihn auf seiner Reise ermuntern, und Gefügig, Störrig, Heuchler, Apollyon, ein Riese namens Verzweiflung und viele andere, die ihm die Reise erschweren.

Besondere Schwierigkeiten bereitet ihm Gesetzlich, der, wie Sie sich denken können, auf dem Berg Zion zu Hause ist. Christ schleppt eine schwere Last auf dem Rücken (Sünde), und bisher hat ihm niemand, der ihm Widerstand leistete, die Last erleichtern können, am wenigsten aber Gesetzlich:

> *»Dieser Gesetzlich kann dir deine Last nicht nehmen. Noch nie ist ein Mensch durch ihn befreit worden. Durch des Gesetzes Werke kann keiner seine Last los werden [sic].«*[2]

Nicht lange nach seiner Begegnung mit Gesetzlich wird Christ von Ausleger in ein großes Zimmer voller Staub geführt. In diesem Zimmer ist noch nie gefegt worden. Bunyan liefert eine meisterhafte Beschreibung der Säuberung:

> *»Nun faßte Ausleger seinen Gast bei der Hand und führte ihn in einen geräumigen Saal. Der war so voller Staub, als hätte man dort nie gekehrt. Nach einer Weile befahl Ausleger einem Diener zu kehren. Aber da flog all der Staub auf, so daß Christ beinahe davon erstickt wäre. Zu einer dabeistehenden Magd sagte Ausleger: ›Bring Wasser und besprenge das Zimmer.‹*
> *Dann wurde wieder gekehrt und gewischt, daß der Saal vor Sauberkeit glänzte.*
> *Wieder fragte Christ: ›Was bedeutet das?‹*
> *›Dieser Saal‹, antwortete Ausleger, ›gleicht dem Herzen eines Menschen, das durch die Gnade des Evangeliums noch nicht*

geheiligt ist. Der Staub ist die Erbsünde, das innere Verderben, das den ganzen Menschen verunreinigt. Der Diener, der zuerst zu kehren begann, ist das Gesetz. Die Magd, die das Wasser brachte und sprengte, ist das Evangelium. Wenn einer kehrt und nur den Staub aufwirbelt, so kann er nicht reinigen. Ja, du wärst beinahe daran erstickt. Statt das Herz von der Sünde zu reinigen, wurde die Sünde durch das Gesetz erst lebendig und kräftig. Die Kraft der Sünde machte sich bemerkbar. Sie wurde mächtig, weil das Gesetz die Sünde aufdeckt und verbietet, aber nicht die Kraft gibt, sie zu überwinden. Daß die Magd den Raum mit Wasser besprengte und ihn dann gut säubern konnte, ist ein Bild vom Evangelium mit seiner Einwirkung auf unsere Herzen. Es besiegt die Sünde durch den Glauben und reinigt die Seele, die nun bereit ist, den König der Ehren zu empfangen.‹«[3]

Um diesen Saal von all seiner Verschmutzung zu reinigen, war Gnade notwendig, die »Gnade des Evangeliums«. Genauso ist es auch heute noch.

Wer *Die Pilgerreise* gelesen hat, der weiß, daß der Pilger während der gesamten Erzählung Christ heißt. Erstaunlicherweise erinnern sich nur die wenigsten an seinen ursprünglichen Namen, obwohl dieser in der Allegorie genannt wird. Die erste Stelle, an der er erwähnt wird, ist das Gespräch des Pilgers mit dem Pförtner:

»Wie heißt du?«
»Christ ist mein Name. Doch vorher hieß ich Gnadenlos.«[4]

Das gleiche können wir alle von uns sagen, die wir Jesus Christus als unseren Herrn und Heiland angenommen haben. Jetzt heißen wir »Christ«, doch so war es nicht von Anfang an. Dieser Titel wurde uns in dem Moment verliehen, als wir zum Glauben kamen, an dem Tag, als wir Gott beim Wort nahmen und das Geschenk des ewigen Lebens aus seiner Hand annahmen. Vor diesem Namenswechsel waren wir in der Tat »Gnadenlos«.

Meine Frage ist nun folgende: Sind wir jetzt, nachdem Jesus also in unser Herz gekommen ist und uns die schwere Last der

Sünde vom Rücken genommen hat, plötzlich voller Gnade? Sind wir, nachdem wir jahrelang »Gnadenlos« waren, nun »gnadenbewußt«, sind wir »gnadenwach«, haben wir eine echte »Gnadenerweckung« erlebt, werden wir tatsächlich »gnadenerfüllt«? Vorbilder an Gnade werden heute dringender denn je benötigt.

Wie Gnade lebendig werden kann

Wie wäre es mit einer Ermutigungsspritze? Unser Gott arbeitet in allen seinen Kindern auf dieses Ziel hin. Das ist sein Bestreben, das steht bei ihm auf der Tagesordnung, das ist sein Vorhaben, wenn er uns den Weg zu unserem Endziel weist, der »himmlischen Stadt«, wie Bunyan es nennt. Nachdem er unser Herz von dem Unrat der inneren Verderbtheit und dem Staub der Sündenherrschaft gereinigt hat, will Gott nun tagtäglich seine Gnade in uns erwecken und unseren Charakter läutern. Lassen Sie sich anhand des Neuen Testaments zeigen, warum ich mir dessen so sicher bin:

> »Wir wissen, daß Gott bei denen, die ihn lieben, alles zum Guten führt, bei denen, die nach seinem ewigen Plan berufen sind; denn alle, die er im voraus erkannt hat, hat er auch im voraus dazu bestimmt, an Wesen und Gestalt seines Sohnes teilzuhaben, damit dieser der Erstgeborene von vielen Brüdern sei« (Röm 8,28-29).

> »Ich vertraue darauf, daß er, der bei euch das gute Werk begonnen hat, es auch vollenden wird bis zum Tag Christi Jesu« (Phil 1,6).

> »... der unseren armseligen Leib verwandeln wird in die Gestalt seines verherrlichten Leibes, in der Kraft, mit der er sich alles unterwerfen kann« (Phil 33,21).

> »Belügt einander nicht; denn ihr habt den alten Menschen mit seinen Taten abgelegt und seid zu einem neuen Menschen geworden, der nach dem Bild seines Schöpfers erneuert wird, um ihn zu erkennen« (Kol 3,9-10).

Beachten Sie die Bausteine dieses Textes, auf die ich hier hinauswill: »dazu bestimmt, an Wesen und Gestalt seines Sohnes teilzuhaben«, »der … begonnen hat, … vollenden wird«, »verwandeln« und »erneuert wird«. Dieser Veränderungsprozeß betrifft uns alle; wir befinden uns allesamt auf der »Pilgerreise«, geführt von Gottes mächtiger Hand und unter seinen aufmerksamen Augen. Er hat unsere ureigensten Interessen im Sinn, nicht unseren Untergang; er will das Gute, nicht das Böse. Sein Ziel für uns hat er uns klar und deutlich gezeigt: daß wir seinem Sohn gleichen sollen, der »voll Gnade und Wahrheit« ist.

Beim Nachdenken darüber, wie wir zu gnadenerfüllten Menschen werden können, kristallisieren sich mindestens drei Faktoren heraus, die in dem ganzen Vorgang eine Rolle spielen:

Erstens braucht es Zeit. Nichts lernt sich auf einen Schlag. Um zu einem Menschen zu werden, der Gnade ausstrahlt, braucht man anscheinend Jahre! Wie beim Erwerben von Weisheit geht auch das »Gnadelernen« langsam vonstatten. Gott überstürzt ohnehin nichts. Auf eins ist jedoch Verlaß: Er ist beharrlich bei der Sache.

Zweitens spielt Mühe eine Rolle. Der »Staub« in unserem Saal sinkt nicht so leicht zu Boden. Ich kenne niemanden, für den die Umstellung auf die Gnade ein Kinderspiel gewesen ist. Schmerz gehört zu den Lehrfächern in Gottes Lebensschule.

Drittens gehört auch innere Umwandlung dazu. Da wir von Natur aus »Gnadenlos« heißen, fällt es uns schwer, uns in die Gnade hineinzudenken. Wir besitzen sie nicht, wir widersetzen uns, wir schaffen es nicht, sie in die Tat umzusetzen, doch Gott arbeitet ununterbrochen an uns weiter. Es ist sein fester Entschluß und Wille, daß wir seinem Sohn immer ähnlicher werden. Erinnern Sie sich? »… daß er, der bei euch das gute Werk begonnen hat, es auch vollenden *wird* …« (Hervorhebung durch den Autor).

Wo es uns im täglichen Leben noch an Gnade fehlt

In einem Werk von C. S. Lewis heißt es:

> *»Der wahre Sohn Gottes ist bei Ihnen. Er fängt an, Sie in ein ihm ähnliches Wesen zu verwandeln. Er fängt sozusagen an, sein eigenes Leben und Denken in Sie zu ›injizieren‹, wodurch er aus einer Zinnfigur einen lebendigen Menschen macht. Der Teil von Ihnen, dem das zutiefst widerstrebt, ist noch immer aus Zinn.«*[5]

Dieses Sinnbild, das C. S. Lewis da malt, fasziniert mich. Beim Nachdenken über jene Bereiche meines Lebens, die noch immer »aus Zinn« sind, ist mir klargeworden, daß ich haargenau dort die Gnade Gottes noch mehr ausleben muß. Das ist wohl bei uns allen so. Ich nahm also meine Konkordanz aus dem Regal, schlug das Wort *grace* (»Gnade«) nach und sah mir jene Passagen des Neuen Testaments genauer an, die uns Beispiele aus dem Alltagsleben für das »Zinn« liefern, jene Bereiche also, wo den meisten von uns noch die Gnade Gottes fehlt.

Dabei bin ich auf fünf sehr wunde Stellen gestoßen, bei denen wir uns von unserem Heiland helfen lassen müssen: Selbstunsicherheit, Schwachheit, Scharfzüngigkeit, Wankelmut und Arroganz. Mir ist durchaus klar, daß diese Dinge allesamt ungemein private, persönliche Schwierigkeiten darstellen, aber wenn die Gnade uns nicht aus allernächster, persönlicher Nähe helfen kann, was nützt sie uns dann? Deshalb lassen Sie dieses lindernde Öl während der nächsten paar Seiten an solche harten Stellen (das »Zinn«) Ihres Lebens heran. Vielleicht gelingt es uns, durch eine wirklich persönliche Auseinandersetzung mit diesen Verhärtungen, sie ein für alle mal loszuwerden. Manche von ihnen haben uns lange genug gequält. Ich hoffe, daß wir dadurch ein Stück auf unserer eigenen Pilgerreise in die Zeit der Gnade Jesu hinein vorangebracht werden.

1. *Ich mache mir die Gnade zu eigen, der zu sein, der ich bin (hier geht es um das »Zinn« der Selbstunsicherheit)*

> »Danach erschien er mehr als fünfhundert Brüdern zugleich; die meisten von ihnen sind noch am Leben, einige sind entschlafen. Danach erschien er dem Jakobus, dann allen Aposteln. Als letztem von allen erschien er auch mir, dem Unerwarteten, der ›Mißgeburt‹. Denn ich bin der geringste von den Aposteln; ich bin nicht wert, Apostel genannt zu werden, weil ich die Kirche Gottes verfolgt habe. Doch durch Gottes Gnade bin ich, was ich bin, und sein gnädiges Handeln in mir ist nicht ohne Wirkung geblieben. Mehr als sie alle habe ich mich abgemüht – nicht ich, sondern die Gnade Gottes zusammen mit mir. Ob nun ich verkündige oder die anderen: das ist unsere Botschaft, und das ist der Glaube, den ihr angenommen habt« (1 Kor 15,6-11).

Während meiner Jahre im Pastorendienst habe ich viele Christen kennengelernt. Dabei habe ich die Beobachtung gemacht, daß viele Christen Angst haben, so zu sein, wie sie sind. Zugegeben, manche tappen total im Dunkeln und wissen nicht einmal, wer sie überhaupt sind, weil sie viel zu beschäftigt damit sind, ihr Verhalten an die Erwartungen anderer anzupassen; die meisten jedoch wissen sehr wohl, wer sie sind, wollen die Wahrheit aber nicht ans Licht dringen lassen. Sie sorgen sich um ihr Image und um das, was andere über sie denken oder sagen würden. Am meisten macht ihnen der Gedanke zu schaffen: »Wenn sie nur wüßten, wie ich in Wirklichkeit bin, dann würde mich keiner mehr mögen.«

Der Bibeltext, den ich soeben zitiert habe, ist äußerst hilfreich. Paulus beschreibt in aller Aufrichtigkeit seine eigene niedrige Stellung. Nachdem er all die »Prominenten« aufzählt, denen der auferstandene Jesus erschienen war (Petrus, Jakobus, die Apostel), sagt er: »Als letztem von allen erschien er auch mir …« Dies ist keine falsche Bescheidenheit, sondern eine historische Tatsache. Es spricht Bände, daß er sich selbst als »Mißgeburt« bezeichnet. Vielleicht wird es Sie schockieren, daß das griechische Wort im Urtext ein Kind bezeichnet, das zu früh geboren wird, eine Fehlgeburt also, einen toten Fötus. Im übertragenen Sinn ist jemand gemeint, dem jegliches geistliches Leben fehlt.

Doch damit nicht genug; Paulus betrachtet sich nicht nur als den letzten der Apostel, sondern auch als den geringsten, da er früher einmal die Kirche Gottes verfolgt hat. Während die anderen Männer, die er namentlich erwähnt, die Gemeinde verteidigten und aufbauten, war er noch eifrig dabei, sie unter Beschuß zu nehmen, um sie zu zerstören. So sieht die Selbsteinschätzung des Paulus aus, wenn er sich in die Galerie dieser Männer Gottes einreiht. Das hätte verheerende Folgen für sein Selbstwertgefühl haben können, doch so war es nicht. Einerseits leugnete er keineswegs seine eigenen Schattenseiten, doch andererseits sah er keinen Grund, sich zu verkriechen und an einem Minderwertigkeitskomplex zugrunde zu gehen. Warum nicht? Die Antwort ist klar: Gnade. Gottes erwekkende, belebende Gnade veränderte seine ganze Sicht der Dinge: »Doch durch Gottes Gnade bin ich, was ich bin, und sein gnädiges Handeln an mir ist nicht ohne Wirkung geblieben. Mehr als sie alle habe ich mich abgemüht – nicht ich, sondern die Gnade Gottes zusammen mit mir« (Vers 15).

Die Gnade machte ihn zu dem, was er war. Die Gnade verlieh ihm den Mut, der zu sein, der er war. Die Gnade gab ihm die Kraft, das zu erreichen, was er erreicht hat. Er war sich darüber im klaren, daß die Privilegien, die er besaß, völlig unverdient waren; dieses Wissen befreite ihn dazu, genau der zu sein, der er war, und genau das zu tun, zu dem er berufen war. Die Gnade wurde sein stummer Mitstreiter, sein ständiger Weggefährte, seine unsichtbare Sicherheit, denn er selbst hatte keineswegs die Rolle verdient, die er in Gottes neu begonnenem Kapitel der Weltgeschichte spielen sollte. Übrigens ist zu erwähnen, daß Paulus es konsequent ablehnte, sich mit anderen zu vergleichen und sich in einen Wettkampf der Erfolge zu stürzen. Die Gnade macht solche Dinge völlig überflüssig. In einem Bibelkommentar heißt es treffend über den »Apostel« Paulus: »Obwohl er von sich aus völlig untauglich war, diesen Titel zu tragen, hat die Gnade ihn dazu befähigt. Der Verfolger erfuhr Vergebung, und die Mißgeburt wurde an Sohnes Statt angenommen.«[6]

Wenn Selbstunsicherheit Ihr »Zinn« ist, rate ich Ihnen dazu, täglich eine große Portion Gnade auf der wunden Stelle zu verstreichen. Lassen Sie das Heilmittel ganz nahe an sich heran. Sie werden die Entdeckung machen, daß es starke, lindernde Kräfte hat. Wenn Paulus, der einstige Verfolger, geheilt werden konnte, dann kann ich Ihnen versichern, daß der unsichere, von Minderwertigkeitsgefühlen geplagte Pilger von heute sein »Zinn« ebenso los werden kann.

2. Ich mache mir die Gnade zu eigen, das Positive in meinem Leid zu entdecken (hier geht es um das »Zinn« der Schwachheit)

> »Damit ich mich wegen der einzigartigen Offenbarungen nicht überhebe, wurde mir ein Stachel ins Fleisch gestoßen: ein Bote Satans, der mich mit Fäusten schlagen soll, damit ich mich nicht überhebe. Dreimal habe ich den Herrn angefleht, daß dieser Bote Satans, [sic] von mir ablasse. Er aber antwortete mir: Meine Gnade genügt dir; denn sie erweist ihre Kraft in der Schwachheit. Viel lieber also will ich mich meiner Schwachheit rühmen, damit die Kraft Christi auf mich herabkommt. Deswegen bejahe ich meine Ohnmacht, alle Mißhandlungen und Nöte, Verfolgungen und Ängste, die ich für Christus ertrage; denn wenn ich schwach bin, dann bin ich stark« (2 Kor 12,7-10).

Ein weiterer Faktor, mit dem wir zu kämpfen haben, besteht aus unseren eigenen menschlichen Schwächen, die uns immer wieder und auf mancherlei Weise zu schaffen machen. Wir leiden. Wir fühlen uns elend. Wir versagen. Wir machen Fehler. Wir können uns selbst nicht ausstehen. Keine Arznei hilft dagegen. Kein Beten beseitigt das Problem. Kein Jammern macht es besser. Was ist nur los mit uns? Ganz einfach: Wir sind nun mal Menschen, keine materielosen Geschöpfe! Unsere Unvollkommenheit folgt uns auf Schritt und Tritt.

Was Paulus betraf, so hatte er mit einem »Stachel« zu kämpfen, mit einem Leiden, das heftige, nur selten nachlassende Schmerzen verursachte. Kehrten die Schmerzen nach einer kurzen Linderung zurück, so fühlte er sich jämmerlich schwach und hinfällig. Wie konnte er trotz eines solchen Leidens seinen Aufgaben weiter nachgehen? Die Antwort ist die gleiche wie zuvor: Gnade.

Es war die Gnade, die ihm half, seine »Ohnmacht zu bejahen«. Als er zu dieser Bejahung gefunden hatte, belebte ihn eine neue innere Kraft. Keine Mißhandlungen und Nöte, Verfolgungen und Ängste konnten ihn zum Aufgeben bringen, als die Gnade ihm erst einmal geholfen hatte, seine Schwächen zu bejahen.

Das funktioniert nicht nur bei einem Apostel und Missionar des 1. Jahrhunderts, sondern das gilt auch für uns heute. Wenn wir uns nicht beschämt verkriechen oder unsere Schwächen leugnen, sind wir für andere nahbarer. Ehrlichkeit wirkt einladend auf andere; sie können sich besser in uns hineindenken und fühlen sich in unserer Nähe geborgener. Die Gnade befähigt uns dazu, unsere Schwierigkeiten freimütig zuzugeben. Wenn wir unsere Schwächen bejahen können, sind wir von dem ständigen Zwang entlastet, eine falsche Fassade vor anderen aufzubauen. Wir haben die Freiheit, unser echtes Ich zu zeigen. Wir sind nicht mehr auf teure Krawatten, Armbanduhren eines bestimmten Herstellers oder Alligatorlederschuhe angewiesen. Solche Dinge werden leicht zu stummen Gnadenkillern.

Ich freue mich immer darüber, wenn Berufssportler ihre Schwachpunkte nicht verbergen, Sie nicht auch? Wenn wir ihnen dabei zuschauen, wie sie sich mit einer unglaublichen Geschicklichkeit und Präzision bewegen, reden wir uns viel zu leicht ein, bei ihnen gehe es auch in sämtlichen anderen Lebensbereichen so mühelos und beeindruckend zu. Als wir Mitte der 60er Jahre in Boston wohnten, war Bill Russell der Star der *Celtics*, einer Basketballmannschaft vom Format eines Weltmeisters. Es hat einfach Spaß gemacht, ihn mit seiner Mannschaft im *Boston Garden* spielen zu sehen. Mit meisterhafter Geschicklichkeit hatte er das ganze Spiel im Griff. Sämtliche Mitspieler standen in seinem Schatten. Seine Fans bewunderten seine wirklich außergewöhnliche Begabung zu diesem Sport. Eines Tages hörte ich ein Interview am Radio, bei dem Russell etwas sagte, das mir diesen Mann noch um ein Vielfaches sympathischer machte, obwohl ich ihn überhaupt nicht persönlich kannte. Der Reporter fragte den gefeierten Berufssportler, ob er je an Lampenfieber leide. Russells Antwort überraschte mich. In seiner unnachahmlichen Unverblümtheit sagte er: »Ich kotze vor jedem Spiel.« Der geschockte Reporter fragte ihn, was er denn tue, wenn seine Mannschaft zwei Spiele am selben Tag zu spielen hatte. Unerschütterlich antwortete Russell: »Ich kotze zweimal.« Mit einem Schlag war dieser Mann kein Musterexemplar athletischer Vollkommenheit mehr – er hatte auch seine Schwächen.

Was die zerbrechlichen, mit Mängeln behafteten Bereiche unseres Lebens angeht, so haben wir nichts zu verstecken. Reden wir doch darüber! Gestehen wir es doch ein! Die Gnade wird uns dabei helfen. Denken Sie an die Liedzeilen von John Newton:

> *»Durch Schwierigkeiten mancher Art*
> *wurd' ich ja schon geführt,*
> *doch hat die Gnade mich bewahrt,*
> *die Ehre ihm gebührt.«*[7]

Es ist die Gnade, die uns bewahrt, nicht der eigene Ehrgeiz, nicht der eigene Perfektionismus. (Möge Gott Ihnen beistehen, wenn Sie Perfektionist sind – Ihnen und denen, die mit Ihnen leben. Beide Seiten brauchen bergeweise Gnade!) Neulich hörte ich folgende Definition: Ein Perfektionist ist einer, der sich die größte Mühe gibt und diese dann anderen Leuten bereitet. Die Gnade wird Ihnen dabei helfen, auch die Risse und den abgeblätterten Putz Ihres Lebens ans Tageslicht zu lassen. Verstecken Sie Ihre Schwachstellen nicht! Niemand kann sich mit Leuten identifizieren, die immerzu nur den Anschein von fehlerlosem Verhalten und reibungslosen Erfolgen verbreiten. Mit Versagen und Mängeln dagegen können wir uns alle identifizieren. Und Gott findet Wege, aus solchen Situationen Gutes hervorzubringen.

Ich werde nie die Predigt vergessen, die ich trotz Halsschmerzen und Kehlkopfentzündung hielt. Meine Stimme war so gut wie dahin, weshalb ich mir dachte: Ich werde einfach flüstern, um sie zu schonen. (Später erfuhr ich, daß man seiner Stimme nichts Schlimmeres antun kann als zu flüstern, aber zu dem Zeitpunkt wußte ich das nicht.) Nach der Predigt wäre ich am liebsten im

Erdboden versunken. Mein Vortrag war katastrophal gewesen, fand ich. So schlecht hatte ich noch nie gepredigt. Aber dann geschah etwas, womit ich nicht gerechnet hatte. Zahllose Leute kamen später auf mich zu und sagten: »Sie können sich gar nicht vorstellen, wie sehr mir Ihre Predigt geholfen hat.« Aus meiner offensichtlichen Schwäche und Hilflosigkeit wurde eine Ermutigung für andere, besonders für jene, die sich, wie sie mir sagten, schon gefragt hatten, ob ich überhaupt je mit Schwächen zu kämpfen hätte. Auf einmal konnten sie sich selbst in mir wiederfinden, anstatt mich aus der Distanz mit einer Art unrealistischer Bewunderung zu betrachten. Ich denke, Sie haben begriffen, worum es mir geht: Gnade in Schwachheit befähigt uns dazu, prächtige Werkzeuge in Gottes Hand zu werden.

3. *Ich mache mir die Gnade zu eigen, die ich für die Begegnung mit anderen brauche (hier geht es um das »Zinn« der Scharfzüngigkeit)*

> »Seid weise im Umgang mit den Außenstehenden, nutzt die Zeit! Eure Worte seien immer freundlich[8], doch mit Salz gewürzt; denn ihr müßt jedem in der rechten Weise antworten können« (Kol 4,5-6).

Dieser Aspekt der Gnade betrifft unseren Umgang mit unseren Mitmenschen. Ist Ihnen schon einmal aufgefallen, daß das Leben im Grunde genommen eine lange Kette von Begegnungen mit unseren Mitmenschen ist? Wir reden mit jenen, die den Heiland noch nicht persönlich kennen. Wir reden mit anderen Christen. Wir reden mit Kindern, mit Eltern, mit Freunden, mit Notleidenden, mit Arbeitskollegen und mit Kommilitonen. Paulus betreibt hier Verhaltensvorsorge, weil er unsere Neigung zur Scharfzüngigkeit kennt, dieses Stück »Zinnfigur«, das wir alle mit uns herumtragen. Er nennt Weisheit und mit Salz gewürzte Worte als die richtige Art, mit anderen zu reden. Mit Salz sind hier wohl Dinge wie der gute Ton, Takt und das richtige Wort zur richtigen Zeit gemeint. Aber die Gnade schenkt uns nicht nur das, sondern viel mehr, beispielsweise Herzlichkeit. Unsere Worte sollten immer entgegenkommend, liebenswürdig, gewinnend und herzlich sein. Auf diesem Gebiet ist die Gnade ein wahrer Meister.

Wenn ich die Macht hätte, einen Teil des Leibes Christi anzurühren und zu heilen, dann würde ich die Zunge anrühren, und damit meine ich durchaus auch meine eigene. Die Zunge ist dasjenige Organ im Leib Christi, das die meisten Krankheiten verbreitet, genauer gesagt: die Zunge, der es an Gnade fehlt, denn die Gnade verleiht uns ja den nötigen Takt. Jemand hat einmal gesagt: »Takt ist wie ein Korsett. Er verleiht der unerfreulichen Wahrheit ein gefälligeres Aussehen.«[9] Die nackte Wahrheit kann manchmal hart und unwillkommen sein. Manchmal ist sie bitter, manchmal brutal. Ein reichliches Maß an Gnade wirkt Wunder, um sie genießbarer zu machen. Die Gnade hilft uns dabei, unsere Worte so zu wählen, daß die Wahrheit ohne unnötige Kränkungen gehört werden kann. Sven Wahlroos schreibt folgendes über Takt:

> *»Takt ist eine Art des Umgangs mit einem Mitmenschen, bei der Aufrichtigkeit und Offenheit im Austausch gewahrt werden, während zugleich Rücksichtnahme auf die Gefühle des anderen herrscht – man bemüht sich, ihn nicht unnötig zu verletzen. … Der Sprecher setzt Vertrauen in sein Gegenüber und vermittelt ihm folgendes: Ich traue dir zu, mit dem fertigzuwerden, was ich dir jetzt sagen werde. Ich nehme Rücksicht auf deine Gefühle und werde mein Bestes tun, um meine destruktiven Neigungen in Schach zu halten, damit ich dir nicht unnötig weh tue.«*[10]

Wo wir gerade beim Thema Takt als Mittel gegen eine scharfe Zunge sind, möchte ich einen kurzen Abstecher machen und auf die Wichtigkeit eines ausgeprägten Sinns für Humor hinweisen. Nichts zeichnet den Christen als Träger der Gnade mehr aus als die Fähigkeit, über sich selbst und die Welt lachen zu können und bei den Alltagsbegegnungen mit anderen den Humor nicht zu vergessen. Ein paar Körner Salz verstärken den Geschmack ungemein! Humor ist etwas wirklich Zauberhaftes.

Howie Hendricks, einer meiner langjährigen Freunde und Mentoren, ist ein Meister dieser Kunst. Ich kenne und schätze ihn jetzt schon seit über dreißig Jahren. Unzählige Male habe ich erlebt, wie er unter Hunderten von Zuhörern, die einander so gut wie überhaupt nicht kennen, eine herzliche, warme Atmosphäre verbreitet. Sein Werkzeug? Gewinnende, liebenswürdige Worte, gewürzt mit einer Prise Humor. Welch ein Botschafter der Gnade! Wenn ich eins von diesem Mann gelernt habe, dann ist es die Erkenntnis, wie wichtig es ist, die Wahrheit unerschrocken und klar, jedoch in aufbauender Art und Weise auszudrücken. Haben Sie je Leute erlebt, die die Bibel wie eine Keule schwingen? Mein Freund Howie Hendricks gehört mit Sicherheit nicht zu ihnen. Und es ist erstaunlich, wie schnell andere sich uns öffnen, wenn sie merken, daß wir Rücksicht auf ihre Gefühle nehmen. Ich glaube, es ist Mary Poppins, die das Lied singt: »A spoonful of sugar makes the medicine go down« (etwa: »Mit einem Löffel Zucker ist die Medizin schon viel genießbarer«). Wenn eine scharfe Zunge zu dem »Zinn« gehört, mit dem Sie bei sich selbst zu kämpfen haben, dann wird Ihnen die Gnade beim Umgang mit anderen helfen.

4. *Ich mache mir die Gnade zu eigen, das zu vertreten, woran ich glaube (hier geht es um das »Zinn« des Wankelmuts)*

   »Denkt an eure Vorsteher, die euch das Wort Gottes verkündet haben; schaut auf das Ende ihres Lebens, und ahmt ihren Glauben nach! Jesus Christus ist derselbe, gestern, heute und in Ewigkeit. Laßt euch nicht durch mancherlei fremde Lehren irreführen; denn es ist gut, das Herz durch Gnade zu stärken und nicht dadurch, daß man nach Speisevorschriften lebt, die noch keinem genützt haben« (Heb 13,7-9).

Der Verfasser des Hebräerbriefs ist fast am Ende seiner Ausführungen angelangt. Hier bringt er eine große Sorge zum Ausdruck, nämlich die Gefahr, daß manche den Glauben aufgeben, weil die Umstände so schwierig sind. Die Christen leiden Verfolgung. Märtyrer werden hingerichtet. Und einige fragen sich: War mein Glaube womöglich umsonst? Soll ich weiterhin als Christ leben? Einige widerrufen ihren Glauben. Mit seinen Zeilen will der Verfasser die Christen dazu auffordern, ihrem Glauben treu zu bleiben. »Gebt nicht auf! Macht keine Zugeständnisse! Kapituliert nicht!« Die Neigung, unter Druck Kompromisse zu schließen, bereitet ihm Sorgen.

Diese Neigung ist in jeder Generation vorhanden, und unsere ist mit Sicherheit keine Ausnahme. Wenn wir gemütlich mit unseren Glaubensgeschwistern im Gemeindesaal beisammensitzen, kommen wir uns so standfest und entschlossen wie ein Stier im Schneesturm vor. Wir wären glatt bereit, für unseren Glauben zu sterben. Vierundzwanzig Stunden später sind wir am Arbeitsplatz von Menschen umgeben, die etwas gegen den christlichen Glauben haben. Es wäre höchst interessant, einmal festzustellen, wie viele von den Glaubensgegnern am Arbeitsplatz wissen, daß wir Christ sind. Am Arbeitsplatz gibt man gern klein bei, man verhält sich unauffällig, wenn das Thema christlicher Glaube diskutiert wird. Haben Sie sich je gefragt, warum das so ist? Die Antwort lautet, daß es uns an Gnade fehlt. Vielleicht haben Sie sich das noch nie klargemacht, aber die Gnade stärkt uns. Sie stärkt unsere Herzen und erweckt in uns den Mut zur Standfestigkeit.

Wie geschieht das? Wie schafft die Gnade es nur, uns die Kraft zum Bekennen unseres Glaubens zu verleihen? Vielleicht liegt es daran, daß die Gnade uns davor bewahrt, etwas sein zu wollen, was wir nicht sind. Vielleicht liegt es an der Echtheit, die sie in uns zutage fördert. Die Gnade beseitigt das hinderliche »Zinn«, reißt Masken von Gesichtern, drängt uns zum Zeigen unseres wahren Gesichts, und wenn wir dann von unserem Glauben sprechen, ist die Wahrheit in unseren Worten nicht zu überhören. Ist es möglich, daß Sie am Arbeitsplatz oder im Seminarraum Abstriche an Ihrem Glauben gemacht haben, weil Sie nur eine Fassade von sich dargestellt haben? Die Gnade ist so erleichternd, so stärkend, daß sie alles Unechte beseitigt.

Bisher haben wir vier Bereiche des »Zinns« aufgedeckt, mit denen wir häufig behaftet sind: Selbstunsicherheit, Schwachheit, Scharfzüngigkeit und Wankelmut. Niemand kann bestreiten, daß wir die Gnade hautnah an uns heranlassen müssen, um diese Verhärtungen loszuwerden. Die Liste wäre jedoch unvollständig ohne diesen letzten Bereich, der uns allen zu schaffen macht:

5. Ich mache mir die Gnade zu eigen, die wahren Autoritäten meines Lebens anzuerkennen (hier geht es um das »Zinn« der Arroganz)

> »Doch er gibt noch größere Gnade; darum heißt es auch: Gott tritt den Stolzen entgegen, den Demütigen aber schenkt er seine Gnade. Ordnet euch also Gott unter, leistet dem Teufel Widerstand; dann wird er vor euch fliehen« (Jak 4,6-7).

> »Sodann, ihr Jüngeren: ordnet euch den Ältesten unter! Alle aber begegnet einander in Demut! Denn Gott tritt den Stolzen entgegen, den Demütigen aber schenkt er seine Gnade« (1 Petr 5,5).

Diese Auszüge aus dem Neuen Testament gründen sich beide auf Sprichwörter 3,34: »Die Zuchtlosen verspottet er, / den Gebeugten erweist er seine Gunst.«

Charles Bridges, ein Alttestamentler des 19. Jahrhunderts, schreibt: *»Über kein anderes Thema drückt Gott sich so unmißverständlich aus wie über den Stolz. ... eine demütige Haltung – ein tiefes Bewußtsein der eigenen Nichtigkeit ... ist die größte Zier. Diese ist keineswegs ein gelegentliches oder vorübergehendes Gefühl ... sondern ein Gewand, das den Menschen von Kopf bis Fuß bekleidet. ... Er gießt sie [die Gnade] reichlich über demütigen Herzen aus.«*[11]

Es gibt kaum eine hartnäckigere Eigenschaft als Überheblichkeit. Überall ist sie gegenwärtig. Ich finde es absurd, daß wir als einstige Fehlgeburten, als frühere geistliche Leichen (wie Paulus es darstellt) überhaupt überhebliche Gefühle zustande bringen können. Trotzdem ist der Stolz allgegenwärtig und stets bereit, sich zu rechtfertigen. Zudem ist er auch clever. Er besitzt die Fähigkeit, seine Häßlichkeit geschickt zu tarnen. Da es sich für einen Christen nicht schickt, unverhohlen zu protzen, suchen wir uns andere Kanäle für unseren Stolz: unseren Beruf, unser Einkommen, unser Prestige, den Einfluß, über den wir verfügen, unsere Titel, unsere Kleidung, unsere Art, mit anderen umzugehen, unser Hang zum Manipulieren. Abstoßend und unangebracht ist so etwas. Als machtvoller Trieb zählt Stolz zu den folgenschwersten Gnadenkillern.

Lassen wir uns jedoch gesagt sein, daß Gott nichts segnen wird, was Stolz zum Ursprung hat. Wie die Heilige Schrift uns wiederholt klarmachen will, senkt Gott seine mächtige Hand auf unser Leben herab und drückt seine allmächtigen Finger in die Stellen, die uns wehtun. Wir seufzen, wir winden uns, wir kämpfen und machen uns (hoffentlich) die Gnade zu eigen, um uns seinem Willen zu fügen. Welch eine segensreiche Unterwerfung! Haargenau in jenen Bereichen, in denen wir selbst nicht zurechtkommen, leistet Gott wirklich Meisterliches.

Der Schotte George Matheson spricht aus eigener Erfahrung, wenn er schreibt:

> *»Meine Seele, verwirf nicht den Ort deines Kniefalls! Denn er ist seit jeher der Ort, wo den Angehörigen des Königs die Festgewänder angepaßt werden. Frage die Großen der Vergangenheit, wo ihnen der größte Segen wiederfuhr, und sie werden antworten: ›Auf dem kalten Boden, auf dem ich einst kniete.‹ Frage Abraham; er wird das Opfer auf Morija nennen. Frage Joseph, und er wird von seinem Kerker sprechen. Frage Moses; er wird seine hohe Stellung auf die Gefahr auf dem Nil zurückführen. Frage Ruth; sie wird dir auftragen, ihr Monument auf dem Feld ihrer niederen Arbeit zu errichten. Frage David; er wird dir sagen, daß seine Psalmen der Nacht entsprangen. Frage Ijob; er wird dir in Erinnerung rufen, daß Gott ihm aus dem Sturmwind antwortete. Frage Petrus; er wird sein Versinken im See preisen. Frage Johannes; er wird von Patmos sprechen. Frage Paulus; er wird seine Inspiration auf das Licht zurückführen, das ihn blind werden ließ. Da ist noch einer, den du fragen sollst: den Menschensohn. Frage ihn, woher seine Herrschaft über die Welt kommt. Er wird dir antworten: ›Aus der kalten Erde, auf der ich kniete; mein Zepter erhielt ich dort.‹ Auch du, meine Seele, sollst den Schmuck von Gethsemane angelegt bekommen. Der Kelch, den du so gern an dir vorübergehen lassen würdest, wird dir eines Tages zur Krone werden. Der Tag deiner Erniedrigung wird dich wunderbar laben. Es ist die Wüste, die in Gesang ausbrechen wird; es sind die Bäume deines stillen Waldes, die vor Jubel in die Hände klatschen werden.«*[12]

Lieber Weggefährte auf der Pilgerreise, ist das Vorankommen mühsamer, als Sie erwartet hatten? Hatten Sie geglaubt, nach Disneyland unterwegs zu sein, um sich statt dessen auf dem kalten, kargen Boden der Realität wiederzufinden, allein, deprimiert und mutlos? Fragen Sie sich schon, ob Sie womöglich den falschen Weg eingeschlagen haben? Lassen Sie sich von mir sagen, daß das nicht so ist. Gott arbeitet an Ihnen. Seine mächtige Hand ist über Ihnen. Seine Liebe umgibt Sie. Seine Gnade liegt für Sie bereit. Wachen Sie auf, und ergreifen Sie alles, was sie anbietet, mit beiden Händen.

George Matheson und John Bunyan würden Ihnen zurufen, daß Sie an dem Ort sind, wo »den Angehörigen des Königs die Festgewänder angepaßt werden.«[13] Der Schneider heißt Gnade … und am Ende der Reise steht der Moment, an dem das Gewand dem Träger paßt.

Kapitel 11

Sind Sie ein »echter« Gnadenverkündiger?

Dieses Kapitel wendet sich an alle, die in irgendeiner Weise im Dienst Gottes für sein Reich stehen.

Wahrscheinlich werden die meisten von Ihnen jetzt denken: Also nicht an mich. Ich bin kein Pfarrer. Ich bin kein Evangelist oder Missionar … ich bin auch kein Angestellter einer Gemeinde. Lassen Sie mich klarstellen, daß mit diesem Anfangssatz alle gemeint sind, die Gott dienen, nicht nur jene, die dies von Berufs wegen tun. Wenn ich von Ämtern oder Diensten für Gott spreche, dann meine ich damit jeden, der sich auf kontinuierliche Weise für einen Teil des Leibes Christi einsetzt.

Vielleicht leiten Sie eine Gruppe oder üben ein Amt innerhalb der Gemeinde aus, oder vielleicht sind Sie ein Seelsorger, halten Vorträge oder machen Musik. Vielleicht betätigen Sie sich im Bereich Bibelarbeit oder Freizeiten – was auch immer. Vielleicht ist diese Betätigung nicht Ihr Broterwerb, doch Sie betreiben gezielt und regelmäßig christliche Aktivitäten, mit denen Sie hauptsächlich Christen erreichen. Wenn dies auf Sie zutrifft, dann gilt dieses elfte Kapitel Ihnen.

Nachdem ich nun also Ihre Aufmerksamkeit habe, möchte ich Ihnen eine elementare Frage stellen, die nur von Ihnen allein beantwortet werden kann: Sind Sie ein echter Gnadenverkündiger? Diese Frage läßt sich auch auf verschiedene andere Weisen ausdrücken:

- Strahlen Sie bei der Ausübung Ihrer Betätigung Gnade aus?
- Gestehen Sie denen, an die Sie sich mit Ihrer Betätigung wenden, die Freiheit zu, so zu sein, wie sie sind, oder zwingen Sie ihnen Ihre Erwartungen auf?
- Lassen Sie andere gewähren, oder ersticken Sie sie mit Ihren Bevormundungsversuchen?
- Empfinden andere Ihre Gegenwart als einschüchternd oder als befreiend?
- Fördern Sie Spontaneität, Kreativität und Freude, oder züchten Sie sich einen Verein von verängstigten Häftlingen heran?
- Ermutigen, ermuntern und bestätigen Sie jene, denen Ihre Betätigung gilt?

Es ist an der Zeit, die Handschuhe auszuziehen, die Masken abzunehmen, die Rechtfertigungen beiseite zu lassen und der Wahrheit ins Auge zu sehen. Gehören Sie zu denen, die Gnade ausstrahlen und weitergeben oder nicht? Ist das, was Sie tun, das Resultat Ihrer eigenen Bemühungen, hervorgebracht aus eigener Kraft? Verlassen Sie sich in erster Linie auf Ihre eigenen Fähigkeiten? Verfolgen Sie oft verschleierte Absichten? Was sind Ihre Beweggründe? Wenn Sie vor Ihren Zuhörern stehen, die gebannt auf jedes Ihrer Worte hören und Ihnen mit argloser Treue folgen, nutzen Sie Ihre Autorität für Ihre eigenen Zwecke aus? Legen Sie großen Wert auf das Ausbauen Ihres eigenen Images, oder können Sie in aller Aufrichtigkeit von sich sagen, daß Ihre Betätigung vom Geist Gottes geführt und getragen wird? Führt Ihr Dienst Ihre Mitchristen in eine wirkliche »Zeit der Gnade«?

Nachdrückliche Worte eines Propheten

Um Ihnen zu verdeutlichen, wieviel ein Verkündiger der Gnade ausrichten kann, möchte ich Ihnen einen der am wenigsten gefeierten Helden der Bibel vorstellen. Er war Prophet und lebte zur Zeit des Alten Testaments. Sacharja hieß er. Das nach ihm benannte Buch ist das zweitletzte des Alten Testaments, gefolgt von Maleachi. Die meisten Leute, sogar die meisten Kirchgänger, wissen nur sehr wenig über diesen wichtigen Propheten. Daher wird sich ein wenig Hintergrundinformation als nützlich erweisen, um einen Zusammenhang zwischen Sacharja und meiner soeben gestellten Frage herzustellen.

Historisches Umfeld

Jerusalem lag in Trümmern. Die schützende Stadtmauer war dem Erdboden gleichgemacht worden; nur noch verstreut liegende Steinhaufen waren davon übrig. Die Häuser der Israeliten waren vor Jahren in Flammen aufgegangen, schon vor Jahrzehnten. Auch der Tempel des Herrn war nur noch eine Ruine. Das erwählte Volk Gottes lebte im fernen Babylon als Gefangene. Nach siebzig Jahren dieses Daseins durften die ersten Rückkehrer nach Jerusalem, ihrem geliebten Zion, zurück. Eine spätere Gruppe baute die Stadtmauer unter der Führung von Nehemia wieder auf. Dies erwies sich als schwieriges Unterfangen, da viele der früheren Rückkehrer mehr Interesse am Aufbau ihrer eigenen Häuser als am Aufbau der Jerusalemer Schutzmauer zeigten. Dank Nehemias Beharrlichkeit und der Mitarbeit der Rücksiedler konnte die Schutzmauer dann aber endlich fertiggestellt werden. Der Wiederaufbau des Tempels dagegen zögerte sich noch hinaus. Fünfzehn oder sechzehn Jahre lang tat sich nichts; niemand schien sich darum kümmern zu wollen. Nachdem die Mauer stand, gingen die Israeliten in ihre Vororte zurück und schickten sich an, ihre eigenen Häuser wieder aufzubauen. Die Schutzmauer stand, doch der Tempel nicht.

Diese Situation bedrückte einen Propheten namens Haggai sehr. Einen zielstrebigeren Propheten als Haggai (sein Buch findet sich direkt vor dem des Sacharja) hat es nie gegeben. Dieser Mann erteilt gewichtige, ernste, aufrüttelnde Ermahnungen. Mit scharfen Worten und strengen Zurechtweisungen, vermischt mit ein paar sarkastischen Bemerkungen, weist Haggai darauf hin, daß der Tempel Gottes dringend wiederhergestellt werden muß. Der inzwischen verstorbene Kyle Yates sagte von Haggai: »… er setzt seinen Pfeilen Spitzen des Hohnes auf, versieht sie mit Federn des

Sarkasmus … und schoß sie gekonnt auf die Zielscheibe ab. Es war seine Aufgabe, die verstreuten glimmenden Scheite des Nationalbewußtseins aufzusammeln … und die Flamme wieder anzufachen.«[1]

Das ist eine zutreffende Beschreibung. Der Haken an der Sache ist nur, daß die Leute diese Form der Ermahnung nicht lange ertragen. Mit der Zeit wird man apathisch. Die Aufrufe und Ermahnungen, die Appelle und selbst der Sarkasmus verlieren an Wirksamkeit, wenn ein gewisser Abstumpfungseffekt eintritt. Trotz Haggais beharrlicher, wenn auch ermüdender Mahnpredigten blieb der Tempel unvollendet.

Der Statthalter während dieser turbulenten Jahre war Serubbabel, dessen Aufgabe es war, den Wiederaufbau des Tempels zu beaufsichtigen. Dabei setzte er allerdings auf die Propheten, die die Bürger zur Tat anfeuern sollten. Haggai tat sein Bestes, doch das erwies sich als unzureichend. Ein anderer Prophet, den Gott als Haggais Nachfolger schickte, sollte mehr Erfolg haben. Dieser Prophet war Sacharja. Er hatte dieselbe Botschaft wie Haggai, doch sein Predigtstil war ein völlig anderer. Wo sein Vorgänger mit scharfen Worten zurechtgewiesen hatte, sprach Sacharja anschaulich und rücksichtsvoll. Heute würden wir sagen, daß mit Sacharja besser Kirschen essen war als mit Haggai. Kyle Yates schrieb folgendes über Sacharja:

»Die Ernteerträge waren karg. Die Juden hatten den sicheren Ruin vor Augen. Denen, die Haggais Aufruf zum Wiederaufbau des Tempels gefolgt waren, drohte eine Zeit der ernsten Krisen. Unter dem Druck der Entmutigung und der Not ließen viele sich einfach hängen. Das stumpfe, unprosaische Hämmern des Haggai war zwar nicht ohne Wirkung geblieben, doch die Juden brauchten eine neue Stimme, die sie zu dem nötigen Enthusiasmus anfeuerte, um mit der Arbeit bis zur Ziellinie durchzuhalten. Sacharja war der Mann der Stunde. …
Er kommt den Leuten nicht mit Schelte, Tadel und Zurechtweisungen. Statt dessen macht er ihnen mit leuchtenden Farben, mit lebhaften Darstellungen die Gegenwart Gottes anschaulich, um sie zu stärken und ihnen zu helfen. Worte der Inspiration fließen von seinem Mund.«[2]

Sacharja ist ein Buch der Visionen; es ist eindrucksvoll, anschaulich und teilweise rätselhaft-geheimnisvoll. An manchen Stellen kennt nicht einmal der Prophet selbst die Bedeutung dessen, was er sieht; dies ist auch im 4. Kapitel seines Buches der Fall:

> »Danach kehrte der Engel, der mit mir redete, zurück, weckte mich, wie man jemand vom Schlaf aufweckt, und sagte zu mir: Was hast du gesehen? Ich antwortete: Ich hatte eine Vision: Da stand ein Leuchter, ganz aus Gold, darauf eine Schale und auf ihr sieben Lampen mit je sieben Schnäbeln für die Flammen auf den Lampen. Zwei Ölbäume standen daneben, der eine rechts, der andere links von der Schale« (Sach 4,1-3).

Zu Beginn des Kapitels spricht ein Engel mit ihm über die Vision eines goldenen Leuchters. Oben auf dem Leuchter befindet sich eine Schale, die sieben Lampen mit sieben Schnäbeln trägt. Sacharja begreift nicht, was dies alles zu bedeuten hat. Er fragt den Engel: »Herr, was bedeuten diese Ölbäume?« (Vers 4). Der Engel entgegnet: »Weißt du nicht, was sie bedeuten?«, worauf Sacharja antwortet: »Nein, Herr« (Vers 5). Er hatte zwar die Vision, die Gott ihm gegeben hatte, gesehen, doch er wußte nicht, wie er sie verstehen und auslegen sollte.

Nun kommen wir zu einer der interessantesten Passagen der Heiligen Schrift. Wir sind nicht auf einen Experten der Auslegung oder einen Textforscher hebräischer Schriften angewiesen, um die Bedeutung zu erfassen. Der Engel selbst sagt uns, was die Vision zu bedeuten hat. Der Geber der Vision entschlüsselt sie nun dem Propheten (und allen, die sie später zu lesen bekommen).

Worte von zeitloser Bedeutung

Der Engel übermittelt eine Botschaft an Serubbabel, den Statthalter, der für die Fertigstellung des Tempelaufbaus verantwortlich ist. Vielleicht ist Serubbabel in den letzten Wochen der Mut gesunken. Er fühlt sich ausgelaugt, weil das Bauvorhaben nun schon so lange brachliegt. Vielleicht ist ihm jegliche Hoffnung auf die Fertigstellung abhanden gekommen, denn der Engel läßt ihm nun Worte der Ermutigung ausrichten:

> »… So lautet das Wort des Herrn an Serubbabel: Nicht durch Macht, nicht durch Kraft, allein durch meinen Geist! – spricht der Herr der Heere« (Vers 6; Einheitsübersetzung).

> »Wer bist du, großer Berg, vor Serubbabel? Zur Ebene sollst du werden! Und er wird den Schlußstein herausbringen unter lautem Zuruf: Gnade, Gnade ihm!« (Vers 7; R. Brockhaus).

Schauen wir uns einmal näher an, was der Engel damit sagen will. Der Berg ist ein Symbol für die enormen Hindernisse, die dem Wiederaufbau des Tempels im Weg stehen. Apathie grassiert unter den Juden Jerusalems. Von außerhalb der Stadtmauern Zions wird Sand ins Getriebe geworfen. Überdruß und eine Portion Gleichgültigkeit herrschen unter jenen, die unter den harten, strengen, züchtigenden Worten Haggais gelebt hatten. Darüber hinaus stellt der »Berg« auch eine neue Generation von Heimkehrern dar, die sich nicht für den Tempelbau interessieren; daneben die ausgelaugte, alte Generation, die der Meinung ist, ihre Pflicht schon erfüllt zu haben. Der Statthalter sieht sich von der ganzen Situation überfordert; mit dem Tempelbau geht es einfach nicht voran. Und nun bekommt er plötzlich eine Botschaft von Gott, die ihm verheißt, daß dieser sprichwörtliche Berg zur Ebene werden wird. Welch eine Freude! Die Hindernisse werden aus dem Weg geräumt werden! Anders ausgedrückt: »Du brauchst nicht lauter zu rufen. Dein Kopfzerbrechen hat ein Ende. Vertraue dem Herrn, Serubbabel, Gott handelt! Doch bevor du ein Schauspiel menschlicher Intelligenz und Fähigkeiten veranstaltest, Serubbabel, denk daran, daß dies alles weder durch Macht noch durch Kraft geschehen wird.« Die Hauptverantwortung für die Fertigstellung des Tempels liegt nicht bei dem Statthalter, sondern bei Gott selbst. Der Geist Gottes wird sein Volk führen.

Macht und Kraft. Diese beiden Begriffe aus Vers 6 faszinieren mich. Sie bezeichnen menschliche Bemühungen und Leistungen;

sie stehen für das, was man aus eigener Anstrengung schafft. Jeder Pfarrer, jeder Gemeindeleiter horcht bei diesen Begriffen auf, denn wir haben alle irgendwann einmal versucht, das Werk Gottes durch eigene Anstrengungen zu vollbringen. Theodore Laetsch erläutert dazu folgendes:

> *»Die beiden hebräischen Ausdrücke für* Macht *und* Kraft *bezeichnen eine innere Energie, ... persönliche Macht, mutiges Heldentum, Stärke sowie zahlenmäßige Überlegenheit, militärische Schlagkraft, Besitz, Führungspersönlichkeiten, gut funktionierende Organisation, leistungsstarke Finanzsysteme etc. Das Werk des Herrn dagegen, der Aufbau seines Tempels, das innere Wachstum, die Ausdehnung seiner Kirche kann nicht durch externe Mittel bewerkstelligt werden. Menschliche Kraft und Weisheit allein werden zum Versagen führen. Gottes Geist muß es vollbringen!«*[3]

Wenn das keine wichtige Botschaft an alle Gemeindeleiter unserer Zeit ist! Lassen wir es uns gesagt sein: Menschliche Kraft und Weisheit allein werden zum Versagen führen. Gottes Werke werden nicht durch menschliche Macht oder irdische Kraft vollbracht. Die Werke Gottes müssen, wenn sie ihm Ehre machen sollen, von den durch ihn dazu befähigten Leuten ausgeführt werden. Wenn wir uns mit den bergähnlichen Hindernissen konfrontiert sehen, mit denen jeder Dienst für Gott behaftet ist, dann neigen wir dazu, die Sache mit menschlichen Taktiken anzugehen: Manipulation, Vorwürfe, Verbalattacken. »Falsch!« sagt dieser Bibeltext. »Nein!« sagt der Geist Gottes. Vieles davon ist nichts als eine Zur-Schau-Stellung menschlicher Kraft. Der Schuß wird nach hinten losgehen. Ein Lieddichter drückte es so aus: »The arm of flesh will fail you, ye dare not trust your own«[4] (auf deutsch etwa: »Der Arm aus Fleisch wird versagen, verlaßt euch nicht auf eigene Kraft«).

Unsere Neigung, uns auf unsere eigene Kraft zu verlassen, wird noch durch die unbestrittene Tatsache verstärkt, daß menschliche Macht durchaus Resultate erzielt. Menschliche Intelligenz ist eine beeindruckende Sache. Sie schafft es, Spendengelder zusammenzukriegen. Ein extremes Maß an Energie und Manipulation bringt große Scharen von Menschen dazu, mehr zu tun, sich entschiedener ins Zeug zu legen und Geld für irgendein Projekt zu spenden. Schlagartige Erfolge werden sich einstellen. Nichts stimuliert unseren Hunger auf Sofort-Befriedigung so sehr wie Sofort-Erfolge. Die Sache hat nur einen großen Haken: Im Endeffekt wird sich die Befriedigung als hohl erweisen. Sie wird leer sein, ein Beispiel für Vergeblichkeit. Aus der Perspektive der Ewigkeit werden die Werke des Fleisches einen Wert von null Komma nichts haben. Die Ehre wird allein Gott gehören.

Gottes Plan ist besser. In Vers 7 wird dem Statthalter versprochen, daß die Hindernisse durch Gottes Geist aus dem Weg geräumt werden sollen, und die Ehre dafür wird Gott gegeben werden, nicht dem Statthalter. Und der Schlußstein des ganzen Vorhabens wird »Gnade, Gnade« sein. Dieser Tempel wird vollendet werden, dieses Bauwerk wird errichtet werden, weil Gottes Gnade gegenwärtig ist.

Angesichts dieser unsterblichen Worte eines alttestamentlichen Propheten stellen sich mehrere Fragen: Warum verlassen Sie sich auf »Macht« und »Kraft« anstatt auf den Geist Gottes? Warum verfallen Sie immer wieder auf menschliches Bestreben und Manipulation? Was muß geschehen, um uns zur Rückkehr zu einem »Allein-durch-Gnade«-Ansatz zu bewegen? Wie lange werden wir noch an unserem gehetzten, streßvollen, mit Scheinerfolgen behafteten Organisationsprinzip festhalten?

Eine ernste Warnung

Ich möchte eine Warnung an alle aussprechen, die ein Amt oder einen Dienst für Gott ausüben. Jedes Vorhaben, das Sie anfangen, kann entweder nach Ihren eigenen Vorstellungen ausgeführt werden oder nach den Vorstellungen Gottes. Die Energiequelle menschlicher Kraft ist beeindruckend und erscheint durchaus logisch und wirkungsvoll. Sie erbringt Leistung! Anfangs sieht niemand den Unterschied. Ein Vorhaben, das auf der eigenen Leistung beruht, sieht einem Vorhaben auf der Grundlage des Heiligen Geistes zum Verwechseln ähnlich. Rein äußerlich, wohlgemerkt. Innerlich dagegen, geistlich gesehen, vom innersten Kern des Motivs her wissen Sie aber genau: Das hat Gott nicht vollbracht, das habe ich selbst auf die Beine gestellt! Gott wird dabei nicht verherrlicht, und, was ebenso tragisch ist, letztlich geht auch die Hoffnung auf Anerkennung durch die Menschen ins Leere.

Lassen Sie mich im Klartext mit Ihnen reden. Hüten Sie sich vor der eigenen Macht und Kraft, wenn Sie ein geistliches Amt ausüben. Gewähren Sie dem Heiligen Geist ausdrücklich Zeit und Raum. Vermeiden Sie es bewußt, sich auf die eigene Brillanz, das eigene Know-how zu verlassen. Andernfalls werden Sie es ganz sicher bereuen, denn Sie sind zu einem »gnadenlosen« Diener Gottes geworden.

Zu meiner Überraschung und Freude stieß ich auf eine großartige Abhandlung über den »gnadenlosen Pastor«. Nur Spurgeon konnte es so treffend ausdrücken:

> *»Ein gnadenloser Pastor ist ein blinder Mann, der zum Professor für Optik ernannt wird, um sich in philosophischen Diskursen über Licht und Sicht zu ergehen, um Vorlesungen über die feinen Schattierungen und Mischungen der verschiedenen Spektralfarben zu halten, während er selbst vollkommen im Dunkeln ist!*
> *Er ist ein tauber Mann, dem der Lehrstuhl für Musik übertragen wird; ein Gehörloser, der redegewandt über Symphonien und Harmonie dozieren kann! Er ist ein Maulwurf, der junge Adler belehren soll; eine Schnecke, die man gewählt hat, Engeln vorzustehn. …*
> *Wenn ein Prediger arm an Gnade ist, werden alle bleibenden Resultate seines Dienstes dürftig ausfallen, ein schwaches Abbild dessen, was er eigentlich erreicht haben könnte.«*[5]

Zurück zu meiner anfänglichen Frage: Sind Sie ein echter Gnadenverkündiger? Setzen Sie sich dafür ein, daß die »Zeit der Gnade« in den Herzen der Menschen anbrechen kann? Strahlt Ihr Führungsstil Gnade aus? In fast dreißig Jahren als Geistlicher habe ich zwei sehr auffällige Merkmale jener beobachtet, denen Gnade fehlt und deren Energiequelle ihre eigene Kraft ist. Beide Merkmale lassen sich als

Gnadenkiller bezeichnen. Das eine bezieht sich auf den Dienst, das andere eher auf die Person.

Zum einen habe ich die Beobachtung gemacht, *daß jene, die auf der Basis ihrer eigenen Leistung handeln, menschliche Machtmittel einsetzen, um sichtbare Ergebnisse vorweisen zu können.* Hier gibt es verräterische Indizien: Erfolg ist alles. Man zögert nicht, säkulare Managementstrategien einzusetzen; phantastische Methoden werden benutzt; Größe und Zahlen werden überbewertet, und Spendengelder werden durch Manipulation eingetrieben. Man setzt alles daran, einen guten Eindruck zu erzeugen. Es geht einzig und allein darum, Menschen zu beeindrucken, nicht darum, Gott zu verherrlichen. Schwachpunkte werden vertuscht. Eingeständnisse des eigenen Versagens kommen nicht in Frage. Man arbeitet auf das Ziel hin, von anderen gelobt zu werden: »Alle Achtung! Schaut euch das nur mal an!« Ein ständiges Lechzen danach, irgendwie in der Öffentlichkeit bemerkt zu werden – vor allem auch von der örtlichen Presse – begleitet alle Unternehmungen.

Zweitens habe ich die Beobachtung gemacht, *daß alle, die auf ihre Macht und Kraft ihren Dienst aufbauen, sich auch im Umgang mit anderen total auf die Stärke ihrer Persönlichkeit verlassen.* In diesem Typ von »Dienst« kommen verschiedenste Einflüsse zum Tragen: Eine gottgeschenkte Grundbegabung, dann aber ein ständiges Schielen auf Publikumswirksamkeit, Einsatz von regelrechten Druckmitteln wie Zwang, Drohungen, Manipulation und Einschüchterung; notfalls auch Betrug. Bloßstellung anderer, wenn man sich davon Vorteile verspricht. Anstatt die Zielgruppe zum Beten zu ermutigen, zum Abwarten, zum Erforschen von Gottes Willen, zum Hören auf die Richtungsweisung des Heiligen Geistes, wird bei diesem Führungsstil (ich kann mich einfach nicht dazu durchringen, es »Dienst für Gott« zu nennen) Mißbrauch der Zielgruppe betrieben; man nutzt diese Leute unfair für die eigenen Interessen aus, schikaniert sie, wenn sie im Weg sind, und läßt sie wie eine heiße Kartoffel fallen, wenn sie nicht mehr »nützlich« sind.

Wer ein echter Gnadenverkündiger sein will, der muß sich darüber im klaren sein, daß diese Hinweise absolut unpopulär in einer Zeit sind, wo starke Betonung auf rapidem Gemeindewachstum und hocheffektiven Methoden zur Zielverwirklichung liegt. Ein Prophet, der heute »Nicht durch Macht, nicht durch Kraft« verkündet, ist eine einsame Stimme in der Wüste. Diese Botschaft finden Sie nicht in den Zeitungen, auch nicht in den meisten Zeitschriften (ob weltlich oder christlich), und Sie werden sie auch in den meisten Kirchengemeinden nicht hören. Leider wird sie auch in den meisten theologischen Seminaren nicht ausdrücklich gelehrt. Dort werden Sie vielleicht im Umgang mit dem Text der Heiligen Schrift unterrichtet, in systematischer Theologie oder Kirchengeschichte, doch schult man Sie im Ausleben und Verkündigen der Gnade? Allem Anschein nach nicht.

Es bleibt bei meiner Warnung: *Wenn eine Aktion nicht auf die Ehre Gottes hinausläuft, dann ist es höchste Zeit, unsere eigene Macht und Kraft auszuschalten, damit sein Geist die Vollendung herbeiführen kann, was auch das Beseitigen der Hindernisse einschließt.* Man vergißt zu leicht, daß die wenigsten Gnadenkiller eine Bedrohung von »außerhalb« darstellen, indem sie anderen das Gesetz aufzwingen wollen. Vielmehr haben sie sich »innen« etabliert, selbst in den Führungskreisen von Kirchen und Gemeinden, um zu versuchen, »Gottes Willen« nach ihren eigenen Vorstellungen auszuführen.

Ich kannte einen sehr netten College-Rektor, der ein Schild auf dem Gang zu seinem Büro im Verwaltungsgebäude des Colleges aufhängte. Mit wenigen Worten verbreitete dieses kleine Schild eine ungeheuer einladende Atmosphäre:

Hier wird fließend Freundlichkeit gesprochen.

Genug des Negativen und der Warnungen in diesem Kapitel. Schwenken wir um und beschäftigen wir uns mit der Frage, wie wir die Gnade besser ausleben und ausstrahlen können. Ich hoffe, daß die Aussagen des Neuen Testaments, die wir uns anschauen werden, so belebend und mitreißend sein werden, daß manche Gnadenkiller zu Gnadengebern werden.

Was sind denn eigentlich die Merkmale einer gnadenerweckenden kirchlichen Betätigung? Woran erkennt man, daß man bei Ihnen ausgelebte Gnade vorfinden wird? Ich habe noch nie eine Werbeanzeige dafür gesehen, doch es gibt tatsächlich Indizien dafür, daß jemand die Sprache der Gnade fließend beherrscht. Fünf davon möchte ich hier aufführen.

Merkmale eines gnadenerfüllten Botschafters Gottes

Das erste dieser Merkmale ist *Großzügigkeit mit persönlichem Eigentum* (Freisein von Egoismus). Die Großzügigkeit unter den Christen der Urgemeinde war beispielhaft:

> »Die Gemeinde der Gläubigen war ein Herz und eine Seele. Keiner nannte etwas von dem, was er hatte, sein Eigentum, sondern sie hatten alles gemeinsam. Mit großer Kraft legten die Apostel Zeugnis ab von der Auferstehung Jesu, des Herrn, und reiche Gnade ruhte auf ihnen allen. Es gab auch keinen unter ihnen, der Not litt. Denn alle, die Grundstücke oder Häuser besaßen, verkauften ihren Besitz, brachten den Erlös und legten ihn den Aposteln zu Füßen. Jedem wurde davon so viel zugeteilt, wie er nötig hatte« (Apg 4,32-35).

Da haben wir sie nun, eine Herde von Schafen, die in einer Welt der Christenhasser und christenfeindlichen Politiker ums Überleben kämpften. Sie hatten allen Grund, ein verängstigtes, eigensüchtiges Dasein im Untergrund zu führen. Das Gegenteil war der Fall! Wissen Sie, warum? Die Antwort haben wir gerade gelesen: »… reiche Gnade ruhte auf ihnen allen.« Diese Gnade schaffte einen Geist der Freigebigkeit, ein aufrichtiges Bestreben, sich für den Hilfsbedürftigen aufzuopfern. Das Resultat ist einfach umwerfend: »Es gab auch keinen unter ihnen, der Not litt.«

Eine Atmosphäre der Gnade beseitigt jeglichen Egoismus. Schließlich ist es nicht Ihr Geld, sondern Gottes Geld. Deshalb können Sie es problemlos abgeben. Es ist nicht Ihre Gemeinde, sondern Gottes Gemeinde. Deshalb können Sie sie problemlos mit anderen teilen. Es sind nicht Ihre Gemeindemitglieder, Herr Pastor, sondern Gottes Gemeindemitglieder. Deshalb können Sie sie problemlos aus dem Zwang Ihrer eigenen Vorstellungen entlassen. Es ist nicht Ihr Vorhaben, sondern Gottes Vorhaben. Deshalb verlassen Sie sich ganz und gar auf ihn. Um auf das zurückzukommen, was wir aus der Vision des Sacharja gelernt haben, ist es sein Werk, das nach seinen Vorstellungen ausgeführt wird, und zwar zu seiner Ehre. Obwohl Sie mit eigener Kraft und Beredsamkeit vielleicht doppelt soviel an Spendengeldern zusammen bekämen, weigern Sie sich, es zu tun. Entschieden! Sie vertrauen darauf, daß Gott auf seine Weise und zu seiner Zeit das Rechte tun wird. Wohlgemerkt, Sie machen den Notstand durchaus publik und weisen auf Möglichkeiten der Hilfeleistung hin, doch Sie werden um keinen Preis Ihre eigenen Vorstellungen gewaltsam durchsetzen.

Übrigens habe ich festgestellt, daß Worte wie »mein«, »behalten« und »nur uns« im Vokabular eines Gnadenverkündigers fehlen. Auch ein Geist des Argwohns und der Verdächtigungen findet keinen Nährboden, wo Gnade herrscht. Statt dessen gedeiht hier herzliche Freigebigkeit.

Von der Gemeinde hier in Fullerton, deren Pastor ich ich seit 1971 bin, habe ich eine Menge über Gnade gelernt. Welche Vorbilder an Freigebigkeit! Vor einigen Jahren machte unsere Partnergemeinde in der Innenstadt von Los Angeles – die historische *Church of the Open Door* – eine schwere Zeit durch, und wir waren sehr betroffen von ihrer Not. Über Fernsehen und Tageszeitung wurden wir über die Lage auf dem laufenden gehalten. Wir begannen für sie zu beten. Unser Pastorenteam und unser Vorstand beschlossen einstimmig, daß wir mehr tun sollten, als nur zu beten. Eines Sonntags kündigten wir an, daß wir nach dem Gottesdienst eine Kollekte für die Partnergemeinde einsammeln würden. Ich werde nie vergessen, mit welchem Enthusiasmus unsere Leute mitmachten. An den genauen Betrag erinnere ich mich nicht mehr, aber wir bekamen etwa 18 000 Dollar zusammen. Einige Zeit später richtete das Erdbeben von San Francisco im Oktober 1989 großen Schaden bei zweien unserer Partnergemeinden im Bay-Gebiet an. Die eine war ernsthaft beschädigt, und bei der anderen waren ebenfalls eine Menge Reparaturen fällig. Nach einer kurzen Ankündigung wurde nach dem Gottesdienst eine Kollekte gesammelt, und wir konnten der einen Gemeinde über

8 000 Dollar schicken, der anderen über 4 000. Unsere Gemeinde ist keineswegs wohlhabend, doch die Gnade ist bei uns im reichen Maß vorhanden, und dies führt zu Freigebigkeit. Eine solch selbstlose Freude ist ansteckend.

Ein zweites Merkmal eines gnadenorientierten Verkündigers ist *das Eingehen auf andere unter ungewöhnlichen Umständen* (Freisein von der starren Forderung nach Kalkulierbarkeit). Wo Gnade überströmt, da findet man nicht nur Freigebigkeit mit persönlichem Eigentum, sondern auch die Bereitschaft, auf andere unter ungewohnten Umständen einzugehen. Die Gnade macht uns flexibel und anpassungsbereit, gerade wenn wir noch nicht alle Folgen überschauen können.

Nachdem die Gemeinde in Jerusalem gegründet worden war, wollte Gott, daß das Evangelium auch unter den Nichtjuden verbreitet wurde. In der Apostelgeschichte lesen wir, wie das geschah:

> »Bei der Verfolgung, die wegen Stephanus entstanden war, kamen die Versprengten bis nach Phönizien, Zypern und Antiochia; doch verkündeten sie das Wort nur den Juden. Einige aber von ihnen, die aus Zypern und Zyrene stammten, verkündeten, als sie nach Antiochia kamen, auch den Griechen das Evangelium von Jesus, dem Herrn« (Apg 11,19-20).

Zuerst wandten sie sich nur an die Juden, doch als sie sich von Griechen umgeben sahen, gingen sie auch auf diese zu. Sie änderten ihre Botschaft nicht, sondern predigten nach wie vor den Herrn Jesus. Doch sie waren beweglich und paßten sich der neuen Situation an. Die Zielgruppe wechselte von einer rein jüdischen zu einer gemischt jüdisch-nichtjüdischen. Dazu war Gnade nötig.

Als die Gemeinde in Jerusalem von den vielen Nichtjuden hörte, die sich in Antiochia zum Herrn bekehrten, schickte sie Barnabas, der sich vor Ort ein Bild von der Lage machen sollte. In Antiochia fand Barnabas in der Tat etwas völlig Ungewohntes vor. Die Gemeinde bestand nicht nur aus Juden, sondern auch aus zahlreichen Griechen. Barnabas erlebte die Auswirkungen der Gnade Gottes, und er war des Lobes voll. Er unterstützte die Gemeinde durch seine Ermutigung. Er zeigte keine Spur von Enggeistigkeit, und er hielt auch keine »Ihr-schuldet-uns-Dankbarkeit«-Reden. Er unterließ es, sie zu beschämen oder abzukanzeln. Er strahlte Gnade unter ungewohnten Bedingungen aus. Er paßte sich an. Genauso können Sie und ich, wenn wir Botschafter der Gnade sein wollen, einen passenden Weg finden, um unsere Zielgruppe zu erreichen.

Die effektivsten Missionare sind solche, die Gnade ausstrahlen. In einer fremden Kultur versuchen sie nicht, aus den Leuten dort Christen westlicher Prägung zu machen. Sie zwingen ihnen nicht ihre eigene Kultur als Nonplusultra der christlichen Lebensführung auf. In Lateinamerika betreiben sie Missionsarbeit, die ganz auf die lateinamerikanische Kultur eingeht. Im Orient passen sie sich an die orientalische Denkweise an, die sich sehr von der Denkweise der westlichen Länder unterscheidet. Das ist ausgelebte Gnade! Schablonen und Kalkulierbarkeit fehlen; statt dessen herrschen echte Freiheit, Anpassungsbereitschaft und ein völliges Akzeptieren anderer Ausdrucksformen. Das Fehlen einer engstirnigen Vorschriftenmentalität befreit jeden dazu, andersartigen Menschen mit offenem Herzen zu begegnen. Es macht einfach Spaß, solchen Leuten bei der Arbeit zuzuschauen. Eine bejahende Einstellung und jede Menge Flexibilität findet man bei ihnen vor. Anstatt bestimmte, vorhersagbare Verhaltensweisen zu erwarten, fördert ein Dienst, der von Gnade geprägt ist, viel Offenheit, Annahme und die Bereitschaft, auf die Kultur des Gegenübers einzugehen. Mehr noch: Den Neubekehrten wird jede Menge Freiheit zum Lernen und zum inneren Wachstum gewährt.

Vor Jahren, als die *Jesus-People*-Bewegung hier an der Westküste aktiv war, gab es einige Gemeinden, die dies mit Besorgnis verfolgten. Ich selbst hegte große Bewunderung für die Arbeit der *Calvary Chapel* unter der kompetenten und umsichtigen Führung von Chuck Smith; sie wurde zu einer der effektivsten Organisationen in der Umgebung. Das allgemeine Interesse an der Bibel blieb stark, was Chuck und anderen zu verdanken ist, denn sie gingen auf die enttäuschten Massen zu, die Timothy Learys Philosophie hinterlassen hatte. Einige der Kirchen legten Flexibilität an den Tag und wurden zu Häfen der Hoffnung für junge Leute, die aus der Gesellschaft ausgestiegen waren.

Damals verlief sich eines Sonntags abends ein junger Mann in unsere Gemeinde. Er staunte nicht schlecht, ein Gebäude voller Leute vorzufinden, die gemeinsam Lieder sangen und gute Laune ausstrahlten. Ganz allein stand er da, barfuß, in Fransenshorts, mit nacktem Oberkörper und einem Rauschebart. Ich beobachtete vom Podium aus, wie er verwundert um sich blickte. Später erfuhren wir, daß er zum ersten Mal im Leben einen Gottesdienst miterlebte. Er ging auf einem Seitengang nach vorn und starrte uns an wie der berühmte Ochse das neue Dorf. Einer unserer Leute winkte ihm zu, sich neben ihn zu setzen, reichte ihm sein Gesangbuch zum Mitsingen und beantwortete ihm seine Fragen. Es war wunderbar, Gnade in Aktion zu sehen. Ich war begeistert!

Nach diesem Abendgottesdienst kam der junge Mann gleich zu einem Gespräch nach vorn. Er stellte wohl über ein Dutzend Fragen, die allesamt wirklich gut waren. Mir fiel auf, daß an den Haaren an seinen Beinen noch Sand klebte. Er kam frisch vom Strand. Er wurde mit Freundlichkeit und Respekt behandelt. Niemand machte ihm Vorschriften, wie er sich zu kleiden oder zu verhalten hätte. Ein paar junge Männer luden ihn zu einem Hamburger mit Cola ein. Überrascht nahm er die Einladung an.

Am darauffolgenden Sonntag kam er wieder. Und auch am Sonntag danach. Innerhalb von ein paar Wochen wurde er Christ. Er sagte, unsere Liebe und Offenheit hätten ihn sehr beeindruckt. Bei seiner Taufe legte er ein öffentliches Bekenntnis seines Glaubens an Jesus Christus ab. Ein durch die Gnade geprägter Rahmen gewährte ihm Raum zum Wachsen, zum Fragestellen, zum Denken und zum »Sich-selber-finden«. Dieser junge Mann beendete dann später sein Universitätsstudium, machte eine theologische Ausbildung und ist heute Pastor. Wenn ich mich nicht irre, trägt er inzwischen sogar Schuhe.

Nun zu einem dritten Merkmal von Gnade: *Ein Leben, das über den Buchstaben des Gesetzes hinausgeht*. Wenn man andere mit der Gnade erreichen will, sind Dogmatismus und Holzhammermethoden undenkbar. Der Apostel Paulus drückt dies so aus:

> »Doch sind wir dazu nicht von uns aus fähig, als ob wir uns selbst etwas zuschreiben könnten; unsere Befähigung stammt

vielmehr von Gott. Er hat uns fähig gemacht, Diener des Neuen Bundes zu sein, nicht des Buchstabens, sondern des Geistes. Denn der Buchstabe tötet, der Geist aber macht lebendig« (2 Kor 3,5-6).

Ich möchte hier größte Sorgfalt walten lassen, damit Sie mich nicht mißverstehen. In dieser Passage betont Paulus den Dienst unter dem Neuen Bund (im Gegensatz zum Dienst unter dem Alten Bund); hier geht es um einen Dienst der Gnade, nicht des Gesetzes, ein Gedanke, den er recht gründlich ausarbeitet. Wer das zweite und dritte Kapitel seines zweiten Briefes an die Korinther aufmerksam liest, wird feststellen, daß er hier von der eher traditionell zu nennenden Form des Dienstes abweicht. Er betont, weil er für ein Leben aus der Gnade plädiert,

- das Fehlen einer professionellen Befähigung (2,16; 3,5),
- das Vorhandensein einer verletzbaren Ehrlichkeit (2,17),
- den Wert von persönlichen Beziehungen(3,1-4) und
- die Bedeutung einer dienenden Grundeinstellung(3,6).

All das führt wiederum zu Offenheit und Belehrbarkeit, also zum Gegenteil von dogmatischen Holzhammermethoden bei der Unterweisung der Gläubigen.

Es ist durchaus wichtig, das Wort Gottes richtig und sachgemäß zu verkünden. Nur wenn es richtig dargelegt wird, kann es auch richtig angewandt werden. Die Richtlinien einer guten Hermeneutik (die Lehre von der geeignetsten Methode biblischer Interpretation) und einer kompetenten Homilie (klare Verkündigung biblischer Wahrheit) sollten Hand in Hand gehen. Dabei ist es jedoch wichtig, auch beim Auslegen und Predigen Gnade walten zu lassen. Wo Gnade herrscht, da blühen Offenheit und menschliche Wärme, und zu Holzhammermethoden und Dogmatismus kommt es erst gar nicht.

Hin und wieder begegne ich Menschen, die aus einer streng fundamentalistischen Organisation kommen, wo sie unter Gnadenkillern leiden mußten; dort wurde die Bibel mit der Holzhammermethode vermittelt, und die Opfer hatten das Gefühl, vom Buchstaben des Gesetzes erschlagen anstatt von einem Geist der Freiheit geführt und umsorgt zu werden. Ich weiß, wovon ich schreibe; vor vielen Jahren bin ich selbst aus einem solchen Klima geflohen. »[D]er Buchstabe tötet«, schreibt Paulus. Doch das Wirken des Heiligen Geistes im engen Miteinander von Freiheit und Gnade »macht lebendig«.

Im selben Kapitel, nämlich 2 Korinther 3, entdecke ich ein viertes Merkmal der echten Gnadenerweckung: *Freiheit des kreativen Ausdrucks.* Wo Gnade herrscht, da ist viel Freiheit für Kreativität. Paulus beschreibt dies folgendermaßen: »Der Herr aber ist der Geist, und wo der Geist des Herrn wirkt, da ist Freiheit« (Vers 17). Im Klartext folgt daraus, daß hier kein Erwartungszwang bestehen kann.

Ich hoffe wirklich, daß Sie sich diese Worte zu Herzen nehmen und sich in Ihrem Dienst davon leiten lassen: Wo der Geist des Herrn wirkt, da ist Freiheit – viel Freiheit.

Bezüglich der Freiheit des Geistes, von der in Vers 17 die Rede ist, kommentiert ein Kenner des Neuen Testaments:

> *»Damit will er folgendes sagen: Wer Gott gehorsam ist, nur weil er von seinem Gehorsam gegenüber einem Buch oder einem Gesetzestext dazu getrieben und konditioniert wurde, befindet sich in der Lage eines unwilligen … Sklaven. Entspringt das Motiv aber dem Wirken des Geistes, … dann kennt er in seinem tiefsten Wesen nur den einen Wunsch, Gott zu dienen und zu gehorchen, denn nun ist er nicht mehr durch das Gesetz an ihn gebunden, sondern durch Liebe.«*[6]

Unter engagierten Christen grassiert ein sonderbares Phänomen. Ich habe beobachtet, daß die meisten ihre Sache prima machen, was das Evangelisieren unter dem Vorzeichen der Gnade betrifft. Die meisten von uns verlangen nicht von dem Gesprächsparter, sein ganzes Leben tipptopp in Ordnung zu bringen, bevor er zu seinem Erlöser kommen dürfe. Wir sind flexibel, wir machen Zugeständnisse, wir tolerieren alles bei einem Ungläubigen. Doch wenn der Betreffende erst einmal sich entschieden hat, dann sind wir mit unserer Toleranz schlagartig am Ende. Wenn wir mit einem Ungläubigen über Jesus reden, macht es uns nicht die Spur aus, wenn der Betreffende uns Qualm ins Gesicht bläst. Wir nehmen es stillschweigend hin. Wir husten, lächeln und reden weiter über Jesus. »Als Christ kann er sich so etwas dann natürlich nicht mehr leisten. Nicht, wenn er behauptet, wirklich bekehrt zu sein!«

Warum eigentlich nicht? Vielleicht sind noch nicht alle Bereiche ihres Lebens vom Geist Gottes geordnet worden. Warum sind wir so intolerant und ungeduldig bei unseren Brüdern und Schwestern? Wo bleibt die Gnade? Überlegen Sie einmal, was andere an Ihnen und mir dulden müssen. Denken Sie an die Bereiche Ihres Lebens, die noch nicht hundertprozentig bereinigt worden sind. Vielleicht handelt es sich nicht gerade um die auffälligsten Dinge, die jedem auf den ersten Blick ins Auge stechen würden; aber denken Sie nur an die Dinge, die Sie erst noch ins reine bringen müssen, Dinge, bei denen Sie auf die Rücksicht anderer angewiesen sind. Ich frage Sie: Wo bleibt hier die wunderbare Freiheit, von der Paulus schreibt? Warum legen wir anderen derartig fordernde Erwartungen auf? Und warum haben wir eine solche Angst vor Kreativität?

Fördern Sie Individualität? Schätzen Sie das Mitglied Ihres Hauskreises, das einen so völlig anderen Stil hat als Sie selbst? Gehen Sie mit dieser Situation entgegenkommend um? Wie behandeln Sie das Kind in Ihrer Klasse, das sich langweilt? Angenommen, es ist zappelig und unruhig und mit den Gedanken meilenweit entfernt. Ein solches Kind ist eine echte Herausforderung. (Glauben Sie mir, ich weiß, wovon ich rede. Ich war als Kind selbst so, und meine Lehrer hatten ihre liebe Last mit mir.) Doch welch eine wunderbare Gelegenheit, Gnade zu zeigen, indem wir kreative Ausdrucksformen für solche Kinder suchen und ihnen Mut machen, ihre Möglichkeiten auszuschöpfen. Die kreativen Köpfe von heute waren nicht selten die Zappeligen von gestern, die Problemkinder von vor zwanzig Jahren.

Wenn der Geist des Herrn Freiheit schenkt, dann schlage ich vor, daß die Nachfolger des Herrn sich ein Beispiel an ihm nehmen und es genauso machen. Anstatt anderen unter die Nase zu reiben, wo sie versagt haben, wäre es doch wunderbar, ja, im wahrsten Sinne des Wortes gnadenvoll, wenn wir ihnen genug Raum zum

Versagen und zur Rückkehr, zum Lernen und zum Wachstum zugestehen würden.

Damit kommen wir zu einem letzten Merkmal echter Gnadenverkündigung: Hinwegsehen über vergangene Fehler. Wer anderen in Gnade begegnet, der kramt nicht ständig in der Vergangenheit, um dem Gegenüber seine Fehler vorzuhalten. Beschämung existiert hier nicht. Paulus bringt dies in folgenden Worten zur Sprache:

> »Ich danke dem, der mir Kraft gegeben hat: Christus Jesus, unserem Herrn. Er hat mich für treu gehalten und in seinen Dienst genommen, obwohl ich ihn früher lästerte, verfolgte und verhöhnte. Aber ich habe Erbarmen gefunden, denn ich wußte in meinem Unglauben nicht, was ich tat. So übergroß war die Gnade unseres Herrn, die mir in Christus Jesus den Glauben und die Liebe schenkte« (1 Tim 1,12-14).

Vielleicht wird es Sie überraschen, daß Paulus guten Grund hatte, sich zu schämen. Es hatte Zeiten gegeben, als er den Herrn Jesus »lästerte, verfolgte und verhöhnte«. Wie konnte derselbe Mann dann an anderer Stelle schreiben: »... aber ich schäme mich nicht ...« (2 Tim 1,12)? Hier in 1 Timotheus 1,14 erklärt er es uns: »So übergroß war die Gnade ...« Die Lästerung war einmal groß gewesen, doch die Gnade war übergroß. Gewalttätigkeit und Brutalität waren groß gewesen, doch die Gnade war übergroß.

Und wenn nun statt dessen hier »... obwohl ich geschieden bin« stehen würde? Oder »... obwohl ich schwul gewesen war«? Wenn es heißen würde: »... obwohl ich früher drogensüchtig war«? Ich bin mir darüber im klaren, daß hier im Bibeltext steht: »... obwohl ich ihn früher lästerte, verfolgte und verhöhnte ...« Wenn nun aber hier »Prostituierte«, »Schwindler«, »Bankrotteur« oder »Mörder« stehen würde? In einer Evangeliumsverkündigung, die von der Gnade durchdrungen ist, dürfen diese Dinge der Vergangenheit einfach nicht mehr auftauchen und Vorurteile produzieren. Der Betreffende ist von seiner Vergangenheit frei geworden, er hat Vergebung erfahren und darf als Gläubiger nun ein neues Leben in Jesus beginnen.

Die Gnade befreit Menschen, nicht nur von der Sünde, sondern auch von der Beschämung, die sie nach sich zieht. Halten Sie es genauso in Ihrer Gemeinde? Oder machen Sie sich Notizen und denken sich, wenn ein bestimmter Name erwähnt wird, im stillen: »Ach ja, die müssen wir besonders im Auge behalten!« oder: »Vor dem müssen wir auf der Hut sein!«? Geben Sie anderen durch Ihr Verhalten noch mehr Grund, beschämt zu sein? Wir können uns nur schwer vorstellen, wie viele unserer Mitchristen einen schlimmen Kampf gegen die Beschämung führen müssen.

Zwei gute Freunde von mir sind Psychotherapeuten in *Orange County* in Südkalifornien. Sie leisten hervorragende Arbeit. Sowohl Marilyn Meberg als auch Dr. Earl Henslin haben mir bestätigt, daß eins der häufigsten Probleme, mit dem ihre Patienten zu ihnen kommen, aus beklemmenden Schuldgefühlen besteht. Da beide Therapeuten Christ sind, sind viele ihrer Patienten es ebenfalls, doch das bedeutet keineswegs, daß sie automatisch von Schuldgefühlen befreit seien. Ehrlich gesagt, wird das Problem dadurch oft nur noch verschlimmert. Warum? Weil viele Mitglieder von Gottes Familie sich besser darauf verstehen, die Schuldgefühle anderer zu verstärken, als sie zu lindern.

Bevor Sie widersprechen, überlegen Sie einmal, wie oft Sie die Worte »Du solltest dich schämen« gehört haben oder mit Blicken bedacht worden sind, die dasselbe ausdrückten. Beschämung ist nicht nur destruktiv, sondern lähmend. Sie beschwört eine dicke, schwarze Wolke der Depression über einem ohnehin schon übermäßig sensiblen Gewissen herauf und zerstört die letzten Reste einer angeknacksten Selbstachtung. Sie macht die Schande dessen, was geschehen ist, nur noch größer, und der Betreffende versinkt in dem Schlamm seines Versagens, anstatt sich die Befreiung zu eigen zu machen, die die Vergebung mit sich bringt. Sie reißt nieder, anstatt aufzubauen; sie stiehlt Hoffnung, anstatt Ermutigung zu geben. Beschämung ist ein klassischer Gnadenkiller.

Christen können wahre Experten im Beschämen anderer sein. Wir beschämen unsere Mitmenschen nicht nur wegen ihrer Fehler, sondern auch wegen ihres Andersseins. Ich kenne einige Christen, die kritisiert wurden, weil sie unverheiratet geblieben waren. Andere wurden kritisiert, weil sie es zu viel Geld gebracht hatten, und das, obwohl sie jeden Penny durch ehrliche, harte Arbeit verdient hatten. Manche haben mir gestanden, sich zu schämen, weil sie schon so lange krank seien, andere, weil sie ihre Depressionen nicht innerhalb von kurzer Zeit losgeworden seien. Ich kenne einen Mann, der einen umwerfenden Sinn für Humor hat. Es macht ungeheuren Spaß, mit ihm zusammenzusein. Er hat mir einmal erzählt, daß er öfters mit mißbilligenden Blicken und sogar Briefen bedacht wird, weil »er das Leben zu sehr auf die leichte Schulter nehme«. Vor kurzem erzählte eine gläubige Ehefrau und Mutter, ihr sei gesagt worden, sie »solle sich schämen«, weil sie arbeiten gehe. Sie ist Mitte fünfzig, und ihre Kinder sind allesamt verheiratet.

Dr. Henslin hält häufig Vorträge über dieses Thema. Dabei verteilt er eine kleine Broschüre mit der hier abgedruckten Gegenüberstellung. Ich finde sie sehr hilfreich und denke, Sie werden meiner Meinung sein.

Theologie der Schuldgefühle	**Gesunde Theologie**
1. Probleme zu haben ist Sünde.	Probleme sind ein Teil meines Daseins als Mensch. Ich kann mit ihnen zu Gott und meinen Mitchristen kommen.
2. Emotionen sind Sünde.	Emotionen sind weder gut noch schlecht. Es kommt darauf an, was ich mit ihnen tue. »Laßt euch durch den Zorn nicht zur Sünde hinreißen!«
3. Zwanghafte Verhaltensstörungen sind Sünde.	Zwischen Krankheit und Sünde besteht ein Unterschied.
4. Wer Spaß hat, sündigt.	Es gibt viele verschiedene Arten, sich über Gottes Güte zu freuen.

5. Christsein = Perfektion.	Leben unter Gnade, nicht unter der Gesetzlichkeit.
6. Sexualität = Sünde.	Wir Menschen wurden von Gott als sexuelle Wesen erschaffen. Wir dürfen unsere Sexualität genießen.
7. Erfolg (oder Mangel an Erfolg) ist Sünde.	Wohlstand oder Armut hat nichts mit geistlichen Mängeln zu tun.
8. Wenn ich Christ werde, sind alle inneren Probleme damit schlagartig gelöst.	Wenn ich Jesus mein Leben anvertraue, bekomme ich die Kraft, mit Schwierigkeiten umzugehen.
9. Wenn ich nicht geheilt werde, liegt das an meinem mangelnden Glauben.	Krank zu sein ist keine Sünde. Es steht mir frei, mich der besten medizinischen Behandlung zu bedienen.
10. Wenn mir kein weiser zehnter Punkt einfällt, bedeutet das, ich werde nicht von Gott geführt.	Vermutlich ist Gott auch mit neun Punkten nicht unzufrieden.[7]

Kurze Zusammenfassung

In diesem Kapitel haben wir sehr viel an Material behandelt. Weil es so umfangreich ist, halte ich es für hilfreich, den Stoff kurz zu rekapitulieren.

In einer Zeit der gnadenlosen Gesetzlichkeit und des menschlichen Kraft-und-Macht-Denkens ist es unmöglich, auf echte Gnadenverkünder zu verzichten. Dringender denn je brauchen wir gnadenerweckende Leute Gottes, die ihre Mitmenschen befreien, anstatt ihre Fesseln noch fester zu schnüren. Folgende fünf Merkmale kennzeichnen jene, die anderen Gnade vermitteln:

1. Großzügiger Umgang mit persönlichem Eigentum (Freisein von Egoismus).
2. Eingehen auf andere unter ungewöhnlichen Umständen (Freisein von schablonenhafter Kalkulierbarkeit).
3. Ein Leben, das über den Buchstaben des Gesetzes hinausgeht (Vermeiden von Dogmatismus und Holzhammermethoden).
4. Freiheit des kreativen Ausdrucks (Vermeiden von aufgezwungenen Erwartungen).
5. Hinwegsehen über vergangene Fehler (Vermeiden von Vorwürfen und Beschämung).

Erinnern Sie sich an eine der Ermahnungen, die Paulus dem Timotheus aufträgt? Seine Worte können als Marschbefehl an alle gelten, die diese fünf Merkmale ernst nehmen wollen: »Du, mein Sohn, sei stark in der Gnade, die dir in Christus Jesus geschenkt ist« (2 Tim 2,1). Liebe Mitstreiter der Sache Jesu, werden Sie entschiedene Verfechter dieser Gnade. Setzen Sie sich mit Leib und Seele für sie ein. Machen Sie sich die Gnade zum Ziel Ihres Strebens und Ihrer Leidenschaft. Leben Sie aus, was Gott uns in Jesus geschenkt hat und lehren Sie es. Werden Sie zum Beispiel für andere.

Jefferson Starship ist eine Musikgruppe, die in den 80er Jahren an die Spitze katapultiert wurde. Heißester Renner, der sich monatelang in der Pop-Hitparade hielt, war: »We Built This City on Rock and Roll« (etwa: »Wir haben diese Stadt auf Rock and Roll gebaut«). In Anlehnung an diesen Titel möchte ich uns alle auffordern, unser Bestes zu tun, damit es nicht heißen wird: »Wir haben diese Gemeinde auf Kraft und Macht gebaut« oder: »Wir haben diese Beziehung auf Erwartungen und Schuldgefühle gebaut.« Viel, viel besser ist es doch, wenn wir sagen können: »Wir haben diese Arbeit auf Wahrheit und Gnade gebaut.« Eine solche Arbeit gleicht dem Haus auf dem Felsengrund: Sie wird Bestand haben.

Kapitel 12

Eine von Gnade erfüllte Ehe

Die Schauspielerin Celeste Holm sprach uns allen aus der Seele, als sie sagte: »Wir leben von der Ermutigung anderer. Ohne sie sterben wir: schrittweise, traurig, verbittert.«[1] Niemand kann wissenschaftlich ermitteln, wie viele Menschen in dieser tragischen Situation stecken, doch eins steht sicherlich fest: Die Zahl ist astronomisch hoch.

Der allgemeine Mangel an Ermutigung und Bestätigung ist traurig, aber wahr. Aus diesem Grund graut so vielen tagtäglich davor, zur Arbeit zu gehen. Oder zur Uni. Oder davor, sich den Anforderungen der Familie zu stellen. Oder davor, sich für einen guten Zweck zu engagieren. Verantwortungen werden zu nervtötenden, trostlosen Pflichten, die man ohne die Erleichterung eines guten Wortes erfüllen muß. Daraus ergibt sich, daß jene, die andere bestätigen und ermutigen, nicht nur Seltenheitswert haben, sondern auch zu den wahrhaft Beachtlichen unserer Zeit zählen. Ich habe die Beobachtung gemacht, daß solche Menschen fast ausnahmslos Menschen der Gnade sind. Sie leben ein beispielhaftes Leben für das, was ich in diesem Buch beschreiben will, und das tun sie im Privatleben ebenso konsequent wie in der Öffentlichkeit. Sie räumen selbst den Unbekannten, den sogenannten »einfachen Leuten«, einen hohen Stellenwert ein.

Von Berufs wegen komme ich viel unter die Leute und bin auch häufig auf Reisen. Meistens holt mich jemand am Flughafen ab, um mich zu einem Hotel oder zu dem Veranstaltungsort zu bringen, wo ich meine Vorträge halten soll. Was ich an solchen Begegnungen besonders schätze, das ist die Gelegenheit, ein paar Meilen in der Gesellschaft jener treuen Seelen zu verbringen, die hinter den Kulissen arbeiten, deren Gesichter und Namen nicht weithin bekannt sind, doch die eine große Rolle für das Gelingen der bevorstehenden Veranstaltung spielen. Fast ohne Ausnahme sind es entgegenkommende, hilfsbereite Menschen, die ihre Aufgabe mit großem Eifer und Bescheidenheit erfüllen. Deshalb begegne ich ihnen bewußt freundlich; ich bedanke mich für ihre Hilfe, erkundige mich, wie es ihnen geht, und lobe ihre Mitarbeit an dem Projekt, an dem auch ich Anteil haben darf.

Ich kann Ihnen gar nicht sagen, wie oft ein solcher Mitarbeiter Überraschung darüber bekundet hat, daß jemand ihm überhaupt Beachtung schenkt und sich Zeit für ihn nimmt. Ich erinnere mich an einen jungen Mann, mit dem ich bei einer solchen Gelegenheit ins Gespräch kam. Nachdem wir Bekanntschaft geschlossen und über ein paar Scherze gelacht hatten, erzählte er mir in aller Offenheit, wie schwierig es manchmal sei, denjenigen, dem er behilflich sein sollte, zufriedenzustellen. Ein Prominenter (dessen Namen er nicht nannte) erwies sich als besonders wählerisch. »Er schimpfte, weil ich ein paar Minuten zu spät kam«, erzählte er. »Er war unleidig, stellte große Ansprüche und behandelte mich ausgesprochen grob. Aber als er dann am Abend seinen Vortrag hielt, hätte man glatt denken können, er sei Dale Carnegies Zwillingsbruder!« Mein junger Freund hatte schon beinahe den Eindruck gewonnen, daß so etwas unvermeidlich sei, auch wenn er im Grunde seines Herzens wußte, wie falsch es ist. Was war mit ihm los? Er starb den langsamen Tod eines Menschen, dem die Ermutigung anderer versagt bleibt, »schrittweise, traurig, verbittert.« Er kam über die Tatsache einfach nicht hinweg, daß seine Passagiere samt und sonders Christen waren.

Wann werden wir endlich begreifen? Diejenigen, die den positivsten Einfluß auf uns ausüben, sind nicht unbedingt namhafte, gefeierte Leute, sondern hilfsbereite Menschen, die *Gnade* ausstrahlen. Menschen, die einer fleißigen Sekretärin mit derselben Freundlichkeit begegnen wie einem applaudierenden Publikum. Nicht Menschen, die in der Öffentlichkeit ein Muster an Liebenswürdigkeit sind, doch die andere im Privatleben schikanieren und grob mit ihnen umgehen. Dazu fallen mir die Worte von Dag Hammarskjöld ein:

> *»Um einen Mann, der ins Rampenlicht geschoben wird, rankt sich bald eine Legende wie um einen Verstorbenen. Nur daß ein Verstorbener nicht versucht ist, diese Legende zu hegen und zu pflegen oder ihre Darstellung der Dinge als Realität zu betrachten. Mir tut der Mann leid, der sich im Rausch der Berühmtheit in sein von der Öffentlichkeit fabriziertes Image verliebt.«*[2] (Jemand anders tut mir sogar noch mehr leid: seine Frau. Anmerkung des Autors)

Was braucht man dazu, um echte menschliche Größe zu erlangen – und zwar nicht nur im Rampenlicht oder vor der Kamera, sondern auch hinter den Kulissen? Was braucht man dazu, um mit dem Ehepartner ebenso liebenswürdig, rücksichtsvoll und ermutigend umzugehen wie mit einem hingerissenen Publikum? Ich habe die Antwort: *Man braucht Gnade,* das Öl, das die Reibung im Getriebe der Ehe vermindert. Genau dieses Thema will ich in diesem Kapitel ansprechen.

Wir haben über die Gnade, die Gott schenkt, nachgedacht, über die Gnade, die der Sklaverei der Sünde ein Ende setzt, über die Gnade innerhalb der Gemeinde, über die Gnade unter Freunden mit auseinandergehenden Ansichten und über die Gnade beim Ausüben eines geistlichen Amtes. Jetzt ist es an der Zeit, über die Wichtigkeit der Gnade zwischen Eheleuten nachzudenken. Hier, im trauten Heim, wird die Gnade auf ihre größte Probe gestellt, eine Probe, die schon kurz nach den Flitterwochen anfängt.

Häufiger, als mir lieb ist, fiel es mir leichter, einem Gemeindemitglied oder einem Mitarbeiter in der Gemeindeleitung Gnade entgegenzubringen, als Cynthia mit Gnade im Sinne von Wohlwollen und Entgegenkommen zu behandeln. Ja, Sie haben richtig gelesen: Ich schreibe dieses Kapitel als einer, der selbst noch eine Menge zu lernen hat. Wir sind zwar schon seit fünfunddreißig Jahren verheiratet, doch das Öl der Gnade ist nicht immer im Überfluß geströmt, mit Sicherheit nicht meinerseits. Wie viele andere Ehepaare mußten auch wir einsehen, daß eine »Zeit der Gnade« bei uns daheim ebenso dringend anbrechen müsse wie in unserer Gemeinde, vielleicht sogar noch dringender.

Beim Durcharbeiten des Neuen Testaments während der letzten Jahre habe ich festgestellt, daß das Thema Ehe an drei Stellen besonders ausführlich behandelt wird, wobei sowohl der Ehemann als auch die Ehefrau angesprochen werden. Diese Textstellen sind 1 Korinther, Kapitel 7, Epheser, Kapitel 5 und 1 Petrus, Kapitel 3. Ein genaueres Hinschauen ergibt, daß der Text im Korintherbrief Dinge innerhalb der Ehe behandelt, die eine Schwierigkeit darstellen; der Epheser-Text spricht von Verantwortungen innerhalb der Ehe, die jedes Ehepaar akzeptieren muß, und der Petrus-Text befaßt sich mit den Rollen innerhalb der Ehe, die erfüllt werden müssen. In allen Fällen liegt das Geheimnis, wie man Gottes Willen in die Tat umsetzt, in dem Wort Gnade.

Die Gnade, sich den Realitäten innerhalb der Ehe zu stellen

Beim Nachdenken über 1 Korinther, Kapitel 7 kristallisieren sich mindestens drei Gegebenheiten heraus (wobei ich weitere keineswegs ausschließen will), die jedes Ehepaar akzeptieren muß. Ich finde sie derart bedeutsam, daß ich jedes Paar bei der Trauung darauf aufmerksam mache. Ich habe auch die Beobachtung gemacht, daß bei jenen unter meinen Bekannten, deren Ehe keinen Bestand hatte, mindestens eine dieser Gegebenheiten entweder passiv ignoriert oder bewußt übergangen worden ist.

Erstens: *Ehe verlangt beiderseitige Selbstlosigkeit.* »Der Mann soll seine Pflicht gegenüber der Frau erfüllen und ebenso die Frau gegenüber dem Mann. Nicht die Frau verfügt über ihren Leib, sondern der Mann. Ebenso verfügt nicht der Mann über seinen Leib, sondern die Frau. Entzieht euch einander nicht, außer im gegenseitigen Einverständnis und nur eine Zeitlang, um für das Gebet frei zu sein. Dann kommt wieder zusammen, damit euch der Satan nicht in Versuchung führt, wenn ihr euch nicht enthalten könnt« (1 Kor 7,3-5).

Paulus spricht hier von »Pflicht«, »verfügen« und »entziehen«, wobei diese Begriffe in diesem Zusammenhang mit Sexualität zu tun haben. Was er hier sagt, gilt jedoch auf einer viel breiteren Ebene. Paulus will auf Selbstlosigkeit hinaus. Was braucht man, um selbstlos mit dem anderen umzugehen? Gnade. Die Gnade zum Akzeptieren, zum Hinwegsehen über Fehler, zum Verstehen. Die Gnade zum Verzeihen. Die Gnade zum Respektieren des anderen. Die Gnade zum Verzicht auf die eigenen Rechte. Die Gnade zur Zurückhaltung. Die Gnade zum Geben sowie zum Annehmen. Ehe verlangt beiderseitige Selbstlosigkeit. Wenn ich mit Leuten rede, die noch ledig sind, schneide ich oft das Thema Egoismus an. Bei solchen Gelegenheiten sage ich dann etwa folgendes: »Wenn Sie zur Eigensucht neigen, wenn Sie der Typ sind, der auf den eigenen Rechten beharrt und nicht gern mit anderen teilt, dann tun Sie bitte der Welt (und besonders dem potentiellen Ehepartner) einen großen Gefallen und bleiben Sie ledig!« Warum sage ich es so knallhart? Weil eine Ehe, eine gute Ehe, beiderseitige Selbstlosigkeit verlangt. Sie erfordert die Bereitwilligkeit, mit den eigenen Rechten zurückzustecken und wenig an Gegenleistungen dafür zu erwarten.

Die zweite Gegebenheit ist diese: *Ehe ist ein Versprechen für das ganze Leben.*

> »Den Verheirateten gebiete nicht ich, sondern der Herr: Die Frau soll sich vom Mann nicht trennen – wenn sie sich aber trennt, so bleibe sie unverheiratet oder versöhne sich wieder mit dem Mann –, und der Mann darf die Frau nicht verstoßen.
> Den übrigen sage ich, nicht der Herr: Wenn ein Bruder eine ungläubige Frau hat und sie willigt ein, weiter mit ihm zusammenzuleben, soll er sie nicht verstoßen. Auch eine Frau soll ihren ungläubigen Mann nicht verstoßen, wenn er einwilligt, weiter mit ihr zusammenzuleben« (1 Kor 7,10-13).

Wenn Sie nicht zu einem Eheversprechen bereit sind, durch das Sie sich Ihr Leben lang an Ihren Partner binden, sage ich wieder, ohne zu zögern: Heiraten Sie lieber nicht. Die Quintessenz dessen, was Paulus hier schreibt, ist diese: »Wer heiratet, der bindet sich für ein ganzes Leben.« Er meint Beständigkeit. Seine Anweisungen erlauben keine Kompromisse:

- Die Frau soll ihren Mann nicht verlassen (Vers 10).
- Der Mann soll seine Frau nicht verlassen (Vers 11).
- Er soll sie nicht verstoßen (Vers 12).
- Sie soll ihn nicht verstoßen (Vers 13).

Es hätte eigentlich genügt, es einmal zu sagen. Hätte er es zweimal gesagt, dann hätte er sich unmißverständlich und glasklar ausgedrückt. Dreimal wäre mehr als genug gewesen. Aber viermal? Der Mann meint es ernst!

Vor Jahren haben Cynthia und ich das häßliche Wort *Scheidung* aus unseren Gesprächen entfernt. Wir haben uns darauf geeinigt, es nicht einmal im Arsenal unseres strategischen Vokabulars zu lagern. Egal, wie hitzig die Auseinandersetzung auch werden sollte: Mit diesem Wort bedrohten wir einander einfach nicht. Es ist eine echte Wohltat, wenn man sich darauf verlassen kann, daß der andere auf Gedeih und Verderb bei einem bleibt und nach Lösungen sucht, anstatt einem den Rücken zu kehren.

Was braucht man dazu, um nicht aufzugeben, um mit vollster Entschlossenheit bei dem anderen zu bleiben? Wieder lautet die Antwort: Gnade. Kein Geschiedener, der diese Worte liest, wird hier widersprechen. Man braucht ein enormes Maß an Gnade, um sich durch das Minenfeld der Auseinandersetzung voranzuarbeiten. Man braucht Gnade dazu, dem anderen zu verzeihen und sich auszusöhnen. Man braucht Gnade dazu, nicht lockerzulassen, auch wenn der andere immer wieder denselben Fehler macht oder dieselbe Sünde begeht. Eine Ehe, deren Getriebe gut mit Gnade geölt ist, ist dauerhaft, beständig und gegen die Strapazen der Reibereien geschützt.

Die dritte Gegebenheit ist von ebenso großer Bedeutung wie die ersten beiden: *Keine Ehe ist vor Nöten sicher.*

> »Ich meine, es ist gut wegen der bevorstehenden Not, ja, es ist gut für den Menschen, so zu sein. Bist du an eine Frau gebunden, suche dich nicht zu lösen; bist du ohne Frau, dann suche keine. Heiratest du aber, so sündigst du nicht; und heiratet eine Jungfrau, sündigt auch sie nicht. Freilich werden solche Leute irdischen Nöten nicht entgehen; ich aber möchte sie euch ersparen« (1 Kor 7,26-28).

Zutreffendere Worte über die Ehe gibt es nicht: »Freilich werden solche Leute irdischen Nöten nicht entgehen ...«. Jede Braut, die meint, ihren edlen Ritter gefunden zu haben, den Märchenprinzen, der sie vor allen Enttäuschungen des Lebens beschützen wird, muß sich sagen lassen, daß sie »irdischen Nöten nicht entgehen« wird. Jeder Bräutigam, der meint, *Wonder Woman* gefunden zu haben, die perfekte Mischung aus Mutter Teresa, Betty Crocker, Chris Evert und Cheryl Ladd, muß sich sagen lassen, daß er »solchen Nöten nicht entgehen« wird. Ich gehe sogar noch einen Schritt weiter: Ehe und Nöte sind synonym!

Ohne Ihnen das Geläut von Hochzeitsglocken und feierliche Trauungsszenen vor dem Altar vermiesen zu wollen, muß ich betonen, daß Nöte unvermeidbar sind. Die Liste ist endlos. Katastrophen. Krankheiten. Krach mit der Verwandtschaft. Meinungsverschiedenheiten über Termine, Temperatur, Tapetenwechsel. Probleme mit den Nachbarn. Probleme mit den Finanzen. Probleme wegen Überbelastung am Arbeitsplatz. Probleme, Probleme, Probleme! Und Sie sind beide gefordert, gemeinsam damit fertigzuwerden. Gnade zum Akzeptieren, Gnade zum Verzeihen ... viel davon mit einer Prise Humor einfach vom Tisch zu lachen, Gnade zum Weitermachen, Gnade, dem anderen den Rükken zu stärken, wenn der Weg immer wieder durch Konflikte und Auseinandersetzungen führt.

Ich weiß nicht, wie oft Cynthia mich bei der Hand genommen, mir geradewegs in die Augen gesehen und gesagt hat: »Wir werden schon damit fertig, Schatz!« Dazu war Gnade nötig, und es hat mir sehr geholfen. Bei anderen Gelegenheiten war ich dann derjenige, der ihr geholfen hat. Ohne die Fähigkeit, den anderen so zu akzeptieren, wie er ist, wäre unsere Ehe voller Krisen. Wir sind wesensmäßig sehr verschieden. Auch unsere Geschmäcker gehen in manchem ziemlich auseinander. Am auffallendsten sind unsere inneren Temperaturregler, die total unterschiedlich eingestellt sind. Sie friert aus Prinzip im Winter – und auch oft im Sommer. Mir ist das ganze Jahr über zu warm! Die Folge ist, daß der Gegenstand, der bei uns daheim die meisten Fingerabdrücke mitbekommt, der Thermostat ist. Ich stelle ihn mit schönster Regelmäßigkeit niedriger, sie stellt ihn ständig höher. Es braucht Gnade meinerseits, dieses erdrückende Treibhausklima zu ertragen – und ihrerseits, in einem eisigen Iglu zu überleben. Ich schwitze, sie zittert vor Kälte. Ich habe es am liebsten so kühl, daß man Fleisch in der Küche aufhängen kann; sie hat es lieber ein paar Grad unterhalb der arabischen Wüste.

Ein Temperaturproblem haben wir schließlich mit Bravour gelöst, nämlich die Schlacht um die Heizdecke: getrennte Regler! Ich stelle meine Seite am liebsten auf Stufe 0 oder, falls draußen ein Schneesturm tobt (was in Südkalifornien eine Seltenheit ist), auf Stufe 1. Ihre Seite schwankt zwischen Stufe 7 und 9. Eigentlich schlafe ich sowieso am liebsten auf anstatt unter der Decke. Sie vergräbt sich am liebsten unter einem ganzen Deckenberg – es ist unglaublich! Aber das Beste an der Sache kommt, wenn ihre Seite der Heizdecke mit den getrennten Reglern den Geist aufgibt. Dann drehen wir das Ding einfach um: Ich nehme die Seite, die nicht mehr funktioniert, und sie bekommt meine, die noch so gut wie fabrikneu ist – und voilà! Die Decke hält auf diese Weise doppelt so lange. Gnade sorgt nicht nur für Toleranz, sie hilft uns auch sparen.

Die Gnade, Verantwortung ernst zu nehmen

Soviel zu den Realitäten innerhalb der Ehe. Sehen wir uns als nächstes die Verantwortung des einzelnen Ehepartners an. Darum scheint es in Epheser Kapitel 5, Verse 22-33 schwerpunktmäßig zu gehen.

Ich bin mir darüber im klaren, daß wir, je tiefer wir uns in das Thema Ehe vorwagen, auf immer heiklere Fragen stoßen. Gegensätzlich ist dabei gar kein Ausdruck! Manche haben das Thema der Verantwortung innerhalb der Ehe zu solchen Extremen geführt, daß kaum noch Raum für eigene Gedanken dazu bleibt. Auf der anderen Seite sind diese (und ähnliche) Verse derartig verzerrt und verdreht worden, daß ihre ursprünglichen Aussagen manchmal verlorengehen. Ich möchte das eine wie das andere Extrem vermeiden. Ich hoffe, Ihnen zwei grundlegende Faktoren verdeutlichen zu können: erstens die primäre Verantwortung der Frau und zweitens die des Mannes. Keine der beiden ist übermäßig kompliziert, doch aus irgendwelchen Gründen scheinen viele Ehen hier am Ziel vorbeizuschießen.

Die primäre Verantwortung der Frau

Um die hauptsächliche Verantwortung der Frau zu definieren, wollen wir zuerst einmal die Bibel selbst zu Wort kommen lassen: »Ihr Frauen, ordnet euch euren Männern unter wie dem Herrn (Christus); denn der Mann ist das Haupt der Frau, wie auch Christus das Haupt der Kirche ist; er hat sie gerettet, denn sie ist sein Leib. Wie aber die Kirche sich Christus unterordnet, sollen sich die Frauen in allem den Männern unterordnen« (Eph 5,22-24).

Viele Christen sind mit diesen Worten so vertraut, daß sich leicht ein innerer Abstumpfungseffekt einstellt. Oder sie steigen innerlich auf die Barrikaden und protestieren lautstark gegen diesen Patriarchalismus, den sie an dieser Stelle besonders unverblümt ausgedrückt sehen. Um beides zu vermeiden, schauen wir uns diese Verse doch einmal in anderen Übersetzungen an:

> »Ihr Frauen, ordnet euch euren Männern unter! Dadurch zeigt ihr, daß ihr euch dem Herrn unterordnet. Denn der Mann steht über der Frau. so wie Christus über der Gemeinde steht. Christus als dem Haupt verdankt die Gemeinde, die sein Leib ist, ihre Rettung. Wie nun die Gemeinde Christus untergeordnet ist, so müssen auch die Frauen sich ihren Männern in allem unterordnen« (Die Gute Nachricht).
>
> »Die Frauen seien untertan ihren Männern als dem Herrn. Denn der Mann ist des Weibes Haupt, gleichwie auch Christus das Haupt ist der Gemeinde, die er als seinen Leib erlöst hat. Aber wie nun die Gemeinde ist Christus untertan, so seien es auch die Frauen ihren Männern in allen Dingen« (Luther).

Wenn ich diese Worte genauer untersuche, entdecke ich, *daß die primäre Verantwortung der Frau darin besteht, sich selbst so gut zu kennen und sich selbst so hoch zu schätzen, daß sie sich ohne*

Vorbehalte an ihren Mann bindet. Ich möchte Ihnen vorschlagen, die soeben gemachte Aussage noch einmal zu lesen, diesmal langsamer und vorzugsweise laut.

In dem Kontext dieser Bibelpassage steckt eine Atmosphäre der Harmonie. Wenn Sie sich die Zeit nehmen, die vorangehenden Verse (Verse 15-21) zu lesen, werden Sie sehen, daß Paulus hier von Weisheit spricht (Vers 15), vom Erfülltsein mit dem Heiligen Geist (Vers 18), von überströmender Freude (Vers 19), vom Danken (Vers 20) und von der gegenseitigen Unterordnung aus Respekt vor Christus (Vers 21). Eine solche Atmosphäre der freudigen Harmonie ist die beste Voraussetzung dafür, daß die Ehefrau sich selbst gut kennt und ausreichend respektiert, um sich problemlos ihrem Mann zu übergeben. In einer solchen Beziehung existiert kein Streit um Autorität und Rechte. Man gibt die Zügel bereitwillig ab. Um es wiederum zu betonen: Eine solche Haltung ist das Resultat einer inneren Einstellung, die allein die Gnade hervorbringen kann.

Nun sagen aber einige von Ihnen: »Sie kennen meinen Mann nicht. Sie können sich gar nicht vorstellen, wieviel Gnade ich brauche!« Worauf ich Ihnen vermutlich recht geben würde. Aber genau hier liegt ja der Reiz der Herausforderung. Wenn Jesus Christus in Ihrem Leben wirklich das Sagen hat, wenn der Geist Gottes Ihr Handeln mit seiner Kraft erfüllt und Ihre Haltung, Ihre Worte, Ihre Reaktionen temperiert, werden Sie staunen, wieviel die Gnade ausrichten kann. Genau wie Gott sich in seiner Gnade zu Ihnen herabneigte und Sie in Ihrem »wenig liebenswerten« Zustand liebte, so kann seine Gnade auch in Ihnen den Wunsch wachwerden lassen, sich zu jemandem, der vielleicht ebenso »liebenswert« ist, wie Sie selbst es früher waren, herabzuneigen und ihn verbindlich zu lieben.

Plötzlich habe ich das Gefühl, daß einige Ehemänner diese Seiten mit einem selbstzufriedenen Grinsen lesen. Um ihretwillen müssen wir uns anschauen, mit welchen Anweisungen Gottes Wort sich an den Mann wendet. Interessanterweise hat Gott uns hier wesentlich mehr als unseren Frauen zu sagen, liebe Männer. Fangen wir mit Vers 25 an: »Ihr Männer, liebt eure Frauen, wie Christus die Kirche geliebt und sich für sie hingegeben hat.«

Lassen Sie sich einmal folgenden Gedanken durch den Kopf gehen: Der Frau wird gesagt, sie solle ihren Mann so sehr lieben, daß sie für ihn lebt; dem Mann dagegen wird gesagt, er solle seine Frau so sehr lieben, daß er für sie zu sterben bereit ist.

Die Frau bekommt die Analogie des Lebens unseres Erlösers zugeordnet. Der Mann dagegen bekommt die Analogie seines Todes zugeordnet. Das nenne ich wahre Liebe. Jeder Ehemann soll seine Frau so sehr lieben, daß er für sie sterben würde.

Ich weiß gar nicht, wie oft ich schon nach Beerdigungen neben den trauernden Ehemännern gestanden habe. Fast ausnahmslos haben sie sich an meiner Schulter ausgeweint und gesagt: »Ach Chuck, warum mußte das erst passieren, um mir zu zeigen, was ich an meiner Frau gehabt habe?«

Die primäre Verantwortung des Mannes

> »Ihr Männer, liebt eure Frauen, wie Christus die Kirche geliebt und sich für sie hingegeben hat, um sie im Wasser und durch das Wort rein und heilig zu machen. So will er die Kirche herrlich vor sich erscheinen lassen, ohne Flecken, Falten oder andere Fehler; heilig soll sie sein und makellos. Darum sind die Männer verpflichtet, ihre Frauen so zu lieben wie ihren eigenen Leib. Wer seine Frau liebt, liebt sich selbst. Keiner hat je seinen eigenen Leib gehaßt, sondern er nährt und pflegt ihn, wie auch Christus die Kirche. Denn wir sind Glieder seines Leibes« (Verse 25-30).

Beim Betrachten dieser Botschaft an die Ehemänner kristallisiert sich folgende Aussage heraus: *Es ist die primäre Verantwortung des Mannes, seinen Erlöser so innig zu lieben und sich selbst so sehr zu mögen, daß er sich bedingungslos an seine Frau bindet.* Ich möchte Sie wie zuvor bitten, diesen Satz noch einmal zu lesen, und zwar langsam und sorgfältig. Unsere Liebe soll bedingungslos sein. Wir müssen das Wort »wenn« aus unserem Vokabular entfernen. »Wenn du dies tust … Wenn du jenes sagst … Wenn ich dafür von dir das und das bekomme, dann werde ich mich an dich binden.«

Nein, das ist nicht die Liebe, mit der Jesus die Kirche liebt. Sehen Sie sich Vers 28 noch einmal an: »Darum sind die Männer verpflichtet, ihre Frauen so zu lieben wie ihren eigenen Leib. Wer seine Frau liebt, liebt sich selbst.«

Wenn Ihnen das nächste Mal Zweifel daran kommen, ob Männer ihren eigenen Körper lieben, dann statten Sie einem Fitneß-Center einmal einen Besuch ab. Unglaublich! Die Fußböden sind die einzigen Flächen, die nicht mit Spiegeln ausgekleidet sind. Und vor den Spiegelwänden stehen Männer und bewundern ihre Muskelpakete – keine Frage, daß sie ihren eigenen Leib lieben. Paulus weiß, wie tief diese Selbstliebe bei Männern sitzt, und benutzt sie hier als Beispiel dafür, wie Männer ihre Frauen lieben sollen: ohne Bedingungen und Vorbehalte. Wiederum ist die Gnade von wesentlicher Bedeutung. Sie strömt jedoch nicht ungehindert, solange es Streit um die Entscheidungsgewalt gibt oder Bedingungen an die Verbindlichkeit geknüpft werden. Dr. Kevin Leman hat einige aufschlußreiche Beobachtungen gemacht:

> *»... die Ehe kommt die Frauen teurer zu stehen als die Männer. Was das seelische und psychologische Wohlbefinden betrifft, so haben die Männer es in jedem Fall besser.*
> *Trotz aller Klagen sehen mehr Frauen als Männer in der Ehe eine Quelle des persönlichen Glücksgefühls. Ungeachtet des Preises, den sie dafür bezahlen, harren sie in der Ehe aus.*
> *Jahrhundertelang waren die Frauen diejenigen, die sich nach dem Ehepartner richteten, während die Männer das Sagen hatten. Robert Karen, der Workshops für Männer und Frauen über Macht und Zärtlichkeit durchführt, spricht von dem ›alten‹ und dem ›neuen‹ System der Mann-Frau-Beziehungen. Unsere Eltern und Großeltern lebten in einer Welt der stabileren Werte und klarer definierten Rollenverteilung. Macht und Verantwortung waren nach klaren Richtlinien geregelt, und jeder wußte, was er bzw. sie zu tun hatte. Das System behandelte Frauen oft ungerecht, doch es bot ihnen ein gewisses Maß an Sicherheit. Eine Frau, die dazu bereit war, die Grundregeln und Einschränkungen der Ehe zu akzeptieren, konnte ein durchaus glückliches Dasein führen.*

Es war die Aufgabe der Frau, den Haushalt zu führen, die Kinder großzuziehen und für ihre Familie dazusein. Der Mann dagegen hatte die Aufgabe, außerhalb des Zuhauses tätig zu sein, den Lebensunterhalt zu verdienen und ›seinen Beitrag zur Gesellschaft zu leisten‹. Männer wurden praktisch in den Himmel erhoben, während Frauen als Bürger zweiter Klasse galten.
Bis dann in Ende des 20. Jahrhunderts die Emanzipation der Frau ihren großen Auftritt hatte. Alle Ungleichheit sollte ausgeschaltet werden – aber ist das geschehen?
Frauen haben die Entdeckung gemacht, daß das Emanzipiertsein nicht gehalten hat, was sie sich davon versprochen hatten. Sie holen rapide ihren Rückstand auf, was Herzkrankheiten, Geschwüre im Verdauungstrakt und andere streßbedingte Krankheiten betrifft. Heutzutage steht ihnen der Weg zu Karriereberufen und Spitzeneinkünften offen, doch die emotionale Machtverteilung daheim ist größtenteils dieselbe geblieben.
Die meisten Frauen sind nach wie vor die Nachgebenden, während die Männer weiterhin die Forderungen stellen. Die Frau ist diejenige, die eher zu Mitleid und Hilfeleistung bereit ist, wo sie gebraucht wird. Männer kennen sich mit ihren eigenen Gefühlen nicht so gut aus wie Frauen. Sie sind weniger dazu in der Lage, auf emotionaler Ebene Kontakte herzustellen. Sie sind jedoch glänzend dazu in der Lage, alles, was eine Frau ihnen bietet, anzunehmen, wobei die Frau nicht selten ausgenutzt wird.«[3]

Dr. Leman malt in seinem Buch ein ausdrucksstarkes Wortbild, indem er die »Nachgebenden« die Motten und die »Forderer« die Flamme nennt. Wir Männer müssen uns vorsehen, nicht selbstzufrieden von Unterwerfung der Frau zu reden, bevor wir unsere Schularbeiten gründlich gemacht haben. Häufig (besonders in evangelikalen Kreisen) stellen solche Forderungen einen völlig unbegründeten Machtkampf dar. Wenn die Gnade im Herzen eines Mannes erwacht, beginnt er, die Frau, die Gott ihm gab, inniger zu lieben, und er wird sich in zunehmendem Maß ihres Wertes, ihrer

Begabung und ihrer Bedeutung als Individuum bewußt. Diese innere Gnade befreit ihn dazu, sie aus seinen Erwartungszwängen zu entlassen

Ich kann ganz ehrlich sagen, daß ich mir, je vertrauter ich mit der Gnade Gottes werde, umso weniger Kopfzerbrechen um die Frage mache, wer bei uns daheim das Sagen hat, und umso weniger fühle ich mich bedroht. Je mehr ich mit der Gnade Gottes Bekanntschaft schließe, desto mehr möchte ich meine Frau in ihrem Wert bestätigen und sie aus meinen Erwartungszwängen befreien, und desto weniger möchte ich sie beherrschen und Forderungen an sie stellen. Die Gnade liebt und dient, sie gibt und vergibt. Die Gnade führt nicht Buch über die Fehler des Partners, um ihn damit in Schach zu halten. Wie wir in früheren Kapiteln gesehen haben, gewährt die Gnade Raum zum Wachsen und zum Sein, wie man ist, zum Entdecken und zur Kreativität. Wo diese gnadenerweckte Liebe besteht, da liebt der Mann seine Frau so, wie er sich selbst liebt, und die Frau achtet ihren Mann. Genauso hat Gott es vorgesehen

> »Was euch angeht, so liebe jeder von euch seine Frau wie sich selbst, die Frau aber ehre den Mann« (Eph 5,33).

Wo dies geschieht, da besteht kein Interesse, eine sexuelle Beziehung mit einem Dritten einzugehen. Eifersucht und Argwohn haben hier keine Daseinsberechtigung.

Innerhalb der Ehe gibt es wohl kaum einen schlimmeren Gnadenkiller als Eifersucht. Vor einigen Jahren habe ich ein junges Paar getraut, das ich nicht so bald wieder vergessen werde. Während der Vorbereitungsgespräche witterte ich eine starke Neigung zur Eifersucht seitens des jungen Mannes. Ich erwähnte dies den beiden gegenüber, doch sie fanden nichts Bedenkliches daran. Er versicherte mir, er habe zwar früher einmal Probleme mit Eifersucht gehabt, doch darüber sei er jetzt hinweg. Nach ihren Flitterwochen und den ersten Ehemonaten kamen sie zu einem Folgegespräch. Welch ein Unterschied! Vor Wut schäumend, stieß sie hervor: »Dieser Mann ist so krankhaft eifersüchtig, daß er morgens, bevor er zur Arbeit geht, den Meilenstand an meinem Auto abliest –

und wenn er dann nach Hause kommt, prüft er ihn gleich als erstes. Wenn ich ein paar Meilen mehr als sonst gefahren bin, nimmt er mich beim Abendessen ins Verhör.« Ohne das Vertrauen und die Ermutigung ihres Mannes starb sie einen »schrittweisen, traurigen, verbitterten« Tod.

Ich sage es noch einmal: Je mehr die Gnade Gottes in einer Ehe zum Erwachen kommt, desto weniger wird der Mann seine Frau beherrschen und einschränken wollen, und die Frau wird sich weniger gezwungen sehen, sich um jeden Preis fügen zu müssen. In einer solchen Ehe geht es unvergleichlich harmonischer zu.

- Die Gnade befreit und bestätigt.
  Sie erstickt den Partner nicht.
- Die Gnade achtet die Würde des einzelnen.
  Sie macht niemanden »fertig«.
- Die Gnade unterstützt und ermutigt.
  Sie ist nicht eifersüchtig oder argwöhnisch.

Ich weiß, wovon ich rede. Lange Jahre hatte ich mit Eifersucht zu kämpfen. Ich war derartig unsicher und ängstlich, daß ich Cynthia ständig mit Fragen bombardierte, mit kleinlichen, beharrlichen Fragen, hinter denen sich Anklagen verbargen. Kaum zu fassen, daß sie sich das überhaupt hat gefallen lassen. Schließlich kam es zu einer jener berühmten Auseinandersetzungen, die jedes Ehepaar irgendwann einmal auszustehen hat. Ich brauche den Wortlaut hier nicht zu wiederholen, aber Cynthia hat mir klargemacht, daß ich sie mit meinem Argwohn ersticken würde, daß Dinge in meiner Phantasie existierten, die ihr im Leben nicht in den Sinn gekommen wären – und daß damit jetzt Schluß sein müsse. Ihre Worte waren schmerzhaft, aber was sie tat, war richtig. Und ich nahm sie ernst.

So machte ich mich also ans Werk und bearbeitete diese häßliche Seite meines Lebens. Ich bekannte Cynthia meine Eifersucht. Ich versprach ihr, sie nie wieder mit einem solchen Mangel an Vertrauen zu behandeln. Ich bat Gott um die Gnade, mir zu helfen, einen Ausweg aus dieser destruktiven Angewohnheit zu finden. Das brachte es mit sich, auch darum beten zu müssen, daß ich mich selber lieben kann und mich an meine Frau hingeben kann ohne die alles abwürgenden Bedingungen. Ich erinnere mich noch deutlich daran, wie sehr mir bei diesem »Kampf« ein besseres Verständnis der Gnade geholfen hat. Es war, als sei die Gnade in mir endlich »wach« geworden, und ich konnte ihre Macht zum erstenmal für mich in Anspruch nehmen. Sie schien mich regelrecht zu befreien, zuerst im kleinen und dann auf einer Reihe von anderen Gebieten. Heute kann ich in aller Aufrichtigkeit sagen, daß ich keinen einzigen eifersüchtigen Gedanken mehr hege. Die Gnade hat das alles bereinigt.

Lassen Sie mich noch einen Gedanken äußern, bevor wir zu abschließenden Punkten dieses Kapitels kommen. Ich habe die Feststellung gemacht, daß in dem Moment, als Cynthia und ich der Gnade einen entsprechenden Platz in unserer Ehe einräumten, alle Diskussionen über das Thema Unterwerfung aufhörten. Es ist buchstäblich schon Jahre her, seitdem bei uns zum letzten mal das »U«-Wort gefallen ist! Ich sage es noch einmal: Wenn die Gnade erst ihren Platz eingenommen hat und die Freiheit schafft, die nur sie schaffen kann, dann verschwindet der Drang zum Beherrschen, und Unterwerfung ist überhaupt kein Thema mehr.

Epheser 5,33 ist eine Zusammenfassung der Verantwortungen: »Was euch angeht, so liebe jeder von euch seine Frau wie sich selbst, die Frau aber ehre den Mann.« Um seine Frau aufrichtig lieben zu können, braucht der Mann eine gesunde Selbstachtung, ein stabiles und sturmfestes Selbstwertgefühl. Es ist wirklich erstaunlich, wie dadurch die Gnade in seinem Leben zu überströmen beginnt und auch seine Frau erfaßt. Die Gnade ist das Öl, das alle Reibungspunkte davor bewahrt, zu »Aufreibungspunkten« zu werden. Um ihren Mann wirklich zu achten und zu respektieren, muß die Frau zuerst wissen, wie wertvoll und bedeutsam sie als Mensch ist. Wenn sie die Freiheit zum inneren Wachstum hat und sich auf ihre gottgegebenen Möglichkeiten zuentwickeln kann, wächst auch die Achtung, mit der sie ihrem Mann begegnet.

Die Gnade, sich zu der eigenen Rolle zu bekennen

Wir leben in einer Zeit, in der die Rollenverteilung innerhalb der Ehe immer stärker verwischt wird. Die Folgen kann man an den Familien studieren. Viele Kinder wissen nicht, was echte Fraulichkeit bzw. echte Männlichkeit überhaupt ist. Die enge Beziehung zwischen Eltern und Kind erleidet einen Kurzschluß, wenn die Ehe auseinanderbricht, und das Kind mit Ersatzmutter oder -vater Vorlieb nehmen muß.

So herkömmlich und altmodisch seine Worte auch klingen mögen, so kommt der Apostel Petrus zum Kern der Sache und bietet ein paar Richtlinien an, die auch heute noch gelten und Resultate bringen – wenn wir bereit sind, uns daran zu halten. Zu Beginn dieser Passage über die jeweiligen Rollen von Mann und Frau wendet er sich an Frauen, deren Ehemänner nicht das geringste Interesse an geistlichen Dingen haben:

> »Ebenso sollt ihr Frauen euch euren Männern unterordnen, damit auch sie, falls sie dem Wort (des Evangeliums) nicht gehorchen, durch das Leben ihrer Frauen ohne Worte gewonnen werden, wenn sie sehen, wie ehrfürchtig und rein ihr lebt« (1 Petr 3,1-2).

Unglaublich! Sie gewinnt ihren Mann »ohne Worte«. Wie? Ihr Verhalten ist so überzeugend, daß ihm dies einfach nicht entgehen kann. Das Wort für »sehen«, das Petrus im Urtext benutzt, bedeutet soviel wie »aufmerksam beobachten«, ein genaues Hinschauen also, wie man vielleicht ein Tennisfinale oder eine spannende Phase in einem Fußballspiel verfolgen würde. Der Mann beobachtet ihr gewinnendes Verhalten ganz genau, und er ist überwältigt von dem, was er sieht. Letztendlich »gewinnt« sie ihn mit ihrem freundlichen Wesen.

Nun könnte man versucht sein, äußere Dinge an die Stelle der richtigen Einstellung und des richtigen Verhaltens zu setzen. Dies war Petrus zweifellos klar, denn er fährt fort: »Nicht auf äußeren Schmuck sollt ihr Wert legen, auf Haartracht, Gold und prächtige Kleider …« (1 Petr 3,3).

Ich habe erlebt, wie einige diesen Vers als Wasser auf ihren enggeistigen Mühlen mißbraucht haben. Sie behaupten, die Frau dürfe nicht zum Friseur gehen, Kosmetika benutzen oder Schmuck tragen. Nein, dieser Vers ist keineswegs als Verbotsliste einer enggeistigen Lebenseinstellung gemeint, sondern er will die Dinge an den richtigen Platz rücken: Äußerlichkeiten sind eben genau dies; sie sollen nicht den gesamten Menschen ausmachen. Der Charakter hat eine viel größere Bedeutung.

Darum ist Vers 4 auch so wichtig. Er drückt den Gedanken in der Form einer positiven Aussage aus: »… sondern was im Herzen verborgen ist, das sei euer unvergänglicher Schmuck: ein sanftes und ruhiges Wesen. Das ist wertvoll in Gottes Augen.«

Das bedeutet also nicht, daß man als Christ wie eine Vogelscheuche herumlaufen soll. Ich warne die Frauen öfters davor, diesen Vers völlig einseitig auszulegen. Man muß nicht unbedingt fade und vernachlässigt aussehen, wenn man sich auf charakterliche Werte konzentrieren will. Auch hier braucht es schlicht Ausgewogenheit. Ein äußerer Ausdruck femininer Schönheit darf durchaus sein, ja, sollte sogar sein, doch beschränken Sie sich nicht darauf. Achten Sie einfach darauf, daß Ihre äußere Erscheinung nicht so viel von Ihrer Zeit und Aufmerksamkeit beansprucht, daß die innere Wesensschönheit zu kurz kommt. Was dem Ehemann auf die lange Sicht am meisten bedeutet, das ist die Charakterstärke seiner Frau. Äußerlichkeiten vergehen mit der Zeit. Mit zunehmendem Alter kommt Ihnen die Schönheit Ihrer Jugendzeit langsam, aber sicher abhanden.

Das erinnert mich an eine Geschichte, die ich neulich hörte. Mitten im Verkaufsgetümmel der Vorweihnachtszeit kommt eine Frau an die Parfümtheke eines großen Kaufhauses gestürzt und fragt die Verkäuferin: »Haben Sie noch Elizabeth Taylors *Passion* (»Leidenschaft«, ein Parfüm von ihr)?« Die gestreßte Verkäuferin hinter der Theke antwortet schlagfertig: »Glauben Sie etwa, dann würde ich noch hier arbeiten?«

Wenn alle äußere Schönheit vergangen ist, werden Sie noch immer die Art der Schönheit ausstrahlen, auf die es ankommt.

Damit können wir nun die Rolle der Ehefrau definieren: *Sie soll echte Fraulichkeit zeigen; sie soll Charakterzüge haben, die »wert-*

voll in Gottes Augen« sind und die ihren Mann beeindrucken. Das wird Gott ehren. Obendrein wird es reiche Früchte tragen: eine dauerhafte, befriedigende, erfüllende Ehe.

Vers 7 beginnt mit den Worten: »Ebenso sollt ihr Männer …« Wie die Rolle der Ehefrau dem Erlöser und ihrem Ehemann untergeordnet ist, so soll auch der Ehemann sich Christus unterwerfen. Darüber wird längst nicht genug gesagt. In vielen christlichen Kreisen wird den Frauen eingebleut, sich ihren Männern unterzuordnen, doch wir betonen viel zu selten, daß die Ehemänner ihren Willen dem Willen Jesu unterstellen und sich ihm voll und ganz unterwerfen sollen. Mir ist selten eine Ausnahme begegnet: Wo ein Ehemann völlig im Gehorsam Jesus gegenüber lebt, da wird seine Frau bereitwillig mit ihm kooperieren und entgegenkommend sein.

> »Desgleichen, ihr Männer, wohnet bei ihnen mit Vernunft und gebet dem weiblichen als dem schwächeren Geschlecht seine Ehre. Denn auch die Frauen sind Miterben der Gnade des Lebens, und euer gemeinsames Gebet darf nicht gehindert werden« (Vers 7; Luther).

Mit oder bei jemandem zu »wohnen« bedeutet, mit dem Betreffenden ein Zuhause zu teilen. Man kommt nicht einfach nach der Arbeit nach Hause, schlingt das Abendessen herunter, starrt in die Röhre, sagt kein Wort zu seiner Frau und legt sich schließlich schlafen (kommt Ihnen das bekannt vor?). Mit seiner Frau zu »wohnen« heißt, sie kennenzulernen, sich mit ihr zu identifizieren und die gegenseitige Beziehung an die erste Stelle zu setzen. Petrus geht sogar noch einen Schritt weiter. Er schreibt: »… wohnet bei ihnen *mit Vernunft*« (Hervorhebung durch den Autor). Benutzen Sie Ihren Verstand. Lernen Sie Ihre Frau gründlich kennen. Entdecken Sie mehr über sie. Was geht in ihrem tiefsten Innern vor? Entdekken Sie ihren verstecktesten Kummer, ihre unausgesprochenen Ängste. Finden Sie heraus, wann und in welcher Situation sie Bestätigung und Ermutigung braucht, und geben Sie ihr diese dann auch.

Vielleicht werden Sie die unerwartete Feststellung machen, daß sie einen »schrittweisen, traurigen, verbitterten« Tod stirbt, wenn ihr Ihre Ermutigung und Bestätigung versagt geblieben ist. Sie ist das schwächere Geschlecht in physischer Hinsicht. Doch das bedeutet keineswegs, daß sie seelisch schwächer wäre oder einen schwächeren Charakter hätte. Sie ist eine Frau, weshalb sie eben anders konstruiert ist als ein Mann. Sie hat andere Bedürfnisse, andere Gefühle, andere Wünsche und Träume, und sie sieht das Leben aus einer anderen Perspektive. Respektieren Sie diese Unterschiede, und sie wird es Ihnen mit ihrer Hochachtung danken. Anders ausgedrückt: Seien Sie ein männliches Vorbild der gelebten Gnade.

Aus alledem ergibt sich die Rollendefinition für den Ehemann: *Er soll echte Männlichkeit zeigen; er soll selbstlose und einfühlsame Entscheidungen treffen, wodurch er die Ehe stabiler macht und die Würde der Frau bestätigt.* Bedenken Sie, daß in Vers 7 die Rede davon ist, daß die Männer ihre Frauen ehren sollen. Ein Ehemann, der echte Männlichkeit auslebt und selbstlose, einfühlsame Entscheidungen trifft, ehrt seine Frau damit. Sie fühlt sich unterstützt, bestätigt und geschätzt.

Ein Nebenprodukt einer gnadenerfüllten Ehe ist die Tatsache, daß die Kinder in einer problemarmen Beziehung zu ihren Eltern aufwachsen dürfen. Sie haben gute Vorbilder in ihren Eltern. Sie werden sich gut entwickeln. Sie werden sich geborgen fühlen und im wachsenden Maß selbstsicher werden. Wenn sie als junge Erwachsene in den Ernst des Lebens entlassen werden, haben sie das Zeug, damit fertig zu werden. Ihr Sohn wird wissen, was es heißt, ein Mann zu sein, und Ihre Tochter wird entdeckt haben, was Frausein bedeutet. Sie werden auf dem richtigen Weg zu einem gelungenen und erfüllten Leben sein. Und das ist heutzutage keine Selbstverständlichkeit.

Vers 7 erinnert uns auch daran, daß wir gemeinsame Erben der Gnade des Lebens sind. Wir sind Miterben, Partner in der Gnade. Die Gnade stellt ein Miteinander zwischen Ehemann und Ehefrau her: Hier herrscht nicht einer über den anderen, und hier gehen auch nicht beide ihre getrennten Wege, sondern hier haben wir ein Zweierteam, das von der Gnade durchdrungen ist, das auf der Basis der Gnade handelt, dessen Denken von der Gnade bestimmt ist und das aufgrund der Gnade den Partner so akzeptieren kann, wie er ist. Vier dauerhafte Vorteile, die beiden Ehepartnern gemeinsam zugute kommen, lassen sich formulieren:

- Gleichwertigkeit (»*Mit*erben«)
- Würde (»Mit*erbe*«)
- Demut (»Gnade«)
- Bestimmung und Ziel (»Leben«).

Und ich kann Ihnen garantieren, Ihr Zuhause wird so anziehend wie ein Magnet ist, daß es Ihnen immer schwer fällt, wenn Sie aus dem Haus gehen müssen.

Ich sage seit Jahren, daß mein Lieblingsfleck auf der ganzen Welt direkt hinter unserer Haustür liegt. Ich bin unwahrscheinlich gern zu Hause. Dort finde ich Geborgenheit und Annahme, Erfüllung und Ansporn zum Gutestun, Verantwortlichkeit und Harmonie, Aufrichtigkeit und Liebe. Warum? Weil wir einen gemeinsamen Nenner namens Gnade haben.

Ein paar Gedanken zum Abschluß

Wie schließt man ein Kapitel wie dieses? Ich finde dies deshalb so schwierig, weil wir soviel Material behandelt haben, das durchweg von Bedeutung ist. Wir haben uns mit einigen unumstößlichen Gegebenheiten innerhalb der Ehe befaßt. Wir haben uns die primäre Verantwortung des Mannes und die der Frau angesehen. Wir haben uns mit den individuellen Rollen beider beschäftigt. Auf der ganzen Linie haben wir festgestellt, wie grundsätzlich und bedeutend die Gnade für diese Bereiche ist.

Ich bin felsenfest davon überzeugt, daß es bei weitem nicht so viele zerbrochene Beziehungen und funktionsgestörte Familien geben würde, die durch Affären, Mißbrauch, Uneinigkeit oder Scheidung zerstört wurden, wenn wir schlicht und einfach auf die Bedürfnisse des anderen eingehen würden. Diese Bedürfnisse haben nichts Mysteriöses oder Kompliziertes an sich, doch wenn sie unerfüllt bleiben, werden sie zu Gnadenkillern, was zu allen erdenklichen Formen seelischen Leidens führt. Wie sehen diese Bedürfnisse im einzelnen aus?

Erlauben Sie mir, diese Frage von jemand anders beantworten zu lassen. Dr. Willard Harley hat ein hochinteressantes Buch geschrieben, in dem er außereheliche Affären analysiert und Wege zur Vorbeugung aufzeigt. Dr. Harley hat über zwanzig Jahre lang Eheberatung für Paare durchgeführt, von denen viele in eine Affäre verwickelt waren. Während dieser Zeit hat er über 15 000 Fragebögen ausfüllen lassen, welche die sexuelle Vergangenheit und das Sexualverhalten seiner Klienten erfassen. Es gibt selbstverständlich Ausnahmen, doch im großen und ganzen hat er festgestellt, daß sowohl Frauen als auch Männer fünf Hauptbedürfnisse haben. Wenn man über sie informiert ist, dann ist es leichter, sie bewußt zu beachten und das »Öl der Gnade« dort anzuwenden, wo es nötig ist.

Fünf Hauptbedürfnisse bei Frauen

1. Zuneigung
2. Austausch im Gespräch
3. Aufrichtigkeit und Offenheit
4. Finanzielle Unterstützung
5. Verbindlichkeit gegenüber der Familie

Fünf Hauptbedürfnisse bei Männern

1. Sexuelle Erfüllung
2. Gemeinsame Freizeitgestaltung
3. Attraktive Partnerin
4. Häusliche Unterstützung
5. Bewunderung

Dr. Harley zufolge ist das größte Bedürfnis einer Frau das Bedürfnis nach Zuneigung. Sie möchte das Gefühl haben, wirklich in ihrem Wert anerkannt, geliebt und geschätzt zu werden. Das größte Bedürfnis des Mannes ist sein Bedürfnis nach sexueller Befriedigung; weiterhin möchte er das Gefühl haben, wirklich respektiert zu werden.[4]

Die Worte der Schauspielerin Celeste Holm drängen sich wieder auf. Was sie sagt, hat Bedeutung für alle Ehepaare: »Wir leben von der Ermutigung anderer. Ohne sie sterben wir: schrittweise, traurig, verbittert.«[5] Es ist meine Hoffnung, daß diese Seiten einen Effekt auf Ihr Denken und auf Ihr Familienleben haben werden. Wenn Sie nun das Öl der Gnade im Hinblick auf diese Bedürfnisse Ihres Ehepartners anwenden, lassen Sie sich durch die Erkenntnis ermutigen, daß keine Investition auf der Welt größere Dividende bringt. Was kann auch bedeutsamer sein, als einen Sterbenden zu retten?

Kapitel 13

Aus Gnade großzügig

Ich habe mir eine Theorie über das Weihnachtsfest einfallen lassen. Sie liefert eine meiner Ansicht nach zufriedenstellende Erklärung dafür, warum Weihnachten einen derartig geheimnisvollen Zauber ausübt. Jahrelang habe ich mich gefragt, was an der Weihnachtszeit eigentlich so umwerfend ist, daß die Leute scharenweise in ihren Bann gezogen werden. Es widert uns zwar an, schon Mitte Oktober überall in den Kaufhäusern künstliche Weihnachtsbäume zu sehen und den kommerzialisierten Rummel, das Gedränge und das Weihnachtslied, das gerade zum dreitausendsten Mal über die Lautsprecher läuft, geht uns gehörig auf die Nerven, aber dann … Irgendwie können wir dann im Dezember den idyllischen Weihnachstdüften und -anblicken trotz allem nicht widerstehen. Warum?

So hübsch die bunten Lichter und die Dekorationen auch sein mögen, so sind sie nicht die Ursache. So herrlich die Musik und so nostalgisch die Bräuche auch sein mögen, so sind auch sie nicht die Ursache. Die Kuchen, die Plätzchen, der traditionelle Besuch bei Opa und Oma und die Feiern im Freundeskreis sind es genausowenig. Meine Theorie trifft, wie ich meine, den Nagel auf den Kopf: Weihnachten kratzt uns da, wo uns im tiefsten Inneren die Gnade juckt. Es gibt uns Jahr für Jahr die Gelegenheit, ganz bewußt aus dem gewohnten Trott auszubrechen und jemanden zu beschenken, ohne dafür eine Gegenleistung zu erwarten. Weihnachten ist ein willkommener Anlaß, unserem so verhaßten Egoismus einmal siegreich entgegenzuwirken. Kurz und bündig gesagt, bringt Weihnachten uns wie kein anderes Fest dazu, echte Gnade in die Tat umzusetzen.

Haben Sie Lust, meine Theorie zu testen? Das tun Sie am besten so: Bei der nächsten Weihnachtsbescherung richten Sie Ihr Augenmerk nicht auf denjenigen, der gerade ein Geschenk auspackt, sondern auf den Geber des Geschenks. Die besten Weihnachtsfotos von Swindolls daheim sind zum Teil solche, die den Geber des soeben ausgepackten Geschenks zeigen. Die reinste Freude steht dem Schenker im Gesicht, er ist total selig. Endlich ist mir klar, warum: In diesem Moment erleben wir buchstäblich einen Fall von »Gnadenekstase«. Im Grunde genommen ist es nämlich nicht das Bekommen von Geschenken, das uns so großen Spaß macht, sondern das Verteilen; die sichtliche Überraschung, die wir dem Beschenkten bereitet haben; die Dankbarkeit, die uns von dem Beschenkten entgegenschlägt und die plötzlich und ohne viele Worte eine ganz besondere, persönliche Nähe zwischen uns herstellt.

Letztes Jahr zu Weihnachten hat meine Frau die ganze Großfamilie mit Bademänteln überrascht, von denen jeder mit einem Monogramm versehen war. Den größten Spaß von allen hatte sie selbst! Sie holte die Geschenke und legte jedem seins auf den Schoß. Keiner durfte mit dem Auspacken anfangen, bis alle ihr Geschenk hatten. »Achtung, fertig, los!« hieß es dann. Ich beobachtete Cynthia ganz bewußt, als nun einer nach dem anderen sein Geschenk auspackte. Sie tanzte und lachte und klatschte in die Hände und machte Luftsprünge – jawohl, Cynthia! Dann mußten wir die Bademäntel anziehen und Modenschau machen, die Kapuzen auf den Köpfen und die Hände in den Taschen. Wir sahen aus wie ein Verein von Mönchen des Sankt-Michaels-Ordens, als wir uns jetzt gegenseitig in die Arme fielen und das große Hallo ausbrach. Aber bei keinem war die Freude größer als bei Cynthia, die die Idee gehabt und ausgeführt hatte und sich jetzt an dem Anblick der Beschenkten weidete. Unser Herr wußte schon, wovon er redete, als er lehrte, daß Geben seliger sei als Nehmen.

Ich gebe zu, daß ich mir das Gehirn bei der Suche nach einer Methode zermartert habe, wie man diese weihnachtliche Schenkfreude in diesem Kapitel über Großzügigkeit auf das ganze Jahr ausdehnen könnte. Wenn mir das gelingen würde, dann wäre alle Zurückhaltung verflogen, und wir könnten alle ganz gespannt auf das warten, was die Bibel über Gottes Willen in Sachen Geben sagt. Leider sind viele Leute, sowohl innerhalb als auch außerhalb der Kirche, allen Ernstes der Ansicht, daß Geld »schnöder Mammon« sei und daß dieses Thema daher besser unerwähnt bleibe. Ich habe mehrmals von Laienchristen die stolze Behauptung gehört, ihr Pastor habe in all den Jahren seines Dienstes noch kein einziges Mal über Geld gepredigt. Ich finde ein solches Schweigen zwar sehr bedenklich, doch mir ist durchaus klar, wie es dazu kommt. Auch ich würde am liebsten manchmal einen Bogen um dieses Thema machen.

Warum haben wir eine solche Abwehrhaltung?

Seit rund drei Jahrzehnten bin ich im Pfarrdienst. Ich erinnere mich an Sonntage, an denen das Stöhnen und Seufzen fast nicht zu überhören war, nachdem ich eine Predigt über das Thema »Den Zehnten« ankündigte. Warum besteht diese Abneigung? Ich sehe hier einen Analogfall zu dem Stöhnen und Seufzen, das uns über die Lippen kommt, wenn die Geschäfte schon Mitte Oktober die Weihnachtsbäume aus Plastik hervorholen und den Weihnachtsmann ins Schaufenster stellen. Besonders in drei Punkten bestehen Parallelen.

Erstens hat die Schallplatte einen Sprung. Das Thema »Spenden und Kollekte« wird selten auf kreative Weise behandelt, und oft steckt die Darstellung voller Übertreibungen und Aussagen, die ein schlechtes Gewissen erzeugen sollen. Meistens wird die Gemeinde nicht so sehr unterrichtet, sondern ermahnt und ausgenutzt. Obendrein fehlt es an Feingefühl und Humor; die Zuhörer bekommen nackte Tatsachen, vermischt mit einer Prise Panik serviert, »weil die Spendenfreudigkeit nachgelassen hat«. Man braucht keinen Doktortitel an der *Yale University* gemacht zu haben, um schon nach den ersten fünf Minuten zu merken, worauf alles hinausläuft:

»Gebt mehr Geld!!!« Selbes Lied, neunte Strophe. Die alte Leier wird mit der Zeit eintönig.

Zweitens ist das Thema kommerzialisiert worden. Wo die Gnade aus dem Geben herausgeschnitten worden ist, da hat sich die Geldgier sintflutartig breitgemacht. Herr und Frau Durchschnittschrist sind »aufmüpfig«, argwöhnisch und verärgert … manchmal aus gutem Grund. In der zweiten Hälfte des 20. Jahrhunderts haben wir viel Peinliches miterlebt, nicht wahr? Wir haben erlebt, wie unter dem Deckmäntelchen des Christentums aus reiner Geldgier gehandelt wurde. Mit unglaublichen Tricks wurde den Leuten das Geld aus der Tasche gezogen, und wir sind diese Spielchen leid. Alle wollen mehr, nicht nur die frommen Fernsehprediger. Und nie scheint es genug zu sein.

Neulich hörte ich von einem Mann, der seiner Freundin ein Lotterielos schenkte – und zu ihrer großen Überraschung gewann sie drei Millionen Dollar! Doch die Steuern verlangte die Regierung von *ihm*. Doch das war noch nicht alles. Als seine Exfrau hörte, daß er mit einem Schlag viel Geld hatte, verlangte sie höhere Alimente.

Drittens scheinen immer irgendwelche verschleierten Motive im Spiel zu sein. Genau wie die Ladenbesitzer nicht bloß aus lauter Spaß an der Sache tief in die Tasche greifen, um das Geschäft für Weihnachten herauszuputzen, so reden auch die meisten Pfarrer nicht bloß aus Spaß an der Sache über Geld. Die Kasse muß klingeln. Die Betonung liegt selten auf der Freude des gnadenorientierten Schenkens, sondern eher auf der Verpflichtung und der Verantwortung des Geldgebens, ganz gleich, wie gern oder ungern man es tut.

Diese Stelle bietet sich an, ein paar Dinge klarzustellen. Wie und warum wir Geld geben, ist in Gottes Augen weitaus bedeutender als das Wieviel. Die innere Einstellung und das Motiv sind stets wichtiger als der Betrag. Nächster Punkt: Wenn jemand erst auf den Geschmack der Freigebigkeit gekommen ist, wird der Betrag so gut wie nebensächlich. Wo die uralten Gnadenkiller Beschämung und Manipulation nicht als Druckmittel eingesetzt werden, da reagiert man mit echter Großzügigkeit. Von dem eigenen Besitz abzugeben, wird jetzt zum Lieblingshobby.

Vor einiger Zeit habe ich einmal zu Jahresende einer Dame, die mir nahesteht, Mut gemacht, im neuen Jahr großzügiger mit ihrem Besitz umzugehen als je zuvor. Weil sie nicht gerade wohlhabend und ledig ist und daher nur über ein Einzeleinkommen verfügt, hatte diese Dame schon lange befürchtet, sich in Grund und Boden zu wirtschaften, wenn sie dem Drängen ihres Herzens nachgeben würde. Als echtes Vorbild der ausgelebten Gnade und als mitfühlender Mensch hatte sie schon oft den Wunsch verspürt, großzügiger sein zu können, doch ihre Ängste hinderten sie daran. Was ihr fehlte, war die Ermunterung, Glauben an die Stelle ihrer Befürchtungen treten zu lassen – und genau das tat sie dann auch während des ganzen nächsten Jahres. Am Ende des Jahres erzählte sie mir, daß sie noch nie soviel gespendet und gestiftet habe wie in diesem Jahr und daß sie noch nie so glücklich gewesen sei. Die Dame, die diese neue Dimension der Gnade entdeckte, ist meine Schwester Luci. Ich bin riesig stolz auf sie, weil sie diesen Glaubensschritt gemacht und darauf vertraut hat, daß Gott ihre Großzügigkeit ehren würde. Heute ist sie regelrecht spendiersüchtig.

Warum macht Schenken so herrlich süchtig?

Es ist nicht meine Absicht, eine Heilige aus Luci zu machen. Ebensowenig möchte ich den Eindruck erwecken, daß nur einige wenige »Spendierbegabte« die Freude der Freigebigkeit erleben können. Das entspricht nämlich nicht den Tatsachen. Zwar führt Gott durchaus einige Menschen dahingehend, daß sie in extremen Ausmaßen Großzügigkeit walten lassen, doch auf sie will ich mich in diesem Kapitel nicht beschränken. Ich möchte Menschen wie Ihnen zeigen, wie die Gnade Sie dazu befreien kann, auf Dauer ein Beispiel an außergewöhnlicher Freigebigkeit zu werden und wie Sie dieser Lebensstil zugleich mit unvergleichlicher Freude erfüllt. Nein, dies ist kein Sonderstatus für einige wenige Auserwählte, sondern etwas, was allen Gotteskindern offensteht.

Steigen wir in den Zeittunnel, um eine Reise ins 1. Jahrhundert zu machen. Die Urgemeinde in Jerusalem litt Not. Die Christen dort sahen einer schwierigen, kargen Zukunft entgegen, da Judäa und andere Gebiete in Palästina in einer Wirtschaftskrise steckten.

Wie es auch heute oft der Fall ist, so ging es anderen Teilen der Welt ausgesprochen gut. Die Griechen in Korinth lebten in relativem Wohlstand, weshalb Paulus sie drängte, ihren Glaubensgeschwistern in Jerusalem finanzielle Unterstützung zukommen zu lassen. Seine Aufforderung an die Gläubigen von Korinth findet sich in 2 Korinther, Kapitel 8 und 9, zwei der lehrreichsten Kapitel in der ganzen Bibel zum Thema Freigebigkeit aus Gnade.

Zu Beginn seiner Bitte erwähnt Paulus die Großherzigkeit der armen Gemeinden in Mazedonien, die selbst schwere Zeiten durchmachten. Trotz ihrer eigenen Armut gaben sie mit großer Freude von ihrem Hab und Gut ab. Ihrem Beispiel, so lautet die Aufforderung des Paulus, sollten die Korinther folgen. Soviel an Hintergrundinformationen, um Ihnen die Einleitung des Apostels verständlicher zu machen.

> »Ich will euch berichten, Brüder, was Gottes Gnade in den Gemeinden in Mazedonien bewirkt hat. Sie hatten viel zu leiden und wurden ernsthaft auf die Probe gestellt. Aber ihre Freude war so groß, daß sie trotz ihrer großen Armut eine erstaunliche Hilfsbereitschaft zeigten. Ihr könnt mir glauben: Sie gaben, soviel sie konnten, ja noch mehr, und sie taten es ohne Aufforderung. Sie wollten unbedingt an der Sammlung für die Gemeinde in Jerusalem teilnehmen und hielten das für eine besondere Auszeichnung. Sie taten noch mehr, als ich gehofft hatte. Im Gehorsam gegen Gott schenkten sie sich selbst, zuerst dem Herrn und dann mir« (2 Kor 8,1-5; Die Gute Nachricht).

Paulus schreibt, wie überrascht er war. Die Mazedonier »taten noch mehr, als ich gehofft hatte«. Noch bedeutender ist die Tatsache, daß ihre Gaben nicht ihren eigenen Taschen und Portemonnaies entsprangen. Nein, sie »schenkten *sich selbst*, zuerst dem Herrn« (Hervorhebung durch den Autor); erst dann gaben sie Geld. Freigebigkeit aus Gnade fängt im Herzen an. Gnadengetriebene Großzügigkeit fließt aus einem befreiten Herzen. Darauf gründet sich auch die Gewißheit, daß Freigebigkeit nichts mit dem Stand der eigenen Kapitalinvestitionen oder der Höhe des Monatsgehalts zu tun hat. Ob Mazedonier oder Korinther, ob Amerikaner oder Kanadier, ob Europäer oder Australier: Die Herausforderung bleibt dieselbe. Als erstes sollen wir uns dem Herrn schenken. Wenn wir dies tun, dann folgt der Geldbeutel bald in die Richtung, die unser Herz eingeschlagen hat.

Um auf meine Frage von vorhin zurückzukommen: Warum ist das Schenken so eine süchtigmachende Sache?

Erstens hilft es uns, das Gleichgewicht zu wahren. »Wie ihr aber an allem reich seid, an Glauben, Rede und Erkenntnis, an jedem Eifer und an der Liebe, die wir in euch begründet haben, so sollt ihr euch auch an diesem Liebeswerk mit reichlichen Spenden beteiligen« (2 Kor 8,7).

In vielen Kirchen findet man Glauben; man findet gute Unterweisung (»Rede«), Vertrautheit mit der christlichen Lebensführung; man findet Eifer, Enthusiasmus für die Sache sowie viel Liebe – aber Freigebigkeit? Eine überströmende Bereitschaft zum Spenden? Oft ist dies das einzige Element, das durch Abwesenheit glänzt. Es ist so einfach, entgegenzunehmen, sich segnen zu lassen, sich belehren und ermutigen zu lassen, sich bestätigen und stärken zu lassen – alles Dinge, die man im Überfluß empfängt –, doch das Nehmen durch das Geben auszugleichen, das schafft man leider nicht. Das Gleichgewicht fehlt.

Haben Sie bemerkt, wie Paulus finanzielle Unterstützung nennt? »Liebeswerk« nennt er sie, und er ermahnt uns, uns »mit reichlichen Senden« daran zu beteiligen. Das Christsein erfährt ein gesundes Gleichgewicht, wenn unser Nehmen und unser Geben in einem ausgeglichenen Verhältnis zueinander stehen. Wir fühlen uns näher an unserem Herrn Jesus Christus, weil er dies getan hat: Er gab bereitwillig. »Denn ihr wißt, was Jesus Christus, unser Herr, in seiner Liebe getan hat: Er, der reich war, wurde euretwegen arm, um euch durch seine Armut reich zu machen« (2 Kor 8,9).

Sehen wir uns diese Worte einmal genauer an. Hier haben wir jemanden, der reich war, immens reich. Alle Reichtümer des Himmels gehörten ihm; unbegreiflich und unbeschreiblich vermögend war er. Doch er ließ alles zurück, um sich selbst für uns zu opfern. Warum? Damit wir uns die Reichtümer seines Lebens aneignen und seinem Beispiel folgen.

Der zweite Grund, weshalb Freigebigkeit zur lieben Gewohnheit wird, liegt darin, daß wir darin die Gnade Jesu Christi zeigen. Es beeindruckt mich, daß es in dem Vers nicht heißt: »Denn ihr wißt, was Jesus Christus, unser Herr, notgedrungen tun mußte« oder: »Denn ihr wißt, was Jesus Christus, unser Herr, aus Pflichtgefühl getan hat«, obwohl dies stimmt. Es war seine Pflicht, zur Erde zu kommen. Doch Paulus schreibt nicht etwa: »Ihr wißt, was verlangt wurde« oder: »Ihr wißt, welch ein Opfer er brachte.« Nein, er spricht von der Liebe[1]. Als unser Herr Jesus den Himmel verließ, tat er es nicht zähneknirschend und mit geballten Fäusten und rief ein ärgerliches »Ist ja gut, ich geh' ja schon!« Es war nicht die Verpflichtung, sondern seine Gnade, die ihn dazu bewegte, zur Erde zu kommen. Es war die Gnade in ihm, die ihn als Baby nach Bethlehem brachte. Es war seine Gnade, die es zuließ, daß seine Hände und Füße mit Nägeln durchbohrt wurden und seine Gnade, mit der er sagte: »Vater, vergib ihnen, denn sie wissen nicht, was sie tun.« Wenn Sie etwas in dem Wissen schenken, daß Sie nichts dafür als Gegenleistung bekommen werden, dann haben Sie die Gnade des Herrn Jesu in ihrer reinsten Form nachgeahmt. Sie werden es hilfreich finden, mit dieser Einstellung an das Thema »Geben« heranzugehen.

Drittens wird Freigebigkeit deshalb zur Dauergewohnheit, weil wir durch sie unserem Egoismus und unserer Habgier entgegenwirken. Lesen Sie die ersten fünf Verse von 2 Korinther, Kapitel 9 langsam und aufmerksam:

> »Eigentlich ist es unnötig, euch über das Hilfswerk für die Heiligen zu schreiben. Denn ich kenne euren guten Willen und rühme euch vor den Mazedoniern, indem ich ihnen sage:

Achaia ist seit einem Jahr gerüstet. Und euer Eifer hat viele andere angespornt. Trotzdem habe ich die Brüder zu euch geschickt; denn unser Lob für euch könnte in dieser Hinsicht verfrüht gewesen sein. Ihr solltet also jetzt wirklich, wie ich sagte, gerüstet sein. Wenn nämlich Mazedonier mit mir kämen und euch noch nicht gerüstet fänden, dann könnte es geschehen, daß wir uns wegen dieser unserer Erwartung zu schämen hätten – um nicht zu sagen, ihr hättet euch zu schämen. Ich hielt es also für notwendig, die Brüder zu bitten, sie möchten vorausreisen und eure in Aussicht gestellte Spende schon jetzt einsammeln, damit sie dann verfügbar ist, und zwar als großzügige Spende, nicht als Gabe des Geizes.«

Vor einiger Zeit hatten die Korinther zugesagt, sich an einer Geldspende für die notleidenden Christen in Jerusalem zu beteiligen. Doch aus irgendeinem Grund hatten sie von ihrer Zusage Abstand genommen. Ihre einstige Entschlossenheit war ins Wanken geraten. Daher schreibt Paulus jetzt sinngemäß: »Ich will euch nur ein bißchen wachrütteln und euch daran erinnern, daß ihr das, was ihr angekündigt habt, auch zu Ende führen müßt. Ich möchte nicht, daß sich Geiz bei euch einschleicht.«

So etwas kann passieren, stimmt's? Haben Sie innerhalb der letzten zwölf Monate eine Gehaltserhöhung bekommen? Öffnet so etwas dem Geiz nicht zuweilen Tür und Tor? Etwas, was wir uns schon lange gewünscht haben, ist nun in Reichweite. Wir verfügen plötzlich über eine Geldsumme, sei es nun eine Steuerrückerstattung oder ein sonstiger unerwarteter Betrag; jetzt kann es leicht passieren, daß der Geiz eine zugesagte Spende schmälern will oder daß ein früheres Versprechen (»Herr, wenn ich mehr verdienen würde, dann würde ich auch mehr geben«) in Vergessenheit gerät. Übrigens möchte ich an dieser Stelle betonen: Es ist weitaus besser, das Gewicht auf das Geben als auf die Höhe des Einkommens zu legen. Wir Amerikaner messen der Einkommenshöhe viel zuviel Bedeutung bei. Offen gesagt, ist dies das falsche Gesprächsthema. Wenn ich die Bibel nicht völlig falsch verstanden habe, geht es dem Herrn weniger darum, wieviel jemand verdient, sondern darum, wieviel er gibt.

In einem Zeitschriftenartikel machen Sylvia und John Ronsvalle folgende Feststellung: »Das durchschnittliche Gemeindemitglied unterstützt die eigene Gemeinde nur mit 2,5 % des Einkommens.«[2] Mein langjähriger Freund, der christliche Finanzkrisenberater Ron Blue, sagt häufig in seinen Seminaren:

> *»Wenn alle Christen ein Einkommen von der Höhe des Sozialfürsorgesatzes hätten und sie davon den Zehnten gäben, würden sich die Einkünfte der Kirche verdoppeln.*
> *Wir haben in unserer Beratung beobachtet, daß unsere Klienten nach Eintritt in ihre Etatplanungsphase durchschnittlich viermal soviel geben wie zuvor.*
> *Es liegt nicht etwa an dem mangelnden Wunsch zu geben, sondern eher an Ratlosigkeit und Verwirrung angesichts der enormen Zukunftssorgen und der widersprüchlichen Thesen, mit denen wir tagtäglich konfrontiert werden.«*[3]

Weise Worte aus der Feder von Experten! Norman Cousins hat ein Buch geschrieben, in dem er folgende überraschende Tatsache erwähnt:

> *»Das Bargeld, das Jahr für Jahr in den Vereinigten Staaten verlorengeht, beläuft sich auf etwa fünfundsiebzig Dollar pro Kopf – Geld, das aus Taschen gefallen ist, das man verlegt hat etc. Die meisten Bürger dieser Erde haben ein Durchschnittseinkommen von je etwa neunundsechzig Dollar im Jahr. Der Durchschnittsamerikaner verliert also jedes Jahr mehr Geld, als fast der gesamte Rest der Weltbevölkerung verdient. …*
> *Auch im Zeitalter der Computer hat sich an dem zentralen Problem nichts geändert. Es geht nicht einzig und allein darum, ein produktiveres, bequemeres, angenehmeres Leben zu führen, sondern ein einfühlsameres, angemesseneres, pulsierenderes.«*[4]

Ich wohne in *Orange County* (Südkalifornien); unser County grenzt an *Los Angeles County* an. Eine unserer örtlichen Tageszeitungen veröffentlichte vor kurzem ein paar enttäuschende Zahlen:

»Die Bewohner von Orange County verdienen mehr, geben jedoch weniger davon für wohltätige Zwecke ab. Dies geht aus der Jahresstatistik für Orange County hervor.
Verglichen mit der Spendenbereitschaft in anderen Landesteilen steht der Durchschnittsbewohner von Orange County als mieser Geizhals da.
Der Umfrage von 1987 zufolge belief sich der durchschnittliche Jahresbetrag der Spenden auf 262 Dollar – ›ungewöhnlich niedrig‹ für das derzeitige mittlere Jahreseinkommen von 42 000 Dollar.
Doch 1988 fiel die Spendensumme noch geringer aus. Der durchschnittliche Jahresbetrag der Spenden sank um 30 % auf 182 Dollar, obwohl das mittlere Jahreseinkommen im selben Zeitraum um 5 % stieg, nämlich auf 44 000 Dollar.
Während 1987 durchschnittlich 0,6 % des Einkommens für wohltätige Zwecke gestiftet wurden, waren es 1988 nur noch 0,4 %. Eine Gallup-Umfrage, die im Oktober veröffentlicht wurde, ergab, daß selbst die am wenigsten großzügigen Landesbürger durchschnittlich 1,5 % ihres Einkommens für Spenden ausgeben.«[5]

Warum ist die Gnade des Gebens so unwiderstehlich?

In 2 Korinther, Kapitel 9, Verse 6-15 entdecke ich vier Aspekte, welche die Gnade des Gebens einfach unwiderstehlich machen, nicht nur zur Weihnachtszeit, sondern das ganze Jahr über. In Vers 7 heißt es: »Jeder gebe, wie er es sich in seinem Herzen vorgenommen hat …«

Hier liegt der erste Grund, warum diese Gnade so unwiderstehlich ist: *Durch die Gnade wird die Gabe maßgeschneidert.* Wenn Sie aus Gnade geben, dann geben Sie individuell. Sie passen Ihre Gabe Ihrem Einkommen an. Sie haben eigene Bedürfnisse und ein bestimmtes Einkommen zur Abdeckung Ihrer Bedürfnisse. Niemand auf der Welt hat dieselbe Kombination dieser Faktoren wie Sie. Sie sind ein Individuum. Wenn Sie auf dieser Basis geben, ist Ihre Gabe eine individuelle Gabe. Wir werden nicht alle in einen

Topf geworfen und gezwungen, haargenau ein Zehntel abzugeben. (Wenn allerdings jeder seine 10 Prozent geben würde, hätten wir plötzlich derartig enorme Summen im Werk Gottes, daß wir kaum wüßten, was wir damit anfangen sollten … aber das würde uns dann schon in Windeseile klarwerden. Ganz gewiß!) Nein, das Geben ist eine viel individuellere Sache. Sie erinnern sich: Gnade bringt Vielfalt und Spontaneität mit sich.

Wenn Sie verheiratet sind, wie wäre es, wenn Sie Ihre Geldgaben regelmäßig mit Ihrem Ehepartner gemeinsam absprechen? Oder wenn Sie ein Single sind und eine Arbeitsstelle haben, bei der Ihr Einkommen stetig ansteigt, und wenn Sie Ihre Eltern und deren Spendengewohnheiten respektieren, wie wäre es, wenn Sie sich mit ihnen zusammensetzen und mit ihnen Ihren Spendenplan für das nächste Jahr ausarbeiten? Im Gespräch können Sie Ihren ganz persönlichen Stil des Gebens definieren. Paulus drückt es so aus: »*Jeder* gebe, wie er es sich in seinem Herzen vorgenommen hat« (Hervorhebung durch den Autor).

Wissen Sie, woran es oft hapert? Die meisten Leute haben sich nichts »in ihrem Herzen vorgenommen«; sie planen ihre Gaben nicht ein, sondern sie reagieren impulsiv. Doch Gott weist uns an: »Jeder gebe, wie er es sich in seinem Herzen vorgenommen hat …« Überlegen Sie einmal, wie sorgfältig Sie einen Anbau planen würden. Da überlassen Sie nichts dem Zufall. Ihr Plan sieht jedes Detail vor, jede Steckdose, jede Fensteröffnung, jeden Quadratmeter Bodenbelag. Sie wollen ganz genau planen, wie Ihr Anbau aussehen soll. Ich möchte Sie dazu auffordern, es mit Ihren Gaben ganz genauso zu machen. Lassen Sie die Gnade zum Zug kommen! Fangen Sie beim Planen, beim Beten, beim Durchdenken an. Legen Sie fest, wieviel Sie geben wollen, wer Ihre Spende empfangen soll und wann, und dann spenden Sie Ihren Beitrag voller Freude.

Ein zweiter Grund, weshalb die Gnade des Gebens so unwiderstehlich ist: *Die Gnade macht das Geben freudig und spontan.* »… nicht verdrossen und nicht unter Zwang; *denn Gott liebt einen fröhlichen Geber«* (Vers 7).

Ich habe nie begriffen, warum alle während der Kollekte so furchtbar ernst dreinschauen. Wäre es nicht phantastisch, wenn bei der nächsten Kollekte keine todernste Atmosphäre der starren

Gesichter und der stoischen Stille herrschen würde, sondern Fröhlichkeit und Gelächter? Ich sehe es schon vor mir: »Ist das nicht ein tolles Gefühl, Gott unser Geld zu geben?«, sagt der eine, und der andere: »Rein in den Korb damit, Schatz. Ist das nicht prima? Immer hinein damit!«, und Lachen und Applaus erfüllen den Gemeindesaal oder die Kirche. Herrlich! Und warum auch nicht? Das Herz ist frei von inneren Zwängen; nur spontane Freude gibt es dort. »... *denn Gott liebt einen fröhlichen Geber.«*

Solange ich Pfarrer bin, habe ich gesagt und ich wiederhole es hier: Wenn Sie nicht mit einem fröhlichen Herzen geben können, dann lassen Sie es ganz. Geben ist nichts für Ungläubige oder Leute, die widerwillig oder knickerig sind. Solche Gaben bleiben ungesegnet. Die besten Gaben sind und bleiben solche, die aus freien Stücken heraus gegegen wurden.

In einem lesenswerten, kreativen Artikel von Calvin Miller ist die Rede von der Art des Gebens, auf die ich hinauswill:

> *»Mit den drei Weisen habe es seinen Anfang genommen, sagen manche. Und ich bin nachhaltig beeindruckt davon, wie diese gelehrten Männer ihre Gaben darbrachten, denn sie machten sich wieder auf den Rückweg ›heim in ihr Land‹, ohne von Maria und Josef irgendein Gegengeschenk zu erwarten.*
> *Ihre Gaben waren für das Jesuskind bestimmt, doch dahinter schien keinerlei ... Zwang, keine Verpflichtung zu stecken. ...*
> *Oft wird aus Weihnachtsgeschenken ein unterschwelliger Machtkampf, der zu gegenseitiger Verpflichtung führt. Die unausgesprochene Botschaft dahinter lautet: ›Mein Geschenk kostet dich offiziell zwar nichts, aber du mußt es mir mit einem entsprechenden Geschenk vergüten‹ oder: ›Bitte, Joe, ich hoffe, es macht dir Freude, aber vergiß nicht: Jetzt stehst du bei mir in der Kreide.‹*
> *Ich möchte zwei Grundregeln für das Schenken vorschlagen.*
> *Erstens können Sie dafür sorgen, daß Ihr Geschenk in seinem Geldwert unbestimmbar bleibt. Die Schwiegermutter meiner Tochter stammt aus Italien. Sie hat ihr Unterricht im Zubereiten echter italienischer Gerichte gegeben. Wenn meine Tochter mir etwas besonders Gutes tun will, füllt sie mir eine Schüssel mit*

Fleischklößchen in ihrer köstlichen Marinara-Sauce, und ich bin einen langen Winter über rundherum glücklich. ...
Zweitens sollten Sie sich klarmachen, daß nicht-materielle Geschenke die beste Art sind, dem Beschenkten zu sagen: ›Du schuldest mir nichts. Versuche nicht, mir mein Geschenk zu bezahlen.‹ ...
Ein Freund versprach, während der Weihnachtszeit regelmäßig für mich zu beten. Ein anderer Freund, der weiß, wie sehr ich Shakespeare liebe, schenkte mir ein Buch mit Shakespeare-Zitaten aus seinem eigenen Bestand.«[6]

Wie Sie sehen, beschränke ich mich in diesem Kapitel über Geben keineswegs auf Geld. Keine Sorge, wo Gnade ihren rechtmäßigen Platz eingeräumt bekommt, da wird auch die finanzielle Freigebigkeit von selbst aufblühen. Das Spenden wird von selbst funktionieren.

Nun zu einem dritten Grund, weshalb die Gnade des Gebens so unwiderstehlich ist: *Die Gnade schließt uns an Gottes Versorgungsnetz an.* Sehen Sie sich Vers 8 an: »In seiner Macht kann Gott alle Gaben über euch ausschütten, so daß euch allezeit in allem alles Nötige ausreichend zur Verfügung steht und ihr noch genug habt, um allen Gutes zu tun.« Wenn wir eine echte Gnadeneinstellung haben, sind wir freigebig. Wir schenken uns selbst. Wir geben von dem ab, was wir verdienen. Und Gott beschenkt uns seinerseits auf vielerlei Weisen, nicht etwa Gabe um Gabe, sondern noch weitaus großzügiger und in einem reichen Übermaß an Mitteln und Möglichkeiten.

Viertens: *Die Gnade des Schenkens führt zu unvergleichlichen Resultaten.*

»Vom Zeugnis eines solchen Dienstes bewegt, werden sie Gott dafür preisen, daß ihr euch gehorsam zum Evangelium Christi bekannt und daß ihr ihnen und allen selbstlos geholfen habt. In ihrem Gebet für euch werden sie sich angesichts der übergroßen Gnade, die Gott euch geschenkt hat, eng mit euch verbunden fühlen« (2 Kor 9,13-14). Beim Lesen dieser Verse sehe ich mindestens drei Resultate, die ich durchaus »unvergleichlich« nennen würde:

1. Andere geben Gott die Ehre.
2. Sie lernen von dem vorgelebten Beispiel an Freigebigkeit.
3. Die persönliche Beziehung geht weit über jegliche Geschenke hinaus.

Erlauben Sie mir einen letzten Ratschlag: Wenn Sie anfangen, auf der Basis der Gnade zu geben, tun Sie gut daran, *Vertraulichkeit* walten zu lassen. Im Klartext heißt das: Halten Sie den Mund. Behalten Sie für sich, in welcher Höhe Ihre Gaben liegen. Und der Gott, der im Verborgenen Gutes belohnt, wird auch Sie nicht vergessen.

Der »Apostel der Gnade« führt diese lange Passage über das Thema Geben zu Ende, indem er auffordert: »Laßt uns Gott danken für sein Geschenk! Es ist so groß, daß man es gar nicht beschreiben kann« (Vers 15; Die Gute Nachricht). Paulus hatte beachtliche sprachliche Fähigkeiten, doch als er versuchte, Gottes Geschenk, nämlich Jesus Christus, zu beschreiben, erwies sich die griechische Sprache als unzureichend. Er konnte kein passendes Wort dafür finden, und so mußte er einfach stehenlassen, »daß man es gar nicht beschreiben kann«.

Gottes immerwährendes Weihnachtsgeschenk

Und wieder denke ich an Weihnachten, an Gottes »unbeschreibliches« Geschenk an uns, das größte Gnadengeschenk der Zeitgeschichte. Er enthielt uns nichts vor, sondern schenkte uns aus Liebe das Beste, was er zu schenken hatte. Dies aber war exakt das, was wir – genau besehen – am allernotwendigsten brauchten.

Zum letzten Weihnachtsfest bekam ich viel an Ermutigung in der Form zahlreicher Karten, Grüße und Briefe. Darunter war auch ein einfacher weißer Bogen Papier – kein Name, keine Adresse, nicht einmal ein Poststempel auf dem Umschlag. In kunstvollen Kalligraphiebuchstaben stand ein Text darauf geschrieben, der das Wesen der Gnade Gottes, der uns seinen Sohn sandte, zum Ausdruck bringen will:

»*Wenn wir am dringendsten Information gebraucht hätten,*
dann hätte Gott uns einen Pädagogen geschickt.
Wenn wir am dringendsten Technologie gebraucht hätten,
dann hätte Gott uns einen Wissenschaftler geschickt.
Wenn wir am dringendsten Geld gebraucht hätten,
dann hätte Gott uns einen Ökonomen geschickt.
Wenn wir am dringendsten Unterhaltung gebraucht hätten,
dann hätte Gott uns einen Entertainer geschickt.
Doch am dringendsten brauchten wir Vergebung,
und deshalb schickte Gott uns einen Erlöser!«[7]

An diesem ersten Weihnachten, als Maria Gottes »unbeschreibliches Geschenk auspackte«, da wachte die Gnade auf.

Kapitel 14

Zum Beschenktwerden gehört das Annehmen

Zu Anfang dieses Buches schrieb ich, daß Gnade wahrhaft wunderbar ist. In diesem letzten Kapitel möchte ich betonen, daß man Gnade nicht nur bewundern, sondern auch annehmen muß. Gnade schenkt nicht nur mit freudiger Freigebigkeit, sie nimmt mit dankbarer Demut an. Wenn bei jemand die »Gnade« in seinem Leben wach geworden ist und die Art der Liebe, von der ich hier schreibe, begreift und in die Tat umsetzt, dann entwickelt der Betreffende nicht nur den ungewöhnlichen Wunsch, Ermutigung, Bestätigung, Unterstützung und Trost zu verschenken, sondern auch eine Einstellung des Annehmens, die es anderen erlaubt, ihn auf gleiche Weise zu beschenken. Letzteres ist allerdings leichter gesagt als getan. Die Bereitschaft zum Annehmen schwimmt gegen den Strom unserer angeborenen Neigung, uns selbst zu genügen und niemals verletzbar zu machen. Bevor Sie widersprechen, überlegen Sie erst einmal, wie es wirklich ist. Wie offen und bereit anzunehmen sind Sie, wenn jemand Ihnen unerwartetes und unverdientes Wohlwollen entgegenbringt?

Auch Stärken haben ihre Kehrseite

Wir, die wir so voller Überzeugung nach Stärken des Charakters streben, vergessen leicht, daß ein solches Streben auch seine Kehrseite hat. Vier Problempunkte fallen mir auf Anhieb ein.

Erstens ist mit dem Streben nach dem Allerbesten eine gewisse Intoleranz verbunden. An dem Streben nach Spitzenqualität an sich ist absolut nichts auszusetzen. Wer daran arbeitet, der erklärt der Mittelmäßigkeit, dem Müßiggang und der Unfähigkeit den Krieg. Doch die Kehrseite der Vortrefflichkeit läßt sich nicht leugnen: die Neigung zur Intoleranz. Wenn Sie einen Chef haben, der sich Spitzenqualität zum Ziel gesetzt hat, dann wissen Sie, was ich meine. Sie haben festgestellt, daß der Spielraum für Fehler außerordentlich gering ist. Einen Fehler einfach einmal Fehler sein zu lassen, käme niemals in Frage. Keine Fehlleistung ist zu gering, um nicht korrigiert zu werden. Keine Spitzenleistung ist so gut, daß sie nicht noch verbessert werden könnte.

Einer der größten Bestseller im vorigen Jahrzehnt war *In Search of Excellence* (»Auf der Suche nach dem Hervorragenden«), in dem die Autoren solche Unternehmen lobten, die in acht Hauptbereichen einen absoluten Spitzenstandard erreicht hatten. Was hier schweigend mitgesagt wird, ist sonnenklar: Haben Sie es auf das Beste abgesehen? Dann dulden Sie nichts Zweitrangiges. Von demselben Motto war in den 70er Jahren ein professioneller Football-Trainer beseelt, als er sagte: »Gewinnen ist nicht alles, sondern das einzige.« Das Schlimme an einer solchen intoleranten Einstellung ist die Tatsache, daß hier alle diskriminiert werden, die den Standard nicht schaffen.

Zweitens bringt konsequente Selbstdisziplin Unduldsamkeit und die Neigung zum Richten anderer mit sich. Leider sind diese Dinge eng miteinander verknüpft. Jemand, der hart an sich arbeitet, um fit zu bleiben, indem er weniger und gesünder ißt und obendrein regelmäßig und intensiv Sport treibt, neigt dazu, wenig Geduld für jemanden aufzubringen, der zuviel ißt und so gut wie nie Sport treibt. Die Überesser betrachten sich vielleicht als mollige Gemütsmenschen, doch für *Mr. Universum* und seine durchtrainierte Gefährtin *Wonder Woman* sind sie schlicht und einfach schlappe Typen. Ein solcher Gegensatz erinnert mich an einige erstaunliche Zahlen, die ich in zwei ähnlichen Veröffentlichungen über amerikanische Statistiken fand. Jeden Tag geschieht unter anderem folgendes in Amerika:

- Die Amerikaner kaufen 45 000 fabrikneue Pkws und Trucks und fahren 87 000 Autos zu Schrott.
- Wir verzehren 227 630 m^2 Pizza, 53 Millionen heiße Würstchen, 167 Millionen Eier, über 11 Millionen Liter Speiseeis und über 2,72 Milliarden Kilogramm Süßigkeiten. Wir joggen 27 Millionen Kilometer und verbrauchen 1,7 Milliarden Kalorien dabei.[1]
- 2 021 918 Dollar werden für Fitneßgeräte ausgegeben, 3 561 644 Dollar für Tortillachips. ... 10 410 959 für Kartoffelchips.
- Amerikaner ... trinken 524 Millionen Serviereinheiten Coca-Cola und verzehren 2 739 726 Krapfen des Herstellers Dunkin'.
- 101 280 321 Erwachsene leben nach einer Schlankheitsdiät.[2]

Worauf ich hinauswill: Wenn Sie ein Jogger sind, der täglich seine zehn oder elf Kilomenter läuft und dabei Hunderte von Kalorien verbraucht, haben Sie wenig Verständnis für einen, der einen halben Morgen Pizza verschlingt und diese mit vier Litern seiner Lieblingscola herunterspült. Selbstdisziplin und mangelnde Duldsamkeit gehen oft Hand in Hand.

Drittens sind ein hoher Bildungsstand und eine Liebe zu Kultur und Kunst meistens mit Exklusivitätsdenken gekoppelt. Kulturkenner bilden Cliquen. Kunstliebhaber leben in einer Welt für sich ... und möge Gott dem Unglücklichen beistehen, der ein Fan von Country- und Westernmusik und Bluegrass ist und von Leuten umzingelt ist, für die es nur Brahms, Chopin oder Tschaikowsky gibt! Weil ich so gut wie jede Art von Musik mag, mußte ich schmunzeln, als ich Haddon Robinsons Geständnis las: »Ich bin kein Opernfreund; zu meinem Unglück habe ich aber mehrere Freunde, die dies sind.«[3] So bereichernd, interessant und ausfüllend die Welt der Kultur auch sein mag, so kann niemand leugnen, daß sie mit einer Atmosphäre der Exklusivität behaftet ist.

Ein *vierter* Schwachpunkt ist dieser: *Wo Wert auf Unabhängigkeit und Spitzenleistungen gelegt wird, da schleicht sich leicht ein Stolz ein, der sich nicht selten als Arroganz äußert.* Wenn Sie beruflich selbständig sind, wenn Sie selbständig denken können oder es zu

Wohlstand gebracht haben, so daß Sie finanziell unabhängig sind, und zwar durch nichts als Einsatz, Opfer und harte Arbeit von der Pike auf, dann sind Sie höchstwahrscheinlich stolz auf die eigene Leistung. Sie haben sich für jeden Pfennig krummgelegt. Ihnen wurde nichts geschenkt; Ihr Erfolg ist das Ergebnis Ihrer eigenen Bemühungen. Sie haben es »auf die ehrliche Tour« zu etwas gebracht. Es gab manche Durststrecke, aber Sie haben nicht locker gelassen. Jetzt stehen Sie ganz oben auf der Erfolgsleiter, und Sie machen keinen Hehl daraus, daß Sie stolz auf sich sind. Da kommt eines Tages jemand daher, der Ihnen etwas Gutes tun will, jemand, der Ihnen unverdient und absichtslos sein Wohlwollen schenken möchte. So jemandem kann man nur »Viel Glück!« wünschen.

Wissen Sie, an wen ich gerade denken muß? An eine sehr sympathische, junge Frau, die außergewöhnlich sportlich, gesund, tüchtig, intelligent und talentiert war. Eines ihrer Lieblingshobbys war Reiten. Sie war ausgesprochen lebensbejahend. Jeder mochte sie, und sie war mit sich und der Welt zufrieden. Joni Eareckson Tada heißt sie. Nach einem tragischen Badeunfall 1967 in der Chesapeake Bay war sie plötzlich an einen Rollstuhl gefesselt. Joni ist so sympathisch und hübsch wie eh und je, doch nun ist sie querschnittsgelähmt. Die einst so unabhängige Joni ist nun auf die Hilfe anderer angewiesen. Können Sie sich vorstellen, wie schwer so etwas ist? Ich an ihrer Stelle hätte eine Bruchlandung meines Stolzes erlitten. Machen wir uns nichts vor: Jeder zielstrebige, unabhängige, schaffensfreudige Mensch würde sich schwertun, wenn er seine Unabhängigkeit und Leistungsfähigkeit gegen Abhängigkeit und Annehmen der Hilfe anderer eintauschen müßte.

Die Dynamischen und Leistungsfähigen unter uns finden es schwierig, das Wohlwollen anderer anzunehmen. Warum? Weil wir es nicht nur selbst so wollen, sondern weil wir innerlich regelrecht getrieben sind. Wir setzen uns Ziele und erreichen sie auch. Wir setzen uns unter Termindruck, weil wir nur so die notwendige Selbstdisziplin aufbringen, um etwas zustande zu bringen. Mit alledem geht eine tief verwurzelte Einstellung einher, immer hergeben, das Letzte geben zu müssen. Wenn nun jemand zu uns kommt, um uns zu beschenken, dann ist uns das fast schon peinlich und wir wissen nicht, damit gut umzugehen. Vielleicht gelingt es uns, dies nicht zu zeigen, doch uns ist irgendwie unwohl dabei. Um Worte zu gebrauchen, die wir nun verstehen: Wir widerstreben der Gnade. Fähige und sich voll hingebende Leute tun sich unheimlich schwer, dankbar und bereitwillig die Zeichen des Wohlwollens anderer anzunehmen.

Dies ist besonders ausgeprägt bei solchen Menschen, die einen großen Teil ihres Erwachsenendaseins ohne Jesus Christus verlebt haben. Wenn Sie unabhängig und stolz sind, erfolgreich und leistungsfähig, produktiv und kompetent, dann sind Sie es gewöhnt, für sich selbst zu sorgen. Plötzlich kommt dann aber jemand daher, der Ihnen von Ihrem Erlöser Jesus Christus erzählt und Ihnen etwas anbietet, dessen Sie nicht würdig sind und das Sie niemals verdienen könnten. Die normale Reaktion ist: »Nein, danke. Ich brauche nichts. Ich habe schon so viel geschafft; es gibt nichts, was ich nicht selbst hinkriegen könnte.«

Möglicherweise haben Sie wirklich Ihr Leben relativ gut im Griff, doch ich muß Ihnen zu bedenken geben, daß Sie den Tod und das, was danach kommt, keineswegs von sich aus in den Griff bekommen können. Jesus selbst lehrte: »Was nützt es einem Menschen, wenn er die ganze Welt gewinnt, dabei aber sich selbst verliert und Schaden nimmt?« (Luk 9,25).

Zwei Reaktionen auf die Gnade – Abwehr und Annahme

Beim Durchlesen der Bibel in diesem Jahr habe ich mein Augenmerk auf solche biblischen Gestalten gerichtet, die sich entweder der Gnade widersetzten oder die sie annahmen. Obwohl diese Menschen, mit denen wir uns jetzt beschäftigen wollen, vor Jahrhunderten gelebt haben, sind deren Verhalten und innere Einstellung immer noch voller Aktualität, was es uns erleichtert, uns in jeden von ihnen hineinzudenken.

Zwei Beispiele aus dem Alten Testament: Mose und Simson

Exodus, Kapitel 3 erzählt die Geschichte eines Mannes, der abwehrte, als ihm Gnade angeboten wurde. Mose hieß er. Zu dem

Zeitpunkt, an dem wir ihm in der Bibel begegnen, ist er achtzig Jahre alt. Seine Lebensgeschichte ist das reinste Kontrastprogramm, wenn man die ersten und die zweiten vierzig Jahre seines Lebens betrachtet.

Während seiner ersten vierzig Jahre war er ein beachtlicher Mann gewesen. Sein Werdegang war höchst beeindruckend. Er war als Säugling von der Tochter des Pharao adoptiert worden. In Glanz und Gloria aufgewachsen. Am Sonnentempel erzogen. Erfahrener Krieger. Kompetenter Redner. Respektiert und selbstsicher. Josephus, der jüdische Geschichtsschreiber, mutmaßt, daß er als Thronfolger des Pharao galt und als solcher in die Regierungsgeschäfte eingeführt worden war. Er hatte Schlachten gegen die Äthiopier und andere Nationen gewonnen. Vielleicht hatte er die Brust voller Tapferkeits-Medaillen. Er hatte einen auf Hochglanz polierten Wagen und Diener, die ihm jeden Wunsch von den Augen ablasen. Wenn er durch die Felder fuhr, wurde sicher von überall her gerufen: »Beugt euch nieder! Beugt euch nieder!« Er war der Inbegriff des Adels, der Stolz des alten Ägypten.

Während seiner Zeit am Hof des Pharao sprach sein Gott zu ihm und trug ihm auf, die Hebräer aus der Knechtschaft herauszuführen. Er war zum Gehorsam entschlossen. Eines Tages sah er dann, wie ein Ägypter einen Hebräer mißhandelte. Ohne zu zögern, kam er dem Hebräer zu Hilfe und tötete den Ägypter. Um mit den Worten des Propheten Sacharja zu sprechen, versuchte Mose, die Hebräer durch »Kraft und Macht« zu befreien, anstatt Gottes Plan und Gottes Zeitpunkt abzuwarten. Es ist tragisch, daß er glaubte, die Befreiung seines Volkes mit eigener Kraft erkämpfen zu können.

Wie immer in einer solchen Situation schob Gott diesem Vorhaben einen Riegel vor. Da stand er nun, der vierzigjährige Mose; die Gunst des Volkes hatte er schlagartig verloren. Seine Laufbahn erlitt einen tiefen Einschnitt. Der Pharao hatte keine Verwendung mehr für ihn. Beschämt lief er um sein Leben. Seine Schuldgefühle müssen erdrückend gewesen sein. Sein ganzes Leben war ruiniert. Angenommen, Sie haben Jahre Ihres Lebens in Ihre Karriere investiert. Kurz nachdem Sie die Krönung Ihres Erfolgs erlangt haben, machen Sie etwas falsch. Vielleicht ist es ein finanzieller

Fehlgriff; vielleicht tun Sie etwas, was von der Geschäftsethik her unvertretbar ist, oder Sie begehen Ehebruch. Durch Ihr Handeln haben Sie Ihre Familie zerstört. Ihren guten Ruf. Ihr Unternehmen. Mit Ihrer Karriere ist schlagartig Schluß. Und Sie finden sich hinter Gittern wieder. (Die Bibel nennt so etwas »den Wind säen und den Sturm ernten«.)

Die Gitter des Gefängnisses von Mose war die Wüste Midians. Welch ein abrupter Wechsel! Und die nächsten vierzig Jahre lang schwieg Gott. Es gibt keine Anhaltspunkte in der Bibel dafür, daß Gott mit Mose sprach, während er die Schafe und Ziegen seines Schwiegervaters hütete. In dem beißenden Sandwind der Wüste Midians, inmitten einer Schafherde steht der Mann, der einmal Ambitionen hatte, Staatsoberhaupt von Ägypten zu werden und der alles verpatzt hatte! Als Disqualifizierter war er in die Wüste geflohen. Seine Schuld und seine Reue verzehrten ihn, und er hatte nur noch den einen Gedanken: *Es ist aus und vorbei.* Dies ist der Hintergrund, vor dem sich die Begebenheit von Exodus, Kapitel 3 abspielt.

Eines Morgens steht Mose auf und führt die Schafherde auf die Steppe hinaus. Vielleicht war er schon Hunderte von Malen dort gewesen, doch heute geschah etwas Ungewöhnliches. Heute wurde das Schweigen Gottes gebrochen, und das Erstaunen des Mose war grenzenlos.

> »Mose weidete die Schafe und Ziegen seines Schwiegervaters Jitro, des Priesters von Midian. Eines Tages trieb er das Vieh über die Steppe hinaus und kam zum Gottesberg Horeb. Dort erschien ihm der Engel des Herrn in einer Flamme, die aus einem Dornbusch emporschlug. Er schaute hin: Da brannte der Dornbusch und verbrannte doch nicht« (Ex 3,1-2).

Wenn Sie viel in Wüsten gewesen sind, dann wissen Sie, daß ein Busch manchmal von selbst zu brennen anfangen kann. Natürlich verbrennt ein solcher Busch dann. Bei diesem war es anders. Die Flamme brannte, doch der Busch wurde nicht von ihr verzehrt. Mose war verwundert. Je länger er dastand und den Busch anstarrte, desto heller brannte er. Plötzlich kam aus dem Busch eine Stimme, die er seit vier Jahrzehnten nicht gehört hatte: »Mose, Mose!« Ein unglaublicher Moment! Er kannte die Stimme wieder, von damals, vierzig Jahre zurück. Eine solche Stimme gab es nur einmal. Er hatte geglaubt, er sei am Ende. Er hatte geglaubt, sein Leben derartig ruiniert zu haben, daß er diese Stimme nie wieder hören würde. Welch ein Irrtum!

Wissen Sie, was in dieser Stimme lag? Gnade. Haben Sie sie je gehört? Haben Sie je eines späten Abends in einer Bar gesessen, um die Ängste und die Einsamkeit zu ertränken, als plötzlich diese Stimme erklang? Waren Sie je im Gefängnis, der gute Ruf in Scherben, als plötzlich diese Stimme erklang? Haben Sie je den Scheidungsgerichtstermin mit entsetzlicher Reue dessen, was geschehen war, hinter sich gebracht, um ganz allein in Ihre Wohnung zurückzukehren, als diese Stimme erklang? Haben Sie Ihr Leben durch eine Reihe von Fehlentscheidungen, die Sie vor Beschämung lieber nicht erwähnen möchten, derartig zerstört, daß Sie sich schon einreden wollen, alles sei aus? Oder haben Sie die Stimme vergessen? *Hören Sie hin!* Diese Stimme entspringt dem Gnadenherz Gottes, und sie ruft Sie beim Namen. Vielleicht sagen Sie sich nun schon seit langer Zeit: »Es ist aus und vorbei. Ich habe alles verpatzt. Für immer.« Die Gnade kennt keine solchen Grenzen. Lassen Sie die Gnade erwachen! Wie der stetig brennende Busch will auch die Gnade Sie unablässig ansprechen. F. B. Meyer beschreibt diesen Moment mit großer Formulierkunst:

> *»Es gibt in jedem Leben Tage, die unangekündigt kommen, ganz sang- und klanglos; keine Engelgesichter säumen den Himmel; keine Engelstimmen verlangen unsere Aufmerksamkeit. Doch wenn wir Jahre später Rückschau halten, wird uns klar, daß dieser Tag der Wendepunkt unseres Lebens war. Vielleicht schauen wir sehnsüchtig auf die ereignislose Monotonie der Zeit davor zurück; doch mit gezogenem Schwert verbietet der Engel uns die Rückkehr und drängt uns weiter voran. So war es bei Mose. …*
>
> *… Dann leuchtete aus einem gewöhnlichen Busch das Emblem der Gottheit, und aus den Flammen heraus brach die Stimme Gottes das Schweigen der Zeitalter mit Worten, die die Ohren des Hirten wie ein energisches, zweifaches Anklopfen trafen:*

›Mose, Mose!‹ Und von diesem Moment an verlief sein Leben auf neuen Bahnen. Die Tür, deren Reparatur schon so lange auf sich warten ließ, wurde plötzlich in die Angeln gehängt und geöffnet.«[4]

Mose hatte geglaubt, am Ende zu sein. Wissen Sie, warum? Schuld und Beschämung, zwei notorische Gnadenkiller, hatten ihn fast geschafft. Glauben Sie nur ja nicht, Mose hätte sich begeistert auf die Gelegenheit gestürzt, den Auszug seines Volkes aus dem Land der Knechtschaft anzuführen. Bedenken Sie, daß er sich selbst für erledigt hielt. Aber Gott nicht. Was uns im Rest des dritten und bis ins vierte Kapitel hinein überliefert wird, ist ein Dialog, oder besser gesagt, ein Streitgespräch. Gott sagt: »Geh!«, und Mose antwortet: »Nein.« Gottes Aufforderung lautet: »Und jetzt geh! Ich sende dich zum Pharao. Führe mein Volk, die Israeliten, aus Ägypten heraus!« (Ex 3,9)

Hatte Mose das nicht schon einmal gehört? Aber natürlich. Vor vier Jahrzehnten, bevor er den Ägypter so impulsiv getötet hatte. Vielleicht ... vielleicht spielte ihm seine Phantasie einen Streich. *Das kann doch gar nicht sein ... oder? Gott sagt dasselbe, was er vor vierzig Jahren gesagt hat – aber nein, das kann nicht Gott sein! Eine zweite Chance würde er mir doch nie geben!*

Schauen Sie sich das Streitgespräch einmal näher an. Mose antwortet: »Wer bin ich?« Wäre Gott darauf eingegangen wäre, dann hätte er gesagt: »Du bist niemand. Aber du brauchst nicht wer zu sein, um von mir eingesetzt zu werden.« Gnade bedeutet, daß Gott »Niemande« einsetzt. Gnade bedeutet auch, daß Gott aus Niemanden Jemande macht. Der Haken an der Sache ist nur der, daß unsere Beschämtheit so laut schreit und unsere Schuldgefühle so erdrückend sind, daß wir von unserer Unbrauchbarkeit und Unfähigkeit felsenfest überzeugt sind. *Schließlich,* so denken Sie vielleicht, *muß man schon ein bedeutender Mensch sein, um von Gott benutzt zu werden.* Dabei tut Gott Großes durch Niemande. Manchmal tut er seine größten Werke durch Menschen, die sich für erledigt halten und dies aus menschlicher Sicht eigentlich auch sind. Die Worte des Mose verraten, wie schwer er sich tut, Gnade anzunehmen: »Wer bin ich, daß ich zum Pharao gehen und die Israeliten aus Ägypten herausführen könnte?« (Vers 11).

Gottes Antwort finde ich umwerfend: »Ich bin mit dir; ich habe dich gesandt, und als Zeichen dafür soll dir dienen: Sobald du das Volk aus Ägypten herausgeführt hast, werdet ihr Gott an diesem Berg verehren« (Vers 12; Hervorhebung durch den Autor). Gott sagte »sobald«, nicht »falls«. Gott wird sein Vorhaben in die Tat umsetzen. Sie werden rückblickend nur sagen können: »Ich weiß selbst nicht, wie es geschah; Gott hat es vollbracht.« So ist Gnade. Nun bekommt Mose es mit der Angst zu tun.

> »Da sagte Mose zu Gott: Gut, ich werde also zu den Israeliten kommen und ihnen sagen: Der Gott eurer Väter hat mich zu euch gesandt. Da werden sie mich fragen: Wie heißt er? Was soll ich ihnen darauf sagen?« (Vers 13).

Der arme, sorgenkranke Mose! Er zerbricht sich schon jetzt den Kopf. Hören Sie nur, wie er von dem redet, was andere vielleicht sagen werden. Die Betonung liegt auf »werden«. Passiert ist noch gar nichts. So etwas ist typisch für alle, die Angst davor haben, im Vertrauen auf die Gnade zu handeln. Da fragt man ängstlich: »Herr, sie werden mich fragen: ›Wie heißt er?‹ Was soll ich denn dann sagen? Ich fühle mich so unsicher!« Gott will ihm Zuversicht zusprechen: »Du wirst doch mich haben!« Doch der Mann ist noch immer skeptisch. Er bringt es einfach nicht fertig, Gottes Gnade anzunehmen.

Die Debatte setzt sich bis ins vierte Kapitel fort. Die Schuldgefühle unseres Mose sind gewaltig! Seine Beschämtheit erdrückt ihn. Gott hat ihn noch nicht davon überzeugt, daß seine Schuldgefühle und Beschämtheit fehl am Platze sind. Als nächstes verlegt Mose sich auf die Frage »Was aber, wenn …« (ein weiteres Geschoß aus seinem Arsenal der übertriebenen Zukunftssorgen).

> »Mose antwortete: Was aber, wenn sie mir nicht glauben und nicht auf mich hören, sondern sagen: Jahwe ist dir nicht erschienen?« (Ex 4,1).

Damit will Mose sagen: »Herr, mich werden sie doch überhaupt nicht respektieren. Manche erinnern sich vielleicht sogar nach daran, daß ich der bin, der den Ägypter umgebracht hat. Dann sagen sie vielleicht zu mir: ›Du hast was auf dem Kerbholz. Du hast ein Menschenleben auf dem Gewissen!‹« Wieder muß Gott ihm versichern: »Ich werde mit meiner Macht bei dir sein. Es wird dir nicht an Macht mangeln.« Und nachdem Gott ihm diese Macht durch ein Wunder demonstriert hatte, fügte er hinzu: »Glaube mir, wenn ich eine Schlange aus deinem Stab machen kann und umgekehrt, dann kann ich auch deine Fähigkeiten, so gering sie auch sein mögen, für meine Zwecke einsetzen.« Noch immer zögert Mose: »Aber bitte, Herr, ich bin keiner, der gut reden kann, weder gestern noch vorgestern, noch seitdem du mit deinem Knecht sprichst. Mein Mund und meine Zunge sind nämlich schwerfällig« (Ex 4,10).

Nach all den Jahren in der Wüste sind die Erinnerungen verschwommen. Als junger Mann war er »mächtig in Wort und Tat« gewesen (vgl. Apg 7,22). Er war einmal ausgesprochen redegewandt gewesen. Doch die letzten vierzig Jahre lang hatte er sich in erster Linie mit den Schafe in der Wüste unterhalten. Und man schult sich nicht gerade in seinen rhetorischen Fähigkeiten, wenn einem der Wüstensand um die Ohren pfeift und die Sonne einem die Haut zu Leder gerbt. Hier kämpft man ums Überleben. So jammert er also: »Herr, ich tauge nicht dazu. Die Ägypter sind ja so auf Zack und gebildet!« Sein Schluß ist ein Kurzschluß: »Ich kann einfach nicht gut reden.« Doch Gott sagt ihm klipp und klar: »Du hast alles, was du brauchen wirst.« Gott sucht Leute, die gehorsam und verfügbar sind.

Gott ordnet an: »Geh also! Ich bin mit deinem Mund und weise dich an, was du reden sollst« (Vers 12). Ist das nicht wunderbar? Auf diesen Vers habe ich mich schon oft berufen, besonders dann, wenn ich vor einem Publikum stand, das ich nicht kannte. Bei solchen Gelegenheiten habe ich dann einfach gesagt: »Herr, du hast Mose versprochen, mit seinem Mund zu sein. Bitte sei jetzt auch mit meinem. Ich bin bereit, dein Sprachrohr zu sein. Ich bin innerlich gerüstet. Bitte sprich du jetzt durch meine Stimmbänder.« Immer wieder habe ich erlebt, wie Gott »mit meinem Mund« war.

In Vers 13 hat Mose noch immer Widerworte: »Aber bitte, Herr, schick doch einen andern!« Gott erklärt sich bereit, Aaron, den Bruder des Mose, zu schicken. Wissen Sie noch, wer Aaron war? Aaron war derjenige, der wenige Wochen später das Volk dazu brachte, das goldene Kalb zu machen und anzubeten. Eine der größten Enttäuschungen für Mose war dieser Bruder. Dennoch erlaubte Gott dem Mose in seiner Gnade, Aaron als Sprecher einzusetzen.

These Nr. 1 zum Thema *Gnade annehmen: Wir widerstreben der Gnade, wenn unsere Schuldgefühle und Beschämtheit noch nicht bereinigt sind.* Die meisten Leute, so scheint es, sind besser mit ihrer Schuld und ihrer Beschämtheit vertraut als mit ihrem Gott. Die Gnade löscht alle Schuld. Sie nimmt der Beschämung den Wind aus den Segeln. Viele von Ihnen, die Sie diese Zeilen lesen, kennen sich besser im Register Ihrer sämtlichen Fehler aus als in den Plänen, die Gott jetzt für Sie hat, nachdem Sie alles mit ihm ins reine gebracht haben. Und Sie schützen Schuld und Beschämung vor, um die Distanz zu all dem Guten zu halten, das Gott für Sie vorgesehen hat.

Noch ein Gedanke dazu. Wissen Sie, wem wir am allerwenigsten auf der Welt verzeihen würden? Uns selbst. Einem Feind verzeihen wir eher als uns selbst. Doch erst wenn wir die Vergebung Gottes voll und ganz angenommen haben, können wir seine Gnade in uns lebendig werden lassen. Alexander Whyte schreibt anschaulich über Mose und auch uns:

> *»Einige von Ihnen wissen, was vierzig Jahre in der Wüste, noch dazu hinter dem Berg Gottes, bewirken können. Sie haben erlebt, wie diese vierzig Jahre Ihr einst so hitziges Temperament gedämpft und gezügelt haben, wie Sie von der Oberflächlichkeit und den Vergnügungen dieser Welt entwöhnt wurden und Ihnen ein Blick und ein Herz dafür gegeben wurde, den Verlust aller Dinge hinzunehmen. … Und wenn vierzig Jahre eine Veränderung in einem so widerborstigen Schüler Gottes wie Ihnen vollbracht haben, dann wird Sie der Mann Mose nicht überraschen, als er nun das Land Midian verließ. Jegliche Nützlichkeit, die in Ihnen steckt, jegliche Nützlichkeit, die Sie sich erhoffen und ersehnen, hat ihren Ursprung in der großen*

Gnade Gottes, mit der er Ihnen begegnet ist und immer noch begegnet.«[5]

Ich hoffe, Sie werden dies niemals vergessen: Jeder, den Gott als machtvolles Instrument benutzt, ist der Empfänger von Gottes großer Gnade. Niemand hat den Segen verdient, den Gott für ihn bereit hält. Doch in seinem souveränen Erbarmen verschenkt Gott seine große Gnade an einen unvollkommenen, unwürdigen Menschen – und zwar trotz der Schuld und der Beschämung des Betreffenden. Dabei ist seine Gnade allemal größer als alles Negative.

Unsere nächste Station ist Richter, Kapitel 16. Wir haben über Mose nachgedacht. Jetzt wollen wir uns mit Simson beschäftigen. Wer in der Kirche aufgewachsen ist, der kennt die Geschichte von Simson recht gut. Ich weiß noch, wie ich als Junge eine mit bunten Bildern illustrierte Bibel hatte. Oft habe ich mir das Bild von Simson angeschaut und mir ausgemalt, wie es wohl sein würde, so stark wie er zu sein. Als Junge habe ich nicht gewußt, daß seine Riesenkräfte keine körperlichen Ursachen hatten; er war nicht etwa so stark, weil er regelmäßig ins Fitneß-Center ging. Vielmehr kam seine Kraft aus der Gnade Gottes.

Schon vor seiner Geburt hatten sich seine Eltern die Führung Gottes für ihn erbeten. Simsons Eltern waren gottesfürchtige Leute, die darum beteten, daß Gottes Gnade auf ihrem Sohn ruhen möge. Vor seiner Geburt versprach Gott ihnen dann auch: »… der Knabe wird von Geburt an ein Gott geweihter Nasiräer sein. Er wird damit beginnen, Israel aus der Gewalt der Philister zu befreien.«

Als das Kind dann geboren war, weihten seine Eltern ihn Gott als Nasiräer. Dies bedeutete, daß er nie starke Getränke trinken durfte, daß er weder einen Tierkadaver noch eine menschliche Leiche berühren durfte und daß er seine Haare nie schneiden durfte. Seine langen, wallenden Haare wurden zum Symbol seiner übermenschlichen Kräfte. Wie Gott es verheißen hatte, begann er, die Israeliten von den Philistern zu befreien. Sie erinnern sich, was Simsons Untergang war: Er brachte es nicht fertig, seine Begierden zu beherrschen.

In Richter 15,20 lesen wir: »Simson war zur Zeit der Philister zwanzig Jahre lang Richter in Israel.« Zwei Jahrzehnte lang hatte

Simson sich für die Befreiung der Israeliten von den Philistern eingesetzt. Zwanzig Jahre lang erfüllte er seine Aufgabe. Zwanzig Jahre lang tat er das, wozu er von Gott berufen worden war.

Im nächsten Vers lesen wir jedoch, daß er zu einer Dirne ging (16,1), und wenig später begegnen wir ihm im Tal Sorek, auf philistinischem Boden also, wo er sich sehr vergnügt mit Delila abgab. Und das tragische Ende der Geschichte ist schnell erzählt. Der Mann setzt seine Freundschaft mit Gott aufs Spiel, indem er Delila das Geheimnis seiner Kräfte preisgibt. Nachdem er auf ihrem Schoß eingeschlafen ist, ruft sie ihre verborgenen Verschwörer herbei, die ihm den Kopf scheren. Als Simson aufwacht, merkt er zunächst nicht einmal, daß sowohl der Herr als auch seine Kräfte ihn verlassen haben. Kahlgeschoren, verwundbar und ohne Gespür merkt er nicht, wie hilflos er auf einmal ist. Und so ist er kurz darauf vollkommen in der Gewalt der Philister. Ein Vers sagt alles: »Da packten ihn die Philister und stachen ihm die Augen aus. Sie führten ihn nach Gaza hinab und fesselten ihn mit Bronzeketten, und er mußte im Gefängnis die Mühle drehen« (Richter 16,21).

Welch ein Trauerspiel! Seine Unbeherrschtheit hatte Simson zum Gefangenen der verhaßten Feinde gemacht. Nachdem man ihm brutal das Augenlicht genommen hatte, wurde er in einen Kerker geführt, wo er in Dreck und Exkrementen hocken und niedere Arbeiten verrichten mußte. Der früher einmal so starke Richter Israels hat bekommen, was er verdient hatte, jedenfalls aus menschlicher Sicht. Er hatte mit dem Feuer gespielt und konnte den Flammen dann nicht mehr entkommen. Sprichwörter 5,22 drückt es so aus: »Der Frevler verfängt sich in seiner eigenen Schuld, die Stricke seiner Sünde halten ihn fest.« Wenn Sie und ich den Urteilsspruch zu fällen hätten, dann würden wir sagen: »Schuldig! Soll er den Rest seines Lebens dort verbringen!« Die Gerechtigkeit hatte gesiegt. Der Mann sollte die Suppe auslöffeln, die er sich eingebrockt hatte.

Aber Gott? Seine Gnade kennt keine Grenzen. Falls Sie Zweifel haben, lesen Sie den nächsten Vers: »Doch sein Haar, das man abgeschnitten hatte, fing wieder an zu wachsen« (Vers 22).

Um mit dem Apostel Paulus zu sprechen: »… wo jedoch die Sünde mächtig wurde, da ist die Gnade übergroß geworden.« Wenn

Menschen damals das Sagen gehabt hätten, dann hätten sie geurteilt: »Soll er den Rest seines Lebens ein Kahlkopf bleiben!« Doch Gott ist anders. Glauben Sie nicht auch, daß Simsons Herz schneller schlug, als er eines Morgens aufwachte und die ersten Stoppeln auf seinem Kopf fühlte? Wenn das keine Zeit der Gnade für ihn war! Glauben Sie nicht auch, daß er von da an *jeden Morgen* eifrig seinen Kopf befühlte? Mit zunehmender Haarlänge nahmen auch seine Körperkräfte zu. Und mit zunehmenden Kräften wuchs auch seine Entschlossenheit, das durchzuführen, wozu Gott ihn schon von Geburt an berufen hatte, nämlich Israel von den Philistern zu befreien. Hier ist der Rest der Geschichte:

> »Die Fürsten der Philister versammelten sich, um ihrem Gott Dagon ein großes Opfer darzubringen und ein Freudenfest zu feiern. Sie sagten: Unser Gott hat unseren Feind Simson in unsere Gewalt gegeben. Als das Volk Simson sah, priesen sie ihren Gott und sagten:
> Unser Gott hat unseren Feind in unsere Gewalt gegeben, ihn, der unser Land verwüstet hat, der so viele von uns erschlagen hat.
> Als sie guter Dinge waren, sagten sie: Ruft Simson her, wir wollen unseren Spaß mit ihm treiben« (Ri 16,23-25).

Anders gesagt: »Her mit diesem Clown aus Israel. Wir wollen etwas zum Lachen haben!«

> »Und sie ließen Simson aus dem Gefängnis holen, damit er ihr Spaßmacher sei. Sie stellten ihn zwischen die Säulen. Simson aber sagte zu dem Jungen, der ihn an der Hand führte: Laß mich los, ich will die Säulen betasten, von denen das Haus getragen wird, und mich daranlehnen. Das Haus war voll von Männern und Frauen; alle Fürsten der Philister waren da, und auf dem Flachdach saßen etwa dreitausend Männer und Frauen. Sie alle wollten Simson als Spaßmacher sehen« (Ri 16,25-27).

Was jetzt kommt, finde ich einfach phantastisch! »Simson aber rief zum Herrn und sagte: Herr und Gott, denk doch an mich, und gib mir nur noch dieses eine Mal die Kraft, mein Gott ...« (Ri 16,28). Hier steht ein Mann, der den Beistand Gottes keineswegs verdient hatte; ein Mann, der sich eigentlich jegliches Anrecht auf Gebet verscherzt hatte, doch in aller Demut ruft er nun den Namen Gottes an. Wie erklärt sich das nur? Gnade!!!

Vielleicht haben Sie diese Geschichte schon Dutzende von Malen gelesen, ohne den letzten Teil von Vers 28 zu beachten: »... und gib mir nur noch dieses eine Mal die Kraft, mein Gott, damit ich an den Philistern Rache nehmen kann, wenigstens für eines von meinen beiden Augen.«

These Nr. 2 zum Thema *Gnade annehmen: Wir nehmen Gnade an, wenn wir absolut keine Forderungen mehr zu stellen haben.* Wenn wir an dem Punkt angelangt sind, wo wir meinen, völlig unwürdig für jegliche Art von Gnadenerweisen zu sein, dann erwacht die Gnade tief in unserem Innern. Sie durchflutet jene, die nichts mehr zu erwarten haben.

Jedes Jahr in der Vorweihnachtszeit habe ich das besondere Vorrecht, eine Andacht für die Gruppe der alleinerziehenden Eltern in unserer Gemeinde in Fullerton zu halten. Prima Leute. Der Saal ist immer gerammelt voll. Hunderte von lernwilligen, offenen Menschen, die das Gescheitertsein und die Bescheidenheit gemeinsam haben. Was ich am besten an diesen Andachten finde, ist die Tatsache, daß unsere alleinerziehenden Eltern absolut keine Forderungen an mich stellen. Wissen Sie eigentlich, wie selten mir das passiert? Können Sie sich vorstellen, wie herrlich befreiend es ist, vor einer Gruppe zu stehen und zu wissen, daß einem hier ruhig ein Schnitzer unterlaufen kann, denn vor einem sitzen Hunderte von Leuten, die Verständnis für so etwas haben und die es sogar tröstlich finden? Diese Leute wissen, wie es ist, verstoßen, abgeschoben und vergessen zu werden. Sie haben das Gefühl, den Rest ihres Lebens damit verbringen zu müssen, sich von einer Niederlage zu erholen. Daher stellen sie keine großen Erwartungen an das Leben im allgemeinen bzw. an mich im besonderen. Wenn ich mich auf den Tennisplatz stelle, erwartet keiner von mir, traumhafte Schmetterbälle knapp übers Netz zu jagen. Die Leute sind schon zufrieden, wenn ich den Ball überhaupt treffe und brav im gegnerischen Spielfeld landen lasse. Keiner fordert Spitzenleistungen von mir. Bei meinen Alleinerziehenden heißt das: Ich habe bereits gewonnen, wenn ich nur schon in meinem Weihnachtsmannkostüm auftauche.

Simson hatte keine neue Kraft verdient! Doch *ohne jede Erwartung* betete er: »Nur dieses eine Mal, Herr, berufe ich mich auf deine Gnade.« Er war ein Reinfall, ein Versager, eine Niete. Er hatte nichts zu erwarten. Und Gott in seiner Gnade erfüllte ihm seinen Wunsch. Es gibt kaum einen effektiveren Gnadenkiller als vorgefaßte Erwartungen. Erst wenn wir Abstand davon nehmen, können wir die Gnade annehmen, die Gott uns anbietet.

Zwei Beispiele aus dem Neuen Testament: Petrus und Paulus

Die dritte Geschichte steht in Johannes, Kapitel 13. Die Szene, die uns dieses Kapitel überliefert, spielte sich beim Abschiedsmahl ab, einer Zusammenkunft im engsten Kreis. Zum letzten Mal vor seiner Gefangennahme und Kreuzigung ist Jesus hier mit seinen Männern zusammen. Es ist nur noch eine Sache von Stunden, bis er am Kreuz hängen wird. Wissen Sie, womit die Jünger beschäftigt waren, bevor Jesus ihnen die Füße wusch? Bestimmt würden viele vermuten, daß sie beteten. Das Gegenteil ist der Fall. Laut Lukas 22,24-26 fingen sie einen Streit darüber an, wer von ihnen der Bedeutendste sei. Können Sie sich den Wortwechsel vorstellen?

»Ich werde zur Rechten Jesu sitzen.« »Nein, das ist mein Platz. Ich weiß genau, daß er den für mich vorgesehen hat.« »Also gut, dann setze ich mich eben zu seiner Linken.« »Die linke Seite hast du auch nicht verdient. Du bist überhaupt nicht würdig, am Kopfende zu sitzen.«

Und so ging es hin und her. Sie konnten sich nicht darüber einigen, wer denn nun im Himmel der Größte von ihnen sein würde.

Die meisten Leute übersehen die Tatsache, daß alle zwölf zum Essen in das Zimmer gekommen waren, ohne daß sich jemand um das Fußwaschen gekümmert hätte. Wenn Sie je im Orient gewohnt haben oder besuchsweise dort waren, dann wissen Sie, welch eine grobe Unterlassung dies darstellte. Mit schmutzigen Füßen in ein Zimmer zu kommen, war ebenso unverzeihlich wie das Betreten eines Zimmers mit Schuhen. Damals stand gewöhnlich ein Hausdiener an der Tür bereit. War dies einmal nicht der Fall, so übernahm ein Dienstbeflissener diese Aufgabe und wartete mit einem Wasserbecken und einem Handtuch an der Tür auf die Ankunft der Gäste. Keinem der zwölf Männer war dies in den Sinn gekommen. Sie waren derartig in ihren Streit darüber vertieft, wer denn nun der Größte von ihnen sei, daß sie vergaßen, sich um ihre schmutzigen Füße zu kümmern. Doch Jesus vergaß es nicht.

> »[Er] stand vom Mahl auf, legte sein Gewand ab und umgürtete sich mit einem Leinentuch. Dann goß er Wasser in eine Schüssel und begann, den Jüngern die Füße zu waschen und mit dem Leinentuch abzutrocknen, mit dem er umgürtet war. Als er zu Simon Petrus kam, sagte dieser zu ihm: Du, Herr, willst mir die Füße waschen?« (Joh 13,4-6).

Hören Sie die Entrüstung in seinen Worten? Es sollte mich nicht wundern, wenn er dabei die Füße eingezogen und sich darauf gesetzt hätte. Können Sie seine entschiedene Abwehr nicht auch spüren?

Wer sich einmal näher mit Petrus befaßt hat, der kann seinen Widerwillen verstehen. Er war der Sprecher der Zwölf, derjenige, der das Sagen hatte. Aber wir wollen nicht zu kritisch sein. Der Mann war von einer leidenschaftlichen Treue beseelt. Er liebte Jesus wirklich. Als starke, fähige Persönlichkeit konnte er jedoch den Gedanken nicht dulden, etwa auf die Hilfe anderer angewiesen zu sein.

Als Jesus zu ihm sagte: »Simon, Simon, der Satan hat verlangt, daß er euch wie Weizen sieben darf«, da hatte dieser Jünger sinngemäß geantwortet: »Herr, vielleicht werden die anderen dich im Stich lassen, aber ich werde dir *niemals* den Rücken kehren.« Doch wenige Stunden später verleugnete er ihn dreimal, ohne mit der Wimper zu zucken: »Ich kenne den Menschen nicht.«

Die energische Abwehr des Petrus sollte uns nicht überraschen: »Niemals sollst du mir die Füße waschen!« (Vers 8). Unser Herr hatte sich in seiner Gnade zu ihm herabgeneigt, doch Petrus lehnte kategorisch ab. In emphatischem Griechisch überliefert Johannes die Ablehnung des Petrus: »Keineswegs wirst du in diesem Zeitalter meine Füße waschen!« Heute würden wir sagen: »Kommt gar nicht in Frage!«

These Nr. 3 zum Thema *Gnade annehmen: Wir widerstreben der Gnade, wenn unser Stolz noch immer die Oberhand hat.* Von allen inneren Gnadenkillern, die sich auf die Gnade stürzen wollen, ist keiner vernichtender als Stolz. Jedesmal wenn die Gnade entgegenkommt, weicht der Stolz zurück. Jedesmal wenn die Gnade anbietet, lehnt der Stolz ab. So ist der Stolz: Er gewährt der Gnade einfach keinen Raum. Lebendige Gnade und ein stolzes Herz schließen sich gegenseitig aus.

Kreist Ihr ganzes Denken noch immer um Ihren Titel, um Ihr öffentliches Image, um das, was andere Leute von Ihnen halten? Ist Ihnen Ihre Stellung wichtiger als Ihre Errettung? Sind Sie noch immer übermäßig mit Ihren eigenen Leistungen beschäftigt? Suchen Sie unauffällige Wege, um jemandem seinen Gefallen mit einer vergleichbaren Leistung zu vergüten? Oder können Sie schlicht und einfach »Danke« sagen? Wenn Ihr Stolz auf seinen Platz verwiesen worden ist, dann können Sie sich sogar nahbar genug zeigen, um zu sagen: »Weißt du, ich hatte genau das nötig, was du mir da geschenkt hast. Danke!«

Das ist kein Kinderspiel, wenn Sie so stolz wie unser Freund Petrus sind. Der Stolz zwingt uns zur Zurückhaltung und präsentiert eine falsche Fassade: »Ich brauche nichts.« Haben Sie nicht schon einmal jemanden, den Sie sehr achten, angeschaut und sich gefragt: *Hat dieser Mensch wohl je die Hilfe anderer nötig? Kann dieser Mann/diese Frau sich überhaupt vorstellen, wie es ist, so wie ich zu sein?* In Wirklichkeit sind wir alle auf die Hilfe anderer angewiesen; manche sind nur etwas geschickter als andere dabei, diese Bedürfnisse zu verstecken.

Wenn Sie wirklich ein Vorbild an Gnade sein wollen, dann packen Sie sich diesen Gnadenkiller namens Stolz, der sein Unwesen in Ihnen treibt. Zwingen Sie ihn in die Knie. Verlangen Sie seine Niederlage. Wenn Ihre Füße schmutzig sind und die Gnade sich erbietet, sie zu waschen, dann schenken Sie dem Stolz kein Gehör. Seien Sie dankbar für die reinigende Kraft der Gnade.

Bisher haben wir uns mit drei biblischen Gestalten beschäftigt. Mose widerstrebte der Gnade, weil seine Schuld noch nicht ausreichend bereinigt war. Simson nahm die Gnade an, weil er keine Erwartungen mehr an sich selbst stellte. Petrus lehnte die Gnade ab, weil sein Stolz noch zu vorherrschend war. Unser viertes und letztes Beispiel ist Paulus. Welch ein großartiges Vorbild! Er akzeptierte die Gnade, *weil er sich nun nicht mehr auf seine eigene Kraft, seine Vorzüge verlassen wollte.*

Wie sahen diese Vorzüge aus? Wie war es, in der Haut des Saulus von Tarsus alias Apostel Paulus zu stecken? Lesen Sie selbst, und versuchen Sie, es sich auszumalen: Er wurde »... am achten Tag beschnitten, bin aus dem Stamm Benjamin, ein Hebräer von Hebräern, lebte als Pharisäer nach dem Gesetz« (Phil 3,5). Der vollendete Pharisäer, der das Gesetz bis aufs I-Tüpfelchen erfüllte! An ihm gab es nichts zu bemängeln, nicht einmal in seinem religiösen Streben. Weiter heißt es in seinem Werdegang: »... verfolgte voll Eifer die Kirche und war untadelig in der Gerechtigkeit, wie sie das Gesetz vorschreibt« (Vers 6).

So sieht der erste Karriereabschnitt des Paulus aus. Doch Gott rückte ihm den Kopf zurecht. In den Augen der Welt war er ein imposanter Mann. Doch in den Augen Gottes war er verloren und extrem hilfsbedürftig. Sehen Sie sich an, wie er dies ausdrückt: »Doch was mir damals ein Gewinn war, das habe ich um Christi willen als Verlust erkannt« (Vers 7). Ein paar Zeilen später gesteht er:

> »Nicht daß ich es schon erreicht hätte oder daß ich schon vollendet wäre. Aber ich strebe danach, es zu ergreifen, weil auch ich von Christus Jesus ergriffen worden bin. Brüder, ich bilde mir nicht ein, daß ich es schon ergriffen hätte. Eines aber tue ich: Ich vergesse, was hinter mir liegt, und strecke mich nach dem aus, was vor mir ist. Das Ziel vor Augen, jage ich nach dem Siegespreis: der himmlischen Berufung, die Gott uns in Christus Jesus schenkt« (Verse 12-14).

Paulus sagt sinngemäß: »Zu viele Jahre lang bin ich mit Volldampf in die falsche Richtung gelaufen. Jetzt weiß ich, wie sehr ich danebenlag. Nur Christus ist allen Eifer, alle Leidenschaft wert! Einen anderen Kurs zu verfolgen wäre Zeitverschwendung. Damals war ich auf dem falschen Weg, aber das ist jetzt anders.«

Wissen Sie, was ich hier lese? Ich lese das Zeugnis eines bescheidenen Mannes, der eingesehen hat, daß ihm seine Trophäen nicht weiterhelfen. Seine Urkunden und seine begeisterten Zeitungskritiken hat er beiseite gelegt. Er ist einer, der den Entschluß gefaßt hat, »nicht auf irdische Vorzüge« zu vertrauen, »obwohl ich mein Vertrauen auch auf irdische Vorzüge setzen könnte« (Verse 3-4). Er hat endlich begriffen, worauf es wirklich ankommt. Von dem Moment an sieht er die Dinge im richtigen Licht.

Um es noch einmal zu sagen: *Wir akzeptieren die Gnade, wenn wir uns nicht mehr auf irgendwelche »Vorzüge« stützen.* Mit Vorzüge meine ich auch das, was wir aus eigener Kraft leisten oder was wir zu unserer eigenen Ehre, unserem eigenen Ruhm tun. Diese Art, sich selbst zu beweisen, ist, wie ich schon mehrmals in diesem Buch betont habe, ein ungeheuer zerstörerischer Trieb.

Jene, die diesen inneren Kampf gemeistert haben, sind wunderbare Empfänger der Gnade. Wissen Sie, was Gott für solche Menschen bereithält? Eine Zukunft, die unvorstellbar großartig ist, angstfrei, voller Zufriedenheit und Erleichterung.

Der Gnade die Tür öffnen

Worum es mir in diesem Kapitel gegangen ist, das ist das Hereinlassen der Gnade: ihr gegenüber offen zu sein, ihr freie Hand zu gewähren, uns bereitwillig und so völlig von ihr durchdringen zu lassen, daß wir andere mit ihrer befreienden Macht wachrütteln können. Ich möchte uns alle drängen, daß wir sie – anstatt ihr wie Mose und Petrus zu widerstreben – wie Simson (der Unwürdige) und Paulus (der demütig Gewordene) annehmen.

Aber wie? Erstens ist das *Eingeständnis der eigenen Menschlichkeit* dazu notwendig, eine Einstellung, die in aller Aufrichtigkeit sagen kann: »Ich bin nur ein Mensch; ich bin keine Primadonna, ich kann nicht auf dem Wasser gehen, und ich werde gar nicht erst versuchen, dich zu beeindrucken.« In solchen Menschen erwacht die Gnade.

Zweitens braucht man eine *demütige Einstellung* dazu. Nichts ist der Gnade willkommener als wahre Demut, die ja nichts anderes ist als die Erkenntnis der eigenen Position vor Gott (er ist der Höchste, die Nummer eins, der Überragende) und die Bereitschaft, sich auf seinen Platz führen zu lassen, damit er erhöht und gepriesen werden kann. Demut hat ihre Lektion gut gelernt: Sie weiß, daß niemand aus der Kraft des Fleisches heraus Bestand haben und etwas von bleibendem Wert produzieren kann, und deshalb hält sie uns davon ab, es auch nur zu versuchen.

Welch eine wunderbare Zukunft Gott für alle bereithält, die Gnade annehmen! Es ist fast zu schön, um wahr zu sein. Als George MacDonald, der große Prediger aus Schottland, mit seinem Sohn über die Herrlichkeit der Zukunft sprach, unterbrach ihn der kleine Junge: »Das klingt ja zu schön, um wahr zu sein, Daddy!« Ein Lächeln erhellte das schnurrbärtige Gesicht des Schotten, und er antwortete: »Nay, Laddy, es ist so schön, daß es einfach wahr sein muß!«[6]

Wenn wir die Gnade annehmen, können wir anfangen, sie in ihrer ganzen wunderbaren Herrlichkeit auszuleben. Erst dann wird uns klar, wie kostbar es ist, in einer nie endenden *Zeit der Gnade* leben zu dürfen.

NACHWORT

Es ist nun schon viele Monate her, seitdem ich mit dem Schreiben dieses Buches über Gnade begonnen habe. In dieser Zeit haben sich Ereignisse abgespielt, die ich damals nicht für möglich gehalten hätte.

Zu Anfang habe ich angekündigt, daß dieses Buch in erster Linie ein Buch über Freiheit ist: Freiheit, die wir uns selbst zu eigen machen und an andere weitergeben. Jetzt verstehen Sie, was ich damit gemeint habe. Ich hatte nicht geahnt, daß die Welt in der Zwischenzeit Zeuge des beeindruckendsten Beispiels der Freiheit werden sollte, das man sich nur vorstellen konnte: des Falls der Berliner Mauer.

Während ich über die Gnade schrieb, die wir in uns erwachen lassen müssen – was voraussetzt, daß wir die Freiheit um jeden Preis anstreben –, ist genau dieselbe Botschaft durch die Tageszeitungen, die Zeitschriften und über die Bildschirme der Welt gegangen. Ein bahnbrechendes Ereignis kam nach dem anderen … ein Bericht nach dem anderen, und jeder verkörperte das größte aller Worte: Freiheit. Ich sah wie Sie zu, und ich weinte und sang mit den Befreiten. Ich schrie mir die Kehle wund, als die berüchtigte Mauer abschnittsweise niedergerissen wurde und ein Volk, das sich oft gefragt hatte, ob es je die jubelnde Befreiung aus sozialer, wirtschaftlicher und religiöser Knechtschaft erleben würde, neue Hoffnung schöpfte.

Der Beton und der Stahl, der Stacheldraht und die Wachen, die einst den Osten vom Westen, den Traum von der Wirklichkeit trennten, sind inzwischen ein Ding der Vergangenheit.

Eine der bewegendsten Szenen, die ich am Fernsehen miterlebte, war eine Gruppe von Männern, die sich dabei abwechselten, mit einem Vorschlaghammer einen Mauerabschnitt zu zertrümmern. Einer schlug aus Leibeskräften mit dem schweren Hammer auf die Mauer ein. Nach zehn oder fünfzehn Schlägen nahm der nächste den Hammer. Während der eine auf die Mauer einschlug, standen die übrigen in der Nähe und sangen, jubelten und tanzten im Kreis. Obwohl ich eine halbe Welt von ihnen entfernt war, spürte ich einen Knoten im Hals, als ich nun mit diesen Männern, die ich noch nie zuvor gesehen hatte, um die Wette strahlte. Alle waren geradezu in einem Freudentaumel. Endlich lösten sich die Steine, und durch das Loch in der Mauer konnten sie Tageslicht sehen.

Es gibt eine andere Mauer, die zur Zeit niedergerissen wird. Als unsichtbare Konstruktion ist sie umso heimtückischer. Und weil sie schon seit Jahrhunderten anstatt Jahrzehnten besteht, ist sie bedeutend massiver und beharrlicher. Die Steine, aus denen sie besteht, sind bedrohlich, einschüchternd und schwer. Sie trennen uns von allem, was Gott uns zu unserer inneren Bereicherung schenken möchte. Auch heute noch sind ungezählte Millionen in ihrer Gefangenschaft. Auf den Seiten dieses Buches habe ich viele von diesen Mauersteinen beim Namen genannt: Die äußeren Steine heißen Gesetzlichkeit, Erwartungen, Traditionalismus, Manipulation, Forderungen, Negativismus, Bevormundung, Vergleiche, Perfektionismus, Streben, besser als andere zu sein, Kritik, Kleinlichkeit – ich könnte noch zahlreiche andere nennen; die inneren heißen Stolz, Angst, Groll, Verbitterung, ein nachtragendes Wesen, Unsicherheit, verdrehtes Leistungsstreben, Schuldgefühle, Beschämtheit, Tratscherei, Heuchelei etc. etc. … alle samt und sonders Gnadenkiller!

Es war meine Hoffnung, einen richtigen Hunger auf Gnade zu wecken, der so stark ist, daß uns nichts davon abhalten kann, nach der Freiheit und Spontaneität zu streben, die sie mit sich bringt; eine Sehnsucht, die so tief sitzt, daß eine geistliche Morgendämmerung, eine »Zeit der Gnade«, wenn Sie so wollen, die Mauer der Gesetzlichkeit mit ihrer ganzen Wucht durchbrechen wird. Als Geistlicher arbeite ich zum großen Teil im Bereich »Kirche und christliche Organisationen«. Ich habe die Beobachtung gemacht, daß es selbst hier größtenteils Unfreie gibt; diese Menschen haben es nicht gelernt, die Gnade, die uns in Jesus Christus geschenkt wird, anzunehmen und auszukosten. Obwohl er auf die Welt gekommen ist, um uns zu befreien, vegetieren leider viele Menschen noch immer hinter der Mauer der Knechtschaft vor sich hin. Es ist traurig, daß es Mauersteine der Beschränkung gibt, wo man auch hinschaut. Anstatt Orte der enthusiastischen, spontanen Anbetung Gottes zu sein, sind viele Gemeinden und christliche Werke zu Institutionen geworden, in denen ein religiöses System betrieben wird und wo Grenzwachen dazu abkommandiert werden, den allgemeinen Vorschrifts- und Regelgehorsam zu erzwingen.

Ich habe die Bibel vergeblich nach Beispielen von Urchristen durchforstet, die sich durch Starrheit, Kalkulierbarkeit, Gehemmtheit, Humorlosigkeit und Übervorsicht auszeichneten. Erfreulicherweise fehlen sauertöpfische, stirnrunzelnde, freudlose Heilige in der Bibel. Statt dessen sind die Menschen, die mir auf ihren Seiten begegnen, abenteuerlustige, risikobereite, enthusiastische und waschechte Gläubige, deren Freude selbst in Zeiten der schmerzlichen Krisen einfach ansteckend war. Selbst im Angesicht des Todes hatten sie hohe Ziele. Es gab nur wenige Vorschriften, und Neuerungen wurden begrüßt. Der Gegensatz zwischen damals und heute ist niederschmetternd.

Ich bin davon überzeugt, daß der Unterschied in dem Wort »Gnade« liegt. Die Gnade erklimmt die Mauer; sie läßt sich nicht aufhalten. Sie setzt sich über die Meinungen von Menschen hinweg und bricht sich eine Bahn durch das Gewirr enggeistiger Vorschriften und Verbote. Die Gnade fordert uns dazu heraus, den Schlaghammer des Mutes zur Hand zu nehmen und die betonharten Grenzplatten zu durchbrechen. Die Gnade lädt uns ein, neue Wege zu beschreiten und ein stetig weiter werdendes Neuland zu erforschen – und dabei das Unerwartete freudig zu begrüßen. Während anderen mehr daran liegt, die Mauer zu erhalten und jene, die sie bewachen, zu fürchten, ist die Gnade stets auf der Suche nach

Wegen in die Freiheit. Die Gnade will den Glauben zum Tragen kommen lassen, ganz gleich, was die unerbittlichen Uniformierten auch sagen, denken oder tun mögen.

Ich möchte Ihnen danken, daß Sie mich auf der Reise durch diese Seiten begleitet haben. Es war eine belebende Herausforderung, diese Gedanken zu Papier zu bringen. Ich habe das Gefühl, ein neues Feld gepflügt, eine neue Bahn gebrochen zu haben. Es gibt nicht viel Literatur aus evangelikaler Perspektive über die persönliche, befreiende Gnade – zumindest ich habe nicht viel in dieser Richtung gefunden. Vielleicht hat dieses Buch Ihnen den Anstoß dazu gegeben, der »Gnadenbewegung« beizutreten und die ersten Schritte zu tun. Das ist meine Hoffnung. Doch wenn Sie sich nun auf den Weg machen, lassen Sie sich warnen. So gewiß, wie Bunyans Held auf dem Weg zur »ewigen Seligkeit« mit allen nur erdenklichen Prüfungen und Versuchungen konfrontiert wurde, so werden auch Sie einem enggeistigen Stein nach dem anderen begegnen, von denen jeder denselben Zweck hat: Er soll Sie von der Freiheit fernhalten, die Ihnen in Christus gehört.

Was Sie auch tun mögen, geben Sie nicht auf! Gehen Sie weiter. Es lohnt sich. Das Schöne daran ist, daß Sie nicht allein sind.

Eine »Zeit der Gnade« geht durchs Land. Werden Sie mitmachen? Während Sie den Hammer zur Hand nehmen und die Mauersteine zertrümmern, stehen wir übrigen um Sie herum, auch wenn manche von uns eine halbe Welt entfernt wohnen und feuern Sie an. Betrachten Sie es nicht als einsame, isolierte Aufgabe. Sie brechen eine Bahn zur Freiheit, und niemand freut sich mehr darüber als der Herr Jesus Christus, der Ihnen seine Gnade versprochen hat. Vergessen Sie seine Worte nie: »Wenn euch also der Sohn befreit, dann seid ihr wirklich frei.« Geben Sie nicht auf. Durch die Gnade des allmächtigen Gottes wird diese Erweckung eines Tages jeden Kontinent erfassen, und die uralte Mauer, die so viele Menschen seit Jahrhunderten gefangenhält, wird einstürzen. Und wir werden endlich alle wirklich frei sein.

ÜBER DEN AUTOR

Dr. Charles R. Swindoll ist der Autor vieler Bestseller, die vor allem in den USA unglaubliche Auflagenhöhen erleben. Seine dreißigminütige Radiosendung »Lebenseinsichten« wird täglich weltweit 1 100 mal ausgestrahlt.

Swindoll ist Hauptpastor der *First Evangelical Free Church* in Fullerton, Kalifornien. 1988 wurde er von der Organisation *The Religious Heritage of America* mit dem Titel »Kirchenmann des Jahres« ausgezeichnet.

Seine mehr als dreißig Jahre im Dienst als Geistlicher sind durch eine klare, sachgerechte Auslegung der Bibel gekennzeichnet, wobei er das persönliche Umsetzen der biblischen Aussagen im Alltag stets betont hat. Millionen von Menschen auf der ganzen Welt haben in seiner liebevollen, doch unverwässerten Botschaft Trost und Wegweisung gefunden.

»Zeit der Gnade« ist nicht nur ein Meilenstein auf seinem persönlichen Lebensweg, sondern auch ein Meilenstein in allem, was er der ganzen Christenheit zu sagen hat.

ANMERKUNGEN

Ein paar Worte des Dankes

1. **John Newton:** »Amazing Grace« (1779). Deutscher Text: »Oh Gnade Gottes, wunderbar« von Anton Schulte, © 1973 Hänssler-Verlag.

Einleitung

1. **Reinhold Niebuhr:** »Well-Intentioned Dragons«, *Christianity Today*, 1985, S. 63

Kapitel 1: Gnade ist eine wahrhaft wunderbare Sache

1. **Dr. Karl Menninger**, M.D., mit Martin Mayman, Ph.D. und Paul Pruyser, Ph.D.: *The Vital Balance*, Viking Press, New York 1963, S. 204-205.
2. Ebd., S. 22
3. **Donald Grey Barnhouse**, *Romans, Man's Ruin, vol.1*, Wm B. Eerdmans Publishing Company, Grand Rapids (MI) 1952, S. 72.
4. **Benjamin Warfield** in: *Great Quotes & Illustrations*, hrsg. von George Sweeting, Word, Waco (TX) 1985, S. 133
5. **Sir Edward C. Burne-Jones** in: *Let Me Illustrate* von Donald Grey Barnhouse, Fleming H. Revell Company, Westwood (NJ) 1967, S. 145-146.

Kapitel 2: Das Geschenk

1. **William Ernest Henley:** »Invictus« in: *The Best Loved Poems of the American People*, hrsg. von Hazel Felleman, Garden City Books, Garden City (NY) 1936, S. 73. Übersetzung von Beate Peter.
2. **James Russell** Lowell: »The Present Crisis« [1844]. Zitiert aus: *John Bartlett's Familiar Quotations*, 15. Aufl., S. 567.
3. **Doanld Grey Barnhouse**: *Romans, God's Remedy*, vol. 3, Wm. Eerdmans Publishing Company, Grand Rapids (MI) 1954, S. 208.
4. **Augustus Toplady**, zitiert aus: *Romans: The New Man, An Exposition of Chapter 6* von Martyn Lloyd-Jones, Zondervan Publishing House, Grand Rapids (MI) 1973, S. 19.
5. Augustus Toplady: »Rock of Ages« (1776).
6. **Dorothea Day**: »My Captain« in: *The Best Loved Poems of the American People*, S. 73-74. Übersetzung von Beate Peter.

Kapitel 3: Ist Gnade nicht reichlich riskant?

1. **Martyn Lloyd-Jones:** *Romans: The New Man, An Exposition of Chapter 6*, S. 8-9.
2. *What Luther Says*, vol. 2, Concordia Publishing House, ©1959, S. 614. Mit ausdrücklicher Genehmigung von CPH.

Kapitel 4: Unverdiente und bedingungslose Gnade

1. **John Newton:** »Amazing Grace« (1779).

2. **Jackie Hudson:** »People Grow Better in Grace«, *Worldwide Challenge* April 1988, S. 11-13, ein Auszug aus ihrem Buch *Doubt: A Road to Growth.*
3. **Elisabeth Elliot:** *The Liberty of Obedience*, Word, Waco (TX) 1968, S. 32.
4. Ebd., S. 33.
5. **John Newton:** »Amazing Grace« (1779).
6. Ebd.
7. **John Bunyan**, zitiert aus: *The Grace of God* von William MacDonald, Walterick Publishers 1960, S. 30.

Kapitel 5: Kampfansage an die Gesetzlichkeit

1. **Patrick Henry** in einer Rede vor der Virginia Convention in Richmond (23. März 1775). Zitiert aus: *John Bartlett's Familiar Quotations,* 15. Aufl., S. 383.
2. **Charles Sumner:** »Slavery and the Rebellion«, Vortrag am Cooper Institute (5. Nov. 1864). Zitiert aus: *John Bartlett's Familiar Quotations,* 15. Aufl., S. 539.
3. **S. Lewis Johnson:** »The Paralysis of Legalism«, *Bibliotheca Sacra*, Theologische Vierteljahresschrift hrsg. Dallas Theological Seminary, 120, Nr. 487 (April-Juni 1963), S. 109.
4. **Daniel Taylor:** *The Myth of Certainty,* Word, Waco (TX) 1986, S. 34-36.
5. **Eugene H. Peterson:** *Travelling Light,* Helmers & Howard, Publishers, Inc., Colorado Springs (CO) 1988, S. 57-58.
6. **A. T. Robertson:** *Word Pictures in the New Testament, vol. 4,* Broadman Press, Nashville (TN) 1931, S. 284.
7. **Eugene H. Peterson:** *Travelling Light,* S. 67.
8. **Mike Yaconelli** in: *The Wittenberg Door* (Dez. 1984/Jan. 1985), Nr. 82. Mit ausdrücklicher Genehmigung: Wittenberg Door, 12245 Greenfield Drive, El Cajon, CA 92021.
9. **Ralph Keiper** in: *When the Saints Come Storming In* von Leslie B. Flynn, Victor Books (A Division of Scripture Press Publications, Inc.), Wheaton (IL) 1988, S. 42.
10. **Paul Tournier:** *Guilt and Grace*, Harper & Row, Publishers, New York 1962, S. 98.

Kapitel 6: Befreit? Dann leben Sie auch so!

1. **Abraham Lincoln** in seiner zweiten Antrittsrede am 4. März 1865, zitiert aus: Abraham Lincoln: *The Prairie Years and the War Years* von Carl Sandburg, Harcourt, Brace & World, New York 1954, S. 664.
2. Ebd.
3. **Shelby Foote:** *The Civil War, A Narrative, vol. 3,* Vantage Books, New York 1986, S. 1045.
4. **Gordon S. Seagrave**, zitiert in *Quote Unquote*, hrsg. Lloyd Cory, Victor Books (A Division of Scripture Press Publications, Inc.), Wheaton (IL) 1977, S. 123. Weltweite Rechte vorbehalten.
5. **Donald Grey Barnhouse:** *Romans, God's Freedom, vol. 6,* Wm. B. Eerdmans Publishing Company, Grand Rapids (MI) 1961, S. 34. Alle Rechte vorbehalten unter den internationalen und Pan-American and Universal Copyright Conventions.

6. Abraham Lincoln in Washington, D.C., am 26. Aug. 1863, zitiert aus: *The Life, Public Service and State Papers of Abraham Lincoln* von Henry Raymond, Darby and Miller, New York 1865, S. 752.

Kapitel 7: Befreiungsaktionen

1. **William Barclay:** *The Daily Study Bible, The Letter to the Romans,* The Saint Andrew Press, Edinburgh 1957, S. 92. Mit ausdrücklicher Genehmigung.
2. **Jay Adams:** *Competent to Counsel,* Presbyterian and Reformed Publishing Company, Nutley (NJ) 1970, S. 145.
3. **John Henry Jowett:** *The Epistles of St. Peter,* 2. Aufl., Hodder and Stoughton, London 1906, S. 93.

Kapitel 8: Gnade üben – Freiheit gewähren

1. **Victor Frankl:** *Man's Search for Meaning,* Pocket Books, New York 1980, S. 104-105.
2. Alkoholausschank unterliegt in Amerika strengen gesetzlichen Bestimmungen. Viele amerikanische Christen trinken aus Überzeugung keine alkoholischen Getränke; manche meiden sogar alle Restaurants, die eine Ausschanklizenz haben (Anm. d. Übers.).
3. Aus der Perspektive vieler amerikanischer Christen gilt sowohl Rauchen als auch Alkoholkonsum wegen der gesundheitlichen Beeinträchtigung als ungutes Verhalten. (Anm. d. Übers.)
4. **William Barclay:** *The Daily Study Bible: The Letter to the Romans,* S. 200. Mit ausdrücklicher Genehmigung.
5. **Gladys M. Hunt:** »That's No Generation Gap!«, Eternity Mag., Okt. 1969, S. 15.
6. **Leslie Flynn:** *When the Saints Come Storming In,* S. 37. Mit ausdrücklicher Genehmigung. Doppelsinnige Ankündigung. Erste Lesart: »Jack van Impe. Ringkampf. Rex Humbard.« Zweite Lesart: »Jack van Impe im Ringkampf gegen Rex Humbard.« (Anm. d. Übers.)
7. Ebd., S. 44.
8. **Wyatt Prunty:** »Learning the Bicycle (for Heather)«, *The American Scholar* 58 Nr. 1 (Winter 1989), S. 122. Mit ausdrücklicher Genehmigung des Autors. Übersetzung von Beate Peter.

Kapitel 9: Unterschiedliche Ansichten – gegenseitiger Respekt

1. **G. Campbell Morgan:** *Acts of the Apostles,* Fleming H. Revell, Old Tappan (NJ) 1924, S. 369.
2. Quäker sprechen ein altertümliches, von Kraftausdrücken freies Englisch. Sie sind außerdem für ihre pazifistische Einstellung bekannt. Diese beiden Informationen sind für das Verständnis der Geschichte wichtig. (Anm. d. Übers.)
3. **William Barclay:** *The Acts of the Apostles,* The Saint Andrew Press, Edinburgh 1964, S. 107. Mit ausdrücklicher Genehmigung.
4. **Chrysostomus**, zitiert aus: *The Acts of the Apostles* von William Barclay, S. 108.
5. **Franz Delitsch:** *Commentaries on the Old Testament, Proverbs of Solomon, vol. 2* (Grand Rapids, MI: Wm. B. Eerdmanns Publishing Company, n.d.), S. 165.

6. **Leslie Flynn:** *When the Saints Come Storming In,* S. 64-65.
7. **A. T. Robertson:** *Word Pictures in the New Testament: The Acts of the Apostles, vol, 3,* Broadman Press, Nashville (TN) 1930, S. 241.
8. Der amerikanische Fachausdruck für diese Position ist *premillenialism*, die Gegenposition wird als *postmilleniallism* bezeichnet. (Anm. d. Übers.)
9. **C. S. Lewis** im Vorwort zu: *Christian Reflections*, zitiert aus: *A Mind Awake: An Anthology of C. S. Lewis,* hrsg. Clyde S. Kilby, Harcourt Brace Jovanovich, New York 1980, S. 128.

Kapitel 10: Hautnahe Gnade

1. **William MacDonald:** *The Grace of God,* Walterick Publishers, Kansas City (KS) 1960, S. 54.
2. **John Bunyan:** *Die Pilgerreise zur ewigen Seligkeit von dieser in die kommende Welt,* R. Brockhaus, Wuppertal, Copyright der deutschen Fassung © 1985, S. 20.
3. Ebd., S. 25.
4. Ebd., S. 39.
5. **C. S. Lewis:** *Mere Christianity*, Macmillan Publish. Co., New York 1964, S. 162.
6. **Archibald Robertson** und **Alfred Plummer:** *The International Critical Commentary, A Critical and Exegetical Commentary on the First Epistle of St. Paul to the Corinthians,* T. & T. Clark, Edinburgh 1961, S. 341.
7. **John Newton:** »Amazing Grace« (1779).
8. Das griechische Wort, das die Einheitsübersetzung hier mit »freundlich« wiedergibt, ist *charis,* was u.a. »Wohlwollen, Gnade und Gefallen« bedeutet. (Anm. d. Übers.)
9. Aus: *Quote Unquote*, hrsg. Lloyd Cory, S. 319.
10. **Sven Wahlroos:** *Family Communication,* New American Library, Inc. (A Subsidiary of Pearson, Inc.), New York 1983, S. 159,
11. **Charles Bridges:** *A Commentary on Proverbs,* The Banner of Truth Trust, Carlisle (PA) 1846, S. 41-42.
12. **George Matheson:** *Thoughts for Life's Journey,* (London: J. Clarke & Co., 1907), S. 266/267
13. Ebd., S. 266.

Kapitel 11: Sind Sie ein »echter« Gnadenverkündiger?

1. **Kyle Yates:** *Preaching from the Prophets,* Broadman Press, Nashville (TN) 1942, S. 201.
2. Ebd., S. 205, 206.
3. **Theodore Laetsch:** *Bible Commentary, The Minor Prophets,* Concordia Publishing House, St. Louis (MO) 1956, S. 428.
4. **George Duffield:** »Stand Up, Stand Up for Jesus« (1858).
5. **Charles Haddon Spurgeon:** *Lectures to My Students,* Zondervan Publishing House, Grand Rapids (MI) 1954, S. 9, 8.
6. **William Barclay:** *The Daily Study Bible, The Letter to the Corinthians,* The Saint Andrew Press, Edinburgh 1963, S. 216-217.

7. **Earl Henslin**, Psy.D., »Shame-based and Healthy Spirituality«, eine unveröffentlichte Broschüre. Alle Rechte vorbehalten. Mit ausdrücklicher Genehmigung.

Kapitel 12: Eine von Gnade erfüllte Ehe

1. **Celeste Holm** in: *Readers Digest Treasury of Modern Quotations.* Aus: Readers Digest, Feb. 1974, Readers Digest Press, New York 1985, S. 484.
2. **Dag Hammarskjöld:** *Markings*, Alfred A. Knopf, New York 1964, S. 66.
3. **Kevin Leman:** *The Pleasers: Women Who Can't Say No — and the Men Who Control Them,* S. 287-288. Copyright © 1987 by Kevin Leman. Mit ausdrücklicher Genehmigung von Fleming H. Revell, Company.
4. **Willard F. Harley, Jr.:** *His Needs/Her Needs,* Fleming H. Revell, Old Tappan (NY) 1986, S. 10.
5. **Celeste Holm** in: *Readers Digest,* S. 484.

Kapitel 13: Aus Gnade großzügig

1. Der griechische Urtext enthält an dieser Stelle das Wort *charis,* das u.a. »Gnade« bedeutet. (Anm. d. Übers.)
2. **Sylvia und John Ronsvalle:** »Opinion«, *Moody Monthly,* Mai 1986, S. 12.
3. Aus einem Vortrag von **Ronald W. Blue**, Geschäftsführer von Ronald Blue & Co., 1100 Johnson Ferry Road, Suite 600, Atlanta (Georgia) 30342.
4. **Norman Cousins:** *Human Options,* Berkley Publications, 1983, S. 103.
5. **Carroll Lachnit:** »OC Residents Make More But Give Away Less«, *The Orange County Register,* 6. Dez. 1988, A6.
6. **Calvin Miller:** »The Gift of Giving«, *Moody Monthly*, Dez. 1988, S. 23-25. Mit ausdrücklicher Genehmigung des Autors.
7. Verfasser unbekannt.

Kapitel 14: Zum Beschenktwerden gehört das Annehmen

1. Aus: *On an Average Day …* von **Thomas N. Heymann.** Copyright © 1988 by Thomas N. Heymann. Mit ausdrücklicher Genehmigung von Ballantine Books (A Division of Random House, Inc.).
2. **Tom Parker:** *In One Day: The Things Americans Do in a Day,* Houghton Mifflin Co., Boston 1984.
3. **Haddon Robinson:** *Biblical Preaching, The Development and Delivery of Expository Messages,* Baker Book House, Grand Rapids (MI) 1980, S. 31.
4. **F. B. Meyer:** *Moses, the Servant of God,* Zondervan Publishing House, Grand Rapids (MI) 1953, S. 33-34.
5. Aus: *Whyte's Bible Characters from the Old Testament and the New Testament* von Alexander Whyte. Copyright © 1952, 1967 by Zondervan Publishing House. Mit ausdrücklicher Genehmigung. Alexander Whyte: *Bible Characters, vol. 1, The Old Testament,* Oliphants Ltd., London 1952, S. 139-140.
6. **Greenville MacDonald,** *George MacDonald and His Wife* (Nachdruck der Aufl. von 1924), Johnson Reprod. (Harcourt, Brace Jovanovich, n.d.), New York.S. 172.